KB210325

민족사학술총서 78

근현대 오대산의 고승
한암과 탄허

이원석

민족사
2024

근현대 오대산의 고승
한암과 탄허

사랑하는 아내와 아들 상택, 승택·인영에게 이 책을 바친다

머리글

　필자가 근현대 한국 불교사를 공부한 것은 만 10년이 조금 넘었다. 오대산 월정사는 한국불교학회와 함께 2013년 4월 26일 조계사 역사문화기념관 국제회의장에서 탄허 스님 탄신 100주년과 입적 30주년을 기념하여 〈탄허 대종사의 인재 양성과 교육이념의 시대정신〉을 주제로 학술세미나를 개최하였다. 필자는 여기서 「출가 이전 탄허의 전통 학술 수학과 구도 입산의 궤적」을 발표하였고, 그 논문은 『한국불교학』 66집에 실렸다. 발표의 계기는 연구실을 같이 사용하던 월정사 교무국장 자현 스님의 권유였다. 이렇게 하여 필자는 불교학계에 첫발을 디뎠고, 오대산문과도 인연을 맺었다.
　사실 필자는 한국 불교학 전공자가 아니라 근세·근대 중국의 학술과 사상을 공부하였고, 지금도 연구하고 있다. 18세기 후반부터 20세기 초반까지, 즉 청대 중엽부터 신해혁명기까지 양주학인들[양주학파 揚州學派]의 학술과 사상이 필자의 전공 분야였다. 양주학인들은 18세기 후반에서 19세기 전반까지, 곧 건륭乾隆·가경嘉慶·도광道光 연간 중국 학계를 선도하며 전통 학술의 최고봉을 이루었다. 그런데, 양주학파는 '통학通學'과 '통유通儒'를 학술과 유자儒者의 이상으로 삼았는데, 그 기반이 다양한 회통론이었다. 나아가 청대 학술사는 바로 회통론의 올바른 이해가 관건이라고 해도 과언이 아니다.
　전통적 중국사 연구자의 입장에서 보면 탄허 스님(1913~1983)에 대한 필자의 연구는 '외도'에 지나지 않지만, 동아시아 학술과 사상의 관점에서는 '회통'이라는 문제의식의 확대였다. 유학과 불교의 회통이 어떤 논리와 구조가 있는지, 또는 양자의 동이점도 논란거리였다. 한국과 중국의 학술사나 유학과 불교의 비교사적 관점에서 탄허 스님의 삼교합일론은 매우 흥미로운 것이었다. 또한 탄허 스님의 학술과 사상에 대한 올바른 이해는 불교적 시각만으로 불가능하고, 도가와 함께 유가적 접근도 필요하였다. 소급하면, 근세 중국의 명대에는 이미 양명학 좌파의 학자들이 이른바 '교삼도일敎三道一'이라는 삼교합일론을 제기하였던 것이다.

탄허 스님의 삼교합일과 회통론에 대한 관심은 자연히 은사인 한암 스님(1876~1951)에 대한 연구로 이행되었다. 당시에는 탄허 스님과 함께 한암 스님에 대한 연구가 본격적으로 시작되었던 학계의 동향도 있었다. 이는 탄허 스님과 함께 한암 스님에 대한 불교사적 접근과 사상적 연구를 진행할 기회를 제공하였다. 한암 스님에 대한 연구 논문이 탄허 스님에 대한 것보다 많은 것은 원래 의도하지 않았던 결과이다.

필자가 한암 스님과 탄허 스님을 주목한 것은 두 분이 모두 근현대 한국 불교를 대표하는 고승이자 필자의 연구 분야와 밀접한 학승이기 때문이었다. 1999년 11월 30일자 《불교신문》은 10면과 11면에서 〈20세기를 빛낸 한국의 고승〉 20명을 선정하여 발표하였는데, 그 가운데 한암 스님과 탄허 스님이 포함되었다. 경력을 제외하고 그 선정 이유를 살펴보면, 탄허 스님은 유불선 삼교와 동양학의 대도를 관통한 당대의 석학으로 통현 장자의 『화엄론』을 중심으로 삼고 청량 징관의 『화엄경소초』를 보조로 『신화엄경합론』을 현토하여 역해譯解한 것이 평가되었다. 한암 스님은 돈오점수의 참선 중시와 선교 합일이 거론되었고, 1926~1951년까지 오대산을 나가지 않았고 몸을 던져 국군의 상원사의 소각을 막은 승행이 보다 높이 평가되었다. 그렇지만 한암 스님의 학문세계도 언급되었다. 탄허 스님이 21세까지 유교의 진수를 터득하고 도가를 섭렵하며 훌륭한 스승을 찾아다니다 연결된 것이 한암 스님이었다. 탄허 스님은 한암 스님과 3년에 걸친 편지 왕래 끝에 1934년에 입산 출가하였고, 17년간 상원사에서 한암 스님 아래에서 『화엄경』을 비롯한 내·외전 일체를 공부하였다. 탄허 스님의 삼교합일론은 한암 스님과 무관하지 않았다.

본서는 필자가 지난 10년 근현대 한국 불교를 대표하는 오대산의 고승 한암 스님과 탄허 스님을 연구하여 발표한 10편의 논문을 수정하고 보완하여 묶은 것이다. 다만, 10년 동안의 논문을 재정리한 관계로 시기에 따라 출판된 다양한 판본의 서지 정보는 그대로 두었다. 그 연구 분야는 불교사를 중심으로 삼고 사상적 측면을 보조로 삼았다. 접근은 신앙과 종교의 기능을 중시하기보다는 엄격한 사료의 검토와 논거를 기반으로 해석하는 역사학적 측면이 강조되었다. 이에 따라 오대산문에서 정설로 인정되는 견해에 대한 비판도 적지 않다.

본서는 3부三部로 나누어 편성되었다. 제1부 '한암의 출가와 통도사'는 한암의 출가와 구도적 출가관을 살펴본 다음 법사 경허 스님과 석담 스님의 관계를 고찰하는 동시에 통도사 내원암에서 한암의 역할과 교학관을 추적하였고, 근현대 영축산과 오대산을 대표하는 구하 스님과 한암 스님의 관계를 검토하였다. '한암과 오대산 상원사'의 제2부는 한암 스님이 오대산 상원사로의 이거 연유를 확대하며 그 시기를 오대산문의 정설과 달리 비판적으로 접근하였고, 1926년부터 1951년 입적할 때까지 26년 동안 불출동구한 실상을 고찰하는 한편 한암 스님이 현실사회를 중시한 관점을 아울러 살펴보았다. 또한 1936년 상원사에 설립되어 운영된 강원도삼본산연합 승려수련소를 거시적으로 접근하면서 한암 스님의 승가오칙을 추적하였다. 제3부 '탄허의 출가와 학술 사상'은 탄허 스님이 출가 이전에 수학한 전통 학술과 오대산 상원사의 한암 스님에게 출가하는 과정을 살펴보았고, 근세 동아시아의 유학적 관점에서 본 탄허 스님의 삼교합일의 회통론을 검토하였다. 마지막은 탄허 스님의 유가적 경세사상을 고찰한 것이다.

본서는 적지 않은 분들의 도움으로 출간되었다. 우선 월정사 주지 퇴우정념 스님에게 감사드린다. 필자가 연구와 발표의 기회를 제공 받은 것은 물론이고 오대산문의 정설을 비판한 것도 적지 않았지만, 정념 스님은 일언반구가 없으셨다. 한암 스님과 탄허 스님에 대해 많은 가르침을 주신 민족사 사장 윤창화 거사님에게도 인사를 올린다. 한국 근현대 불교사에 대한 연구를 권유하며 가장 많이 대화한 자현스님과 불교계의 견문을 넓혀준 김광식 선생에게도 고마움을 전한다. 근현대 한국 불교사의 연구가 필요하다고 역설하신 동국대 역사교육과 명예교수 정태섭 선생님과 우둔한 제자를 끊임없이 사랑해 주신 고 정기래 교수님에게 다시 절을 올린다. 동국대 사학과의 교수님들과 선후학들께 감사드린다.

2023년 9월 15일
만해광장의 솔숲이 보이는 동악의 연구실에서
이원석 합장

차 례

제2부 한암과 오대산 상원사

제3부 탄허의 출가와 학술 사상

제1부
한암의 출가와 통도사

I. 한암의 출가 과정과
구도적求道的 출가관出家觀

[Abstract]

The Process of Han-am's Pabbajja and the View of Pabbajja
as Seeking the Way

This paper examines the process of Han-am's Pabbajja and his view of pabbajja that encourages the disciples to practice seeking after the Way[求道] and experiencing spiritual awakening[眞覺] in the viewpoint of emphasizing historical facts. In the paper, I have critically approached the Tan-heo's theory about Han-am's Pabbajja, which is accepted as orthodox in academia. This process is operated by studying the critical awareness of the original nature of mind[本來 面目] before Pangu[盤古] that Han-am had at nine years old and the core motivation of Pabbajja related to the religious inspiration he experienced at Mount Kumgang. I have particularly reviewed the claim of scholars including Tan-heo that Han-am had left home and entered the priesthood at 22 years old(1897), denied the theory that he had done at 9 years old, and then advocated the assertion that there was his Pabbajja at 19 years old(1894) based on the historical data of the 1940s and 50s. Then I could confirm that although he emphasized to his disciples during Buddhist practice that they should renounce the secular world and obey the precepts, and encourage them to seek after the Way and experience spiritual awakening through a fundamental approach such as Chamseon[參禪], he put more weight on Chamseon[參禪] in everyday life than that in a quiet place away from the world. I think that his view of pabbajja has a significant implication for the problem of the Jogye Order related to pabbajja and Buddhist practice.

[Key words] Han-am, Tan-heo, Chamseon, Seeking the Way, Experiencing spiritual awakening, View of Pabbajja.

1. 머리말

일반적으로 불교는 속세와 출세를 구분하고 차안과 피안을 경계로 삼아 긴장 상태를 유지하면서도 출세간을 전범으로, 피안을 이상으로 여긴다. 왜냐하면, 불도를 이루기 위한 출가는 기본적인 수행의 자세로 중시된 반면에 속세나 그 인연은 수도의 방해물로 인식되었기 때문이다. 특히 이는 출가 이후 집중적으로 수행할 시기에 더욱 강조되었다. 고향 속가의 부모님에게 절하는 것조차 경책의 대상이었고,[1] 속가와의 인연을 끊는 것은 큰스님의 요건이기도 하였다.[2] 반면에 스님의 환속이나 결혼은 파계나 배도背道로 배척되었다.[3]

그리고 조선시대의 숭유억불정책 아래 승려는 대체로 사회적 천대와 차별의 대상이었다. 그들의 속가 생활도 가난으로 점철되었고, 출가란 피난과 피병, 부모의 죽음처럼 부득이하여 결행된 관계로 동진출가가 상대적으로 많았다.[4] 또한, 불립문자와 견성성불을 강조한 선

---

1) 비구니 경희가 정월 초하루에 상원사 적멸보궁과 한암을 향하여 북쪽으로 절하자, 은사 본공은 고향 속가의 부모님에게 세배하는 줄 알고 욕하였다. 한암문도회·김광식(2006), 『그리운 스승 한암 스님』, 오대산 월정사, p.311.
2) 보문이 기차에서 속가 동생을 모른다고 거절한 것은 그가 도인이나 큰스님으로 평가되는 하나의 요인이었다. 한암문도회·김광식(2006), 위의 책, pp.222~223; 보문문도회·김광식 엮음(2012), 『보문 선사』, 민족사, pp.292~293.
3) 한암은 계를 지키지 않는 승려를 출가득도자出家得道者라고 하지 않았고 파계승은 속인보다 못하다고 강조하였다. 相馬勝英, 「方寒巖禪師をたづねて」, 『朝鮮佛敎』87, 1933.4.1, p.17.
4) 예컨대, 한국 근대의 참선을 중흥한 경허는 9세에 부친을 여의고 모친을 따라 광주 청계사의 계허桂虛에게 출가하였다. 한암대종사법어집 편찬위원회(2010), 『정본 한암일발록』상, 오대산 월정사·한암문도회, p.454. 아래에서 본서의 서지는 『정본 한암일발록』으로 줄여 표기한다.

사상도 영향을 미쳤다. 경허 이래로 선승은 보문普門처럼 참선 이외에 간경看經마저 달갑게 여기지 않았고, 교학에서 타의 추종을 불허한 탄허도 도를 밝힌 다언多言과 번문繁文마저 병해病害로 규정하며 저술을 배격하였다.[5]

게다가 출가의 연구는 역사적 사실이 신앙과 결부되는 문제도 있다. 근현대 고승의 경우, 출가 자료도 종교적 성격으로 윤색되고 신격화되었다. 송만공과 신혜월의 동진출가에서 '꿈'과 '불교적 인연'을 강조하는 것이 대표적이다. 송만공은 '영룡토주靈龍吐珠' 태몽과 함께 불교적 숙연이나 '장수의 인연'을 맺기 위해 13세에 김제 금산사에서 과세過歲한 것이 출가로의 첫걸음이었고,[6] 신혜월도 숙세의 불연과 가난한 속가의 사정으로 12세에 모친을 따라 덕숭산 정혜사의 혜안慧安에게 출가하였다.[7]

모친의 사망과 계모의 불화를 배경으로 14세와 16세에 거듭 출가한 백용성의 경우는 그나마 사정이 낫다. 그의 출가는 '이승입실異僧入室'의 태몽이나 자비로운 성품과 법기法器, '몽중마정불수기夢中摩頂佛授記'로 뒷받침된다. 다만, '몽중마정불수기'는 사실 여부가 명확하지 않다.[8] 한용운의 경우는 불교적 윤색으로 인하여 출가와 관련된

---

5) 보문은 법문과 문집, 부도와 비를 남기지 말도록 지시하였다. 보문문도회·김광식 엮음(2012), 『보문 선사』, 민족사, pp.11~12, pp.274~275; 김탄허(1980), 『부처님이 계신다면』, 예조각, p.17.
6) 태진(2007), 『경허와 만공의 선사상』, 민족사, pp.116~117.
7) 임혜봉(2010), 『종정열전』1, 문화문고, p.156.
8) 1940~1941년에 나온 김대은의 추모 글이나 오세창·한용운의 비명은 백용성 대종사 총서편찬위원회(2016), 『백용성 대종사 총서7 신발굴자료』, 대한불교대각회, p.7, p.99, p.305, pp.321~322; 장수 장안산하 죽림정사(2007), 『용성진종 동헌완규 불심도문 삼대대사 연보』, 대한불교조계종 대각회출판부, pp.93~152 참조. 다만 후자의 '몽중마정불수기'는 전자에서 확인되지 않는다.

이설이 많지만, 현세적·혁명적 정치지향성과 관련짓기도 한다.[9]

이에 따라 대개 승려에게 대부분 세속의 행적은 주목의 대상이 아니었고, 출가의 관련 기록도 지극히 적으며, 그 실상도 제대로 전하지 않는다. 승려의 구도적 문제의식이나 발심이 출가 이후에 본격화된 것도 이와 무관하지 않다. 여기에는 구한말과 일제강점기를 거치면서 불어닥친 근현대의 사회적 격동도 일조하였을 것이다. 물론, 필자도 당시 모든 스님의 출가가 위와 같은 범주에 든다고 단정하거나 그 스님들을 폄하하려는 것이 아니라 그 시대적 흐름과 대표성을 유의해야 한다는 입장이다.[10]

본고는 이상을 염두에 두고 출가의 동기와 문제의식이 비교적 뚜렷하다고 알려진 한암(1876~1951)의 출가 과정과 문제의식, 출가 시기, 구도 진각의 출가관을 고찰하려는 것이다. 필자는, 『정본 한암일발록』, 각종 회고 기록 등을 중심으로 한암의 출가 과정을 재구성하고 '반고 이전의 면목'이라는 출가의 문제의식을 음미하겠다. 특히, 한암의 「연보」와 학계의 정설로 인정된 1897년 '22세 출가설'을 비판하고 1894년 '19세 출가설'을 제시하고자 한다. 마지막으로 한암이 출가자나 납자에게 수행하는 과정에서 세속의 인연을 엄격히 경계하고 구도 진각을 권유하면서도 일상생활이나 심지어 세속에서의 득력마저 강조하는 출가관과 세속관을 밝혀보겠다. 이를 통하여 역사적 사실과 종교적 신앙의 간극이나 세속과 출세의 사이를 음미하고자 한다.

---

9) 고재석(2010), 『한용운과 그의 시대』, 역락, pp.20~52.
10) 당시 고승의 출가나 출가관에 대한 연구 전론이 한국연구재단 학술정보에서 확인되지 않는 것도 저간의 사정과 무관하지 않다.

2. 출가의 과정과 문제의식

　한암 중원漢巖重遠은 속성이 방씨이고 본관이 온양으로 1876년 3월 27일(음력) 강원도 화천에서 부친 기순箕淳과 모친 선산 길씨吉氏 사이에서 3남 가운데 장남으로 태어났다. 대부분의 논저에서 속명으로 언급된 중원은 법명이고, 본래의 속명은 확인되지 않는다.[11] 「연보」에 의하면 법호는 1922년 47세까지 한암寒巖[嵒]을, 그 이후로는 한암漢巖[嵒]을 사용하였다고 하지만, 오대산 상원사로 이거한 다음에도 양자를 병용한 듯하다.[12] 원래 선조는 평안남도 맹산군 애전면 풍림리에 살았으나,[13] 증조부가 강원도로 옮겼고, 조부가 과거를 보기 위해 화천으로 이사하였다고 한다.[14] 부친은 생업을 일삼지 않고

---

11) 현재까지 탄허의 한암 묘비명이나 조카 방문성의 회고에는 한암의 속명을 '중원'으로 기록하고 있다.『정본 한암일발록』상, p.491; 한암문도회·김광식(2006),『그리운 스승 한암 스님』, p.366. 학계도 이에 따라 모두 '방중원'으로 기술하고 있다. 그렇지만 이는 같은 책인『정본 한암일발록』상 497쪽의 서술처럼 속명이 아니라 법명이다. 같은 사례로 속명이 '김금탁金金鐸'인 탄허도 족보에는 '김탄허金呑虛'로 올라 있다. 경주김씨월성부원군파세보청(1996),『경주김씨월성부원군파세보』3, 대전: 회상사, p.777.

12) 1930년의 「해동초조에 대하야」와 1932년의 「송금강저頌金剛杵」는 필명이 '方寒巖[嵒]'이었고, 1933년에 발표된 소마 쇼에이[相馬勝英]의 글에도 '方寒巖'으로 기술되어 있다. 1935년에 발표된『선원』4호의 「연년경유신조재年年經有新條在하야 뇌란춘풍졸미휴惱亂春風卒未休라」는 목차와 필명에서 양자가 혼용되고 있다.『불교』70, 1930.4.1, p.7;『금강저』20, 1932.12, p.2: 相馬勝英, 「方寒巖禪師をたづねて」,『朝鮮佛敎』87, 1933.4.1, p.14;『선원』4, 1935.10.15, p.3. 상좌인 조용명도 은사를 '寒巖'으로 회고하였다. 「노사의 운수시절 우리 스님 寒巖 스님」,『불광』67~71, 1980.5·6·7·8·9 참조.

13)『정본 한암일발록』상, pp.496~497 참조.

14) 한암문도회·김광식(2006),『그리운 스승 한암 스님』, p.356. 이와 달리 탄허는 조부가 화천으로 이사한 이유를 '피란'으로 언급하였다. 이 글은 1974년 판본을 인용하였다. 김탄허(1974), 「현대불교의 거인 방한암」,『한국인의 인간상』3 종교 사회봉사편, 신구문화사, p.333.

서울 남산의 선비들과 교유하면서 가산을 탕진하였다. 결국 생활고로 인하여 한암이 십대일 무렵에 가족들은 맹산으로 돌아갔다.[15] 초시 합격자가 한암의 조부 또는 부친이라는 주장이 엇갈려서인지,[16] 「연보」에는 부친이 '한학자'라고만 기록되어 있다.[17] 한편 부친이 천주교 신자였다는 설도 있지만,[18] 확인되지 않는다. 이상에서 보면, 한암의 집안은 매우 가난한 선비의 집안으로 추정된다.

출가 이전, 어린 시절의 한암에 대한 기록은 매우 소략하다.[19] 그는, 부친 아래에서[20] 5세부터 『천자문』 등 유가서를 섭렵하기 시작하였다.[21] 그런데, 9세 무렵 서당에 나아가 『사략史略』을 공부하다 심오한 의문이 생겼다고 한다. 이는 「연보」 1884년(갑신 9세, 만8세) 조에 다음과 같이 기술하고 있다.

> 서당에서 중국 고대 역사서인 『사략』을 배우다가 "태고太古에 천황씨天皇氏가 있었다."는 대목에 이르러 다음과 같이 선생에게 여쭈었다. "천황씨 이전에는 누가 있었습니까?" "천황씨 이전에는 반고씨盤古氏가 있었지." "그렇다면 반고씨 이전에는 누가 있었습니까?" 이 질문에 대하여 선생은 아무 대답을 못했다고 한다. 이후로 "반고씨 이전에는 누가

---

15) 한암문도회·김광식(2006), 앞의 책, p.356, p.366.
16) 초시 합격자에 대해 방문진은 한암의 조부로, 방진성은 한암의 부친으로 보았으나 전자가 보다 합당할 것으로 추정된다. 한암문도회·김광식, 위의 책, p.356, p.366.
17) 『정본 한암일발록』상, p.496.
18) 김호성(1995), 『방한암 선사』, 민족사, p.18.
19) 덧붙여 재가在家 시절을 비롯하여 한암에 대한 자료 부족은 한국전쟁 때 탄허가 한암의 전기를 저술하기 위해 그 자료를 가지고 피난길에 올랐다가 소실한 바와 관련된 것으로 추정된다. 월정사·김광식 엮음(2013), 『방산굴의 무영수』하, 평창: 오대산 월정사. p.198.
20) 한암문도회·김광식(2006), 『그리운 스승 한암 스님』, p.356.
21) 덕암, 〈현대불교의 귀감이신 한암 대종사의 일생〉, 《현대불교》, 1960.3.1, p.11.

있었는가?"에 대해 의문을 가졌다고 한다.[22]

위의 인용문은 한암이 어려서 매우 영특한 가운데 서당에서 한학을 배웠고, 그 가운데 『사략』을 읽다가 '반고씨 이전의 세계'에 의문을 품었다는 것이다. 이는 한암의 뛰어난 종교적 영성을 보여주는 동시에 후일 출가의 필연성을 시사하는 것이기도 하다.

그런데, 여기서의 『사략』은 송대宋代 고사손高似孫이 편찬한 책이 아니고,[23] 흔히 『십팔사략十八史略』으로 불리는 중국의 역사서이다.[24] 그 첫머리인 「태고」는 천황·지황·인황의 이른바 '삼재三才'의 서술로 시작된다. "천황씨는 목덕木德으로 왕천하王天下하였다. 해는 섭제攝提[인방寅方]로부터 시작하였고, 무위無爲로 교화하였다. 형제는 12명이 있었는데, 각각 1만 8천 년을 살았다."[25] 부연하면, 목덕[仁]으로 만물을 화육化育하여 군주가 된 천황씨는 12년마다 태양을 회전하는 목성이 인寅의 방향에 있는 해를 기년紀年으로 삼고, 무위를 통치이념으로 삼아 백성을 교화하였다는 것이다. 한암의 의문은 『십팔사략』의 첫머리에 나오는 중국 최초의 군주 천황씨 이전에 누가 있었느냐는 것이었다. 다만 「연보」에서 "『사략』을 배우다가 '태고에 천황씨가 있었다.'는 대목에 이르러 다음과 같이 선생에게 여쭈었다."는 서술은

---

22) 『정본 한암일발록』상, pp.496~497.
23) 고사손高似孫(1985)의 『史略』(북경: 중화서국(총서집성초편叢書集成初編), p.1)에는 천황씨나 반고씨의 내용이 없다.
24) 『십팔사략』은 송말원초宋末元初의 증선지曾先之가 『신오대사』까지의 17정사와 송의 『자치통감』 2종에서 태고부터 남송 멸망까지의 치란흥망治亂興亡을 추출하여 편년체編年體로 구성한 초급용 역사교재이다. 林秀一(1967), 『十八史略』上, 東京: 明治書院(新譯漢文大系20), pp.1~4.
25) 林秀一(1967), 위의 책, p.9.

"'태고에 천황씨가 있었다.' 첫 대목을 읽던 소년은 선생을 향하여 물었다."라는 탄허의 글보다 정확성이 떨어진다.[26)

반고씨는 중국에서 우주 천지를 창조한 신화적 인물이다. 아주 먼 태고에 반고는 혼돈으로 뒤엉킨 달걀과 같은 우주에서 1만 8천 년을 자다가 깨고 나왔다. 이때 밝고 맑은 것은 위로 올라가 하늘이 되었고 어둡고 무거운 것은 내려가 땅이 되었다. 반고는 머리로 하늘을 받치고 발로 땅을 지탱하면서 하루에 키가 커진 만큼 하늘이 올라가고 땅은 넓어져 1만 8천 년이 지나자 지금의 하늘과 땅이 되었다. 반고가 죽은 뒤에 그의 입김·목소리·눈은 바람과 구름·천둥·해와 달이 되었고, 손발과 몸·피·근육·살·머리카락과 수염은 산악·하천·도로·논밭·별이 되었으며, 털·치아와 뼈·땀은 풀과 나무, 광물과 암석, 비로 변하였다.[27) 결국 9세의 한암이 의심한 것은 알에서 깨어난 반고가 우주와 천지, 인간을 창조하기 이전의 '본래 모습'이다.

그런데 위 「연보」의 내용은 한암의 전법자 탄허가 1959년에 지은 「한암대종사부도비명」을 토대로 하거나 이를 부연한 1965년의 「현대불교의 거인 방한암」을 간결하게 압축한 것이다.[28) 특히 후자에는 출가 과정이 조금 더 자세하게 부연되어 있다. '반고씨 이전의 본래 면목'에 대한 한암의 의심은 그 후 10여 년 동안 유학의 경사자집經史子

---

26) 김탄허(1974), 「현대불교의 거인 방한암」, p.333.
27) 曾先之, 丸山松行 西野廣祥 편역(1975), 『十八史略 I 覇道の原點』, 東京: 德間書店, pp.23~24; 요시다 아츠히코 외, 하선미 옮김(2010), 『세계의 신화 전설』, 혜원, pp.304~306.
28) 『정본 한암일발록』상, pp.485~491; 『탄허 대종사 연보』(2012), 오대산문도회 탄허불교문화재단 교림, p.57; 김탄허(1974), 「현대불교의 거인 방한암」, pp.333~334.

集을 널리 공부할 적에도 머리에서 떠나지 않았다. 사실, 그 무렵 한암은 『논어』『맹자』와 『시경』『서경』의 유가경전, 『사기』『자치통감』의 사서, 『한비자』『묵자』 등의 제자백가와 유수한 문집들을 망라하였고, 한시와 서예에도 뛰어났다.[29] 그러나 유학의 세계에서는 아무리 깊은 사색을 되풀이하여 파고들어도 그 회의는 해소되지 않았고, 오히려 그 길이 막혀있을지도 모른다는 새로운 의심이 일어났다. 우주와 인간의 근원적 문제의식은 한암이 22세-필자는 19세-에 우연히 금강산을 유람하면서 새로운 전기를 맞이한다. 그는 대자연의 창조상, 즉 부처님과 보살의 얼굴을 닮은 금강산의 기암절벽을 마주하고 '종교적 감흥과 충격'을 받아 입산수도할 것을 결심하고 명찰 장안사에서 금월 행름錦月幸凜을 은사로 출가하였다.[30]

장안사에서 삭발하고 출가하면서 한암은 "첫째로 자기 마음의 진성眞性을 찾아보자, 둘째로 부모의 은혜를 갚자, 셋째로 극락으로 가자."고 맹세하였다.[31] 이는 바로 "견진성見眞性 보친은報親恩 왕극락往極樂"으로 『정본 한암일발록』에 나오는 「출가 서원시」이다.[32] 그 가운데 '견진성'은 핵심적인 것으로 출가수행의 본질적인 동기이자 목적이고, 후자는 모두 견진성을 통해 수반되는 부수적 내용이자 출가수행

29) 졸고(2016), 「한암 중원과 탄허 택성의 불연-탄허의 출가 배경-」, 『한국불교학』 79, pp.309~310.
30) 이상은 각주가 없는 것은 모두 김탄허(1974), 「현대불교의 거인 방한암」, pp.333~334 참조. 이영진李永鎭(1913)의 『율봉문보栗峯門譜』 13쪽에 의하면 한암의 은사는 '錦月幸凜'으로 표기되었고, 한국학문헌연구소가 편찬한 『유점사본말사지』(아세아문화사, 1977)의 67쪽과 337쪽에는 각각 '錦月行凜' '錦月幸凜'으로 표기되어 있다. 후일에는 '錦月行凜'으로 표기된 경우가 많지만, 여기서는 일단 앞선 시기의 표기에 따른다.
31) 김탄허(1974), 「현대불교의 거인 방한암」, p.333.
32) 『정본 한암일발록』상, p.28.

의 결과이다.[33] 한암이 9세에 의문을 품었던 '반고 이전의 본래 면목'은 이제 '견진성'의 선불교 개념으로 보다 구체화되었다. 이는 한암이 일생 동안 선의 수행에 골몰하였으며 계정혜의 삼학겸수, 선교겸비, 승가오칙을 중시하면서도 참선을 우선 강조한 것과 밀접한 관련이 있다고 볼 수 있다.

그런데, 한암의 금상산 유람은 파혼을 계기로 이루어졌다는 조카 방진성의 증언이 있다. 한암은 '스무 살 무렵'에 약혼하였다. 그리고는 약혼자의 집에 가서 "집안이 어려워서 집이 없는데 어떻게 생각하느냐?"고 의중을 물어보았다. 약혼자에게 거절당한 한암은 "'돈이 없는 세상은 살기 어렵구나' 생각하고, 금강산 구경 갔다가 그만 입산, 출가하였다."라고 한다.[34] 이에 대해 다른 조카 방문성은 약혼설을 부정하고 결혼에 대한 말만 오갔다고 주장하였다.[35] 그런데 1960년 안덕암도 한암의 '취혼娶婚'을 언급하였다.[36] 이상의 자료를 종합하면, 한암의 출가가 결혼문제와 관련이 있는 것은 사실로 보인다. 그렇다면 한암의 출가 동기는 집안의 곤란한 형편으로 인한 결혼 실패와 뒤따른 금강산 유람으로 설명될 수 있다.

고영섭은 한암의 출가 과정을 부드럽게 연결하여 해석하였다. 그에 의하면, 한암이 9세 때 지닌 '반고씨 이전'의 문제의식은 가난한 살림살이 속에서 묻혀버렸고, 결혼이라는 현실적 문제가 출가를 재촉한

---

33) 박재현(2009), 『한국 근대불교의 타자들』, 푸른역사, p.100; 고영섭(2015), 「한암의 일발선」, 『한암 선사 연구』, 민족사, p.148.
34) 한암문도회·김광식(2006), 『그리운 스승 한암 스님』, pp.356~357.
35) 한암문도회·김광식(2006), 위의 책, p.366.
36) 물론 여기에는 한암이 계미(1883)년에 출생하여 18세 경자에 취혼聚[娶]婚한 것으로 오기되어 있고, 필자가 태고종 승려라는 시각의 한계도 있다. 덕암, 〈현대불교의 귀감이신 한암 대종사의 일생〉, 《현대불교》, 1960.3.1, p.11.

결과 22세에 금강산 장안사에서 출가하였다. 오랫동안 내면에 가라 앉아 있었던 '반고씨 이전'의 문제의식은 어느 정도 숙성의 시간을 거친 다음 그의 발심으로 환기된 뒤에 발효되어 견진성의 불교 개념으로 자리 잡았다는 것이다. 즉, '견진성'은 어릴 적 '반고씨 이전'의 문제의식이었다기보다는 출가하면서 서서히 확립되었다는 것이다.[37] 다만, 그에게서 출가의 직접적 계기가 된 금강산 유람과 '종교적 감흥'에 대한 언급은 없다.

한암의 문제의식과 출가 동기에 대해 회의하는 시각도 있다. 박재현은 "그의 선적 지향점을 출가 동기를 통해 짐작해보면, 죽음에 대한 공포나 견디기 어려운 실존적 문제의식은 없었던 듯싶다. … [반고 이전의 의문은] 분명 난해한 문제이지만, 왠지 책상 위에서 구성된 문제의식처럼 보여서 출가를 단행하기까지 무려 13년을 버텨낼 정도의 중량감 있는 의심덩어리 같지는 않아 보인다."라고 주장하였다. 그러나 그는 더 나아가지 않고 탄허 등의 발언을 제한적으로 인정하였다. "전하는 얘기를 액면 그대로 믿는다면, 한암은 먼저 원형原型이나 범형範型을 마련하고 그것을 교두보로 세상과 만나려 했던 성품의 소유자였던 것 같다. … 출가를 결심한 계기야 어떠했든 간에 탄허를 비롯한 한암의 문도들이 기억하는 한암의 출가 동기는 상당히 근원 지향적이다."[38]

필자도 '반고 이전의 본래 면목'이라는 한암의 문제의식은 우주를 중심으로 삼고 인간을 보조로 하는 본질적이고 근원적인 접근임을 인정하지만 그 한계를 유의해야 한다는 입장이다. 이른바 '반고 이전

---

37) 고영섭(2015), 「한암의 일발선」, pp.148~150.
38) 박재현(2009), 『한국 근대불교의 타자들』, pp.99~100.

의 문제의식'은 인생의 측면보다 우주에 가까운 문제의식으로, 아무리 9세의 천재 소년이라고 하더라도 크기나 깊이에서 간단하지 않은 주제이다. 이는 사실 황룡 선사黃龍禪師가 여동빈呂洞賓에게 질문한 화두이자, 한암이 동성東星에게 구도의 목표로 제시한 '부모미생지전父母未生之前 본래면목本來面目'의 화두와 거의 동일하다.[39] 탄허는 일찍이 '반고 이전의 본래 면목'을 '시공' '우주'가 존재하기 이전으로 유학의 '통체일태극統體一太極', 도가의 '천하모天下母', 선리禪理의 '최초일구자最初一句子'='최청정법계最淸淨法界'와 같다거나,[40] 『장자』「응제왕」에 나오는 중앙지제中央之帝 혼돈混沌이 우주 본체의 자연이라거나 생각이 기멸起滅하기 이전으로 확대해석하였다.[41] 심지어 탄허는 우주 이전의 면목을 유가의 태극, 기독교의 하나님, 불교의 원상圓相으로 보아 종교의 최고 진리로도 규정하였다.[42] 탄허의 주장은 역설적으로 9세에 불과한 한암의 문제의식을 회의하는 반증이 될 수 있고, 설령 그 문제의식이 사실이라고 하더라도 바로 출가로 이어지지도 않았다.

출가 과정에 보이는 한암의 문제의식은 우주 천지를 중심으로 고민하고 인간을 보조로 삼았다가 현실사회에서의 가난과 함께 결혼을 둘러싸고 인간 존재에 대한 회의가 현실적 측면으로 옮겨갔다. 또한 이는 최종적으로 출가할 때에 서원한 '견진성 보친은 왕극락'의 선

39) 탄허문도회(2013), 『방산굴법어집』, 평창: 오대산 월정사, pp.51~53; 한암문도회·김광식(2006), 『그리운 스승 한암 스님』, pp.154~155.
40) 김탄허(1974), 「현대불교의 거인 방한암」, p.336; 탄허불교문화재단 어록편찬실(1997), 『피안으로 이끄는 사자후』, 교림, p.274.
41) 김탄허(1980), 『부처님이 계신다면』, 예조각, pp.47~48; 탄허불교문화재단 어록편찬실(1997), 위의 책, pp.90~92.
42) 탄허불교문화재단 어록편찬실(1997), 위의 책, p.186.

불교 개념과 직접 연결되지도 않는다. 특히, 탄허가 출가의 직접적 계기로 본 금강산 유람의 '종교적 감흥설'은 김소하金素荷가 금강산 유람 이전에 한암이 이미 '인세무상'을 느꼈다거나 안덕암이 금강산에서 '느낀 바가 있어'라는 견해와 마찬가지로 전후의 맥락과 매끄럽게 연결되지 않는다.[43) 여기에는 혜거의 발언처럼 탄허 등 한암의 주변인들이 한암을 신격화한 측면도 유의되어야 한다.[44) 필자는 금강산의 '종교적 감흥'보다 집안의 가난과 결혼의 실패가 보다 중요한 한암의 출가 계기로 보지만, 불교적 관점에서 출가의 문제의식과 금강산 유람의 종교적 감흥은 출가의 동기로 긍정되는 여지로 남겨둔다.

3. 출가의 시기에 대한 검토

박재현과 고영섭의 위 주장에는 '반고씨 이전'의 문제의식에 대한 사실 여부와 13년이라는 그 지속성에 대한 의문이 있고, 궁극적으로 탄허 기록의 신빙성에 대한 고민이 저변에 깔려 있다. 이와 관련하여 주목되는 것은 바로 한암의 '22세 입산설'이다. 한암의 「연보」 1897년 불기 2924년(정유 22세, 만 21세) 조에는 "금강산 장안사에서 금월 행름 화상을 은사로 득도. 법명은 중원"[45)으로 간결하게 명기되어 있다.

---

43) 김소하, 「대도사 방한암 선사를 종정으로 마지며」, 『불교시보』72, 1941.7.15, p.3; 덕암, 「현대불교의 귀감이신 한암 대종사의 일생」, 『현대불교』, 1960.3.1, p.11.

44) 혜거와 김충렬은 탄허를 비롯한 주변의 스님 등이 한암을 신격화하였다고 회고하였다. 한암문도회·김광식(2006), 『그리운 스승 한암 스님』, p.206, p.258, p.354.

45) 『정본 한암일발록』상, p.497.

이는 바로 탄허가 제시한 1897년 한암의 '22세 출가설'이 탄허문도회나 오대산문의 정설로 인정되어 수용된 것으로, 절대 다수의 연구자들이 긍정하는 설이기도 하다.

1972년 권기종의 「한국 선학의 재출발 방한암」과 정광호(육산)의 「현대불교인열전 방한암」은 탄허가 주장한 문제의식과 금강산의 '종교적 충동'으로 '22세 출가설'이 반복되었고, 후자에는 이와 함께 약간의 부연 설명과 역사적 의미가 추가되었다.[46] 1984년 이재창의 「오대산의 맑은 연꽃 한암 스님」과 1985년 윤소암의 「방한암 스님」도 탄허의 견해를 벗어나지 못하였다.[47] 1995년 학계에서 처음으로 한암의 연구서 『방한암 선사』를 출간한 김호성도 '반고 이전의 면목'에 대한 의심을 '걸림돌'로 삼아 긍정하며 '22세 출가설'을 수용하였다.[48] 뿐만 아니라 1990년대 후반 이후, 한암의 연구가 본격화되면서 김광식,[49] 임혜봉,[50] 염중섭(자현)[51] 등도 모두 '22세 출가설'에 섰다. 일지

---

46) 권기종(1972), 「한국 선학의 재출발 방한암」, 『한국인물대계 9 현대의 인물』②, 박우사, pp.269~270; 육산, 〈현대불교인열전 방한암〉, 《대한불교》, 1972.9.17·9.24, p.3. 육산 정광호의 글은 〈한암 대선사〉, 《불교신문》, 1981.1.4에도 거의 동일하게 실려 있다.
47) 이재창(1984), 「오대산의 맑은 연꽃 한암 스님」, 『늘 깨어 있는 사람』, 홍사단출판부, pp.126~128; 윤소암, 「방한암 스님」, 『불교사상』23, 1985.10.1, pp.138~139.
48) 김호성(1995), 『방한암 선사』, pp.17~19.
49) 김광식(2006), 「한암 선사의 생애와 사상」, 『그리운 스승 한암 스님』, pp.19~20; 동(2015), 「한암과 만공의 동이, 그 행적에 나타난 불교관」, 『한암 선사 연구』, p.479; 동(2015), 「석전과 한암의 문제의식」, 『석전과 한암, 한국불교의 시대정신을 말하다』, 조계종출판사, p.191; 동(2016), 「용성과 한암의 행적에 나타난 정체성」, 『한암과 용성, 현대불교의 새벽을 비추다』, 쿠담북스, p.176. 그런데, 동, 『우리 시대의 큰스님』(인북스, 2015, p.108)에는 한암이 20세에 출가한 것으로 기술하고 있다.
50) 임혜봉(2010), 『종정열전』1, 문화문고, pp.256~258.
51) 염중섭(자현)(2015), 「석전과 한암을 통해 본 불교와 시대정신」, 『석전과 한암, 한

는 한암이 '1897년 21세 때'에 출가하였다고 기술하였지만[52] 1897년의 출가를 '만'으로 헤아린 것에 지나지 않으므로 같은 견해를 지지한 셈이다.[53] 다만, 박희승은 전거를 밝히지 않은 채 '23세 출가설'을 제시하였다.[54]

그러나 한암의 '1922년 출가설'에 섰던 고영섭도 박재현처럼 한암의 '22세 출가설'을 의심 없이 동의한 것은 아니다. 그는 「한암의 일발선」의 각주 8)에서, 『조선불교』 101호(1934.8) 「이케다[池田] 경무국장, 방한암 선사를 방문하다」에 나오는 야마시타 진이치[山下眞一]의 '9세 출가설'과 위에서 서술한 박재현의 의문점을 기술하였다. 그리고 조카 방진성의 파혼에 관한 회고와 조선불교에 대한 야마시타 진이치의 다양한 편견을 근거로 삼아 '9세 출가설'을 부정하였다. 요컨대 그는 '9세 출가설'에 비해 '22세 출가설'이 상대적으로 합당하다고 주장하였던 것이다.[55] 다만, 양자는 『한암일발록』의 '정본'을 보지 못하고 '수정증보판'을 연구하였으므로 '19세 출가설'을 검토하지 않았다.

사실 한암의 22세 출가설에도 의문의 여지가 적지 않다. 탄허의 두 글에는 '22세 출가설'을 뒷받침하는 전거가 제시되어 있지 않다. 물론 탄허가 아무런 근거 없이 비문이나 글을 작성하였을 리는 없겠지만, 현재까지 그 주변에 대해 근거가 명확하게 밝혀진 것은 한암의

국불교의 시대정신을 말하다』, 조계종출판사, p.47.
52) 다만 여기에는 한암이 출가한 연도가 '1987년'으로 오기되어 있다. 일지(2012), 『경허, 술에 취해 꽃밭에 누운 선승』, 민족사, p.177.
53) 김종두(혜명)(2015)는 「천태에서 본 한암 스님의 선사상」, 『석전과 한암, 한국불교의 시대정신을 말하다』, p.312에서 일지의 주장을 수용하여 '21세 출가설'을 주장하였다.
54) 박희승(2011), 『지암 이종욱』, 조계종출판사, p.109.
55) 고영섭(2015), 「한암의 일발선」, pp.148~150의 주 8) 참조.

조카 방문성과 방진성의 회고뿐이다.[56] 또한, 한암의 자전적 오도기인 〈일생패궐〉도 출가하고 2년 뒤인 1899년부터 시작된다. 그런데, 한암이 바로 이 해에 금강산 신계사에서 보조 국사의 『수심결』을 읽다가 몸이 떨리면서 마치 죽음이 당도한 것을 느껴 교학에서 참선으로 발심하였고, 청암사 수도암에서 경허의 『금강경』 법문을 듣고 1차 개오하였다.[57] 한암이 출가 후 2년 만에 1차 개오한 것은 당시 출가 이후 행자 생활이 대략 3년이라는 주장과 잘 부합하지 않는다.[58] 덧붙여, '반고 이전의 문제의식'이 발전하여 출가 이후에는 견진성의 발원에도 불구하고 공부의 무게 중심이 경전이었고, 어쩌면 이는 한암이 통도사 내원암에 머문 1910년까지 이어질 가능성도 있다.[59] 이는 참선을 중심으로 교학을 합일한 한암의 공부론에 논리성이 다소 떨어진다.

이제 「연보」에서 제3설로 제기된 한암의 '9세 출가설'을 살펴보자.[60] '9세 출가설'은 『조선불교』 101호(1934.8)호에 실린 강원도 경찰부장 야마시타 진이치의 「이케다[池田] 경무국장, 방한암 선사를 방문하다」에 언급된 것이다. 1934년 6월 9일 오후 조선총독부 경무국장 이케다 기요시가 상원사로 한암을 방문, 한 시간가량 대담하였다. 『조

---

56) 그마저도 '스무 살 무렵'의 결혼문제이다. 한암문도회·김광식(2006), 『그리운 스승 한암 스님』, pp.356~374.
57) 윤창화(2015), 「한암의 자전적 구도기 〈일생패궐〉」, 『한암 선사 연구』, pp.21~35: 『정본 한암일발록』상, pp.498~499. 다만 김호성은 『방한암 선사』 19쪽에서 이를 '발심'이 아니라 '초견성'으로 보았다.
58) 한암문도회·김광식(2006), 『그리운 스승 한암 스님』, p.71.
59) 박재현은 「연보」에 의한 한암의 통도사 내원암 조실설과 달리 〈일생패궐〉이나 동성과 현해의 주장에 따라 1904~1910년 한암의 '통도사 강사설'을 주장하였다. 박재현(2009), 『한국 근대불교의 타자들』, pp.100~101.
60) 『정본 한암일발록』상, p.498.

선불교』의 발행인이자 조선불교사의 사장 나카무라 겐지로[中村健次郎]가 함께 와서 통역하였고, 강원도 경찰부장 야마시타가 수행하면서 경무국장과 한암의 대화를 기록하였다.

> [경무]국장: 화상和尚은 이곳에 온 지 이제 몇 년이 되었습니까?
> 한암사漢巖師: 9년이 됩니다. 10년쯤 전 경성의 대수해가 있을 때(1925년의 수해를 가리킴)는 독도纛島(뚝섬) 건너편의 봉은사에 있었습니다.
> …
> 국장: 몇 살 때 승적僧籍에 들어갔습니까?
> 한암사: 9세 때 금강산 장안사에서 삭발하고, 그로부터 해인사, 통도사, 평북의 묘향산, 다시 통도사, 봉은사에서 각각 10년가량 있다가 이곳에 왔습니다.(각 사찰의 명칭은 기억나는 대로인지도 모른다.) …
> 응답하는 사이 한암사의 얼굴은 법열法悅의 색色이 빛나고 안광이 형형한 가운데에도 자비의 눈물이 반짝이는 것처럼 느껴졌다. 질박하고 어눌[朴訥]한 농촌[田舍]의 농부와도 같은 풍채에 누구도 넘보기 어려운 바에 감동되는 것은 9세부터 61세의 금일까지 50년도 넘는 오랫동안 수련의 결과가 아니고 무엇이랴![61]

그런데, 야마시타 진이치의 '9세 출가설'에 대해서는 고영섭처럼 「연보」도 의문을 제기하였다. 왜냐하면 9세 출가의 경우 한암이 뛰어난 유학적 실력과 문필을 수양할 연한이 크게 부족하기 때문이다. 이에 따라 「연보」는 '9세'를 '19세'의 오기로 보았다.[62] 필자도 '9세 출가설'에 비판적이다. 이는 탄허가 서술한 한암의 출가 과정이나 금강산 유람과 출가 후 발원과 너무 어긋나고 조카들의 회고와도 전혀 맞

---

61) 山下眞一, 「池田警務局長方漢巖禪師を訪ふ」, 『朝鮮佛敎』101, 1934.8.1, pp.4~5.
   여기서 야마시타가 말한 한암의 나이 '61세'는 사실 '59세'였다.
62) 『정본 한암일발록』상, p.498.

지 않는다. 특히 '9세 출가설'이 사실이라면 '반고 이전의 면목'에 대한 의심이 곧바로 그해의 출가로 이어져야 한다. 9세는 아마도 통번역이나 필기하는 과정에서 '19세'를 오기한 것으로 보이고,[63] '50년이넘는 수련 과정'은 오기된 '9세'에서 연역된 햇수로 판단된다. 또한, 한암이 해인사·통도사·묘향산·통도사·봉은사에서 각각 10년을 보냈다는 언급도 50년 수련 과정을 일률적으로 나눈 것이다. 이는 그 '대략'을 감안하더라도 그의 「연보」에 비해 정확도가 매우 떨어진다. 한암이 장기간 머물렀던 맹산의 우두암은 언급이 없는 반면에 봉은사주석은 사실 3년간에 불과하고 그 직전 통도사의 주석은 존재하지도않는다.[64]

한편 한암의 「연보」에는 제2설로 "'19세[출가]설'을 긍정적으로 생각해 볼 필요가 있다."[65]고 제안하였다. 그 근거로 제시된 것은 1941년 6월 6일자《매일신보》2면에 실린 〈종정에 방한암 노사〉와 1941년 7월 15일자 『불교시보』 72호에 실린 김소하金素荷의 「대도사大導師 방한암 선사를 종정으로 마지며」이다. 두 글은 모두 1941년 6월 5일 31본사 지주의 중앙임시종회에서 압도적으로 19표를 얻은 한암이 조계종 초대 종정에 당선된 사실을 전하는 기사이다. 여기서는 편의상 후자의 내용부터 살펴보겠다.

> 방한암 선사는 평남 맹산군의 출생으로 일즉히 유학에 정진하시드니, 인세人世의 무상을 늣기고 십구세 시에 금강산 장안사에 가서서 박금월 선사를 은사로 하여 득도得度하고 … 선사게서는 을축년에 광주 봉

---

63) 『정본 한암일발록』상, p.498.
64) 위의 책, pp.499~508.
65) 위의 책, pp.498~499.

은사 선실에 기시며 납자를 제접하시다가 거금距今 십칠 년 전에 강원도 평창군 오대산 상원사로 가서서 … 선사는 방금 육십육세의 기숙장로耆宿長老로서 사십칠년간을 수도하신 분이라.[66]

위의 기사는 한암이 종정에 선출된 뒤 한 달 이상이나 지난 뒤에 게재된 것이다. 한암이 종정의 자격이 충분함을 거론하는 가운데 금강산 유람 이전에 '인세의 무상'을 서술한 점은 앞서 언급한 대로이다.[67]

보다 중요한 전자는 한암의 종정 선출 소식을 그 다음날 전하면서 말미에 월정사 주지 지암智庵 이종욱李鍾郁의 인터뷰로 「중망 노프신 분」이 실렸다. "종정에 선임된 방한암 노사의 애제 월정사 주지 이종욱 씨는 기쁨에 넘치는 얼굴로 다음과 가티 말한다."

방 스님이야말로 우리 불교계에서 가장 중망이 노프신 어른이신 만큼 스님이 종정의 자리에 게신다면 우리 불교계의 압날은 새광명을 마지한 것과 다름이 업습니다. 스님은 금년에 예순 여섯이시고 월정사에 오시기는 한 이십 년 전입니다. 그 전에는 평남 맹산孟山의 우두암牛頭庵에서 수도하시엿고, 십구세 시의 득도하신 분으로 정말 도인이십니다.[68]

두루 알다시피 지암 이종욱과 한암의 관계는 매우 친밀하였다. 그는 1926년 봉은사에 주석하던 한암을 상원사로 초치하여 월정사의

66) 김소하, 「대도사 방한암 선사를 종정으로 마지며」, 『불교시보』72, 1941.7.15, p.3.
67) 다만 17년 전에 상원사로 이거하였다는 기술은 1925년을 의미하는 것으로 한암의 상원사 이거보다 1년이 빠르다. 졸고(2017), 「한암의 상원사 이거와 시기 검토」, 『정토학연구』28, 2017, pp.166~167.
68) 〈종정에 방한암 노사〉, 《매일신보》, 1942.6.6, p.2.

채무를 해결하며 '생불'로 받들었고, 1930년 이래 월정사의 주지로, 1941~1945년까지 종무총장으로 종정 한암을 직간접으로 모셨다. 이런 관계는 지암이 1950년 제2대 민의원에 당선되고 부산으로 피난할 때까지 이어졌다.[69] 한암과 밀접하였던 지암이 '19세 득도'를 밝힌 것은 매우 중요하고, 종정 선출 다음날에 게재된 점에서도 사료적 신빙성도 높다.[70]

그밖에 자료로는 1951년 10월에 속간된 주간 《불교신문》의 〈오호! 교정 방한암 대종사 열반〉이 있다.

> 고 교정 방한암 대종사는 단기 4209년(1876) 강원도 금화 출생으로서 십구세 시에 금강산 장안사에서 금월 화상에게 득도하고 그후 삼십사세 시에 평남 맹산군 우두암에서 십년을 단신으로 고행수도 하시다가 오십세 시에 오대산에 입산하였다는데, 향년 칠십육세, 법랍 58의라고 한다.[71]

이는 한암이 상원사에서 좌탈한 소식을 뒤늦게 알리면서 '19세 출가설'을 재확인한 것이다. 물론 여기에는 사실의 오해가 존재하지만,[72] 그 출가 시기는 '19세 득도'로 정확하게 표기되어 있다.

그 밖에 안덕암은 「현대불교의 귀감이신 한암 대종사의 일생」에서

---

69) 박희승(2011), 『지암 이종욱』, pp.320~324.
70) 다만, 인용문에서 언급된 "월정사에 오시기는 한 20년 전"은 대략적인 숫자이다. 한암이 수도산 봉은사에서 오대산 상원사로 이거한 것은 51세이던 1926년 5월 초순이므로 한암의 상원사 이거는 당시보다 16년 전이다. 졸고(2017), 「한암의 상원사 이거와 시기 검토」 참조.
71) 〈오호! 교정 방한암 대종사 열반〉, 《불교신문》, 1951.10.1, p.1.
72) 한암은 화천에서 출생하였고, 맹산 우두암에서 참선 수행은 36세부터 46세까지이며, 오대산 이거는 1926년이다. 『정본 한암일발록』상, p.496, pp.503~504; 졸고(2017), 「한암의 상원사 이거와 시기 검토」 참조.

애매한 '18세 출가설'을 제시하였다. 이는 탄허가 〈한암대종사부도비명〉을 찬술한 이듬해인 1960년 3월《현대불교》에 '교계지도자열전'으로 발표된 글이다.

> 거금距今 칠십팔년 전 계미癸未 삼월이십육일, 평남 맹산지방에서 출생하여 오세부터 한문사숙에서 십년 동안 사서삼경의 원형이정元亨利貞 인의지도人義之道를 섭렵한 뒤 십팔세 경자庚子에 취혼聚[娶]婚하셨다. 그해 여름 표연히 봉래풍악蓬萊楓嶽의 원화동천元化洞天을 찾아 요산요수의 시정詩情을 도을려 만이천봉의 명승을 두루 유람하면서 대소 사암을 역방歷訪하다가 크게 느낀 바 있어 그대로 환가還家치 않고 축발祝髮을 결행하였다. 내금강 장안사 금월 화상을 은사로 출가득도.[73]

이 자료는 한암의 일생과 관련하여 의문점이 많지만,[74] 필자는 여기서 '18세 입산'을 주목한다. 안덕암의 주장은, 외견상 '18세 출가설'로 보이지만 정확하게 득도한 연도가 명기되어 있지 않다. 즉, 입산은 18세이지만, 19세 출가를 부정하기도 애매하다. 그러나 '18세 입산설'이라고 하더라도 '22세 출가설'보다 '19세 출가설'과 상대적으로 가깝다는 점에서 그 의미는 적지 않다.

이상에서 안덕암의 글을 제외하면 '19세 출가설'을 뒷받침하는 자료는 모두 1941년이나 1951년의 자료로 그 시기가 탄허의 글보다 8~18년이나 빠르고 그 종류도 많다. 뿐만 아니라 이종욱은 탄허보다 먼저 한암과 관련을 맺고 종무를 긴밀하게 협의한 인물로 발언 당시

---

73) 덕암, 「현대불교의 귀감이신 한암 대종사의 일생」, 『현대불교』, 1960.3.1, p.11. "蓬萊楓岳元化洞天"은 양사언楊士彦이 금강산 만폭동에 새긴 초서 문구이다.
74) 한암의 「연보」와 비교하면, 출생한 '계미'는 '병자'의 오기이고 그 월일은 확인이 불가능하며 경자에 한암은 25세였다.

의 신빙성도 보다 높을 것으로 추정된다. 그러므로 현재의 시점에서 필자는 탄허의 '1897년 22세 출가설'보다 '1894년 19세 출가설'이 보다 합당하다고 주장한다. 또한, '1894년 19세 출가설'은 정황상 1899년 24세의 한암이 참선으로의 발심과 뒤이은 청암사 수도원의 1차 개오도 행자 기간을 포함하여 합리적인 5년으로 설명된다. 다만, 이상에는 모두 신문의 보도 성격도 잔존하므로 추가 자료의 발굴이 수반되어야 한다.

4. 구도 진각求道眞覺의 출가관과 세속관世俗觀

한암은 출가한 승려에게 지속적으로 세속이나 세간사에 연연하지 말고 수행할 것을 강조하였다. 평생 청정승행을 추구한 한암은 승려들을 경계하려는 목적으로 「계잠戒箴」을 지었다. 그 '선정팔법' 가운데 5개의 조목은 세속과의 인연을 경계한 것이었다. 1. 항상 절에 머물면서 고요히 앉아 사유할 것, 3. 바깥 세계에 대하여 탐착하지 말 것, 4. 몸과 마음에 모든 영화로움과 호사스러움을 버릴 것, 5. 음식에 대하여 욕심 내지 말 것, 6. 밖으로 반연처攀緣處를 두지 말 것 등이다.[75] 여기서 1조는 세속과의 경계를 두라는 소극적 의미이고, 나머지는 모두 세속과의 인연을 단절하라는 적극적 주문이다.

또한, 「수행의 지침」에서도 "연꽃에 물이 묻지 않는 것처럼 세간사에 집착하지 말라."는 내용이 제일 먼저 거론되었다.[76] 한암이 부처님

---

75) 『정본 한암일발록』상, pp.132~134.
76) 위의 책, pp.136~138.

탁자 밑에서 중노릇 잘할 것을 강조하고 절대로 다른 생각을 갖고 그곳을 떠나지 말라고 주의한 발언[77]도 위에서 언급한 '선정팔법'의 1조와 맥락을 같이 한다.

세속과 세간사에 대한 애착을 끊으라는 한암의 경계는 애송愛誦한 「한산시초」에서도 찾아볼 수 있다. "내가 출가 승려 살펴보니, 출가자의 배움에 들어가지 않네. … 한심하도다! 부질없는 사람들, 덧없이 언제 마칠고? 날마다 한가한 때 없고, 해마다 저절로 늙어가네. 모두 의식衣食 구하기 위해, 마음에 번뇌 일으키네. 번거로이 천백 년 동안, 삼악도三惡道를 넘나드네."[78]

한암이 화산에게 준 글도 동일한 내용이다. "말세 비구는 몸은 사문같이 하지만 마음은 부끄러운 생각도 없고, 몸에는 법의를 입었지만 세속사를 생각하고, 입으로만 경전을 외우고 생각은 탐욕으로 꽉 차고, 낮에는 명리에 참하고 밤에는 애착에 참하고, 겉으로는 계행을 지키지만 안으로는 몰래 범하고 있어, 항상 세상의 일을 경영해 영원히 나올 것을 잊어버려, 망상에 치우치고 바른 정진을 다 떨쳐 버린다."[79]

이러한 한암의 수행 모습은 1929년 상원사를 찾은 일본인 승려 소마 쇼에이[相馬勝英]의 눈에도 감동적으로 비쳤다. "선사는, 부처님의 가르침에는 결코 어긋남이 없다고 할 만큼 신앙을 강고하게 지녔다.

---

77) 한암문도회·김광식(2006), 『그리운 스승 한암 스님』, pp.64~66.
78) 진정한 출가자는 이와 달랐다. "마음이 청정하여 얽매임이 없는 것. 맑고 맑아 현묘함이 없고 여여하여 의탁함도 없네. 삼계三界를 멋대로 종횡하고 사생四生에 머물지도 않네. 무위하여 하릴없는 사람 소요하며 실로 즐거워라!" 『정본 한암일발록』하, pp.54~57.
79) 화산은 이를 말세의 비구상을 예언한 것으로 단정하였다. 한암문도회·김광식(2006), 『그리운 스승 한암 스님』, pp.101~102.

따라서 지계를 지키는 것은 실로 엄중한 것이었다. '계를 지킬 수 없는 자는 출가득도자出家得道者라고 말할 수 없다. 파계승은 속인보다 못하다.'라고 항상 가르친 것이었다. 이 선사의 슬하에서 참선하는 자는 물론 선사의 한 말씀도 빠뜨리지 않고 지키는 일에 정진하고 있다. … 출가자는 사욕을 떠난 사람이다. 신자로부터 오는 어떤 과일 등을 받으면 아무리 적은 것이라도 대중들에게 분배하여 평등하게 받들었던 것이다. 이는 선사 또한 저희들과도 구별이 없어서 참으로 출가의 진면목을 발휘한 것이다."[80]

한암의 상좌 조용명은 이러한 한암의 모습을 '본분종사本分宗師의 품격'으로 규정하였다. "처음 찾아오시는 분이 있어도 그저 아무 말이 없었다. … 담소가 일체 없다. 세속이 어떻게 돌아가는지 일체 말이 없었다. 혹 무엇인가를 갖다 드리면 '뭐 괜시리 이런 걸 왜 가져왔어요.' 이 한마디뿐이다. 고맙다, 또는 미안하다, 아무런 말이 없다. 정말 청산과 같은 분이었고 오로지 도만을 마음에 두었을 뿐, 딴것이 전혀 없는 본분종사의 품격이 이런 것이 아닌가 생각이 든다."[81] 한암이 참선과 함께 지계를 강조한 것은 '선계합일禪戒合一'이라는 연구도 있다.[82]

이와 관련하여 비구니 진관이 전하는, "공부를 하는 데도 화롯불의 재를 들쑤셔봐서 불씨가 하나도 없이 다 꺼진 재라야 된다."는 한암의 '꺼진 재와 불씨론'도 주목된다. 비유하자면, 이는 중노릇을 하는 데에 화로의 꺼진 재에 조그만 불씨라도 남아 있으면 다시 불이

---

80) 相馬勝英, 「方寒巖禪師をたづねて」, 『朝鮮佛敎』87, 1933.4.1, pp.17~19.
81) 조용명, 「노사의 운수시절 우리 스님 한암 스님」, 『불광』68, 1980.6, pp.58~59.
82) 염중섭(자현)(2015), 「〈계잠〉의 분석을 통한 한암의 선계일치적 관점」, 『대각사상』23, 참조.

살아나므로 완전히 식은 재라야 제대로 공부라 할 수 있다는 논리이다. 이에 대해 진관은 은사 인홍과 중노릇하려면 마음을 비우고 하심下心해야 한다는 뜻으로 해석하였다.[83] 한암의 '꺼진 재와 불씨론'은 '하심'으로 해석해도 좋지만, 인간의 모든 욕망과 번뇌를 여의는 것으로 속세나 세간사와의 인연과 단절하라는 공부론도 포함되었을 것이다.

실제로 한암은 출가한 동생 방우일과 자주 접촉하지도 않았다.[84] 또한, 한암은 조카 원혜[방문성]에게 세속에서 말하는 친족이라거나 피붙이라는 의식도 거의 없었다. 그는 한암의 조카였지만 특별한 대접은 일체 없었다고 단언하였다. "제가 한암 스님과는 가깝다면 가까운 피붙이가 아닙니까? 그런데도 한 번도 사석에 앉은 적이 없어요. 봐준다면 문제가 될 수도 있겠지요. … 제가 지금도 느끼는 것은 절처럼 평등주의가 발달한 데가 없다는 생각입니다. 절은 철저한 민주주의로 움직이고 있었습니다. 내가 종정이면 종정이지, 종정의 피붙이가 무슨 말이 있느냐는 식이지. … 이 양반은 절대 그런 것 없어요."[85] 이처럼 한암은 조카 방문성과의 혈족 관계마저 추구하지 않았다.

이러한 언급은 현종 거사가 전하는 한암과 손상좌인 만화 희찬과의 문답에도 전한다. 한암은 만화 희찬에게 『초발심자경문』에 나오는 '사문沙門'과 '출가出家'의 의미를 물었다. 이에 희찬은 "마음 가운데 애愛를 여읨을 사문이라 하고 세속世俗을 생각하지 않음을 출가"라

83) 한암문도회·김광식(2006), 『그리운 스승 한암 스님』, pp.321~322.
84) 한암문도회·김광식(2006), 위의 책, p.393.
85) 한암문도회·김광식(2006), 의의 책, pp.357~358, pp.370~371. 다만 한암이 강릉 보통학교에 다닌 조카 방진성의 하숙비와 월사금을 보내주었고 정희도가 방문성과 함께 오면 과자나 사탕을 주었다. p.389.

고 답변하였다. 이에 한암은 "입과 생각, 글로만 알고 실행하지 않는 것은 문자에 얽매임이고 참 내용을 바로 알고 실행함이 선가禪家의 법"이라고 언급하였다. 삭발과 염의는 출가승의 겉모양에 불과하고, 진정한 마음으로 부모 형제 등의 권속을 여의고 부귀 명예와 같은 세속적인 것을 모두 버려야 한다는 것이다. 이는 바로 진정으로 중노릇 잘하는 방법이라는 법문이었다.[86] 그 영향인지는 몰라도 희찬은 막내동생인 인보에게 별도로 이익이나 은택을 베풀지 않았고 상좌보다 더욱 엄격하고 냉정하게 대하였다. 이에 대해 인보는 섭섭하다고 느낄 정도였다.[87]

한편, 한암은 출가 지원자나 초보 납자들에게 구도의 목표를 제시하고 권유하였다. 중국에서 귀국한 동성은 금강산 보덕굴에서 스님과 대화하면서 한국 최고의 도인이 한암이라는 것을 알고 오대산 상원사로 갔다. 한암이 집이 어디고 왜 왔는가를 묻자, 동성은 그 스님에게 들은 것, 즉 "'부모로부터 태어나오기 전에 어디서 왔는가?'를 알 수 없어서 스님께 여쭙기 위해 왔습니다."라고 대답하였다. "한암 스님께서 가까이 오라고 하시더니, 내 귀에다 대고 크게 소리를 지르시더라고. '알겠느냐?' 하시면서. 나는 '모르겠습니다.'고 하였지. 한암 스님이 '허 둔한 사람이군. 나가거라.' 하셨지."[88] 동성이 한암에게 출가할 무렵에 나눈 이 대화는 말할 것도 없이 부모미생지전의 본래 근원을 고민하게 하는 화두였다.

불가의 진리를 위한 근원적 접근은 비구니에게도 동일하게 권유되

86) 월정사·김광식 엮음(2011), 『오대산의 버팀목』, 오대산 월정사, pp.534~535.
87) 원행(2017), 『만화 희찬 스님 시봉 이야기』, 에세이스트사, p.271.
88) 한암문도회·김광식(2006), 『그리운 스승 한암 스님』, pp.154~155.

었다. 경희는 절에 가서 밥을 세 번만 먹으면 병이 낫는다는 외조모의 말씀을 듣고 14세에 이모인 본공을 따라 상원사에서 한암을 만났다. 한암은 상원사에 온 이유를 묻자, 경희는 '피병장수'로 대답하였다. 그때 한암은 "그러면 내가 영원히 안 아픈 것을 가르쳐 준다."고 말하였다. 한암의 선을 계승한 것으로 평가되는 은사 보문도 비슷한 방법으로 경희를 인도하였다. 보문은 잣 한 바가지를 주면서 혼자 입으로 까서 다 먹게 하자, 경희는 딱딱한 잣을 어떻게 까서 다 먹느냐고 반문하였다. 이에 보문은 "그것을 까서 먹는 힘을 키워야 한다."고 언급하였다.[89] 양자의 대화가 모두 처음 출가하려는 자에게 영원한 불도의 진리를 깨치라는 것임은 말할 필요도 없다.

월정사 지장암에서 수행하는 비구니들에게도 한암의 구도적 출가관은 영향을 미쳤다. 뇌묵이 출가할 즈음에 "지장암에서 살다가 나갈 수도 있느냐?"고 묻자 입승인 봉업이 도감인 인홍에게 "강릉 아가씨가 여기서 살다가 왔다 갔다 해도 되느냐?"고 여쭈었다. 그러자 인홍이 대뜸 "여기서 뭐? 그런 말이 어디 있노?" 하면서 뒤뜰로 데리고 갔다. 뇌묵이 여기서는 무엇을 하느냐고 묻자, 인홍은 이곳이 중생을 편안하게 해 주는 공부를 하는 곳이라고 답하였다.[90] 여기에도 세속과의 인연을 끊고 부처님의 진리를 깨달아 중생을 구제한다는 의미의 출가가 권장되었다.

덧붙여 처음 출가한 경우는 아니지만, 삼본산승려연합수련소에 온 승려도 한암은 동일한 방식으로 제접하였다. 의병의 손자로 민족의식이 매우 강한 설산은 1년 과정을 마치고 보경을 따라 조실인 한암의

---

89) 한암문도회·김광식(2006), 『그리운 스승 한암 스님』, pp.292~295.
90) 한암문도회·김광식(2006), 위의 책, pp.276~277.

방으로 들어갔다. 한암이 용수좌는 무엇을 하였느냐고 묻자, 설산은 밥을 먹고 잠을 잤다고 답변하였다. "스님께서 갑자기 '무엇이 밥을 먹고 잠을 잤는가?'라고 물으셨어요. 그래 '저는 잘 알지 못하겠습니다.' 하니 스님은 '무엇이 밥을 먹고 잠을 잤는가? 나가거라.'라고 하셨어요. 이것은 저에게 '시심마' '이 뭐꼬'를 질문한 것인데, 저는 답변하지 못하여 그 후에는 늘 마음에 새기려고 노력하였지요."[91] 화산이 참선의 점검을 위해 한암을 찾아 대화한 '성품자리론'도 동일한 접근이지만, 다소 높은 수준의 법거량이었다.[92]

그런데, 다른 한편으로 한암은 출가한 승려에게 참선을 통한 구도의 방법이나 진각과 관련하여 일상에서의 소란함과 고요함, 도시나 산중을 이분하지 말고 초월할 것을 강조하였다. 그는, '선문답 10조'의 답에서도 "대저 일상생활 속에서 살피고 살피는 것이 반조가 아니겠는가?"[93]라고 언급하였다. 또한 각자가 열심히 좌선, 간경, 염불 등을 착실하게 실행한다면 장소는 문제가 되지 않는다.

> [그] 장소가 도시든 산중이든 간에 보아주는 사람이 한 사람이든 두 사람이든 간에, 그리고 보아주는 사람이 많든 적든 간에 반드시 동조자가 나타나리라고 믿습니다. … 항상 실천 수행을 잊지 않고 염두에 둔다면 앉아 있는 곳, 누워 있는 곳, 장소와 때를 가리지 않고 실천 수행을 할 수 있습니다. … 선 그 자체의 본질은 결심하여 실행하면 저절로 알아지는 것입니다.[94]

91) 한암문도회·김광식(2006), 앞의 책, p.128.
92) 한암문도회·김광식(2006), 위의 책, pp.94~97.
93) 『정본 한암일발록』상, p.167, p.171.
94) 方漢巖(1996), 「佛教は實行にあり」, 『韓國近現代佛教資料全集』64, 민족사, pp.234~235.

이는 전통불교를 수호하기 위해 참선 수행을 노래한 「참선곡」에도 나타난다. "띠집 토굴 깊은 곳과 사람 많고 시끄러운 곳에 인연 따라 자재하며 지혜검 날을 세워 오욕팔풍五欲八風 순역경계逆順境界 봄눈같이 사라지고 불성계주佛性戒珠 심지인心地印은 추월秋月같이 새로워라."95)

한암이 출가자에게 구도 진각을 권유하는 대표적 사례는 탄허에게 보낸 답서에도 보인다.96) 탄허는 입산하기 2년 전 한암에게 자신의 기국器局과 수학 정도, 그 가운데의 허물과 폐단에 더하여 가루家累와 외문外門의 인욕으로 민둥산처럼 황폐화되었음을 아뢰고, 성인이나 도인이 되어 청복을 받기 위해 한암에게 노장의 수학과 함께 궁극적 도를 깨우쳐주기를 청하는 편지를 보냈다.97) 이에 한암은 탄허의 구도에 대한 정성과 입지를 칭찬하고는 불도의 진각을 제시하였다.

> 본래 도道란 천진하고도 방소方所가 없어 실로 배울 수가 없다. 만일 도를 배우는 데에 실정을 둔다면 도리어 도에 미혹되나니, 단지 사람을 대하는 데에 한결같이 진실을 생각할[一念眞實] 뿐이다. 또한 누가 도를 모르리오만은 알면서도 실천하지 않으므로 도가 저절로 사람에게서 멀어진다. 옛날에 … 조과 선사鳥窠禪師가 "모든 나쁜 짓을 하지 말고 착한 일을 행하라." … 이 말은 비록 천근淺近한 것 같으나 그 가운데에 저대로 심묘深妙한 도리가 있다. 심묘함은 본래 천근한 가운데를 떠나지 않으니, 굳이 시끄러움을 버리고 고요함을 구하며 속됨을 버리고 진실로 나아갈 필요가 없다. 매양 시끄러움에서 고요함을 구하

---

95) 『정본 한암일발록』상, p.249, pp.255~256.
96) 탄허가 구도 입산한 궤적이나 보천교와 관련한 출가 배경은 졸고(2013), 「탄허의 전통 학술 수학과 구도 입산의 궤적」, 『한국불교학』66, 2013 ; 동(2016), 「한암 중원과 탄허 택성의 불연-탄허의 출가 배경-」, 『한국불교학』79, 참조.
97) 『탄허 대종사 연보』, pp.34~36.

고 속됨에서 진실을 찾아 추구하여, [마침내] 찾아서 추구할 수도 없고 찾을 수도 없는 경지에 이른다. 그러면, 자연히 시끄러움이 시끄러움이 아니요, 고요함이 고요함이 아니며, 속됨이 속됨이 아니고, 진실이 진실이 아니다. 그러므로 갑자기 [깨달아] 땅이 꺼지고 끊어지느니라.[98]

위의 인용문은 진실을 일념으로 삼아 실천하면, 천근한 가운데에 시끄러움과 고요함, 세속과 탈속, 진실과 비진실을 초월하여 '진각'에 이른다는 것이다. 다시 말하면 도란 공부하거나 배우려면 미혹되어 도달하지 못하지만, 진실 일념으로 '참선'을 하면 '진각'에 이른다는 것이다.

특히 한암은 도시와 산중, 소란함과 고요함을 초월하면서도 전자의 일상생활에서 터득하는 힘이 보다 크다고 주장하였다. 즉, 득도의 큰 힘이란 고요한 곳보다 시끄러운 가운데 얻는다는 것이다. "시끄러운 가운데 힘을 얻는 것이 고요한 가운데서 힘을 얻는 것보다 더 미더우니, 사무를 보는 틈틈이 항상 적정행寂靜行을 닦아서 부단히 노력해야 한다. … 시끄러운 가운데 화두 공부가 수승해지는 것이 가장 중요하다는 것을 알아야 한다. … 고해는 끝이 없다. 그러므로 이 사바세계에서 마음을 돌이키라."[99] 이는 바로 행주좌와行住坐臥나 사무를 보는 일상생활에서 참선을 통한 불도의 깨침을 강조한 것이다.

심지어 한암은 속세에서도 재가자가 승려처럼 참선을 통하여 불도를 이룰 수 있다고 보고 속가 제자인 조창환에게 '재가적在家的 득력得力'을 강조하였다.

---

98) 『정본 한암일발록』상, pp.342~344.
99) 위의 책, pp.136~138.

우리나라에 불법이 들어온 이후에 재가자와 출가자를 막론하고 참선하여 도를 깨친 사람은 무수히 많습니다. 꼭 부처님 앞에서 참선해야만 되는 것이 아닙니다. 오히려 사무를 보는 복잡한 가운데에서 득력하는 것이 적정寂靜한 곳에서 득력하는 것보다 10만 억 배나 더 힘이 있는 것입니다. 문제는 오로지 당사자의 신심이 얼마나 견고한가? 그것이 관건입니다.[100]

이는 고요한 산사의 부처님 앞에서 참선하는 것보다 세간의 복잡한 실제 현장에서 참선 득력하여 불도를 깨치는 것이 보다 강력하다는 것이다. 이상 한암의 참선 이론에는 보조 국사 지눌의 영향이 크다.[101]

1943년 조계종 종무원 간부와 그 기관지 『(신)불교』의 편집장 장도환張道煥 등이 종정인 한암을 배알拜謁하고 종무를 협의하기 위해 상원사를 방문하였다. 이때 한암은 "세간법 출세간법 내 모두 모르나니"라는 달마의 법구를 읊고는 "(육조가) 나는 불법을 모른다."고 한 것처럼 "나(한암)도 과연 그러하니, 이 때문에 세간과 출세간을 모르고 모릅니다."라고 언급하였다.[102] 한암의 선사상은 필자의 능력 밖이지만, 일단 불식不識의 법문이 세간과 출세간 모두를 초월한다고 해석해둔다. 비구니 뇌묵은 한암을 원만한 도인이라고 하면서 "불가와

100) 앞의 책, pp.상, 369~370.
101) 한암의 참선과 개오에는 지눌의 영향이 매우 크다. 지눌의 『수심결』을 읽다가 참선으로 발심한 그는 제일 요긴한 조사의 책으로 대혜의 『서장』과 보조의 『절요』 『간화결의』를 들었다. 『정본 한암일발록』상, p.278. 특히 이러한 참선론은 1198년 지눌이 지리산 상무주암에서 대혜 종고의 『어록』을 읽다가 깨우친 내용과 거의 동일하다. 보조사상연구원(1989), 「승평부조계산수선사불일보조국사비명」, 『보조전서』, 불일출판사, p.420.
102) 『정본 한암일발록』상하, pp.130~131, p.111.

세속에서도 전혀 걸림이 없는, 통달한 인간"으로 평가하였다."[103] 이제 출가수행에서 터부시되던 속세나 세간사는 부정을 거친 긍정의 초월로 통합되는 출가관에 이른다.

5. 맺음말

이상에서 필자는, 먼저 한암이 9세에 품은 '반고 이전 면목'의 문제의식이나 '금강산 감흥'이라는 출가의 핵심 동기를 살펴 학계에서 정설로 인정된 '탄허의 한암 출가설'을 비판적으로 접근하였다. 나아가 탄허에서 비롯된 학계의 정설로 한암 '22세 출가설'을 검토하고 '9세 출가설'을 부정한 다음, 1940~1950년대의 사료를 중심으로 한암의 '19세 출가설(1894)'을 제안하였다.

그리고 한암이 수행하는 과정에서 제자들에게 세속이나 세간사의 절연과 지계를 강조하고 참선을 통한 근원적 접근으로 구도 진각을 권유하였지만, 산사나 산중의 고요한 곳에서보다 행주좌와나 일상의 집안에서, 혹은 사무 보는 생활에서의 득력을 중시하였다. 여기에는 구도 진각의 명확한 목적, 승려의 본분과 청정 지계를 강조한 율사의 면모, 참선을 중시한 학술수행관 등 한암의 출가관이 잘 나타나 있다.

과제로는 '1894년 19세 출가설'을 보강하는 동시에 한암 「연보」의 출가 기록을 수정하는 작업이 이루어져야 한다. 우선 한암의 출가와

---

103) 한암문도회·김광식(2006), 『그리운 스승 한암 스님』, p.288.

관련된 자료의 추가 발굴이 이루어진 다음 자료의 세밀한 검토를 바탕으로 한암의 「연보」를 수정하는 일이 수반되어야 한다. 또한, 출가와 세속의 엄격한 구분은 영원히 평행한 것도 아니고 현실적으로도 불가능한 것이다. 승려가 속가의 부모에게 효도하는 것도 『부모은중경』에서처럼 긍정적이고, 사찰의 운영과 유지에도 세속사는 밀접하다. 특히, '상구보리하화중생'을 강조하는 대승불교에서 세속과 분리된 승려와 사찰은 사실 그 존재 의미마저 희석될 수 있다. 본고는 한암의 사례를 중심으로 출가 직후의 수행기를 중심으로 세속관과 출가관을 고찰한 것이고, 수행한 출가자가 득도한 다음 현실사회에 대한 관점과 참여에 대해서는 별도의 연구가 필요하다. 덧붙여 필자는 한암의 출가 과정과 구도 진각의 출가관을 고찰한 것에 지나지 않으므로 한암의 구체적인 선사상에 대해서 제방의 가르침을 기다린다.

한암이 청정 지계나 탈속을 강조하면서도 일상생활 가운데 참선을 중시하여 동정動靜과 장소를 가리지 않거나 세속과 탈속마저 초월하여 구도 진각을 추구하는 논리는 현재 조계종의 출가 문제나 수행과 관련하여 음미할 여지가 크다. 왜냐하면, 한암의 출가세속관은 다양하고 복잡한 한국의 현실사회에서 실제로 수행할 수 있는 가능성을 확대하기 때문이다. 한암이 승가오칙 가운데 하나라도 잘할 것을 강조하거나 대중화합을 중시하는 논리나[104] 온건한 정화운동론도 이와 관련되어 있다.[105]

이런 논리는 한암의 자비와 결합하여 세속과 탈속의 경계를 완화

---

104) 한암문도회·김광식(2006), 『그리운 스승 한암 스님』, p.83.
105) 한암의 온건적 합리적 정화운동론은 한암문도회·김광식(2006), 위의 책, p.84, p.119, p.200 참조.

시킨다. 제자 탄허와 보문의 정화운동론도 거의 동일하다.[106] 탄허는 생활 속 한순간이나 세간에서 진리를 찾아 참선으로 '향상일로向上一路'하거나 승속불분僧俗不分의 거사불교를 긍정하였다.[107] 보문도 일상생활을 법문으로 삼거나 시민선방을 모색하였다.[108] 물론 여기에는 한암이 추진한 승가교육의 영향도 있을 것이다. 현행 월정사의 단기출가학교는 실로 이와 관련된다. 세속과 탈속의 양면성을 적절하게 구분하면서도 초월하여 조화시키는 일은 오대산문뿐만 아니라 조계종의 출가나 수행과 관련된 중요 과제이기도 하다.

---

106) 근기의 접근과 경권經權의 조화를 강조한 탄허는 이권적인 대처투쟁론보다 교육으로 승려의 수준을 높이자고 주장하였다. 김탄허(1980), 『부처님이 계신다면』, p.130, p.210, pp.256~257; 탄허불교문화재단 어록편찬실(1997), 『피안으로 이끄는 사자후』, pp.225~226, p.235. 보문은 대구 지역 불교정화사업에 대해 일언반구하지 않고 수행에 전념하였고 '정화'를 '망화亡化'로 보았다. 보문문도회·김광식(2006), 『보문 선사』, p.98, p.133.
107) 탄허는 "세간을 여의고 보리를 찾으면 마치 토끼뿔을 구하는 것과 같다."고도 주장하였다. 김탄허(1980), 『부처님이 계신다면』, p.50, p.215; 김광식(2010), 『기록으로 본 탄허 대종사』, 탄허불교문화재단, p.194, pp.275~276; 월정사 김광식 엮음, 『방산굴의 무영수』(상하), 오대산 월정사, 2013, p.205, p.248, p.317.
108) 보문문도회·김광식(2006), 『보문 선사』, p.41, p.134.

Ⅱ. 한암과 통도사 내원암

[Abstract]

Han-Am and Naewonam Hermitage of Tongdo Temple

The aim of this paper is to study Han-Am who joined the Buddhist monastery, the Naewonam Hermitage of Tongdo Temple, from 1904 to 1910. The background of this study was the Zen Meditation Resolution of Han-Am and the Zen Inspiration Movement of Gyeong-Heo in Gyeongnam Province. In the fall of 1899, Han-Am met Gyeong-Heo in the Sudoam Hermitage of Cheongam Temple, which was Gyeon-Heo's monastery for teaching Zen meditation. Afterward, following

Gyeong-Heo from the Haein Temple, Han-Am stayed and devoted himself to the Buddhist study in the Baegunam Hermitage of Tongdo Temple twice in 1900 and 1901. In the spring of 1904, He moved to and joined in the Naewonam Hermitage of Tongdo Temple until 1910. The pressing need for Ham-Am was the treatment of his illness. Seok-dam, known for keeping the right way, in his mid-forties and being financially affluent, who resided in the Naewon Hermitage, sought to become Zen Master. By request of Seok-dam, Han-Am invited him to the Beopeun Temple and treated his illness with the fields and paddies taking from him. The idea and Buddhist way of Doban Seol-woo were examined in this paper. Even though his designation was the Chief Monk, the idea of role of Han-Am as teaching monk was presented rather than the idea of the Chief Monk of the Naewon Zen Hermitage in the paper. In particular, the viewpoint of Zen Teaching of Han-Am was noted for its content. Han-Am established his own viewpoint of Zen Teaching, the Zen Meditation with Zen Teaching combining the teaching of Zen with the research of Zen. Later this idea became the fundamental element of Han-Am's Zen Teaching.

Key Words: Han-Am, Gyeong-Heo, Seok-dam, Seol-woo, Naewonam Hermitage of Tongdo Temple, The idea of Teaching Monk, Viewpoint of Zen Teaching.

1. 머리말

일반적으로 수행기의 승려들은 사찰과 암자라는 특정의 수행공간을 중시하지 않는다. 이는 불도를 깨치기 위해 교학이나 참선을 통한 구도적 수행이 강조되고 참다운 스승을 찾아다니는 운수행각[만행], 심지어 시절인연을 긍정하는 풍조와 관련된다. 그렇다고 사암과 승려의 관계가 무의미한 것은 아니다. 그 공간은 승려의 오도뿐만 아니라 그 이후 보림과 중생교화에서의 의미와 함께 수행이나 해오의 과정에서 맺은 인연이 일생을 관통하는 곳이다. 한암漢巖(1876~1951)의 경우, 전자는 만년의 26년을 보낸 오대산 상원사이지만,[1] 후자로는 통도사와 그 말사인 내원암이 거론된다.

한암에게 통도사와 내원암은 상원사에 버금가는 사암이다. 통도사는 한암이 경허의 지도 아래 정진하다 2차 오도한 곳이다. 통도사에서의 안거나 만행을 제외하고 내원암의 주석 기간도 1904년 봄부터 1910년 봄까지 만 6년이다. 이는 10년 동안 홀로 수행하다 최종 오도한 맹산 우두암의 경우보다 짧지만 2~3년에 지나지 않은 건봉사나 봉은사의 조실보다 훨씬 길다. 한암이 통도사 내원암에서 맺은 승려들과의 인연도 일생 동안 이어졌다. 그는 김성해金聖海(법명 남거南巨, 1854~1927)의 사제인 손석담孫石潭(법명 유성有性, ?~1934)을 법사로 맞이하였고,[2] 이에 따라 사형제가 된 김구하金九河(법명 천보天輔,

---

1) 졸고(2017), 「한암의 상원사 이거와 시기 검토」, 『정토학연구』28 참조.
2) 역주 석명정(1984), 『화중연화소식』, 미진사, p.36; 이재창(1989), 「오대산의 맑은 연꽃 한암 스님」, 『늘 깨어 있는 사람』, 홍사단출판부, p.137; 윤창화(2015), 「한암선사의 서간문 고찰」, 『한암 선사 연구』, 민족사, p.206; 영축총림 통도사(2010),

1872~1965), 김경봉金鏡峰(법명 정석靖錫, 1892~1982) 등 영축문도들과 깊이 교류하였으며, 통도사 강백 오해련吳海蓮(법명 영철英喆)을 첫 상좌로 거두었다. 한암이 통도사를 '고향'처럼 여겼다는 전언이 있고, 1949년 불출동구의 신념을 버리고 상원사를 떠나 유일하게 이거를 고민한 것도 통도사였다.[3] 물론 통도사와 상원사는 모두 신라시대의 자장이 개창한 고찰이자 적멸보궁을 수호하고 계율을 강조하는 역사 환경도 있지만, 한암과 통도사의 관계를 배제할 수 없을 것이다.

그럼에도 불구하고 한암은 경허와 달리 석담과의 관계를 경봉에게 보낸 편지 이외에 공개적으로 언급하거나 선양하지 않았고,[4] 자전적 구도기 〈일생패궐〉에서 내원암 주석 시절을 부정적으로 평가하며 석담을 언급하지 않았다.[5] 또한, 『축산 구하 대종사 민족불교운동 사료집』에 일부 산견된 자료를 제외하면 서해담徐海曇(법명 치익致益, 1862~1942)의 『증곡집』이나 통도사의 공간자료에도 보이지 않는다.

『영축총림 통도사 근현대불교사』상, 영축총림 통도사, p.127; 경봉문도회(2020), 『삼소굴 법향』, 통도사 극락암, p.238; 김현준(2011), 『바보가 되거라』, 효림, p.81. 김호성과 성파는 석담을 성해의 사형으로 보았다. 김호성(1995), 『방한암 선사』, 민족사, p.22; 월정사 · 김광식(2013), 『방산굴의 무영수』상, 오대산 월정사, p.122.

3) 한암대종사법어집 편찬위원회(2010), 『정본 한암일발록』상, 오대산 월정사 · 한암문도회, pp.306~307. 아래에서 본서의 서지사항은 『정본 한암일발록』으로 줄인다. 한암문도회 · 김광식(2006), 『그리운 스승 한암 스님』, 민족사, pp.55~56, pp.85~86, pp.170~171, p.279; 안동성(1990), 『보기출발록』, 을지문화사, pp.87~88.

4) 『정본 한암일발록』상, pp.299~303. 한암의 석담 입실을 처음 언급한 것은 조용명이고,(「노사의 운수시절 선을 버리고 교에 들다」, 『불광』62, 1979.12, p.42: 선우도량 한국불교근현대사연구회(2002), 『22인의 증언을 통해본 근현대 불교사』, 선우도량출판부, p.65), 이재창(1984, 「오대산의 맑은 연꽃 한암 스님」, 『늘 깨어 있는 사람』, 홍사단출판부, p.137), 윤소암(「방한암 스님」, 『불교사상』23, 1985.10, pp.142~143), 김호성(1995, 『방한암 선사』, p.22, p.216)이 뒤를 이었다.

5) 『정본 한암일발록』상, p.266, p.269.

이에 따라 현재까지 학계에서 석담의 고찰을 포함하여 통도사 내원암 주석 시기의 한암에 대한 연구는 조실설과 강사설이 논란되는 정도에 그치고 전론 없이 공백으로 남아 있다. 여기에는 통도사 내원암이 참선과 교학을 중심으로 하는 한암의 선교관이 형성되는 공간일지도 모른다는 필자의 문제의식도 존재한다.

본고는 통도사 내원암에 주석하던 시기의 한암의 행적을 검토한 것이다. 필자는, 먼저 한암이 참선으로 발심하고 남행하는 도중에 경허와 만나는 과정을 배경으로 서술하고, 한암이 통도사로 이거하는 과정을 추적하겠다. 이어 통도사 내원암에 주석하던 법사 석담의 생몰, 이력과 승행, 한암의 입실 건당을 고찰하겠다. 또한 석담 아래에서 한암과 함께 수행한 설우 등 도반의 승행과 사상을 살피는 동시에 오대산문의 정설인 한암의 통도사 내원선원 조실설[6]을 비판하는 입장에 서서 내원암에서 한암의 행적과 교학관을 규명하고자 한다. 이상은 한암의 생애와 승행, 교학관의 공백을 해소하는 동시에 그 연구의 지평을 확대하는 측면에서 의의가 있을 것으로 기대된다.

2. 한암의 남행과 경허와의 만남

한암의 통도사 내원암 주석은 교학에서 참선으로 전환하려는 그의 발심과 남행, 그리고 경허의 남행과 경상도의 선풍 진작을 배경으로 한다. 1894년 19세의 한암은 금강산 장안사에서 금월 행름錦月幸

---

6) 『정본 한암일발록』상, p.503.

凜[7]을 은사로 출가한[8] 이후, 불교의 교학에 치중하였다. 그는, 출가하기 전에『천자문』『십팔사략』을 필두로 칠서로 통칭되는 유가경전,『사기』『자치통감』의 역사서,『한비자』『묵자』등의 제자백가와 문집들을 공부하였다. 출가 이후 한시나 게송에 능하였고, 서예도 일품이었다. 학술은 내외를 겸비하고 도는 고금을 관통하였다거나 외전에도 굉박한 식견을 온축하였다는 평가[9]도 이와 무관하지 않다.

1899년 7월(음력) 금강산 신계사의 보운강회에서 사집을 배우던[10] 한암은 보조의『수심결』을 읽다가 참선으로 전환하였다. 그것은 마음과 본성을 벗어나 추구하는 불도란 아무리 어려운 수행이라도 "마치 모래를 쪄서 밥을 짓는 것과 같아 한갓 수고로움만 더할 뿐"이라는 대목이었다. 당시 한암은, "저절로 심신이 오싹하여 마치 죽음을 맞이한 것 같은" 큰 충격을 받았다. 여기에 장안사 해운암이 하룻밤 사이에 전소되었다는 소식을 듣고 일체의 사업이 모두 환몽임을 깨달았다.[11] 학계에서는 이를 한암의 제1차 오도[12]로 규정하기보다 내

---

7) 이는『정본 한암일발록』「연보」497의 '行凜'보다 그 상·하의 p.515·p.104에 따른 것이다. 이와 관련하여 이영진李永鎭(1913)의『율봉문보栗峯門譜』13쪽에 의하면 한암의 은사는 '錦月幸凜'으로 표기되었고, 한국학문헌연구소가 편찬한『유점사본말사지』(아세아문화사, 1977)의 67쪽과 337쪽에는 각각 '錦月行凜' '錦月幸凜'으로 표기되어 있다. 후일에는 '錦月行凜'으로 표기된 경우가 많지만, 여기서는 일단 앞선 시기의 표기에 따른다.

8)『정본 한암일발록』상 p.497; 졸고(2018),「한암의 출가 과정과 구도적 출가관」,『선학』50 참조.

9) 졸고(2016),「한암 중원과 탄허 택성의 불연」,『한국불교학』79, pp.309~310.

10) 이는 선종 경향의『수심결』교재와 한암의 출가 기간을 고려한 것이다. 이능화, 조선불교통사역주편찬위원회(2010),『역주 조선불교통사』6, 동국대출판부, pp.664~665; 자현(2020),『시대를 초월한 성자, 한암』, 불광출판사, pp.128~131.

11)『정본 한암일발록』상, pp.261~261, pp.267~268, pp.498~499.

12) 김호성(1995),『방한암 선사』, p.19; 정도(2013),『경봉 선사 연구』, 운주사, pp.133~134.

적·외적 발심으로 교학을 버리고 '완전히' 선으로 나아갔다는 수행의 방향 전환으로 본다.[13]

그러나 한암의 참선 발원은 완전한 사교입선이라기보다 참선을 교학보다 중시하거나 우선하는 선교관의 전환이다.[14] 이는 조선 후기 교학에서 참선으로 나아가는 교단의 관행과 동일하지만,[15] 경전 연구의 축적이 많지 않고 입선 시기가 매우 빠른 점에서 특징적이다.

이제 참선을 교학보다 우선하고 중시하는 선교관으로 전환한 한암은 하안거를 해제한 뒤 자신과 비슷한 문제의식을 가진 도반 함해와 남으로 운수행각에 올랐다. "동지 함해 선사含海禪師와 함께 행장을 꾸려 만행에 올라 남으로 내려가 성주 청암사 수도암에 이르렀다."[16] 한암은 바로 성주, 지금의 김천시 증상면 평촌리 불령산 청암사 수도암에서 근대 한국선의 중흥조 경허와 역사적으로 조우하였다. 이는 한암의 오도나 일생에서 중요한 전환점일 뿐만 아니라 실로 통도사 내원암의 주석을 여는 계기였다.

9세에 청계산 청계사에서 계허桂虛를 은사로 출가한 경허는 1860년 동학사에서 강백 만화 보선萬化普善 아래에서 불경을 배웠고, 1868년부터 그곳에서 개강開講하여 교리를 설파하자 사방에서 학인들이 물밀듯이 모여들었다. 1879년 환속한 계허를 만나고자 동학사에서 청계사로 상경하던 길에 콜레라가 만연한 천안 부근을 지나다

---

13) 윤창화(2015), 「한암의 자전적 구도기 〈일생패궐〉」, 『한암 선사 연구』, 민족사, pp.32~34.
14) 참선을 중심으로 교학을 겸수한 선교관은 김호성(1995), 앞의 책, pp.87~92 참조.
15) 高橋亨(1973), 『李朝佛教』, 東京; 國書刊行會, pp.904~905.
16) 『정본 한암일발록』상, p.262, p.268, pp.498~499.

가 "그대는 어떤 사람이기에 사지에 들어왔는가?"라는 질책을 받았다. 그는 "모골이 송연하고 심신이 황홀恍惚하여 흡사 죽음에 임박하고 생명이 호흡의 사이에 걸려 있어 일체의 세간이 모두 몽외청산夢外靑山인 듯하였다. 이에 스스로 '이생에 차라리 천치가 될지언정 문자에 구속되지 않고 조사의 도를 찾아 삼계를 벗어나리라.' 생각하고"[17] 참선 구도를 발원하였다.

동학사로 돌아와 대중을 모두 해산한 그는, 영운 지근靈雲志勤의 '나귀 일이 채 끝나지 않았는데 말 일이 닥쳐온다[驢事未去馬事到來]'를 화두로 삼아 송곳으로 다리를 찌르고 턱 밑에 칼을 괴어 졸음을 쫓으며 참구하였다. 사미승의 전문傳聞, 즉 그 부친 이처사가 말한 '콧구멍 뚫을 곳이 없는 소'를 듣고 문득 개오하였다. "부처님이 태어나기 전의 소식이 눈앞에 활짝 드러났다. 이에 대지가 가라앉고 물아를 모두 잊어 바로 고인이 크게 쉰 경지에 이르러 백천百千 가지 법문과 한량없는 묘의妙義가 당장 얼음이 녹고 기와가 흩어지듯 풀렸다." 이때는 고종 16년, 기묘년(1879) 11월 보름이었다. 이듬해 봄 홍주의 연암산 천장암에서 최후의 오도송을 읊었다.[18]

이후 20여 년 동안 충청도의 개심사, 부석사, 수덕사 등에서 선풍을 일으켜 제자들을 기르던 경허는 광무 2년 범어사를 거쳐[19] 이듬

17) 『정본 한암일발록』상, p.456; 경허 성우, 이상하 옮김(2017), 『경허집』, 동국대학교출판부, p.47.
18) 위의 책, pp.456~459; 경허 성우, 이상하 옮김(2017), 위의 책, pp.47~49.
19) 만공의 행장(만공문도회, 『만공법어』, 덕숭산 수덕사 능인선원, 1982, p.306)에 의하면, 1898년 경허가 범어사 계명암에 영남 최초의 선원을 설립하였다. 태진(2007), 『경허와 만공의 선사상』, 민족사, p.51; 한중광(2001), 『경허, 부처의 거울 중생의 허공』, 한길사, pp.218~219; 이홍우(1996), 『경허 선사 공성의 피안길』, 민족사, p.221, p.228. 그런데 이는 만해의 「약보略譜」에 1903년, 경허의 글에 1902년 동

해(1899) 가을 고종의 칙명에 따라 대장경을 인출하는 한편 사우를 중수하고 선회를 창설하는 증사 겸 법주로 해인사에 초치되었다.[20] 그는, 선교관을 정리하고 해인사에 모신 선사들의 영찬을 짓는 한편 수선사를 창설하여 참선을 지도하기 위해 바쁜 나날을 보냈다. 9월 하순에 「합천군가야산해인사수선사창건기」, 10월 보름에는 「[해인사] 수선사방함인」, 11월 11일에는 「결동수정혜동생도솔동성불과계사문 結同修定慧同生兜率同成佛果稧社文」과 그 규례, 11월 15일에 「상포계 서」를 지었다.[21] 여기서 제산 정원霽山淨圓(1862~1930), 남전 한규南泉 翰圭(1868~1936) 등을 제자로 맞이하였다. 경허가 범어사와 통도사를 오가며 해인사 퇴설선원의 조실로 보낸 1899년부터 1903년까지는 일생에서 가장 득의의 시기였다.[22]

한암이 청암사 수도암에서 경허를 만난 것은 바로 이 무렵이다. 한암의 「연보」 '1899년 불기 2926(기해, 24세, 만 23세) 조에는 "한암 선사의 1차 오도. 청암사 수도암에서 경허 화상의 『금강경』 법문을 듣고 1차 깨달음을 얻다. 당시 경허 화상은 54세이고 한암 선사는 24세

안거와 이듬해의 하안거까지, 「범어사선원연기록」에는 1902년으로 되어 있다. 경허 성우, 이상하 옮김(2016), 앞의 책, pp.101~109, p.356; 범어사(1989), 『범어사지』, 범어사, pp.241~244.

20) 경허는 1899년 3월 초~5월 초에 진행된 인경 작업의 증사로 4월에 해인사로 왔다. 이능화, 조선불교통사역주편찬위원회(2010), 『역주 조선불교통사』2, pp.561~565; 대한불교조계종 교육원 불학연구소(2000), 『선원총람』, 대한불교조계종 교육원, p.98, pp.112~113; 한중광(2001), 앞의 책, p.171; 일지(2012), 『경허, 술에 취해 꽃밭에 누운 선승』, p.231, p.342. 그런데 이는 경허의 글로 뒷받침되지 않고, 「[해인사]수선사방함인」의 "己亥之陽月安居日"은 1899년 "4월 하안거 결제일"이 아니라 "10월 동안거 결제일"이다. 경허 성우, 이상하 옮김(2016), 위의 책, p.51, p.96, p.186, pp.355~356.

21) 경허 성우, 이상하 옮김(2016), 위의 책, 제1권 참조.

22) 일지(2012), 앞의 책, pp.222~246.

임"으로 기술하고 있다.[23] 그 시기는 1899년 가을로 10월 무렵이다. 왜냐하면 한암이 보운강회의 하안거를 해제한 다음에 바로 남행하였고 그 뒤에 바로 해인사의 동안거에 들었기 때문이다.[24] 노정으로 보면 금강산에서 청암사까지는 도보로 사참寺站을 이용할 경우 대략 40~50일 정도 소요된다.[25] 그렇다면 한암은 대략 양력 10월 초, 늦어도 중순 무렵 청암사 수도암에 이르렀고, 여기서 경허의 『금강경』 법문을 들었을 것이다.

경허가 왜 해인사에서 청암사로 갔는지는 명확하지 않다. 경허가 1899년 청암사 수도암에 머물며 후학들에게 참선을 지도하였다는 견해가 있다.[26] 후술하듯이 송설우도 1900년부터 청암사에서 경허에게 참선을 지도받았고,[27] 한암도 1901년 청암사의 하안거에 참여하였다.[28] 1902년 4월 초에 범어사 오성월吳惺月과 혼해 찬윤混海讚允이 계명선사雞鳴禪社를 창립하여 영구적으로 안거를 계획할 적에 "마침 경허 성우 선백禪伯이 청암사로부터 육명을 동반하고 다시 와서 서로 찾았다."[29] 이상에서 본다면, 청암사는 경허가 상주하며 후학에게 참선을 지도한 곳도 아니고 경허의 선풍 진작지인 경남의 삼

23) 『정본 한암일발록』상, p.262, p.499; 윤창화(2015), 「한암의 자전적 구도기〈일생패궐〉」, p.26.
24) 『정본 한암일발록』상, p.499; 윤창화(2015), 위의 논문, p.26.
25) 이는 1926년 한암이 수도산 봉은사를 출발, 사참을 이용하여 도보로 40여 일만에 오대산 상원사로 이동한 것을 기준으로 삼았다. 졸고(1917), 「한암의 상원사 이거와 시기 검토」, 『정토학연구』28, pp.173~175.
26) 이재창(1965), 앞의 글, p.129; 윤소암, 앞의 글, p.139.
27) 다만, 1905년까지 배웠다는 시기는 잘못이다. 영축총림 통도사(2008), 『축산 구하 대종사 민족불교운동 사료집』하, 영축총림 통도사, p.175.
28) 『정본 한암일발록』상, p.264.
29) 범어사(1989), 『범어사지』, pp.241~244.

본사처럼 알려지지 않았지만, 후학의 참선 지도에 의미 있는 도량이
었다.

사실 청암사는 지리적으로 경허가 주로 활동하던 충청과 선풍을
진작하던 경남의 삼본사를 연결하는 길목에 있다. 그리고 당시 청암
사의 조실 만우 상경萬愚尙經(1855~1924)은 동학사의 3대 강백이었던
경허와 인연이 있었다. 그는 만화 보선을 이은 동학사의 2대 강백이
자 동학사의 주지도 역임하였다.[30] 이런 인연으로 경허는 청암사 수도
암과 관련된 두 수의 시를 남겼고, 벽산루에서 만우와 이별하는 슬픔
을 읊었다. 그 가운데 「방수도암訪修道庵」으로 추정하면, 만우의 부
탁에 따른 『금강경』의 법문, 즉 청암사 스님의 입적을 달래주는 일과
관련되었을지도 모른다.[31]

청암사 수도암에서 하룻밤을 묵은 한암은 경허를 모시고 합천의
가야산 해인사로 향하였다. 이는 동안거가 임박한 해인사 조실 경허
와 참선 수도로 발심한 한암이 심합心合한 것이었다. 해인사로 가는
도중에 그는 경허에게 '흐르는 물과 다리'를 주제로 원각의 경계에 대
한 법담을 듣고 '무無'자 화두를 받았다. 1899년 해인사 동안거에서
경허는 조당, 한암은 서기, 함허는 간병이었다. 이 안거에서 한암은 첫
오도송을 지어 바쳤고, 경허는 그 2, 3구를 바로잡았다.[32]

30) 홍현지(2018), 『투명인간, '경허' 일화』, 경허연구소, pp.351~353.
31) 경허 성우, 이상하 옮김(2016), 앞의 책, p.258.
32) 대한불교조계종 교육원 불학연구소(2006), 『근대 선원 방함록』, pp.13~15; 『정
    본 한암일발록』상, pp.262~264, pp.499~500; 윤창화(2015), 「한암의 자전적 구
    도기 〈일생패궐〉」, pp.26~28.

3. 한암의 통도사행과 법사 석담

해인사에서 동안거를 마친 1900년 봄, 경허는 통도사와 범어사로 떠났지만,[33] 한암은 해인사에 남아 있다가 우연히 병에 걸려 거의 죽을 뻔하였다. 결국 그는 해인사 퇴설선원에 남아 서기로 하안거에 참여하였고, 곧이어 오른 만행에서 통도사와 인연이 비롯되었다. 그는 "하안거를 마치고 곧바로 만행 길에 올라 통도사 백운암에 이르러 몇 달 있었던" 것이다. 한암의 통도사행은 아마도 스승 경허를 뒤따른 것으로 추정된다.[34] 1900년 가을 한암은 바로 여기서 2차로 개오하였다. "하루는 입선을 알리는 죽비소리를 듣고 또다시 개오처가 있었다."[35] 이는 '죽비소리'라는 기연을 통하여 1차 오도를 재확인하는 것이지만 오도송은 전해지지 않는다.[36]

이어 한암은 "동행하는 스님에게 이끌려 범어사 선원 안양암에서 겨울을 지냈다."[37] 여기서 동행하는 스님은 바로 천원 각환天圓覺幻과 덕수德守였다. 「범어사선원연기록」에 의하면, "1900년 10월 초에 다시 천원 각환·중원·덕수의 삼선화三禪和가 해인사 판전 선실(이 선실

---

33) 「범어사총섭방함록서」에 의하면, 경허는 1900년 음력 4월에 범어사의 조실로 하안거를 지도하였다. 경허 성우, 이상하 옮김(2016), 앞의 책, pp.473~477.

34) 경허는 통도사의 백운암·백련암과 관련된 시를 3수 남겼다. 경허 성우, 이상하 옮김(2016), 위의 책, 2권 참조.

35) 한암의 2차 개오가 장소나 계기에서 만공의 최후 오도와 흡사한 점에는 선사 경허를 계승하기 위해 만공과 경쟁하려는 한암의 의도가 엿보인다. 아래의 각주 40) 참조.

36) 윤창화의 지적처럼 탄허는 한암의 통도사 백운암 개오를 누락하였고, 자현도 이를 따라 개오로 인정하지 않았다. 윤창화(2015), 「한암의 자전적 구도기 〈일생패궐〉」, p.28, p.40, pp.50~51; 『정본 한암일발록』상, p.264, p.500; 자현(2020), 앞의 책, 146~147.

37) 『정본 한암일발록』상, p.264; 윤창화(2015), 위의 논문, p.28.

은 1899년에 창건된 것이다)에서 [범어사로] 왔다." 이들은 범어사가 금 강암에 선사禪社를 설립하고 선객을 우대한다는 소문을 듣고 이르 렀던 것이다. 평소에 선학에 뜻을 둔 안양암 원주 의룡義龍과 범어사 총섭 월영 부윤月影富潤의 도움으로 4인은 안양암에서 동안거에 들 었다.[38] 한암은 1900년 가을 범어사 안양선사安養禪社의 동안거에 들 었던 것이다. 여기서 당시 범어사 사중들이 한암을 해인사의 선승으 로 인식한 점은 유의해야 한다.

한암은 1901년 봄에 다시 통도사 백운암으로 돌아와 하안거에 참 가하였다. 그런데, 당시 청암사 조실이었던 경허가 편지로 한암을 급 히 부르자, 그는 결제 기간임에도 불구하고 행장을 꾸려 청암사로 가 서 하안거를 보냈다. 그 긴급한 이유는 확인되지 않는다.[39] 바로 이 무렵 한암은 통도사 백운암에서 사형 만공을 만났을 것이다. 범어사 에서 1898년 동안거와 이듬해 하안거를 마친 만공은 스승 경허를 쫓 아 통도사 백운암에 이르렀고, 1901년 여름 장마철의 새벽 종소리를 듣고 2차 개오한 다음 7월 말에 연암산 천장암으로 돌아갔다.[40] 한암 이 1901년 봄 통도사 백운암에 이르렀을 무렵에 만공은 이미 백운암 에 주석하고 있었고, 하안거에 참여한 한암은 만공이 오도하기 직전 에 청암사로 옮겼던 것이다. 후일 만공이 묘향산에서 수행하는 한암

38) 범어사(1989), 『범어사지』, pp.239~240.
39) 1902년 경허의 「(범어사수선사방함)청규」와 1910년 「범어사내원선원청규록」 은 모두 결제 후의 수방受榜과 입방 후의 중퇴를 금지하였지만, 후자에는 요사 要事의 경우 가능하다는 조문이 있다. 성우 경허, 이상하 옮김(1916), 앞의 책, pp.112~113 ; 범어사(1989), 위의 책, pp.257~259.
40) 만공문도회(1982), 『만공법어』, p.306. "마침 장마 때라 보름 동안 갇혀 있던 중 새벽 종소리를 듣고 문득 재차 깨달으니 백천삼매百千三昧와 무량묘의無量妙義 를 걸림 없이 통달하여 요사장부了事丈夫가 되었다."

에게 보낸 편지에서 "우리가 헤어진 지 10여 년"[41]이라고 언급하였다. 한암이 묘향산의 내원암과 금선대에서 정진한 시기는 1910년 봄에서 1911년 여름까지이다.[42] 그렇다면 양자의 대면 시기는 정확하게 '10여 년'이다. 한암이 1901년 봄 통도사 백운암에서 만공을 만난 것은 틀림없다.

1901년 청암사에서 하안거를 마친 한암은 해인사 퇴설선원에서 동안거에 지전知殿으로 수행하였다. 그 이후 연보는 "이어 2년간 해인사 퇴설선원에서 정진수행"한 것으로 나온다.[43] 그런데 『근대 선원 방함록』에 의하면 한암은, 1902년 해인사 퇴설선원의 하안거에 전다煎茶로, 1903년 범어사에 있던 경허를 해인사 퇴설선원의 조당으로 모시는 일을 주선하고 하안거의 채두菜頭로, 경허가 범어사로 떠난 뒤의 동안거에 열중悅衆으로 참구하였다.[44] 즉, 연보의 내용과 달리 1902년 해인사 동안거의 기록이 보이지 않는다. 자료의 보강이 필요하지만, 한암은 경허를 따라 범어사 계명암의 동안거에 든 것으로 추정된다.[45] 그 가운데 1903년 하안거에서 한암은 『선요』에 나오는 고봉 원묘高峰元妙의 법문에 대한 답변으로 경허에게 "원선화의 공부가 개심開心의 경지를 넘었다."는 인가를 받았다.[46]

41) 만공문도회(1982), 앞의 책, p.98.
42) 『정본 한암일발록』상, p.503.
43) 위의 책, p.500.
44) 한암이 해인사 퇴설선원에서 수행한 것은 1899년 동안거부터 1903년 동안거까지 모두 6차이고, 그 가운데 두 차례는 경허가 조당祖堂이었다. 대한불교조계종 교육원 불학연구소(2006), 『근대 선원 방함록』, pp.13~37.
45) 경허는 1902~3년 범어사 계명암, 금강암 등의 선원 조실이었다. 경허 성우, 이상하 옮김(2016), 앞의 책, pp.101~111 ; 범어사(1974), 『범어사지』, pp.241~244.
46) 『정본 한암일발록』상, 265, 500~501; 윤창화(2015), 「한암의 자전적 구도기 〈일생패궐〉」, pp.28~29.

1903년 하안거를 해제한 경허는 범어사를 거쳐 북으로 만행할 즈음 한암에게 전별시를 주고 동행할 것을 요청하였다. 한암은 시로 화답하며 정중하게 사양하였지만, 사실 "병에 걸려 그곳으로 갈 수가 없었다." 이는 「선사경허화상행장」에서 서술된 의문, 즉 '지음知音'의 대우를 받은 한암이 왜 경허를 따라 북행하지 않았는지를 보여준다. 결국 1899년에서 1903년까지 5년간에 걸쳐 한암이 경남 삼본사를 중심으로 경허를 종유하며 참선한 구도행각은 여기에서 막을 내린다. "그해(1903) 겨울 경허 화상께서 북쪽으로 잠적하신 뒤로는 더 이상 뵐 수가 없었다." 경허가 떠난 뒤 해인사에 그대로 머물렀던 한암은 가을에 『전등록』을 읽다가 약산藥山이 석두石竇에게 답한 '한 물건도 작위하지 않는 자리[一物不爲處]'의 대목에 이르러 "갑자기 심로가 끊어져 밑통이 빠진 것 같은" 3차 개오를 경험하였다.[47]

사실 한암은 1900년 봄, 병에 걸려 죽을 뻔한 위기를 넘겼고, 1903년 가을에도 질병으로 고생하였다. 한암의 질병은 일생동안 괴롭혔던 참선과 관련된 소화기 관련 속병으로 추정되지만[48] 명확하지 않다. 이제 한암에게 투병은 미룰 수 없는 개인적 과제로 부상하였다. 그 동안거가 끝난 1904년 봄 한암은 해인사를 떠나 세 번째로 통도사 말사인 내원암을 찾았다. 이는 경허를 매개로 한 것으로 전해지지만 확증이 없다.[49] 이로부터 한암은 통도사 내원암에서 1910년 봄 묘

---

47) 경허는 1904년 7월 15일 홍주의 천장암에 들러 만공에게 전법게와 법호를 내리고 함경도 갑산으로 잠적하였다. 『정본 한암일발록』상, p.266, pp.501~502; 윤창화(2015), 앞의 논문, pp.29~30; 만공문도회(1982), 앞의 책, pp.306~307.
48) 『22인의 증언을 통해 본 근현대 불교사』, pp.60~61; 졸고(2017), 「한암의 상원사 이거와 시기 검토」, 『정토학연구』28, p.161.
49) 한암문도회·김광식(2006), 『그리운 스승 한암 스님』, p.195.

향산 내원암으로 떠날 때까지 만 6년을 보냈다.

한암은 내원암에서 석담을 법사로 맞이하였다. 석담은 관련 자료의 부족으로 사상뿐만 아니라 생애조차 공백으로 남아 있다. 석담의 생년과 관련하여 한암이 내원암에 주석한 이듬해 통도사 부도원에 건립된 〈무오갑계원보사불망비〉는 주목된다. 통도사의 무오갑계보사비는 18, 19세기 조정의 억불정책 강화에 따른 사원경제의 궁핍을 해소하기 위해 스님들의 다양한 보사활동과 사찰의 재원확보를 위한 흐름이 20세기 초에도 이어졌음을 보여준다.[50]

보사비는 당시 통도사 총섭이었던 구고 중학九皐中鶴 등이 토지와 금전의 헌납과 불사를 추진한 무오갑계 계원들의 보사공덕을 기린 것이다. 비의 전면은 보사의 공덕을 송축한 것이고, 후면은 사납의 내용과 계원의 명단이 적혀있다. 그 내용은 금전 1천 냥의 헌납, 대웅전 공양답 30두지[마지기]와 반두석함[돌수각] 3좌(1307냥)를 향각에 올린 것 및 갑장 원담 도수院潭度秀, 석담 유성, 해담 치익 등 40명의 계원 명단이 적혀 있다. 무오갑계는 오午~해亥, 즉 1858년부터 1863년에 출생한 승려들의 사납계이다.[51] 이에 따르면, 보사비가 세워진 1905년, 당시 석담의 나이는 42~47세인 40대 중반으로 추정된다.

석담의 입적은 대략 1934년 늦여름이나 초가을이다. 명정은 『화중연화소식』에서 석담이 갑술년, 즉 1934년에 입적하였다고 하였지만 그 월일을 밝히지 않았다.[52] 그런데, 한암은 경봉 스님에게 보낸 「서

---

50) 한상길(2006), 『조선후기 불교와 사찰계』, 경인문화사, pp.139~181; 高橋亨(1973), 앞의 책, pp.909~910.

51) 이병길(2019), 『통도사, 무풍한송 길을 걷다』, 책과 나무, pp.63~69.

52) 명정은 『화중연화소식』(1984), p.51의 주 2에서 석담이 갑술년(1934)에 입적하였다고 하였지만 그 월일을 밝히지 않았다.

간문(9)」에서 석담의 상장喪葬에 대해 경봉과 당시의 주지[黃耕雲, 黃基瑀]를 비롯한 산중의 대덕과 문도들에게 감사를 표하였다. 이 편지는 1934년 9월 10일에 쓴 것이다.[53] 그런데, 2년 뒤 한암은 병든 몸과 하안거의 결제로 인해 법사의 대상에 참석할 수 없음을 양해해 달라는 그 「서간문(10)」을 보냈다.[54] 통도사나 경봉이 한암에게 석담의 대상에 참석해 달라는 요청에 대한 답장으로 추정되는 이 편지는 1936년 무더운 장마철인 6월 14일 자로 되어 있다. 이상에서 석담은 1934년 늦여름이나 초가을인 음력 7월 말~8월 초, 대략 70대 중반에 열반한 것으로 보인다.

그런데 지금까지 한암이 왜 석담의 입실제자가 되었는지는 규명된 바 없고, 그 시기도 명확하지 않다. 필자는 한암이 경허를 따르지 않고 통도사 내원암에 머문 것이나 석담에게 건당한 일은 모두 위에서 서술한 것처럼 한암의 신병과 밀접하다고 주장한다. 한암이 오대산 상원사로 이거할 적에 시자였던 조용명은 "한암 스님이 몸이 아팠으니까."[55]라고 회고하였다. 한암도 〈일생패궐〉에서 "갑진년(1904)에 다시 통도사로 가서 돈이 생겨 병을 치료했다."[56]고 서술하였다.

동성의 회고는 보다 중요하다. "통도사에서는 강사를 하셨어. 강을 했단 말이야. 그럴 적에 통도사 스님 한 분이 한암 스님에게 입실을 하라고 했어." 그 스님이 바로 석담이다. 여기서 보이듯이, 입실을 요구한 것은 석담이고 한암은 신병의 치료를 위해 이를 수용한 것이

53) 『정본 한암일발록』상, pp.299~300.
54) 위의 책, pp.302~303.
55) 『22인의 증언을 통해 본 근현대 불교사』, p.65.
56) 『정본 한암일발록』상, p.266; 윤창화(2015), 「한암의 자전적 구도기 〈일생패궐〉」, 『한암 선사 연구』, p.30.

다.[57] 다만 한암의 입실 시기는 명기되지 않았지만, 통도사 내원암에 머물던 초기인 1904, 5년으로 추정된다.

말할 것도 없이 당시 한암에게 가장 긴급한 사안은 바로 신병의 치료와 이를 위한 금전의 마련이었다. 그런데, 당시 입실 제자는 법사에게 법답法畓을 물려받는 관행이 있었다.[58] 이에 따라 석담은 한암에게 언양에 있는 논을 법답으로 물려주었다. 그런데 법답의 규모에 대한 조용명의 회고는 엇갈린다. 그는 『불광』에서 "그곳에는 우리 은사스님이신 한암 조실스님의 법답이 열다섯 마지기가 있었다."[59]고 하였지만, 다른 증언에서 "그 [석담] 스님이 언양에 있는 벼 스무 섬 받는 논 열두 마지기 땅을 한암 스님께 법답으로 준 거야."[60]라고 하였다.

필자는 양자의 회고 내용 가운데 전자의 회고를 바로잡으며 세밀하게 묘사한 후자가 보다 정확한 것으로 판단한다. 당시 도조로 벼 20섬이 나는 열두 마지기의 법답은 상당히 큰 규모였다. 법답의 도조는 바로 한암이 질병을 다스린 자금이었다. 조용명의 회고와 한암의 〈일생패궐〉은 모두 한암이 신병으로 통도사 내원암에 주석하였고 석담이 준 법답에서 나오는 도조로 질병을 치료하였다는 사실을 뒷받침한다.

한암이 석담에게 받은 법답은 후일 상좌인 오해련과 조용명으로 이어져 통도사의 불교전문강원의 교육비로 충당되었다. 당시 강원은 승려의 자비로 운영되었다. "한암 스님은 그 법답을 받아 가지고 오해련[吳海蓮] 상좌에게 공부하는 데 쓰라고 주었거든. 내가 통도사 갈 때 한암 스님이 오해련 스님한테 편지를 써서 성관[조용명]이가 가니

57) 한암문도회·김광식(2006), 앞의 책, pp.161~262.
58) 한암문도회·김광식(2006), 위의 책, p.262.
59) 「노사의 운수시절 선을 버리고 교에 들다」, 『불광』62, 1979.12, p.42.
60) 『22인의 증언을 통해 본 근현대 불교사』, p.65.

까 돈을 대줘라 해서 오해련 스님이 내 양말 값까지 대줬지."⁶¹⁾ "나는 무진년(1928년) 가을 통도사로 내려왔다. 통도사에는 나의 사형이신 오해련 스님이 강원 강주로 계셨고 … 은사스님의 허락을 받아 학비는 법답 수확으로 충당하기로 하고 통도사 강원으로 갔던 것이다. … 통도사 강원에는 신미년 여름까지 3년을 지냈다."⁶²⁾

석담이 갑계의 계원으로 사납에 적극적으로 참여하였고 열두 마지기의 법답을 한암에게 물려준 점으로 보면, 그는 비교적 재정 상태가 좋은 승려였다. 다만, 석담의 재산축적 방법은 확인되지 않는다.⁶³⁾ 이와 관련하여 주목되는 것은 석담이 입적하기 전해인 1933년에 세워진 〈이씨 보덕화 보사 유공비〉이다. 그 내용은 이보덕화가 통도사에 무려 74마지기의 논을 바쳤는데, 그 화주가 바로 석담이었다.⁶⁴⁾ 여기에는 종교적 측면에서 석담의 신행력과 함께 경제력이 간취된다.

석담이 주석한 사암과 불교사상도 알려진 바 없다. 필자는 그 실마리를 내원사 홈페이지의 '연혁'에 나오는 아래의 인용문에서부터 찾아본다.

1898년 석담 유성 선사가 설우雪牛, 퇴운退雲, 완해玩海 등과 더불어 수선사修禪社를 창설하여 절 이름을 내원사로 개칭하고 동국제일선원

---

61) 『22인의 증언을 통해 본 근현대 불교사』, p.65.
62) 「노사의 운수시절 선을 버리고 교에 들다」, 『불광』62, 1979.12, p.42.
63) 1915년을 전후하여 통도사 승려들의 개인재산 증식 방법은 은사로부터 상속받는 일반적인 경우를 제외하고 소임승의 월급, 누룩 장사, 탁발 허용, 사중 노임, 염불의 대가, 사원전의 소작 등이고, 식사의 분식과 검소한 생활도 재산 축적에 보탬이 되었다. 그 결과 상당한 양의 추수를 받는 승려도 있었다. 高橋亨(1973), 앞의 책, pp.909~910; 정광호(1999), 『한국불교최근백년사편년』, 인하대출판부, p.405.
64) 신편통도사지 편찬위원회(2020), 『신편 통도사지』하, 영축산 통도사, p.232.

이라 명명한 후 선찰로 이름을 떨치기 시작했다.[65]

　　1898년은 경허가 만공과 침운을 거느리고 부산의 범어사로 남행하면서부터 경상도에서 선풍을 일으키기 시작한 해로 한암이 금강산에서 남행하기 1년 전이다. 인용문에 따르면, 오늘날 내원사가 참선 수행처로 널리 알려진 것은 1898년 석담이 창설한 내원선사內院禪社부터이고, 그 구성원은 송설우, 이퇴운, 조완해 등이었다. 이로써 당시 40세 전후의 석담이 내원암에 머물렀음을 알 수가 있다. 다만, 석담 등이 1898년에 내원암에서 수선사를 창설하고 내원암을 내원사로 개칭한 것은 사실이 아니다. 당시 통도사에는 선풍이 바야흐로 일기 시작할 무렵이고, 통도사의 선원 개설은 경허와 관련되었을 가능성이 매우 크며, '내원암'의 명칭도 일제강점기에 그대로 존속하고 있었다.

　　당시 통도사에 근대 선원이 없었던 점에 비추어 원래 교학승이었던 석담은 점차 참선을 수행한 선사로 나아갔다. 최초 기록으로 한암이 내원암에 주석하고 있던 1907년 해인사 퇴설선원의 하안거에서 석담은 조실 만허 재윤萬虛在允 아래 열중悅衆으로 등장한다.[66] 또한 1917년 통도사의 법계 시험에서 석담은 선종의 선사로 인가되었다.[67] 백용성이 산림 채벌 문제로 1926년 5월 도봉산 망월사에서 내원암으로 옮겨 진행한 만일참선결사회의 하안거에도 노구를 이끌고 장로長老로 참예하였다.[68] 후일 구하도 석담을 '대선사'로 추모하였다.[69]

65) 내원사 홈페이지 참조.
66) 대한불교조계종 교육원 불학연구소(2006), 『근대 선원 방함록』, p.55.
67) 당시 한암은 대선사로 인가되었다. 『조선불교총보』3, 1917.5.20, p.54.
68) 김광식(2017), 『백용성 연구』, 동국대학교출판부, p.297, p.306.
69) 축산문집간행위원회(1998), 『축산문집』, 영축총림 통도사, pp.585~586.

한암이 내원암에서 밀접하게 교류한 승려도 석담과 함께 수행한 설우·퇴운·완해였다. 물론 이상에는 조계종의 참선 중시라는 현재적 관점이 강조되어 소급되었을 가능성이 있고 한암이 내원암에서도 참선 수행을 배제하지 않았다는 증거일 수도 있다.

당시 석담의 실상은 『축산 구하 대종사 민족불교운동 사료집』에 산견된다. 1924년 1월 21일에 실시된 통도사 제5대 주지 후보자 선거에서 김구하는 42점을 얻어 주지가 되었다. 이때 석담도 해담, 설우 등과 함께 5인의 후보자 가운데 한 명으로 추천되어 1점을 득표하였다. 이는 석담이 설우와 함께 투표에 참가하지 않은 상태에서 얻은 것이었다.[70] 1925년 8월 구하가 통도사 주지를 사임한 다음 후임 주지를 둘러싸고 반대파와 대립과 갈등이 격화되었다. 1925년 11월 경남지사가 통도사의 주지 후보자를 추천하여 총독부에 보고한 공문에는 가장 유력한 자로 설우와 해담이 거론되었다. 그밖에 주지 후보자 7명 가운데 석담과 한암이 포함되었다. 최종 후보로는 박환담·손석담·방한암·구해운·송설우로 결정되었다. 구하의 반대파인 해담이 배제된 것은 법랍과 상좌 문제 때문이었다. 경남지사는 공적인 여론과 초연한 승행에 강점을 보인 설우의 당선을 지원하였다.[71] 그런데 1926년 1월 10일 통도사 임시산중회의는 투표를 통하여 손석담·송설우·김성해·서해담·황경운을 후보자로 확정하였다. 여기서 석담은 1위 설우를 제외하고 경운·해담과 근사한 지지표를 얻었다.[72]

1926년 7월 29일 제6대 주지 선거에서 석담은 보다 주목된다. 이

70) 영축총림 통도사(2008), 『축산 구하 대종사 민족불교운동 사료집』상, pp.710~711.
71) 영축총림 통도사(2008) 위의 책 하, pp.196~197.
72) 영축총림 통도사(2008), 위의 책, pp.197~198.

는 앞서 설우가 주지로 선출된 5월 10일 선거가 총독부의 인가를 받지 못하여 재실시된 것이었다. 재투표에서 38점으로 당선된 설우는 결국 8월 10일 통도사 주지로 승인되었다. 당시 석담은 주지 후보로 추천되어 1점을 받았고, 또한 5인의 개표입회인으로 선거의 진행에도 참여하였다. 특히 그는 신임 주지인 설우의 보증인 사승師僧이기도 하였다.[73) 이후 석담은 1929년 5월 제7대 통도사 주지 선거에도 참여하였다.[74)

석담은 청정 승행을 유지하였다. 그는, 통도사 주지 구하를 둘러싼 소요에서 구하 측에 가까웠지만, 찬반 진영에 가담하지 않았다.[75) 또한, 구하의 후임 주지 선정과 관련하여 1925년 9월 1일 일산대중회의에서 후임 통도사 주지는 타사 출신을 배제하고 재적 승려로 한정한다는 결의에도 참가하지 않았다.[76) 게다가 1925년 8월 통도사가 조사한 77명의 대처승 명단에도 이름이 없다.[77) 그는 대처승이 상대적으로 많았던 통도사에서도 청정 비구였던 것이다. 실로 그는 적지 않은 명성과 영향력을 지녔으나 사찰의 소임이나 사중의 동향에 무관심하거나 중립을 지켰다. 그는 율사의 풍모도 지녔던 것이다. 율사적인 석담의 승행과 선사 지향성은 한암에게도 일정한 영향을 미쳤을 것이다. 아울러 당시 봉은사 조실로 지내던 한암이 경남 당국에 의해 통도사의 주지 후보자로 추천된 점도 주목된다.[78)

---

73) 영축총림 통도사(2008), 앞의 책, pp.171~176.
74) 영축총림 통도사(2008), 위의 책, p.906. 이에 앞서 1927년 통도사의 법맥 상속
   식에서 석담이 상좌를 받은 기록이 보인다.『불교』36, 1927.6.1, p.42.
75) 영축총림 통도사(2008), 위의 책, pp.333~337, pp.810~831.
76) 영축총림 통도사(2008), 위의 책, pp.201~202.
77) 영축총림 통도사(2008), 위의 책, pp.180~181.
78) 1941년 7월 통도사 제11대 주지 피선거권자 명부에도 여전히 방한암의 이름이

석담의 법제자가 된 한암은 출가사찰인 장안사와 통도사에 모두 승적을 보유하였다.[79] 당시 통도사를 주관하던 성해는 바로 석담의 사형이었다. 이에 한암은 근현대 영축문도를 대표하는 구하·경봉과 불가에서 말하는 사촌 사형제가 되었다. 성해는 구하의 법사이자 경봉의 은사였기 때문이다.[80] 구하는 13세인 1884년 통도사 내원암으로 나아가 주관主管 화상 아래 출가하여 동승이 되었다.[81] 당시 내원암에 있던 석담이 구하를 보살폈을 가능성도 있다. 후일 구하가 「석담대선사영찬」을 지어 자신과 같은 길을 걸은 석담을 대선사로 추모한 것은 그 반증이 아닐까 추정된다.[82] 또한, 경봉이 통도사에서 성해에게 출가하고 장청호張淸湖에게 사미계를 받은 1907년[83]에도 한암은 통도사 내원암에 주석하고 있었다. 양자는 일제강점기 내원암 주지도 역임하였다. 통도사 주지 구하는 1914년 6월에서부터 1916년 3월까지 내원암 주지를 겸직하였고,[84] 경봉은 1919년 10월~1922년 10월, 1939년 10월~1942년 10월 두 차례 내원암 주지를 역임하였다.[85]

올랐다. 영축총림 통도사(2008), 앞의 책, p.1010.

79) 한암문도회·김광식(2006), 『그리운 스승 한암 스님』, p.86.

80) 지금까지 한암과 관련된 연구는 성해와 석담은 모두 사촌 사형제로 거론하고 있다. 그런데, 『신편 통도사지』하(536)의 「통도사 계파보록」에 의하면 석담은 우계 지언愚溪志彦의 상좌로 성해와는 8촌 사형제에 해당된다. 여기서는 일단 잠정적으로 기존의 학설을 따른다.

81) 축산문집간행위원회(1998), 『축산문집』, p.596; 정광호(1999), 『한국불교최근백년사편년』, p.369; 〈봄 나그네〉, 《조선일보》, 1964.2.11, p.7.

82) 축산문집간행위원회(1998), 위의 책, pp.585~586.

83) 경봉 대선사, 역주 석명정(2014), 『삼소굴일지』, 극락호국선원, p.558; 신편 통도사지 편찬위원회(2020), 『신편 통도사지』하, p.190.

84) 대한불교조계종 총무원 총무부(2001), 『일제시대 불교정책과 현황』상, 선우도량 출판부, p.249, p.315. 아래에서 본서의 서지는 『일제의 불교정책과 현황』으로 줄인다.

85) 『일제의 불교정책과 현황』상, p.392, p.459, p.729, p.783.

후일 경봉이 한암에게 은사 성해의 영찬을 부탁하자, 한암이 경봉에게 보낸 편지에서 '성해 사숙'이라고 표현한 것이나[86] 한암이 경봉에게 보낸 24통의 편지에 겸사로 '문제門弟'나 '제弟'로 서술한 것은 모두 이 때문이다.

한암은 월정사의 부채 해소에 분주하던 1931년 음력 "10월 초, 경주 불국사를 참배하고, 이어 10월 4일 통도사 비로암에서 경봉 화상과 함께 일숙一宿하며 법담을" 나누었다.[87] 경봉도 『삼소굴일지』에서 한암이 10월 4일부터 6일까지 통도사에 머물렀다고 확인하였다.[88] 이는 오대산 상원사에서 26년간 불출동구하던 한암이 처음으로 산문을 나선 것이었다.[89] 그런데 불국사는 한암이 사참으로 이용하면서 참배한 것에 지나지 않았고, 한암의 궁극적 목적지는 바로 통도사였다. 통도사 측은 평소 한암을 초치하였고,[90] 경봉은 한암에게 통도사 귀환을 자주 권유하였다. 한암은 음력 1929년 9월, 1930년 9월에 경봉에게 보낸 편지에서 경봉의 요청을 완곡하게 거절하였다.[91] 경봉이 한암의 통도사행을 권유한 이유는 명확하지 않았지만, 그 하나가 바로 석담의 신병과 관련되었을 것으로 추정된다. 1931년 한암의 통도사행은 바로 법사에 대한 마지막 문안으로 보이고, 이후 은사의 입적이나 대소상에도 한암은 참례하지 않았다.

86) 『정본 한암일발록』상, pp.282~291.
87) 위의 책, p.507.
88) 경봉 대선사, 역주 석명정(2014), 『삼소굴일지』, pp.130~133.
89) 졸고(2019), 「한암의 불출동구와 현실관」, 『한국불교학』92, pp.259~264.
90) 한암문도회·김광식(2006), 『그리운 스승 한암 스님』, p.86.
91) 『정본 한암일발록』상, pp.288~295.

4. 통도사 내원암에서의 한암

통도사 내원암에서 한암과 가까운 도반으로는 제6대 주지로 선출된 설우가 있다. 그의 이력은 통도사 6대 주지 취직 허가 신청서에 드러난다. 그는, 1871년 경남 양산군 하북면 초산리 송병남의 5남으로 태어나 1888년 통도사 정월영鄭月影에게 득도하고, 김대련金大蓮에게 사미계를 받았다. 1896년 문경 원적암에서 조보담曹普曇에게 비구계와 보살계를 받고, 이듬해 산청군 벽초암에서 수선안거를 성취하여 성만하였다. 1900년 3월부터 1905년 12월까지 지례군[김천군]의 청암사에서 경허를 스승으로 삼아 선종의 초등·중등·고등과를 수료하였다. 1912~1914년 경주 불국사 주지를 거쳐 1916년부터 당시(1922년)까지 통도사의 감무를, 1912년 통도사 사리탑을 중건할 적에 주지 구하 아래에서 감역의 소임을 맡았다.[92] 그는 불국사 주지를 담당할 적에 사찰수호의 공으로 기림사의 본말총회에서 은배 1조를 받았다.[93]

설우가 청암사에서 경허를 스승으로 삼아 참선과 선종을 수학한 점은 주목된다. 이는 물론 경허가 1903년 북으로 잠행하기 시작한 사실과 다소 배치되는 부분이 있지만, 한암이 1901년 청암사 수도암에서 하안거를 들 적에 설우도 도반으로 함께 참여한 것을 뒷받침한다. 이후로 그는 통도사 내원암에서 석담, 한암을 비롯하여 퇴운, 완해와 정진하였을 것이다. 그는, 1910년 통도사 화엄전에 설립된 명신

---

92) 해담 치익(1934), 『증곡집』, 부산 대원사, pp.38~39; 정광호(1999), 앞의 책, p.384.
93) 선종의 초·중·고등과 수료는 애매하지만, 일단 원문에 따른다. 영축총림 통도사(2008), 『축산 구하 대종사 민족불교운동 사료집』하, p.33, pp.174~175.

학교의 교감을 지냈고, 불국사의 주지로 재임하던 1913년에 불교전문강숙을 설립하여 승려 교육에 몰두하였다.[94] 1917년 통도사의 법계 시험에서 그는 성해·석담과 함께 선사를 부여받았고, 1926년 통도사의 주지가 될 무렵에는 대선사로 불리기도 하였다.[95] 9월 4일 통도사에서 진산식을 거행한 다음날 산중회의를 열어 본말사와 산림의 친목을 제의하는 한편 도봉산 망월사의 만일참선결사회를 통도사 내원암으로 옮기고 성불암·금봉암·안적암·통도사 노전까지 선원으로 개혁하여 백용성에게 참선 지도를 맡겼다. 이는 통도사 선원의 중흥기로 평가된다.[96] 그가 남긴 글로는 불교전문강원의 학인을 대상으로 한 「수양론」이 있다. 이는 다양한 제한이 불가피한 교육보다 일생동안 인간의 본성인 자식自識[자아인식]의 수양을 통하여 육체적·경제적 욕망에서 오는 유혹이나 번민에서 벗어나 대기大器·대성현을 성취하자는 것이다.[97]

설우의 승행은 통도사 주지 선거를 둘러싼 자료에 반영되어 있다. 그는, 통도사 주지 분규와 관련하여 주지 구하를 연명으로 고소하여 인가를 취소하거나 사직할 것을 건의하였고, 후보자로 선발되었지만 그 진의를 의심하면서 금강산으로 은거하였다. 다만 해담을 비롯한 반대파의 운동이 심각해지자 통도사 사태를 충심으로 근심하여 주지 후보를 수락하였다.[98] 구하가 주지에서 물러나고 1926년 5월 12

94)《대한매일신보》, 1901.1.8;『조선불교월보』17, 1913.6, p.74.
95)『조선불교총보』3, 1917.5.20, p.54; 영축총림 통도사(2008),『축산 구하 대종사 민족불교운동 사료집』하, p.174;『朝鮮佛敎』29, 1926.9, p.62.
96)『조선불교』29, 1926.9, p.62; 김광식(2017),『백용성 연구』, p.297; 대한불교조계종 교육원 불학연구소(2000),『근대 선원 방함록』, p.209.
97) 송설우,「수양론」,『축산보림』1, 1920.1, pp.23~27.
98) 영축총림 통도사(2008),『축산 구하 대종사 민족불교운동 사료집』하, p.197,

일 선거에서 통도사 주지로 선출되었다. 여기서 그는 해담보다 15점을 더 얻었지만 무기명 투표로 인한 득표수의 문제와 자격 없는 대처승의 무효표가 37점이나 나왔다. 이에 따라 그는, 7월 29일 재투표를 거쳐 45점 가운데 38점을 얻어 주지로 재선출되었다. 결국 "식견이 높고 경력과 명망을 갖추었으며 공정한 인격을 갖춘 사중에서 최고 적임"으로 평가되어 8월 10일 주지 취임이 인가되었다.[99] 석담처럼 1925년 통도사 대처승의 명단에 그의 이름이 없는 것으로 보아 청정비구임이 분명하다.[100] 이상에서 설우는 불교의 교학을 포함하면서 참선을 강조한 선사이자 율사적 풍모와 청정승행을 지녔던 한암과 흡사한 스님이었다.

통도사 주지 송설우는 1928년 11월 30일 경성 수송동에서 열린 조선불교승려대회 발기인으로 이름을 올렸고, 1929년 1월 3~5일 동소에서 개최된 조선불교선교양종승려대회에서 종헌과 법규를 제정하는 위원으로 선임되었다.[101] 통도사 주지에서 물러난 그는 1935년 금강산 표훈사에서 발행하는 『금강』의 발기인으로 참가하였다.[102] 1939년 10월 27일 통도사 관현당觀玄堂에서 열린 경남삼본산종무협의회에서 고문으로 추대되었고, 이듬해 『불교(신)』24의 근하신년의 광고란에 경남삼본산종무협의회의 고문으로 등장한다.[103]

---

p.570, p.579.
99) 영축총림 통도사(2008), 앞의 책, pp.171~202.
100) 영축총림 통도사(2008), 위의 책, pp.180~181.
101) 다만 그는 그 준비회의에는 불참하였다. 「조선불교선교양종승려대회 발기회회록」, 『불교』54, 1928.12.1, p.109; 「조선불교선교양종승려대회회록」, 『불교』56, 1929.2.1, p.126.
102) 『불교시보』1, 1935. 8.1, p.7.
103) 『불교(신)』20, 1940.1.1, p.2, p.59.

한편 한암은 1938년 통도사 주지에서 물러난 경봉에게 보낸 「서간문(14)」에서 같은 암자에서 함께 안거하는 설우에게 안부를 전해달라고 적었다. 작성 일자가 5월 15일자로 된 이 편지는 『정본 한암일발록』에 1937년 가을에서 1938년 겨울 사이라고 해설하고 있다. 여기서 "공사公事를 마쳤다"는 말은 경봉이 통도사의 주지를 마친 다음 1939년 하안거로 보는 것이 합당하다.[104] 아마도 경봉이 1939년 10월에 내원암의 주지로 다시 인가되기[105] 이전에 이미 이곳으로 옮겼던 것이다. 이 편지에서 거론된 암자는 내원암이고, 설우는 경봉과 함께 내원암에 머물렀던 것이다.

그런데 원보산의 상좌인 희묵의 회고에 의하면, 설우는 한암이 주석하는 상원사에서 한 철을 머물렀다. 통도사에 주석하던 설우가 한암을 만나기 위해 오대산 상원사로 온 것이다. 이때 한암은 자신을 법사로 삼으려는 보산에게 설우를 은사로 삼아 수계하라고 권유하였다. 보산은 이를 섭섭하게 여겼지만, 한암의 뜻에 따라 '선사' 설우를 은사로 삼아 절을 올렸다. 물론 보산은 스스로 통도사 문중이 아니라 오대산 문중이라는 확고한 입장을 지녔다. 후일, 희묵이 통도사에 가서 구하를 뵙고 보산의 상좌라고 소개하자, 구하는 설우를 매개로 보산과의 촌수를 따졌다고 한다.[106] 그 시기는 명확하지 않지만 한국전쟁 이후로 보인다. 여기에는 한암과 설우의 친밀한 관계가 잘 드러나 있다.

그 밖에 퇴운과 완해도 내원암에서 한암과 함께 수행한 수좌로 보

---

104) 『일제의 불교정책과 현황』상, 선우도량출판부, p.182, p.186; 『정본 한암일발록』상, pp.310~311.
105) 대한불교조계종 총무원 총무부(2001), 위의 책, p.729, p.783.
106) 월정사·김광식 엮음(2011), 『오대산의 버팀목』, 오대산 월정사, pp.603~604.

인다. 퇴운은 한암이 내원암을 떠난 뒤 1912년부터 1914년 6월까지 내원암의 주지를 지냈다.[107] 이후 퇴운은 1917년 통도사 법계 시험이나 1925, 6년 대처승 명단과 주지 선거에도 등장하지 않는다. 다만 그는 해인사에서 출가하고 직지사로 이거하여 사격을 높인 윤퇴운尹退雲(법명 원일圓日)과 다른 인물이다.[108] 완해도 석담·설우와 비슷한 경향의 승려였다. 그는, 1925년 통도사 주지 구하의 진영에 참가하지 않았고, 1926년 설우를 주지로 선출한 선거에 참여하였다.[109] 1917년의 통도사 법계 시험의 선종에서 대선으로 인가되었고,[110] 1925년 대처승의 명단에도 이름이 없는 것으로 보아 청정비구로 확인된다.[111]

한편, 7년 동안에 걸친 한암의 통도사 내원암 주석은 한암의 지위나 활동과 관련하여 논란거리이다. 왜냐하면, 한암의 「연보」와 자전적 구도기인 〈일생패궐〉의 내용이 일치하지 않기 때문이다. 전자는 한암의 통도사 내원선원 조실설의 입장으로 오대산문의 정설이다. "1904년 불기 2931(갑진 29세, 만 28세) 봄, 통도사 내원선원의 조실로 추대되어 1910년까지 6년 동안 통도사에서 참선 대중을 지도하시다."[112] 그런데 후자에는 "갑진년에 다시 통도사로 가서 돈이 생겨 병을 치료했지만 고치지도 못한 채 인연을 따라 6년 세월을 보냈다."[113]고 부정석으로 서술되어 있다. 다시 말하면 후자는 한암의 내원선원

---

107)『일제의 불교정책과 현황』상, p.205, p.249.
108)『정본 한암일발록』상, pp.448~450.
109) 영축총림 통도사(2008),『축산 구하 대종사 민족불교운동 사료집』하, p.175, p.334, p.570, p.579, p.831.
110)『조선불교총보』3, 1917.5.20, p.54.
111) 영축총림 통도사(2008), 앞의 책, pp.180~181.
112)『정본 한암일발록』상, p.503.
113) 위의 책, p.266, pp.503~504; 윤창화(2015),「한암의 자전적 구도기 〈일생패궐〉」, p.30.

조실설과 엇갈리는 주장으로 한암의 통도사 내원암 강사설과 연결된다.

한암의 통도사 내원암 조실설에 가장 큰 영향을 미친 것은 탄허였다. 그는, 1959년 「한암대종사부도비명」에서 "갑진년 봄에 통도사 내원선원에서 방장으로 청함에 인연 따라 보내기를 6년 광음이 흘렀다."고 기술하였다.[114] 1965년 「현대불교의 거인 방한암」에서는 "한암은 30세 되던 1905년 봄에 양산 통도사 내원선원으로부터 조실로 와 달라는 초청장을 받고 거기에 가서 젊은 선승들과 더불어 5, 6년의 세월을 보냈다. 1910년 봄에 선승들을 해산"시켰다고 부연하였다.[115] 탄허의 두 주장은 한암의 통도사 내원암 이거가 1904년과 1905년으로 엇갈리지만, 방장이 조실과 동일한 의미로 보면 내원암 조실설이다. 탄허의 명성과 권위에 따라 1904년 한암의 통도사 내원암 조실설은 『한암일발록』 「연보」에 채록되어 후학들에게 커다란 영향을 미쳤다. 그밖에 조용명이 "한암 스님이 통도사 내원암 조실로 계실 때에 읊은 시를 알려 주셨어요."[116]라고 하여 내원암 조실설을 긍정하였다는 전문도 있다.[117]

이후로, 윤소암·권기종·이재창·정광호·임혜봉은 탄허의 1904, 5년 내원암 조실 취임설을 답습하며 5, 6년 동안 납자를 제접하였다고

114) 『정본 한암일발록』상, p.488, p.492.
115) 필자는 1974년 판본을 이용하였다. 김탄허(1974), 「현대불교의 거인 방한암」, 『한국인의 인간상』3 종교사회봉사편, 신구문화사, p.338.
116) 한암문도회·김광식(2006), 『그리운 스승 한암 스님』, p.211.
117) 다만, 성파도 한암이 통도사에서 제대로 중이 되었다며 동일한 입장에 섰지만, 그 암자를 백련암으로 회고하였다. 월정사·김광식(2013), 『방산굴의 무영수』상, 오대산 월정사, pp.122~123.

언급하였다.[118] 정도正道는 통도사 승통 성해 아래 한암이 내원암에서 1905년 조실로 참선을 지도하였다고 주장하였다.[119] 한암에 대한 첫 연구서를 출판한 김호성은 『한암일발록』의 「연보」를 따랐다. '1904년(갑진 28세)' 조에서 "통도사 내원선원의 조실로 추대됨, 이후 5년 동안 납자들을 제접함."이라 하였고, '1910년(경술 34세)' 조에서 "봄, 내원선원의 선승들을 해산"이라고 서술하였다.[120]

법타는 탄허의 견해를 좇아 "갑진년 춘春에 통도사 내원암 조실로 초청을 받아 경술년까지 6년 광음을 수연방광隨緣放曠하고 접인선중接引禪衆하였다."고 기술하였다.[121] 김광식은 한암과 용성·석전의 비교 연구 등에서 1904년 통도사 내원암 선원 조실을 언급하였고,[122] 염중섭(자현)도 30세의 한암이 내원암 조실이 된 것을 한암의 치열한 깨달음과 덕행의 깊이를 능히 짐작할 수 있다고 부연하였다.[123] 찬집

118) 윤소암, 「방한암 스님」, 『불교사상』23, 1985.10, p.140; 권기종(1972), 「한국 선학의 재출발 방한암」, 『한국인물대계』9 현대의 인물②, 박우사, p.272; 이재창(1984), 「오대산의 맑은 연꽃 한암 스님」, p.130, p.137; 육산(정광호), 《대한불교》, 1972.10.22, p.3; 임혜봉(2010), 『종정열전』1, 문화문고, p.262.
119) 정도(2013), 『경봉 선사 연구』, p.51, p.154. 단 p.134에서는 1903년에 내원선원의 조실로 추대되었다고 하여 다소 엇갈린다. 이병길(2019)도 『통도사, 무풍한송길을 걷다』의 385쪽에서 동일한 입장에 섰다.
120) 김호성(1995), 『방한암 선사』, pp.216~217.
121) 여기서 일타가 전한 한암의 게송은 경허의 「백운암」과 거의 동일하다. 동곡문도회(2002), 『일타대종사법어집』, pp.378~379; 성우 경허, 이상하 옮김(1916), 앞의 책, pp.112~113.
122) 김광식(2016), 「용성과 한암에 나타난 정체성」, 『한암과 용성, 현대불교의 새벽을 비추다』, 쿠담북스, p.178; 김광식(2015), 「석전과 한암의 문제의식」, 『석전과 한암, 한국불교의 시대정신을 말하다』, 조계종출판사, p.194; 김광식(2006), 「한암 선사의 생애와 사상」, 『그리운 스승 한암 스님』, 민족사, p.25.
123) 자현(2015), 「석전과 한암을 통해 본 시대정신」, 『석전과 한암, 한국불교의 시대정신을 말하다』, 조계종출판사, pp.47~48.

서로 조계종의 시각을 반영한 『선원총람』도 예외는 아니었다.[124] 여기서 조실이란 총림이나 교구 본사와 같은 거대 사찰을 대표하거나 참선으로 불도를 깨친 뛰어난 선사를 말하는 현재적 의미이다.

이와 달리 법통과 참선을 중시하는 경향에 비판적인 박재현은 경허가 원래 대강백인 점을 염두에 두고 〈일생패궐〉 및 동성과 현해의 구술을 바탕으로 한암의 통도사 내원암 조실설을 부정하고 처음으로 강사설을 제기하였다.[125] 여기서 박재현 주장의 근거인 동성의 회고는 매우 중요하다.

> 한암 스님은 본래 통도사에서 강사를 한 사람이야. 그 후로는 강사를 접고 선을 주로 하여 깨쳤지만. … 또 통도사에서는 조실을 하였다고 하는데 그게 아니고, 그 시절 통도사는 선방도 없었을 때야. 통도사에서는 강사를 하셨어. … 그러다가 통도사 강사 자리를 상좌에게 넘겨주고 떠났어. 그 상좌가 통도사에서 대를 이어 강사 활동을 하다가 열반했어요.[126]

동성은 한암이 통도사 내원암에서 강사였다고 거듭 언급하며 한암이 묘향산으로 떠날 적에 강사를 상좌에게 물려주었다고 회고하였다. 동성이 말한 그 상좌는 이미 서술하였듯이 오해련이다.

사실 "병을 고치지도 못하면서 인연 따라 6년을 보냈다."는 〈일생패궐〉의 기술은 통도사 내원선원의 방장설=조실설을 제시한 탄허의 주장과는 거리가 멀다. 이는, 맹산 우두암과 오대산 상원사에서 홀로 용

---

124) 대한불교조계종 교육원 불학연구소(2000), 『선원총람』, 대한불교조계종 교육원, p.209.
125) 박재현(2009), 『한국 근대불교의 타자들』, 푸른역사, pp.100~101, pp.121~126.
126) 한암문도회·김광식(2006), 『그리운 스승 한암 스님』, pp.157~162.

맹정진하거나 불출동구한 한암의 수행과 다르다. 게다가 한암이 우두암에서 최종 오도한 1912년 봄[127]보다 7년이나 빨랐을 뿐만 아니라 당대의 대선사들에게 인가받는 과정도 보이지 않는다. 특히 법사 석담이 주석하고 있고, 연배가 높은 설우 등이 참선 수행하였을지도 모르는 내원암에서 정식 조실로 납자를 지도할 가능성은 크지 않다. 물론 참선을 통한 최종 개오는 나이로 단정하기 어려우므로 한암의 29세라는 나이는 논의에서 배제한다.[128]

1900년 무렵 통도사에는 근대적 선풍이 시작되었다. 통도사의 근대적 선방은 1899년 여름에 창설된 백운암의 임시 선원에서 비롯된다.[129] 다만 그 경위는 알려져 있지 않고, 그 기록은 경허가 백운암에 이른 연도와 차이 난다. 경허가 1900년 통도사에 이르러 보광선원을 개설하였다는 추정도 있다.[130] 두 선원은 동일한 사실을 달리 서술한 것일 수도 있고 임시적이어서 체계화에 한계가 있다.[131] 1911년에 구하가 통도사 선원을 복원하였다는 것은 이를 말해준다.[132] 1913년 통도사에는 7개소의 선학당禪學堂이 있었지만, 그 명칭은 전해지지 않

---

127) 『정본 한암일발록』상, pp.503~504.
128) 신혜월이 28세, 정전강이 25세에 개오하였지만, 경허가 35, 6세, 만공이 34세, 한암이 37세, 경봉이 36세인 것처럼 최종 개오의 나이는 일반적이지 않다.
129) 범어사의 최초 선방인 금강선원은 백운암선원에서 온 수옹 혜윤睡翁惠允의 권유로 임시 안거를 위해 창설되었다. 백운암선원도 임시 선원으로 보인다. 범어사(1989), 『범어사지』, pp.237~238.
130) 만공문도회(1982), 앞의 책, p.306; 대한불교조계종 교육원 불학연구소(2000), 『선원총람』, p.209; 영축총림 통도사(2010) 상, 168.
131) 안거 위주에서 벗어난 체계적·영구적 근대 선원은 1902년 4월 범어사에 개설된 계명선사이다. 범어사(1989), 『범어사지』, pp.241~244 ; 대한불교조계종 교육원 불학연구소(2000), 위의 책, p.416.
132) 영축총림 통도사(2010), 『영축총림 통도사 근현대불교사』상, 영축총림 통도사, p.168.

는다.[133] 확실한 근대 선원은 김성해가 1914년에 세운 보광선원이고, 1916년에 서해담을 조실로 개설된 안양암 선원이 뒤를 이었다.[134] 결국 1904년을 기준으로 살펴보면, 통도본사에도 근대적 선원이 창설되지 않은 상태에서 상대적으로 멀리 떨어진 내원암에 선원은 존재하지 않았을 것이다. 이러한 상황에서 사중의 지위도 확립되지 않은 한암이 만 6년 동안 내원암의 조실로 지낼 가능성은 거의 없다. 다만, 1913년 통도사 선원이 일곱 곳이었다는 사실에 따라 1900년대 후반에 내원선사의 존재 가능성은 열어둔다.

여기서 주목되는 것은 박재현이 강사설을 주장하면서 논거로 든, 월정사 회주 현해의 견해이다. "통도사는 당시만 해도 살림 절이고 사판 중심이라 수행과는 거리가 있었어요. 비록 한암 스님이 내원사에서 조실로 계셨지만, 본래 그 내원사도 강원을 하다가 선방으로 변한 곳입니다. 한암 스님이 선방 조실로 있었으나, 본래는 경허 스님이 조실로 있다가 한암 스님에게 넘겨준 곳이에요."[135]

다시 말하면, 원래 통도사는 참선과 거리가 먼 사판 중심의 사찰이었고, 경허가 강원이었던 내원암을 선방으로 개혁하여 조실로 주석하였으며, 한암이 경허를 이어 조실로 지냈다는 것이다. 이는 오대산문의 정설인 한암의 통도사 조실설을 중심으로 강사설과 절충한 것으로 박재현의 주장과 달리 조실설에 보다 가깝다. 다만, 현해의 주장도 현전하는 『경허집』의 내용으로 뒷받침되지 않고 통도사 선원과 내원선원이 혼재되어 있다.

---

133) 『해동불보』4, 1914.2, pp.87~88.
134) 영축총림 통도사(2010), 앞의 책, pp.167~169.
135) 한암문도회·김광식(2006), 『그리운 스승 한암 스님』, p.195.

그런데, 김광식은 조선 중기부터 지리산 영원사靈源寺의 역대 조실을 정리한 필사본『조실안록祖室案錄』을 근거로 28세의 백초월(1876~1944)이 1903, 4년에 당사의 조실이었다고 확인하였다. 이는 그가 1890년 14세에 영원사의 주지를 역임한 이남파李南坡에게 출가한 지 13년이 지난 뒤로 교종의 품계도 매우 높지 않을 무렵이었다.[136] 이에 따르면 조실이란 선원의 선사를 가리키기도 하지만[137] 규모가 그다지 크지 않은 사찰에서 20대 후반이라도 교학에 특출한 강사나 강백을 존칭하는 것이다. 실제로 백초월은 일제강점기 강백으로 잘 알려져 있으며, 선사로서의 면모는 1907년 해인사 퇴설선원의 동안거에 참여한 정도에 불과하다.[138]

이러한 견해는 동주의 발언에서도 확인된다. "요즈음은 선방의 어른을 조실이라고 부르지만, 예전에는 강사, 강백을 조실이라고 불렀고 권위가 대단했습니다. 제가 듣기로는 어떤 절에 객스님이 오면 우선 그 절 조실인 강사스님에게 인사를 드렸다고 그랬어요." 그의 은사 대은도 20대 초반에 법주사의 진하에게 전강을 받아 20대 초반에 사미에서 강사(조실)로 직행하였다.[139]

덕해는 김용사와 월정사에서 강사를 지낸 은사 관응을 회고하면서 "요즈음은 강사를 별로 안 치고 중요하게 생각하지 않지만, 그때에는 강원 조실격으로 대단하게 여겼습니다."라고 언급하였다. 관응은

136) 백초월은 영원사의 조실에 취임하고 10여 년이 지난 1914년에야 교종 대덕大德을 수여 받았다. 김광식(2014),『백초월』, 민족사, pp.48~53, p.272.
137) 김광식(2002),「백초월의 삶과 독립운동」,『불교학보』39, p.131; 동(2010),「백초월의 항일운동과 진관사」,『한국독립운동사연구』36, p.37; 동(2011),「백초월의 항일운동과 일심교」,『정토학연구』16, p.373.
138) 대한불교조계종 교육원 불학연구소(2006),『근대 선원 방함록』, p.59.
139) 관응대종사문도회(2018),『황악일지록』, 황악산 중암, pp.179~180.

1936년 김용사, 1943년 월정사의 강원 강사를 맡았었다.[140]

뛰어난 강학의 지도자를 높여 조실로 불렀다는 견해는 백초월과 동일한 연배의 한암에게도 적용될 수 있다. 이럴 경우 한암의 내원암 조실은 실로 내원암의 강사였다는 박재현의 주장과 동일하다. 결국 조실이란 대개 선원이나 총림을 이끌거나 대표하는 현재와 다른 전통적 의미로 훌륭한 강사나 강백을 의미한다. 이는 일제강점기뿐만 아니라 심지어 1960년에도 고은은 해인사의 강고봉을 강원 조실로 불렀다.[141] 한암의 경우에는 승랍이 10년이고 출가사찰이 통도사가 아니었으며 해인사 승려라는 초기 인식도 고려되어야 한다. 이는 한암의 내원암 조실설도 긍정하는 김광식의 입장과 조금 엇갈리지만, 한암의 조실설과 강사설을 구분하려는 의의는 크게 줄어든다. 요컨대 한암은 호칭이 조실이지만, 그 실상은 강사였다.

그렇다고 내원암에서 한암이 강학에만 종사한 것은 아니었다. 이는 한암의 선교관으로 압축되는데, 필자가 한암의 좌선우교左禪右敎나 적어도 선반교반禪半敎半의 선교관을 주목하는 이유이기도 하다. 한암은 교학을 중시하였지만, 기본적으로 실참을 중시한 선사였다. 〈일생패궐〉에 따르면, 한암은 1899년 가을 청암사에서 경허를 만난 이래로 참선을 경시한 적이 없었다. 또한 통도사에는 경허의 영향을 받아 선풍이 일어나기 시작하였고, 내원암에서 법사 석담을 필두로 가까이 지낸 설우, 퇴운, 완해 등이 모두 청정비구로 선사를 지향하였다. 이러한 정황과 근래 참선 중시론을 소급하는 한계를 고려하면, 정식 선원이 없던 작은 내원암에서 한암은 납자의 참선을 지도하는 동

---

140) 관응대종사문도회(2018), 앞의 책, p.340, p.696.
141) 고은(1994), 『나는 성불하지 않겠다』, 행복, p.53, p.83.

시에 도반과 함께 참선을 수행한 것으로 추정된다. 다만, 질병으로 인해 한암의 참선 정진은 그다지 진전되지 않았을 것이다.

이와 함께 선사 한암은 교학의 침잠과 강학에도 열중하였다. 이는 앞서 기술한 사교입선 부정론과 상통하는 것으로 한암 회상의 특징적인 교학관 때문이다. 〈일생패궐〉에 의하면, 그의 오도에는 경전의 영향이 매우 컸다. 1899년 참선으로의 발심은 『수심결』, 1차와 3차의 오도는 『금강경』과 『전등록』과 관련된다.[142] 또한, 그는 상원사에서 승가오칙을 제시하여 참선을 우선하여 중시하면서도 교학을 강조하였고, 강원도삼본사연합 승려수련소에서도 참선을 승려의 기본소양으로 삼는 동시에 교학과 경전의 강의, 교재의 현토 작업을 진행하였다. 그렇다면 그 이전에 한암이 불경의 연구와 강학에 종사한 기간이 필히 존재해야 한다. 그런데 한암은 1914년 맹산의 우두암에서 이미 하동산河東山(법명 혜일慧日, 1890~1965)에게 사교를 가르쳤다.[143]

결국, 교학의 종사는 바로 통도사 내원암에 주석한 무렵밖에 존재하지 않는다. 당시에 한암은 정진과 참선 지도 및 교학 연구와 강학을 병행하였던 것이다. 다만, 통도사에서 1900년 무렵 내원암의 강원은 현해의 회고를 제외하면 통도사의 공간자료에서 확인되지 않는다. 사료의 부족으로 단정하긴 어렵지만, 근대적 선원과 강원이 없었던 소규모의 내원암에서 한암은 참선의 지도와 정진 및 교학의 연구와 강학을 병행하였던 것이다. 이는 좌선우교나 선반강반이라는 한암의

---

142) 『정본 한암일발록』상, pp.261~266, pp.499~501; 윤창화(2015), 「한암의 자전적 구도기 〈일생패궐〉」, pp.25~30.
143) 하동산의 「연보」에 나오는 동선과 교학 과정은 한암의 「연보」보다 신빙성이 높다. 동산대종사 문집편찬위원회(1998), 『동산대종사문집』, 금정산 범어사, pp.404~405.

선교관이 확립되는 중요한 시기였다.

강학과 관련하여 한암이 통도사 내원암에서 받아들인 첫 상좌 오해련이 매우 중요하다. 한암과 해련의 관련 정보는 많이 알려지지 않았지만, 해련은 한암의 교육과 지원으로 통도사를 대표하는 강백으로 성장하였다. 통도사의 근대불교전문강원은 한암이 내원암에 머물고 있을 무렵인 1906년 성해가 황화각皇華閣에 설립한 것이었다. 한암은 석담에게 받은 법답을 오해련에게 주어 통도사의 불교강원을 수료시켰고, 오해련은 1910년 통도사 내원암을 떠난 한암을 이어 강학에 종사하였다.[144] 이후 그는 적어도 1927년부터 1942년까지 통도사의 대교사나 대화상으로 불교전문강원을 실질적으로 운영하는 강백이었다.[145]

그런데, 운암의 제자인 성공에 의하면, 1947년 내원사에 함께 머물던 우봉 등이 봉암사로 들어갈 무렵 성공은 통도사 강원으로 들어가 오해련에게 경을 배웠다.[146] 통도사 부방장을 역임한 초우도, 1950년 한국전쟁 때에 부산의 연등사에 머물면서 통도사 강원에서 해련에게 『법화경』을 배웠다고 회고하였다.[147] 화암사 회주 정휴의 회고에도, 오해련은 1950년대 중반 은사인 경우가 연 표충사 강원에 강사로 왔다.[148] 월하가 통도사의 초대 주지가 되었을 무렵 통도사 강원의 강사는 오해련이었다.[149] 이상에 따르면, 오해련은 해방 이후 심지어 1950

144) 한암문도회·김광식(2006), 『그리운 스승 한암 스님』, p.162.
145) 영축총림 통도사(2010), 『영축총림 통도사 근현대불교사』상, pp.159~160.
146) 김광식 엮음(2011), 『처처에 나투신 보살행: 석암 스님의 수행과 가르침』, 석암 문도회, p.206.
147) 보문문도회·김광식 엮음(2012), 『보문 선사』, pp.132~133.
148) 관응대종사문도회(2018), 『황악일지록』, p.152.
149) 월하가 처음으로 통도사의 주지에 취임한 것은 1957년이다. 김광식 엮음

년대 중반까지도 통도사와 그 말사인 표충사의 강원에서 강백으로 활동하였다.

그밖에 그는 사제 조용명과 함께 1930년 통도중학교의 교사로 학생들에게 불교를 가르쳤다.[150] 경봉의 『삼소굴일지』에는 오해련과 관련된 내용이 두 번 언급된다. 그가 1945년 7월 유만덕화兪萬德華 남편[家夫]의 49재에 참례한 것은 별다른 의미가 없지만, 1938년 1월 대웅전 법좌에서 결제 설법한 것[151]은 강백의 면모와 함께 참선에 대한 소양도 일정 부분 확인된다. 실로 한암의 강맥을 계승한 오해련은 한암의 통도사 내원암 강사설을 뒷받침한다.

한암이 오해련에게 보낸 답서 두 편이 『한암일발록』에 전한다. 첫째는 오해련이 "심상공적心常空寂하여 범심돈제凡心頓除하면 즉견불성卽見佛性이니라."라는 법문의 질문에 대한 것이다. 이에 한암은 교학적 설명과 함께 활구 참선의 장기 수행을 권유하였다. 둘째는 오해련이 상원사의 화재와 관련하여 한암에게 안부를 묻고 통도사로의 이거를 권한 것에 대한 답서이다. 여기서 한암은 건강을 핑계로 상원사의 불출을 재확인하며 화재로 인한 서적 분실을 짧게 전하였다. 답장의 시기는 음력으로 전자가 1949년 2월, 후자가 1949년 8월이다. 답장의 해설에서 "오해련 스님은 통도사 문중 항렬로 한암 선사의 사제가 된다."고 기술하였다.[152] 사실 오해련은 한암이 통도사에서 맞이한 첫 상좌이므로, 『한암일발록』의 「답오해련선탑答吳海蓮禪榻」 번역문

(2013), 『청백가풍의 표상: 벽안 스님의 수행과 가르침』, 양산: 벽안문도회, p.154; 영축총림 통도사(2010), 『영축총림 통도사 근현대불교사』하, p.503.

150) 『22인의 증언을 통해 본 근현대불교사』, pp.65~66.

151) 경봉 대선사, 역주 석명정(2014), 『삼소굴일지』, p.184, p.291.

152) 한암의 문보에는 해련이 올라 있다. 『정본 한암일발록』상, pp.346~349, p.530.

은 수정되어야 한다. 그 이전인 1944년 3월 오해련은 경봉의 상좌 혜일慧日과 함께 은사 한암을 찾아 상원사를 방문하였다. 그 목적은 하안거의 결제였으나, 어떤 이유인지 모르지만, 이틀 만에 통도사로 내려갔다.[153)

5. 맺음말

이상에서 필자는, 1904~1910년 한암이 통도사 내원암에 주석한 실상을 재구성하며 그의 생애와 승행, 교학관의 공백을 해소하였다. 한암의 참선 발심과 남방으로의 만행 및 경허의 경남 지역 선풍 진작은 그 배경이었고, 한암이 1899년 가을 청암사 수도암에서 경허를 만난 것은 직접적 계기였다. 청암사는 호서와 경남을 연결하는 곳으로 경허가 주지 만우와의 인연으로 후학의 참선을 지도하는 도량이었다. 이후 한암은 선사 경허를 좇아 해인사를 비롯하여 범어사에서 참선 구도하며 1900년 가을 통도사 백운암에서 2차 해오를 경험하였고, 1901년 여름의 하안거에 참여하였다. 당시 한암은 해인사 출신의 수좌로 알려졌다. 1903년 가을 질병으로 인해 북행하자는 경허의 권유를 마다한 그는 동안거를 마친 1904년 봄 세 번째로 통도사 내원암으로 이거하였다. 당시 한암의 질병은 미룰 수 없는 당면 과제였다.

당시 내원암에 주석하던 40대 중반의 석담은 율사적 풍모로 일정한 명성을 지녔고 선사를 지향하며 승행에도 뛰어났다. 한암은 재정

---

153) 『정본 한암일발록』상, pp.316~317.

적 여유가 있던 석담의 요구에 따라 그를 법사로 맞이하였고, 이때 물려받은 법답으로 질병을 치료하였다. 1931년 한암의 통도사 방문은 법사 석담에 대한 마지막 문안이었다. 한암의 도반인 설우·퇴운·완해도 석담과 매우 흡사한 청정 승행과 선사적 지향성을 지녔다. 석담을 비롯한 설우 등의 율사적 승행과 선사적 사상 경향은 한암에게 일정한 영향을 미쳤을 것이다. 내원암에 대한 한암의 애정도 확인된다. 그가 1930년 9월 경봉에게 보낸 「서간문(6)」에서 내원암 선실의 존폐를 둘러싸고 통도사와 벌이는 갈등과 논란을 안타까워하며 내원선원의 발전을 축원하였다.[154]

그리고 필자는 협소한 내원암에 근대적 선원이나 강원이 부재한 점과 훌륭한 강백을 조실로 명명하는 전통적 조실설을 결합하여 오대산문의 정설인 한암의 내원선원 조실설을 대신하여 호명이 조실, 실제가 강사라고 결론지었다. 그러나 한암은 참선 지도와 정진, 교학 연구와 강학을 병행하였으니, 여기서 左禪右敎나 적어도 선반교반의 선교관을 확립하였던 것이다. 이는 한암의 선교관의 맥락, 경허와의 참선 수행, 통도사 내원암의 정황, 도반의 사상과 승행, 상좌 오해련 등에 의해 뒷받침된 것으로 이후 한암 선교관의 골격이 되었다. 한암의 교학 침잠과 강사 활동은 일정한 성과를 얻었지만, 참선 수행과 지도는 질병으로 인해 진전되지 않았다. 이는 〈일생패궐〉에서 내원암 시절이 부정적으로 평가된 이유였다. 다만, 〈일생패궐〉의 서술과 달리 질병은 일정 정도 수습되었다. 이는 맹산 우두암에서 10년 동안 참선 수행한 바탕이었다.

---

154)『정본 한암일발록』상, pp.294~295. 그 진행은 〈내원암 문제 도 당국에 진정〉, 《조선일보》, 1932.4.24, p.6, 참고.

그러나 여전히 풀리지 않은 의문점이 남아 있다. 사실, 통도사에서 석담은 종교적 능력을 별개로 하면 청정 율사이자 선사로서 승행과 평판도 별다른 문제가 없었다. 그런데, 유자적儒者的 성향마저 지닌 한암은 법답을 물려준 석담을 법사로 대우하거나 칭양하지 않았다. 그는 석담의 장례나 대소상에 참석하지 않았고, 제사도 지내지 않았다. 이는 한암이 〈일생패궐〉을 저술하여 경허를 선사로 규정하여 법통으로 삼으려는 노력과 매우 상반된다. 물론 여기에는 새로운 자료의 발굴이 필수적이지만, 필자는 입실 건당의 조건을 둘러싼 불화로 추정하는 동시에 출가 은사인 금월 행름에 대한 한암의 태도가 흡사한 점도 지적해둔다. 한암은 금월에게도 제사를 지내지 않았던 것이다.[155]

한암의 통도사 내원암 주석은 오대문도와 영축문도의 교류를 확대하는 계기였다. 한암은 일생동안 영축문도를 대표하는 구하와 경봉, 그리고 박원찬과 관계를 이어갔다. 이는 한암의 조계종 종정·교정 취임과 관련된 종단 조직, 1949년 한암의 통도사 백련암 이거 시도, 1951년 묘심사에서 한암의 좌탈 봉도식과 49재를 겸행한 것으로 확인된다. 영축문도들도 조용명, 유종묵, 김탄허, 함정묵 등 오대문도들과 친밀하였다. 또한, 오대문도와 영축문도는 상좌들을 바꾸며 선교禪敎를 통하여 불도로 인도하였다. 이는 근현대 조계종의 문도 의식을 엿볼 수 있는 바이지만 후일을 기약한다.[156]

---

155) 한암문도회·김광식(2006), 『그리운 스승 한암 스님』, p.86.
156) 이는 연구과제이지만 일단 졸고(2022), 「구하와 한암의 관계 검토」, 『대각사상』 37 참조.

Ⅲ. 구하와 한암의 관계 검토

[Abstract]

The Review on the Relationship between Gu-Ha and Han-Am

This paper examines the relationship between Gu-Ha(Cheon-Bo, 1872~1965) and Han-Am(Jung-Won, 1876~1951) and the interaction among them and their disciples comparing the former period from 1900 to 1910 and the latter one from 1926 to 1951.

Gu-Ha, who was emerging as an influential monk in the former period, acknowledged Han-am staying at the Baekunam and Beomeo Temple between 1900 and 1902. Han-Am must have known Gu-Ha in the 1900s. Gu-Ha, who had followed Seong-Hae as a Buddhist master in 1900, builded a relationship of Buddhist cousin with Han-Am, who obeyed Seok-Dam as his Buddhist master in Naewonam Hermitage in 1904, 05. With this, Two monks regarded the Naewonam Hermitage of the Tongdo Temple as their common element, but they didn't exchange letters and Sino-Korean poetry. Seo Haedam, Na Cheongho, Kim Gyeongun, Jin Jineung, Park Hanyoung, who met and interact with Gu-Ha, were reviewed in the relationship with Han-Am.

In the latter period in which Han-Am stayed at Mt. Odaesan, the relationship of two monks was advanced but not intimate. Although Han-Am and Gu-Ha exchanged the holy picture of Seong-Hae and Seok-Dam in 1929 and 1934, Han-Am didn't meet Gu-Ha while visiting the Tondo Temple in 1931. After finishing his secluded life, Gu-Ha played an active role in establishing Headquarter Temple in 1937 and in the construction of the Jogye Order in 1941. Lee Jongwook, the chief priest of the Woljung Temple played a leading role and Han-Am was the first great Buddhist monk of the Jogye Order. Gu-Ha, the third executive chief of the Jogye Order, and met Han-Am again on October, 1949. Han-Am asked after Gu-Ha in the letter to Gyeongbong between 1944 and 1950, and Gu-

Ha sent three letters to Han-Am. On May 1951, Gu-Ha, not attending due to his decrepitude, led a memorial service for Han-Am held in the Myosim Temple in Busan at 49-ceremony after death, praying his reincarnation. Song Seolwoo and Yun Tweoun were also reviewed who had relationship with two monks.

Meanwhile, Gu-Ha and Han-Am were close to disciples of Mt. Odaesan and Mt. Youngchuksan each. They were Yong-myeong, Wol-ha, Dong-sung, Nam-am, Bo-mun, Tan-heo and Ja-un. The relationship between Gu-Ha and Han-Am was less significant comparing the relationship with Gyeongbong and Han-Am. However, two monks had a great influence on the exchange of two bodies of Mt. Youngchunsan and Mt. Odaesan and on the movement of the Korean Buddhist in the modern period.

Key words

Gu-Ha, Han-Am, Relationship, Youngchuksan Mountain, Odaesan Mountain, Tongdo Temple, Sangwon Temple, Disciple.

1. 머리말

영축산 통도사의 구하 천보와 오대산 상원사의 한암 중원은 한국 근현대 불교사에 뚜렷한 불적佛跡과 위상을 남긴 대표적 고승이다. 구하는 이른 시기 중앙 교단에 진출하였다. 그는, 1910년 원종圓宗의 인사부장을 거쳐 1911년 11월부터 1925년 8월까지 15년간 영축산 통도사의 주지를 역임하는 가운데 1917~18년 30본산연합사무소의 위원장에 올라 전성기를 보냈다.[1] 당시 46, 7세로 교정이나 종정에 해당되는 불교계의 최고 지위에 올랐던 것이다. 통도사 주지를 사직한 이후 침잠하다 1937년 2월 28일 총본산 건설고문으로 중앙 교단에 돌아온 이래 원로로 활동하였고, 1949년 10월에는 대한불교 조계종 제3대 총무원장에 취임하였다.[2] 이후 입적할 때까지 영축산의 큰 별이자 호랑이로 통도사를 실질적으로 움직였다.[3]

한암은 구하보다 교계의 진출이 늦었지만 뚜렷한 불적을 남겼다. 그는, 1921~26년 건봉사·봉은사의 조실을 역임하고 "천고에 자취를 감춘 학"이란 귀산시를 읊고 1926년 5월 오대산 상원사로 이거한 이후 26년 동안 그[월정사의] 조실로 불출동구하였다.[4] 그 가운데 1929

---

1) 대한불교조계종 총무원 총무부(2001), 『일제시대의 불교정책과 현황』상, 대한불교조계종 총무원, pp.147~170. 아래에서 본서의 서지는 『일제의 불교정책과 현황』으로 줄인다.
2) 『불교(신)』4, 1937.6.1, p.49; 동국대 석림동문회(1997), 『한국불교현대사』, 시공사, p.527.
3) 축산문집간행위원회(1998), 『축산문집』, 영축총림 통도사, pp.596~619, p.624. 아래에서 본서의 서지는 『축산문집』으로 줄인다. 김광식 엮음(2017), 『자운 대율사』, 불광출판사, p.57, p.59.
4) 졸고(2017), 「한암의 상원사 이거와 시기 검토」, 『정토학연구』28; 동(2019), 「한암

년 조선불교선교양종승려대회에서 7인의 교정 가운데 1인으로 추대되었고, 1935년 송만공·신혜월과 함께 조선불교선종의 종정으로 선출되었으며, 1941~45년 조선불교조계종 초대 종정을 거쳐 1948년 대한불교조계종 제2대 교정에 올랐다. 그 재임기간은 모두 20년으로 근현대 한국 불교사에서 가장 길었다. 1951년 한국전쟁의 와중에 상원사를 지켜내고 좌탈하였다.[5]

구하와 한암은 중앙 교단에서 선후로 활동하였지만, 통도通度의 화장華藏 세계에서 함께 주석하며 인연을 맺었다. 구하가 통도사를 중심으로 일생을 보낸 반면 한암은 금강산에서 남으로 만행하다 경허 성우鏡虛惺牛를 따라 1900~1901년 그 부속암자인 백운암을 거쳐 1904~1910년 그 말사인 내원암에 머물렀다. 여기서 석담 유성石潭有性(?~1934)에게 입실한 한암은 성해 남거聖海南巨(1854~1927)를 법사로 맞이한 구하와 사촌 사형제가 되었다.[6] 이러한 인연은 1951년 5월 8일 부산의 묘심사妙心寺에서 열린 한암의 49재를 겸한 봉도식奉悼式까지 이어졌다. 그 봉도회의 대표가 바로 당시의 총무원장 구하였다.[7]

본고는 근현대 한국불교에서 영축산을 상징하는 구하와 오대산을 대표하는 한암의 관계를 불교사적 측면에서 검토한 것이다. 사실 구하와 한암의 관계는 근현대 선교관이나 친화적 교류로 주목되는 경

스님의 불출동구와 현실관」, 『한국불교학』92 참조.
5) 한암대종사법어집 편찬위원회(2010), 『정본 한암일발록』상, 오대산 월정사, pp.495~512. 아래에서 본서의 서지는 『정본 한암일발록』으로 줄인다.
6) 졸고(2020), 「한암과 통도사 내원암」, 『한국불교학』96 참조.
7) 『정본 한암일발록』하, pp.287~307; 〈고 교정 방한암 대종사의 봉도식과 49재 엄수〉, 《불교신문》, 1951.5.15. p.1.

봉과 한암의 경우[8]에 미치지 못한다. 그렇지만 영축산문과 오대산문의 교류는 양자를 벗어나 범주를 확대할 필요가 있다. 특히 전자를 대표하는 구하를 제외하고는 두 산문의 관계, 심지어 경봉과 한암의 교류마저도 이해되기 어렵다. 다른 한편으로는 한암의 연구를 확대하려는 의미가 있다. 나아가 본고는 통도사와 월정사·상원사라는 유력 사찰의 역사뿐만 아니라 중앙 교단과 지방 교계의 동향이나 그 이면을 이해하거나 초보적 단계에 머물러 있는 구하의 연구[9]에 일조하려는 기대가 있다. 이에 필자는 통도사에서나 영축산·오대산에서 구하와 한암의 관계를 1900~1910년과 1926~1951년의 전후기로 대별하여 추적한 다음 각각 상좌·제자와 양자의 직접 교류에 초점을 맞추어 그 주변을 고찰하겠다.

2. 통도사에서의 구하와 한암

여기서는 1900~1910년 통도사를 중심으로 한 전반기 구하와 한암의 관계를 검토한다. 구하의 초기 자료는 매우 적고 엇갈리기도 한

---

8) 윤창화(2015), 「한암 선사의 서간문 고찰」, 『한암 선사 연구』, 민족사; 경봉, 석명정(1984), 『화중연화소식』, 미진사, pp.20~94.
9) 현재 구하는 연보조차 정리되지 않았고, 학계의 연구도 매우 부족하다. 한동민(2010), 「근대불교계와 통도사 주지 구하 스님의 독립운동」, 『영축총림 통도사 근현대불교사 학술자료집』, 영축총림 통도사; 동(2011), 「일제강점기 통도사 주지 김구하와 독립운동 자금 지원」, 『대각사상』15; 김수아(2017), 「일제강점기 근대한국불교를 위한 김구하의 개혁 방향과 내용」, 『문학과 종교』22-4; 최두헌(2022), 「구하의 통도사 개혁과 그 현대 불교사적 의의」, 『한국불교학』101; 윤균(2022), 「근대불교 종단 형성과정에서 나타난 구하 천보의 변혁적 리더십 연구」, 한양대 행정대학원 박사학위논문 참고.

다. 그는 13세인 1884년 천성산 내원암의 주관主管에게 출가하였고, 1889년 경월 도일慶月道一을 은사로 득도하여 사미계를 받고 '천보天輔'의 법명을 얻었다.[10] 수행이력서에 보이는 이력 과정은 1892년 통도사의 해담 치익海曇致益에게 『서장』『도서』『선요』『절요』의 사집을, 1894년 예천 용문사의 김혜옹金慧翁에게 나아가 『능엄경』『기신론』『금강경』『원각경』의 사교를, 1897년 진주 대원사에서 박영호朴永湖[朴映湖]에게 『화엄경』 등 고등과를 수학한 것으로 정리된다. 수계로는 1896년 통도사에서 표충사의 만하 승림萬下勝林에게 구족계와 보살계를 수지하였다.[11] 다만 비문에 의하면, 그는 용문사에서 용호 해주龍湖海珠에게 수학하였고, 고등과는 박영호[石顚 朴漢永, 1870~1948]가 대원사에서 1899~1901년까지 개최한 대강회에서 수학하였다.[12] 구하가 일대시교를 마치고 통도사로 귀환하며 읊은 시가 널리 알려져 있다.[13] 그 시기는 대략 1900년으로 추정된다.

구하가 성해를 법사로 삼아 '구하'라는 법호를 얻은 것은 매우 중요한 일이지만, 그 연도는 명확하지 않다. 구하의 비문이나 통도사 홈페이지에 보이듯, 통도사의 입장은 1896년 구하가 성해에게 구족계를 받아 사법嗣法하였다는 것이다.[14] 한동민·윤청광·김수아는 명확

---

10) 『축산문집』, p.596, p.608; 서남현 편(2008), 『축산 구하 대종사 민족불교운동 사료집』상, 영축총림 통도사, p.712; 김수아, 앞의 논문, p.54; 윤청광(2014), 『영축 산에 달 뜨거든』, 노천문도회, p.174.
11) 『축산문집』, p.609; 서남현 편, 위의 책, pp.692~693. 단, 그 p.712에 보이는 '선살계'는 '보살계'의 오식이다.
12) 『축산문집』, p.609; 서남현 편, 위의 책, pp.692~693. 이는 1725년 김제 금산사에서 환성 지안喚醒志安이 개최한 천명대회千名大會를 방불한 것으로 평가된다. 종걸·혜봉(2016), 『석전 박한영』, 신아출판사, pp.108~111.
13) 『축산문집』, p.597, p.609.
14) 이는 위에 서술한 수행이력서의 수계사항과 충돌된다. 『축산문집』, p.610. 최근

한 근거 없이 1900년설을 주장하였다. 이는 아마도 통도사에서 나온 일설로 보인다.[15] 1904년설은 그의 수행이력서에 보이는 "1904년 통도사 성해 남거 화상의 법맥을 계사繼嗣"하였다는[16] 것이다. 대교과정의 수료 여부와 시기의 적합성 등으로 볼 때 구하가 성해를 법사로 삼은 것은 대체로 1900년설이 상대적으로 합당해 보인다.[17] 이상에서 구하는 늦어도 1900년에 성해를 법사로 삼았고, 1904년에 그 공식절차를 마친 것으로 보인다.

구하는 1902. 4~04. 7월 표충사, 특히 범어사를 왕래하며 강백 혼해 찬윤混海贊允에게 교리를 배웠고, 1905년 9월 30일 통도사 법계 선발시험에 응하여 선종의 대법大法을 수여 받았다.[18] 구체적으로 확인된 그의 행적은 1906년 6월 통도사 화엄전에 설립된 명신학교의 학감 취임이다. 이해 일본을 유람하고 귀국한 구하는 강학과 포교를 위해 신식학교를 설립하려는 불교계의 개혁 흐름에 따라 총섭 고산

〈한국불교 선각자 구하 대종사2〉,《불교신문》 2022.1.25, p.17에 의하면, 구하는 1996년 용문사에서 구족계를 수지하였고, 이해에 성해의 전법제자가 되었다고 한다.

15) 한동민, 「근대불교계와 통도사 주지 구하 스님의 독립운동」, pp.11~12; 윤청광, 앞의 책, p.174; 김수아, 앞의 논문, p.54;《불교신문》, 2002.6.11, p.7.

16) 서남현 편, 앞의 책 상, pp.609~610, pp.712~713.

17) 『축산문집』, p.610. 최근 최두헌(2022)은 「구하의 통도사 개혁과 그 현대 불교사적 의의」, 『한국불교학』101, p.256, 각주 12)에서 『구하역사』를 인용하여 1899년으로 규정하며 이해에 통도사로 귀사하였다고 주장하였다. 이는 박한영의 교학 강습이나 수행이력서와 충돌하므로 추후 세밀한 검토가 필요하다.

18) 구하는 1889년 범어사 대성암에서 의룡 체훈義龍體勛에게 『장자』『대학』 고문古文 등의 외전을 배웠다. 서남현 편, 위의 책 상, p.693; 정광호(1999), 『한국불교 최근백년사편년』, 인하대출판부, p.324. 대선사의 품수는 늦어도 1917년(『조선불교총보』3, 1917.5.20, p.54.)이지만, 1910년설(〈종단원로 구하종사 입적〉,《대한불교》, 1965.11.7, p.1.)과 1914년설(서남현 편, 위의 책 상, p.713.)도 있다.

古山의 도움을 얻어 명신학교를 설립하고 학감에 취임하였다.[19] 구하가 명신학교의 학감을 사직한 것은 서해담徐海曇을 이은 부교장 이남파李南坡의 알력과 함께 원종의 참여와 관련되지만, 시기는 한동민이 주장한 1909년 1월(음력)보다 수행이력서의 5월이 상대적으로 합당해 보인다.[20]

1908년 3월 6일 각도의 사찰 대표 52명은 원흥사에서 총회를 열어 원종 종무원을 수립하고 이회광李晦光을 대종정으로, 김현암金玄庵을 총무부장으로 추대하였다. 원종의 종무원에서 구하는 이회명을 이어 인사부장을 맡았다.[21] 이를 명신학교의 학감과 연결하여 살펴보면 그는, 1908년 통도사에 머물며 명신학교의 학감으로 재직하였고, 1909년 5월 9일 학감을 사직한 이후 머지않아 상경한 것으로 보인다. 원종의 인사부장에 취임한 것은 1910년 후반기였다. 이는 각황사의 건립과 관련한 재정문제와 연결되었을 것이다. 그가 귀사한 것은 1911년 정월(음력)이었다.[22] 그렇다면 구하가 서울에 머문 기간은 길어야 1년 6개월, 원종의 인사부장 재임은 반년을 넘지 않는다. 그러나 구하가 원종 종무원에서 인사부장으로 활동한 것은 통도사를 벗어나 중앙 교단에 처음으로 이름을 알린 것과 함께 교단의 핵심 인물과 교류로 주목된다.

---

19) 『축산문집』, p.598, p.610; 한동민, 「근대불교계와 통도사 주지 구하 스님의 독립운동」, pp.15~16. 수행이력서에 구하의 학감 취임은 1906년 3월이다. 서남현 편, 앞의 책 상, p.713.
20) 한동민, 「일제강점기 통도사 주지 김구하의 독립운동 자금 지원」, pp.17~20; 서남현 편, 위의 책 상, p.713.
21) 이능화, 조선불교통사역주편찬위원회(2010), 『역주 조선불교통사』6, p.311.
22) 구하의 인사부장 취임은 수행이력서의 10월 2일과 《대한불교》의 7월 12일이 있다. 그 사이 구하는 경성실무학원을 수료하였다고 한다. 서남현 편, 앞의 책 상, p.713; 『축산문집』, p.610; 〈종단원로 구하 종사 입적〉, 《대한불교》, 1965.11.7, p.1.

당시 구하의 움직임은 서해담과 겹친다. 1908년 11월 당시 명신학교 교장은 윤치오尹致旿, 학감은 김천보[구하]였고, 서해담은 부교장으로 교사를 겸하였다. 그런데 1909년 2월에는 부교장이 이남파로 바뀌었다. 그는 바로 구하와 알력을 빚은 당사자였다. 명신학교 부교장에서 밀려난 서해담은 1910년 11, 12월에 각황사에서 중앙포교사로 활동하며 이회광·김현암과 함께 각지 승사僧史와 사적事蹟의 편찬위원으로 활동하였다.[23] 그 결과가 바로 『조선종사朝鮮宗史』의 정리와 함께 1912년에 간행된 『통도사사적通度寺事蹟』이었다.[24] 1910년 말을 기준으로 양자는 원종의 종무원에서 함께 근무하였다.

1911년 정월 통도사로 돌아온 구하는 이듬해 총독부에 설립자로서 명신학교를 인가받았고, 1913년에는 교장이 되었다.[25] 특히 그는 1911년 사찰령의 반포를 배경으로 11월 통도사의 주지로 인가된 이래 1925년 8월 사직할 때까지 15년간 통도사를 운영하였다.[26] 그는 사암의 재정을 통합하여 부찰富刹의 기반을 마련한 다음 각종 불교혁신, 포교·교육 사업 등을 추진하고 독립운동의 자금을 지원하였다.[27] 다만, 그는 일제 강점 초기에 전성기를 보낸 관계로 친일 행

23) 《대한매일신보》, 1910.10.18·11.29·12.22, p.2.
24) 이능화, 조선불교통사역주편찬위원회(2010), 앞의 책 6, p.311; 서남현 편(2010), 『영축총림 통도사 근현대불교사』상, 영축총림 통도사, pp.199~200; 김경집, 「근대 원종의 성립과 의의」, 『한국불교학』29, 2001 참조. 단, 수행이력서에 구하의 인사부장 재임은 1910년 10월 2일~1911년 1월 10일이다.
25) 서남현 편, 『축산 구하 대종사 민족불교운동 사료집』상, p.713. 이와 달리 한동민은 구하가 1911년에 다시 학감, 이듬해 교장이 되었다는 비문의 내용을 따랐다. 「일제강점기 통도사 주지 김구하의 독립운동 자금 지원」, pp.17~20.
26) 『일제의 불교정책과 현황』상, pp.156~172; 서남현 편, 위의 책, p.713.
27) 『축산문집』, pp.599~601, pp.610~612; 정광호, 앞의 책, p.404; 한동민, 「근대 불교계와 통도사 주지 구하 스님의 독립운동」; 김수아 앞의 논문 참조.

적에서 자유롭지 못하였다.[28] 이상에서 구하는 대략 1909년 후반 ~1910년을 제외하면 1900~10년 대부분 통도사에 머물렀다.

한편, 1894년 금강산 장안사에서 금월 행름錦月幸凜에게 출가한 한암은 1899년 신계사의 보운강회에서 사집을 배우다[29] 교학에서 참선으로 전환하고 남행하였다. 그는 10월 무렵 김천의 불령산 청암사 수도암에서 만난 법사 경허를 따라 1903년 여름까지 경남 삼본산을 오가며 정진하였다. 한암이 통도사의 부속암자 백운암에 머문 것은 1차로 1900년 가을, 2차로 1901년 상반기였는데, 전자에서 2차의 오도를 경험하였다. 그가 1903년 해인사의 하안거가 끝난 뒤 북행하자는 경허의 권유를 거절한 것은 질병 때문이었다. 투병은 당시 한암에게 시급한 과제였다.

1904년 봄 한암은 해인사를 떠나 천성산의 내원암으로 향하였다. 그는, 여기서 율사이자 선사로서 풍모를 지닌 석담 유성에게 건당 입실하고, 그 대가로 받은 언양의 열두 마지기 법답에서 나오는 도조로 질병을 수습하였다. 내원암에서 '조실'로 교학에 종사하여 후일 통도사의 강백 해련 영철을 첫 상좌로 거두는 한편 석담을 비롯하여 퇴운·설우·완해 등과 함께 정진하였으나 커다란 진전을 보지 못하였다. 다만, 〈일생패궐〉의 기술과 달리 후일 맹산의 우두암에서 10년 동안 정진할 정도로 건강을 회복하였다. 1910년 봄 내원암을 떠나 묘향산으로 향하였다. 통도사 내원암에서 한암이 좌선우교의 선교관을 확립하고 율사를 겸비한 점은 삼학겸수로 주목된다.[30]

---

28) 임해봉, 『친일승려 108인』, 청년사, 2005, pp.128~156.

29) 자현(2020), 『시대를 초월한 성자, 한암』, 불광출판사, pp.125~130.

30) 졸고(2018), 「한암의 출가 과정과 구도적 출가관」, 『선학』50, pp.80~95; 동, 「한암과 통도사 내원암」 참조. 한암이 통도사에서 제대로 중이 되었다거나 통도사

언제부터 구하가 한암을 인지하였는지는 명확하지 않다. 성해는 1892년 통도사의 승통이 되어 사격을 일신하고 선사들을 적극적으로 지원하였다. 1900년 경허가 통도사 백운암에 이르렀고, 1899년 가을 경허를 따르던 만공이 백운암에 머물렀다. 1901년 여름 만공은 여기서 2차로 개오하였다.[31] 당시 구하는 황화각·취운암·장경각에서 수행하거나 기도하며 성해를 보좌하였다.[32] 즉, 통도사의 실세로 부상하던 구하는 백운암에 머물던 한암을 알고 있었을 것이다. 또한, 한암은 1900년과 1902년 범어사의 안양암과 계명암에서 동안거를 보냈다.[33] 1902~04년 범어사의 혼해에게 강습한 구하는 스승을 통하여 한암을 알았을 것이다. 혼해는 1901년 범어사 내원선사內院禪社의 발기인이자 이듬해 오성월吳惺月을 추천하여 정기 안거의 시원을 연 계명선사鷄鳴禪社의 창설에 기여하였다.[34] 구하는 1900년 가을부터 1901년 여름 사이, 늦어도 1902년에는 한암을 분명히 인지하였을 것으로 추정된다. 당시 운수행각 중이던 한암이 통도사의 실력자로 부상하는 구하를 몰랐을 가능성은 거의 없다.

양자의 관계는 한암이 내원암에 거주한 초기 청정비구 석담 유성에게 입실함으로써 밀접해졌다. 석담은 취룡 태일鷲龍泰逸의 상좌로 성해의 사제였다. 이에 따라 성해는 한암의 사숙이 되고, 구하·경봉

를 고향과 같이 여겼다는 성파의 발언도 이와 무관하지 않다. 한암문도회·김광식(2006), 『그리운 스승 한암 스님』, 민족사, pp.170~171; 월정사·김광식(2013), 『방산굴의 무영수』상, 오대산 월정사, pp.122~123.

31) 경허에게는 통도사의 백운암·백련암을 읊은 시 3편이 있다. 경허 성우, 이상하 옮김(2016), 『경허집』, 동국대학교출판부; 만공문도회(1982), 『만공법어』, 수덕사 능인선원, p.306; 서남현 편, 『영축총림 통도사 근현대 불교사』상, p.126.
32) 축산문집간행위원회(1998), 『축산문집』, p.610.
33) 졸고(2020), 「한암과 통도사 내원암」, pp.200~201.
34) 범어사(1989), 『범어사지』, 범어사, pp.240~244.

은 한암과 사촌 사형제가 되었다.[35] 한암이 경봉에게 보내는 편지에서 자신을 '문제門弟'나 '제弟'로 낮추고 경봉을 '형'으로 높인 것은 잘 알려져 있거니와[36] 구하를 '대형大兄'으로 부르며 안부를 전하였다.[37] 통도사의 방장 성파도 한암이 경봉·구하와 사촌지간으로 호형호제하였다고 전했다.[38]

　내원암에 대한 한암의 애정은 1930년 9월 내원선원의 존폐와 통도사의 내원암 직할 사안을 둘러싼 갈등 가운데 내원선원의 발전을 기원한 점에도 나타난다.[39] 뿐만 아니라 석담과 구하에게도 내원암은 공통분모였다. 현재 내원사의 홈페이지 연혁에 의하면, 석담은 1898년에 이미 내원암에 주석하였고, 1900~10년대에는 수선사修禪社를 창설하여 '동국제일선원'을 표방하며 송설우, 이퇴운, 조완해, 방한암 등과 참선하였다. 이후에도 석담은 선사로 정진하였다.[40] 또한, 1884년 13세의 구하가 출가한 사찰도 바로 내원암이었다. 구하는 내원암의 주지도 역임하였다. 그는 한암의 도반이던 이퇴운의 뒤를 이어 1914년 6월에서부터 1916년 3월까지 내원암 주지를 겸직하였고, 해

---

35) 지금까지 한암과 관련된 연구는 모두 성해와 석담은 사촌 사형제로 거론하였다. 그런데, 2020년 12월에 출판된 『신편 통도사지』하(536)의 「통도사 계파보록」에 의하면 석담은 우계 지언愚溪志彦의 상좌로 성해와 8촌 사형제였다. 보다 세밀한 연구는 뒤로 미루고 여기서는 잠정적으로 기존의 학설을 따른다.
36) 한암이 경봉에게 보낸 24편의 편지 가운데 '제弟·문제門弟'로 쓰지 않은 것은 2편에 불과하고 '배상拜上·배사拜謝'로 표기하지 않은 것도 1편뿐이었다. 경봉을 형으로 언급한 것은 두 곳이다. 『정본 한암일발록』상, pp.273~332; 경봉, 역주 석명정, 『화중연화소식』, 1984, pp.20~94.
37) 『정본 한암일발록』상, pp.316~317.
38) 월정사·김광식(2013), 『방산굴의 무영수』상, p.122.
39) 『정본 한암일발록』상, pp.294~295; 〈내원암 문제 도 당국에 진정〉, 《조선일보》, 1932.4.24. p.6.
40) 졸고(2020), 「한암과 통도사 내원암」 참조.

방 직후에도 형식적이지만 내원암 주지를 맡았다가 1948년 겨울(음력)에 사임하였다.[41]

구하와 한암의 사이에는 해담 치익이 있다. 해담은 1882년부터 10년 동안 예천 용문사에서 용호 해주에게 내전 각과를 수학하였고, 1880년 통도사에서 만하 승림에게 대소승계를 수지하여 율맥을 이었다.[42] 이는 구하와 비슷한 과정이다. 구하와 한암이 선종의 대선사에 서품된 1917년 통도사의 법계 시험에서 해담은 대교사였다.[43] 1929년 조선불교선교양종의 승려대회에서 그는 한암과 함께 7인의 교정으로 함께 추대되었다.[44] 당시 통도사에는 만하 승림에서 비롯된 수계의 유행이나 계율의 강조와 관련하여 만하·해담과 한암의 관계는 유의되어야 한다.

구하가 원종 종무부에서 활동하고 교유한 승려 가운데 감사 청호 학밀晴湖學密(1875~1934)은 한암과도 관련된다. 그는 예천 용문사에서 김혜옹에게 중등과정=사교과정을 수학하였다.[45] 양자는 30본산연합회에서도 동지적 관계를 유지하였다. 구하는 1915~16년 30본산연합회 상치원으로 청호와 함께 일하였고, 구하가 연합회 회장이던 1917~18년에 청호는 감사원과 상치원이었다. 1917년 그는 구하와 일본불교 시찰단원으로 도일하였고, 봉은사에서 '조사 원기祖師遠忌'의 대재大齋를 치를 적에 구하도 참석하였다.[46] 그는 1912~1918년, 1924

---

41) 『일제의 불교정책과 현황』상, p.249, p.315; 『축산문집』, pp.95~96.
42) 해담 치익(1934), 『증곡집』, 대원사, pp.49左~50右; 〈청호 학밀〉,《불교신문》, 2008.6.11, p.16
43) 『조선불교총보』3, 1917.5.20, p.54.
44) 『불교』56, 1929.2.1, pp.129~130.
45) 〈청호 학밀〉,《불교신문》, 2008.6.11, p.16.
46) 〈조사 원기의 대재〉,《대한매일신보》, 1917.5.6, p.3.

년~1932년 봉은사 주지,[47] 1923년 조선불교협성회의 회장, 중앙 설교사 등을 역임하였다.[48] 구하가 청호의 입적을 추도하여 지은 애사哀辭와 만사輓詞가『영축문집』에 전한다. 전자는 원종 종무원 시절을 회고하면서 60세에 입적한 청호를 애도하였고, 후자는 시로 추모한 것이다.[49] 청호는 한암과도 관련이 있다. 청호는 한암이 봉은사의 조실로 주석할 적에 김상숙을 이어 주지를 맡았다. 또한, 한암과 청호는 1925년 을축년 대홍수 때에 708명을 구조한 일로 널리 알려져 있다. 한암의 오대산 상원사 이거와 관련하여 청호는 한암을 이종욱과 연결한 장본인이기도 하다.[50]

또한, 구하는 원종의 서무부장 경운 원기擎雲元奇(1852~1936)에게 연하장을 보내고 서한을 주고받았다. 1934년 섣달(음력) 구하가 김경운에게 연하장을 보내자, 경운은 구하에게 각황사의 일[51]을 회고하며 답례하였다. 이에 구하는 다시 법체가 늙었지만, 정신은 동자童子와 다를 바가 없다거나 진공묘유眞空妙有의 이치와 함께 경성에서 법문의 융성함을 칭송하였다. 이 편지의 말미에 나오는 해련海蓮 강사는 바로 한암의 맏상좌 오해련으로 양자의 관련성을 시사하는 것으로도 주목된다. 그는, 1936년 8월 사경한 금자『법화경』을 칭송하면서 법체의 강녕을 축원하였으나, 경운이 입적한 부고를 받들고 그의

<hr />

47) 청호의 봉은사 주지 역임과 30본산연합회는『일제의 불교정책과 현황』상, pp.147~177.
48) 문단에서 각주가 없는 것은 졸고(2017), 「한암의 상원사 이거와 시기 검토」, pp.158~159.
49) 축산문집간행위원회(1998),『축산문집』, p.111, pp.551~552.
50) 졸고(2017), 「한암의 상원사 이거와 시기 검토」, pp.158~160, pp.164~165.
51) 김경운은 1915년부터 7년간에 걸쳐 각황사의 명 포교사였다. 김경집(2013), 「근대 경운 원기의 교화 활동」,『보조사상』40, pp.218~221.

포부와 경력이 옛 부처님이나 조사와 조금도 다름없다고 애도하였다.[52] 앞서 1927년 경운은 동화사 강원에서 화엄을 배우던 손상좌 조종현趙宗泫에게 구하를 만나면 안부와 자신의 의사를 전달하라는 편지를 보냈었다.[53]

구하와 경운의 관계에는 대원사의 대강회에서 수학한 원종의 고등 강사 박한영의 법사라는 점도 있다.[54] 박한영, 즉 석전 영호石顚映湖는 은사 경운과 함께 1916년 인사동의 선종중앙포교당에서 함께 설법한 적도 있다.[55] 그런데 박한영이 1893, 4년에 머문 금강산 신계사와 건봉사 등은 1899년 7월 한암이 신계사의 보운강회에서 사집과를 수학하다 참선으로 발심하였고, 1923~26년 건봉사의 조실을 지낸 곳이기도 하였다.[56] 한영은 법사 환응幻應과 경운, 그리고 한암과 함께 1929년 1월에 선교양종 7인의 교정으로 선출되었다.[57] 그 직후 2월 2일 한영 등이 전계사가 되어 봉선사에서 비구계와 보살계를 전수할 적에 한암은 7명의 증사證師에 포함되었다.[58] 또한, 석전과 함께 경운의 제자인 원종의 교무부장 진진응陳震應은 한암이 탄허에게 교리의 강습을 권유한 바 있다. 이에 앞서 1924년 정월 중순 한암의

52) 『축산문집』, pp.491~497, pp.554~555; 신규탁 편역(2016), 『화엄종주 경운 원기 대선사 산고집』, 경운원기대선사문손회, pp.279~283. 지금 통도사 성보박물관에 있는 금자 『법화경』은 경운이 1880년 범어사 손정진孫正眞의 화주와 명성황후의 시주로 완성한 것이다. 능화 상현能化尙玄, 「경운 대선사와 양처 백련사」, 『조선불교총보』3, 1917.5.20, pp.16~18.
53) 신규탁 편역, 위의 책, pp.86~87.
54) 서남현 편, 『축산 구하 대종사 민족불교운동 사료집』상, pp.692~693, pp.712~713.
55) 《매일신보》, 1916.12.28, p.2.
56) 종걸·혜봉, 앞의 책, pp.94~95; 『정본 한암일발록』상, pp.498~499.
57) 7인의 교정 가운데 한암이 유일하게 선종 계열이었다. 『불교』56, 1929.2.1, pp.129~130; 高橋 亨(1973), 『李朝佛敎』, 國書刊行會, p.905.
58) 『불교』57, 1929.3.1, p.111.

만상좌 오해련은 동광 혜두 등과 함께 범어사 불교강원에서 진진응에게 『염송』 『설화』를 수강하였다.[59] 이도 경운과의 관계 연장으로 보인다. 1936년 2월(음력) 한암이 은근히 불출산을 거론하며 특정 요청을 거절하는 편지를 보낸 상대가 바로 진진응이다.[60] 석전은 해방 직후 한암을 이어 교정이 되었다가 1948년 입적하였고, 그 지위는 다시 한암에게 이어졌다.[61]

1900~1910년까지 구하와 한암은 통도사를 중심으로 법계와 내원암이라는 공통의 기반을 갖추었지만 성파의 발언과 달리 친밀하게 교류하지 않은 것 같다. 『축산문집』과 『한암일발록』에 구하와 한암이 한시를 수작하거나 서한을 주고받은 글은 보이지 않기 때문이다. 이는 양자가 통도본말사라는 사격과 영축문도에서 처한 상대적 위치와 관련이 있을 것으로 추정된다.

3. 영축산의 구하와 오대산의 한암

1911년부터 통도사 주지에 취임한 구하는 1925년 8월 주지 분규로 인하여 사직하고 칩거하였다.[62] 구하가 언제 활동을 재개했는지는 명확하지 않지만, 경남 삼본산의 종무협의회에서 원로로서의 활동

59) 김광식(2010), 『탄허 대종사』, 탄허불교문화재단, pp.47~50; 김경집(2013), 「근대 경운 원기의 교화 활동」, pp.205~206; 동광혜두, 김용환 외 편집(2013), 『청산은 흐르지 않고 물은 멀리 흐르네』, 정우서적, p.54.
60) 『정본 한암일발록』상, pp.340~341.
61) 위의 책, pp.511~512; 동국대 석림동문회, 앞의 책, p.518, p.525.
62) 『불교』16, 1925.10.1, p.44; 선우도량 한국불교근현대사연구회(2002), 『22인의 증언을 통해 본 근현대 불교사』, 선우도량출판부, pp.74~75.

일 듯하다.[63] 그는 1934~1938년 사이 한글번역불사를 위해 해인사에 설치한 해동역경원의 원장=도감都監[64]을, 1937년에는 장로長老, 1939~40년에는 종무협의회의 고문을 맡았다.[65] 후술하듯이, 1942년 6월 13일 경남 삼본산의 중견승려 17명을 거느리고 일본불교를 시찰하는 단장으로 3차 도일하였다.

구하가 중앙의 교단에 재등장한 것은 1937년 2, 3월 총본산 [상임]고문, 건설 위원으로서였다. 노구에도 불구하고 그는, 4월 1일 경성에 올라온 이후 총본산 건설의 주도자 이종욱, 특히 범어사의 김경산金擎山과 짝을 이루어 이듬해 1월 초까지 태고사의 건축을 위해 경복궁 근정전과 덕수궁을 살피고 목재상을 방문하는 한편 건설비의 수납을 위해 통도사와 범어사, 봉은사뿐만 아니라 호남과 평양 등으로 바삐 움직였다. 이러한 그의 열성은 불도들에게 칭송될 정도였다.[66] 조계종이 정식으로 출범한 이듬해인 1942년에 6인의 종무 고문 가운데 1인이 되었다.[67] 해방 이후 중앙교무회의 고문으로 위촉되었고,[68] 이후 좌우의 대립을 배경으로 불교계도 신생 중앙 총무원과

---

63) 1934년 9월 해인사에서 처음 열린 경남삼본산의 종무협의회의 날짜는 엇갈린다. 경봉은 29일, 『경북불교』는 19일로 전한다. 경봉 대선사, 역주 석명정, 앞의 책, p.170;『경북불교』6, 1936.12.1, p.1.
64) 원장=도감은 1인 체제가 아니라 많을 때 8명이었고, 한글 역경사는 범어사의 허영호였다.『불교(신)』1의 광고;『불교시보』4, 1936.1.1, p.4;『불교(신)』8, 1937.11.1, p.58; 서남현,『축산 구하대종사 민족불교운동 사료집』하, p.1021; 김광식,「일제하의 불교출판」,『대각사상』9, 2009, pp.31~32.
65) 『불교(신)』8, 1937.11.1, pp.34~40;『불교(신)』20, 1940.1.1의 근하신년 광고 및 p.59 참조.
66) 「교계소식」,『불교(신)』3~10, 1937.5.1.~1938.2.1;『불교시보』27, 1937.10.1, p.7; 〈경성에 총본산 창건, 불교의 사회화에 진출〉,《동아일보》, 1938.10.23, p.2; 〈구하 천보〉,《불교신문》, 2008.5.14, p.16.
67) 교육원 불학연구소(2001),『조계종사』, 대한불교조계종 교육원, pp.127~128.
68) 동국대 석림동문회, 앞의 책, p.518.

혁신계가 분열하는 가운데 1947년 5월 불교혁신총연맹에서 발전한 조선불교 총본원의 종회의장에 선출되었다. 이후 교단과 혁신 양파의 갈등을 봉합하는 과정에서 1949년 10월 대한불교 조계종 제3대 총무원장에 취임하였다.[69]

한편, 1910년 봄 북행한 한암은 묘향산의 내원암과 금선대를 거쳐 1911년 가을부터 평안남도 맹산군의 우두암에서 10년 동안 정진하는 가운데 1912년 봄 최종 오도하였다. 이후 그는, 1921~1926년 건봉사와 봉은사의 조실을 역임하면서 본격적으로 교단에 등장하였다. 1926년 5월 오대산 상원사로 이거한 다음 1951년 한국전쟁의 와중에서 좌탈할 때까지 26년 동안 불출동구하였다. 특히 1929년~1945년, 1949년~1951년까지 종정과 교정에 머물렀다. 실로 그는 1930~40년대에 한국불교를 대표하는 위치에 있었다.

여기서는 양자가 영축산과 오대산에 주석하던 무렵인 1926~1951년의 관계를 검토하겠다. 1927년 12월 29일(음력) 구하의 법사 성해가 입적하였다. 경봉은 1929년 2월(음력)에 성해의 영정 봉안을 설계하며 한암에게 은사의 영찬을 요청하였다. 한암은 통도사로 돌아가서 찬술할 계획이었지만 경봉의 독촉으로 7월(음력)에 완성하여 보냈다. 이는 9월 권세창이 그리기 시작한 진영에 더해졌다.[70]

> 부지런히 삼보 수호하기를
> 일편단심이었네.

---

69) 김광식(1998), 『한국 근대불교의 현실 인식』, 민족사, pp.249~334; 서남현 편, 『영축총림 통도사 근현대불교사』상, pp.218~252, pp.258~277.
70) 경봉은 영찬의 '흉금胸襟'에 대해 이의를 제기하였으나, 한암의 해명에 따라 그대로 확정되었다. 『정본 한암일발록』상, pp.282~291; 경봉 대선사, 역주 석명정(2014), 『삼소굴일지』, 극락호국선원, pp.81~82; 경봉, 석명정, 앞의 책, pp.30~40.

조사祖師의 뜻 참구하여

고금古今을 꿰뚫었네.

오는 것이냐 가는 것이냐

밝은 달은 흉금일세.

영축산은 높고

낙동강은 깊도다.[71)]

　한암의 성해 영찬은 외견상 경봉의 부탁으로 찬술된 것이지만, 구하의 의사와 무관하다고 단정하기는 어려울 것 같다. 같은 해 7월 15일(양력) 구하는 경봉과 통도사를 주제로 시를 수작하고 있었다.[72)] 당시 구하가 주지에서 물러난 상태였지만 성해에서 월하로 이어지는 통도사의 법계에서 구하가 법사인 성해의 영찬을 경봉에게 임의로 맡기지 않았을 것이고, 경봉도 '형주兄主' 구하의 의견을 배제할 수 없었을 것이다. 구하의 「석담대선사영찬」은 그 반증으로 추정된다.

　1934년 늦여름과 초가을 사이 한암의 법사 석담은 70대 중반의 나이로 입적하였다.[73)] 구하는 사숙이자 한암의 법사인 석담을 '대선사'로 추모하였다. 이는 법계와 함께 내원암이라는 공통요소 외에도 한암 「성해대화상영찬」과 무관하지 않다. 결론적으로 양자는 법사와 사숙의 영찬을 주고받은 셈이다.

　70년 전의 내가 바로 그대요,

　70년 뒤의 그대가 바로 나이니,

　그대와 나는 본래 물과 달이 아니고 무엇이오?

---

71) 『정본 한암일발록』상, pp.285~286; 경봉 대선사, 역주 석명정, 앞의 책, pp.81~82.

72) 경봉 대선사, 역주 석명정, 위의 책, pp.76~77.

73) 졸고(2020), 「한암과 통도사 내원암」, pp.202~203.

맑은 산 위에는 물과 백초百草 있건만,

산 위에 물이 없다면 그 풀도 없으리라.

한 길의 연못 스님이 한 번 지나가니,

광활한 바다에 갈매기 밝고 천지가 가볍도다.[74]

　여기에 보이는 전반부 두 구절은 이정구李廷龜의 「서산대사묘비명」에 나오는 내용을 수정한 것이다. 휴정이 묘향산 원적암에서 자신의 영정 뒷면에 자찬한 것이 바로 "팔십년전거시아八十年前渠是我 팔십년후아시거八十年後我是渠"이다.[75] '八十'을 '七十'으로 수정한 것은 석담이 70대 중반에 입적하였기 때문이다. 물과 달, 바다와 천지도 불도를 상징하고, '그대'와 '나'는 중의어로 '부처님'과 '석담'이자 '석담'과 '구하'이기도 하다. 한암의 성해 영찬에 대응하는 구하의 석담 영찬은 불법의 진리를 체득한 길이 자신과 같았고 어쩌면 내원암에 있던 석담이 구하를 보살폈을지도 모름을 보여준다.

　이에 앞서 1931년 10월 초에 한암은 경주의 불국사를 경유하여 통도사를 방문하였다. 이는 '불출산'을 서원한 한암이 1926년 상원사로 이거한 다음 처음으로 오대산을 나선 것이다. 당시에 한암은 10월 4~6일(양력) 통도사의 비로암에 유숙하며 경봉과 법담을 나누었다.[76] 사실 통도사 측은 경봉을 통하여 한암의 통도사 귀환을 자주 요청하였다. 이에 불응하던 한암이 통도사를 방문한 것은 법사 석담에 대한 마지막 문안으로 추정된다.[77]

---

74) 이는 『축산문집』, pp.585~586의 원문을 다듬은 것이다.

75) 이정구(1991), 「서산청허당휴정대사비명」, 『월사집2』45, 민족문화추진회, p.239 상좌上左.

76) 『정본 한암일발록』상, p.507; 경봉 대선사, 석명정 역주, 앞의 책, pp.130~133.

77) 졸고(2020), 「한암과 통도사 내원암」, pp.208~209.

그런데, 당시에 구하가 한암을 만났는지는 명확하지 않다. 한암『한암일발록』과 경봉의『삼소굴일지』에는 양자의 대면이 보이지 않는다. 또한, 구하가 통도사에 주석하고 있는지도 명확하지 않다. 1931년 구하는 양력 5월에 여의봉如意峰의 원유회園遊會에 경봉 등과 함께 참석한 것이 유일하고, 이듬해 회갑을 맞이한 다음 4월 17일(음력) 금강산으로 유람을 떠났다.[78] 그때는 구하가 통도사의 주지를 사직하고 만 6년이 지난 즈음으로, 그의 행적이 잘 드러나지 않는 때가 아닌가 싶다. 비로암에 이틀을 묵은 한암은 경봉이 준비한 선물을 받지도 않고 급하게 통도사를 떠났다.[79] 여기에서 구하가 한암을 만났을 가능성은 그다지 많지 않다.

구하와 한암의 관계는 1937년 총본산의 건설, 1941년 조계종의 창설과 관련하여 보다 밀접해진다. 월정사 회주 현해는 불출동구하던 한암이 3회에 걸쳐 산문을 나섰는데, 그 가운데 2회가 구하를 만난 것이라고 주장하였다. 조계종 창설의 주역으로 알려진 이종욱은 1941년 한암을 모시고 통도사로 가서 구하를 만나 창종創宗의 협조를 얻었고, 해방 이후 혜화전문학교를 동국대로 전환할 적에도 한암을 모시고 가서 구하의 재정 지원을 받았다.[80] 현해의 주장은 현재까지 자료로 뒷받침되지 않지만, 양자의 관계와 통도사의 재정 기여를 보여준다.

사실 일제강점기 통도사는 1등급지로 재정 상태가 가장 양호하였다. 이는 1913년 주지 구하가 단행한 재정통합운영을 토대로 한 것

78) 경봉 대선사, 역주 석명정, 앞의 책, pp.124~125, p.148; 축산문집간행위원회 (1998),『금강산유기』, 영축총림 통도사, pp.5~6, p.29.
79) 경봉 대선사, 역주 석명정, 위의 책, p.133.
80) 한암문도회·김광식,『그리운 스승 한암 스님』, pp.194~195.

이었다.[81] 또한, 총본산 건설과 관련된 태고사의 건립 재정 10만 원 가운데 통도사는 가장 많은 14,834원을 분담하는 것으로 계획되었다.[82] 구하가 총본산 [상임]고문이나 건설위원을 맡은 것도 사실 통도사의 재정적 기여와 관련된다. 1941년 조계종이 출범하고 한암이 초대 종정에 취임할 적에 총본산 건설자 이종욱[83]이 종무총장에 임명되었고, 통도사 주지를 역임한 박원찬朴圓讃이 재정부장으로 선출되었으며, 이듬해 구하는 6인의 종무고문 가운데 1인이 되었다.[84] 이 또한 조계종의 재정문제와 연결되어 있었던 것이다.

해방 이후 초대 교정 박한영이 1948년 입적하자 다시 2대 교정이 된 한암의 조계종 체제에서 12월 박원찬은 제2대 총무원장이 되었다. 이는 좌우의 분열과 신교권세력과 혁신세력의 대립을 해소하려는 것으로 사무 능력과 함께 재정적 측면이 고려되었다. 그러나 1949년 9월 29일 유엽, 한보순, 장도환, 최범술 등 우파 승려 40여 명이 총무원에 난입하여 총무원장 박원찬을 감금하고 사직을 강요하였다. 이들은 좌익투쟁을 빌미로 각황사의 부지 매각을 핑계로 삼아 중립적인 박원찬마저 배격하고 종권 장악을 시도하였다. 이에 한암은 10월

---

81) 삼보학회(1994), 「교유편년」·「경제편년」, 『한국근세불교백년사』2·3, pp.17~25, pp.13~15; 정광호, 앞의 책, p.404.

82) 박희승(2011), 『지암 이종욱』, 조계종출판사, p.166. 2012년 조계사 대웅전 해체 보수 과정에서 발견된 자료에 의하면, 통도본말사는 가장 많은 14,847원을 출연하였다.《불교신문》, 2012.9.1, p.7.

83) 박희승, 위의 책, pp.135~193; 김광식, 「조선불교 조계종과 이종욱」, 『민족불교의 이상과 현실』, 도피안사, 2007 참조. 본고와 관련하여 구하와 이종욱의 관계도 검토할 필요가 있으나 지면 관계로 줄인다.

84) 박원찬은 취임 소감으로 책임을 통감하고 성심껏 노력하겠다는 다짐과 함께 세출의 완급 조절과 절약을 언급하며 협심 호조를 강조하였다. 『불교(신)』31, 1941.12.1, p.11;『불교시보』78, 1942.1.15, p.4; 김광식, 『자운 대율사』, p.479.

10일 교무회의의장 곽기종郭基琮에게 청정자비와 대화로 해결하라는 특명서를 내렸다.[85] 그 결과 1949년 10월 박원찬이 물러나고 후임으로 구하가 3대 총무원장에 취임하여 혁신계를 포함한 총무원이 꾸려졌다. 이는 기존의 교단세력을 통제하는 동시에 혁신인사를 포용하고 교도제 등의 불교개혁을 추진하려는 것이었다. 구하는 불교혁신운동에도 가담하였을 뿐만 아니라 교단에서도 원로였던 관계로 문제 해결의 적임자였다.[86]

이를 전후하여 구하가 한암에게 보내는 한 편의 편지와 한시 2수가 『영축문집』에 전한다. 그 가운데 가장 빠른 것은 1947년의 편지이다. 동안거가 끝난 2월 2일(음력) 상원사는 화재로 법당과 요사채를 잃었다.[87] 이에 구하는 한암을 위로하는 편지를 보냈다. 여기서 구하는 상원사의 화재를 호법신이 낡은 상원사의 전각을 혁신하고 단월에게 작복作福의 기회를 제공한 것으로 해석하였다.[88]

두 편의 한시는 한암의 2대 조계종 교정 재임과 관련된다. 1950년 봄 총무원장 구하가 부장들과 사서를 대동하고 오대산 상원사로 종정 한암에게 인사차 들렀다가 지은 시이다. "여러 스님 임무 띠고 한암 종정 방문하니, 상원사 정원의 보리수에도 봄이 왔네. 교학의 바다는 파도쳐 정해진 바 없지만, 가을엔 마땅히 몸을 감출 줄 알겠네."[89]

85) 「대회 소집을 특명」, 『불교신보』, 1949.10.5, p.1; 『정본 한암일발록』하, pp.319~320.
86) 이듬해 6월 교무회의는 유엽, 최범술 등의 승적을 박탈하였다. 이상, 서남원 편, 『영축총림 통도사 근현대 불교사』상, pp.275~277; 선우도량 한국불교근현대사 연구회, 앞의 책, pp.76~77; 동국대 석림동문회, 앞의 책, p.527.
87) 『정본 한암일발록』상, pp.323~324, p.511.
88) 『축산문집』, p.504.
89) 『축산문집』, p.74.

다른 시는 한암이 상원사를 방문한 신임 총무원 간부들에게 법구를 내리자, 구하가 회답한 시이다. 여기에서 구하는 종정 한암을 높이고 자신을 낮추었다. "천 길 나는 봉황 굶주림 두려워 않건만, 새우 잡는 갈매기 성난 파도 노리네. 새우 생각 버리지 못한 갈매기 모래톱에 서자, 수많은 초파리 날개 속에 숨어드네."[90]

구하의 두 시가 『영축문집』에 보이는 것은 매우 중요한 사료적 가치가 있다. 사실 한암이 구하에게 보내는 편지나 한시는 『한암일발록』에 현전하지 않는다. 다만, 1944년 3월(음력) 그가 경봉에게 보내는 편지에서 "구하 대형에게 황망하여 별도의 편지를 보내지 못하오니 나를 위하여 문안을 올리시게."라는[91] 내용이 전할 뿐이다. 이는 종정 한암이 경봉을 통하여 구하에게 전하는 안부였다.

1949년 봄 한암은 불출동구의 서원을 어기고 고향처럼 여기던 통도사로의 이거를 고뇌하였다. 당시 오대산의 적멸보궁에는 공비가 출현하는 등 시대상황이 급박하게 전개되었던 것이다. 예지에 밝았던 탄허는 한암을 설득하며 통도사 이거를 위해 남행하였고, 마침 주지가 된 경봉은 해동수도원의 종주로 한암을 초청하였다. 그러나 이는 한암이 고사하고 탄허를 추천함으로써 결국 무산되었다.[92] 여기에도 구하의 견해가 반영되었을 것으로 보이지만, 자료상에서 확인된 바는 없다.

---

90) 『축산문집』, p.90.
91) 『정본 한암일발록』상, pp.316~317.
92) 위의 책, pp.306~307, p.512; 한암문도회 · 김광식, 앞의 책, pp.55 ~56, pp.85~86, pp.170~171, p.279; 안동성(1990), 『보기출발록』, 을지문화사, pp.87~88; 월정사 · 김광식, 앞의 책 상, p.278; 경봉 대선사, 역주 석명정, 앞의 책, p.348.

한국전쟁이 발발하자 한암이 그대로 상원사에 머문 것과 달리 구하는 조계종 총무원을 부산의 대각사로 옮기고 그 직무를 수행하였다. 구하가 1950년 11월 21일 총무원장 명의로 한국전쟁으로 인한 「사찰피해상황조사보고의 건」을 발송하였고, 1951년 10월 15일 총무원 주관의 법계 시험을 추진하거나 전국 교립 중학교 교장회의를 개최하였으며, 6월 20일 차기 교정 송만암이 선출되기 전까지 교정서리로 활동하였다. 이는 11월 24일 중앙총무원장에 이종욱이 선출될 때까지 이어졌다.[93] 이는 구하가 중앙 교단에서 활동한 대미였다.

1951년 3월 22일 상원사의 방화를 온몸으로 저지하던 한암은 상원사에서 좌탈하였다. 당시 한암의 법구는 희찬 등에 의해 임시로 수습되었고, 5월 8일 부산 토성동 묘심사에서 49재와 함께 추도식이 공식적으로 봉행되었다.[94] 구하는 봉도식의 대표회장이었지만 80세의 노구인 관계로 직접 참석하지 않았다. 권상로가 대독한 봉도문에서 그는 한국전쟁의 비극에 더해진 한암의 원적을 조문하며 생사좌당生死坐當의 법은法恩을 기렸고, 선지식 한암을 추도하는 동시에 그의 환생을 빌었다.[95] 구하와 한암의 관계는 한암의 좌탈 이후에도 이어졌던 것이다.

구하와 한암의 사이에 있는 통도사의 승려로는 송설우가 있다. 구하의 문집에는 1926년 설우의 통도사 주지 진산을 읊은 「송설우신임

93) 서남현 편, 『영축총림 통도사 근현대 불교사』상, p.280; 〈김구하 총무원장 문헌 소개〉,《불교닷컴》, 2020.10.22; 〈한국불교 선각자 구하 대종사〉9,《불교신문》, 2022.3.29, p.19.
94) 당시 총무원이 있던 부산의 대각사에는 군인이 주둔하고 있었다. 선우도량 한국불교근현대사 연구회, 앞의 책, p.77.
95) 『정본 한암일발록』하, pp.287~289, p.305, p.317.

주지축하」가 전해진다.[96] 설우는 원래 경허에게 참선을 배우거나 내원암에서 석담, 퇴운, 완해 등과 함께 정진한 한암의 도반으로 교학과 함께 선사이자 율사의 풍모를 지닌 청정비구였다. 구하를 이어 주지가 된 그는 본말사의 친목을 도모하는 동시에 백용성을 맞이하여 통도사의 참선 중흥을 도모하였다. 그는 한암이 교정으로 추대된 1929년 1월 조선불교 선교양종승려대회에서 종헌과 각종 법규의 제정위원이었다.[97] 한암은 1939년 통도사 주지를 마치고 내원암에 머문 경봉에게 보낸 편지에서 '설우형주'에게 안부를 전한다. 당시에 석우도 내원암에 주석하고 있었다.[98] 석우도 상원사로 한암을 방문하여 한 철을 머물렀다. 이때 한암은 윈보산을 설득하여 설우에게 권유하여 수계를 받게 하였다.[99]

구하와 한암을 연결하는 스님으로 직지사의 불사를 주도한 퇴운 원일退雲圓日(1877~1939)이 있다. 퇴운은 해인사 우송友松의 상좌로 제산 정원霽山淨圓(1862~1930)의 사제였다. 양자는 모두 근대 직지사의 사격을 높인 고승이었다. 구하는 회갑을 맞이한 퇴운에 대해 법력의 광대함과 계율의 준수를 일컫고 높은 지절志節이 부처님과 어깨를 나란히 한다고 칭송하였다.[100] 해인사 퇴설선원에서 1989년부터 1903년까지 여섯 차례 안거한 한암은 윈주였던 제산을 대면하였

96) 『축산문집』, p.150.
97) 『불교』56, 1929.2.1, pp.129~130.
98) 『정본 한암일발록』상, pp.310~311; 졸고(2020), 「한암과 통도사 내원암」, pp.205~211.
99) 월정사·김광식 엮음(2011), 『오대산의 버팀목』, 오대산 월정사, pp.603~604.
100) 윤퇴운의 회갑은 1937년 3월 26일이었다. 『축산문집』, pp.423~424; 『불교(신)』6, 1937.9.1, p.45; 『불교시보』24, 1937.7.1, p.7.

고,[101] 그를 통하여 퇴운도 알았을 것이다. 한암의 찬술로 1943년 직지사에 세워진 양자의 비문은 상원사의 회상에서 인정을 받은 제산의 상좌 탄옹의 부탁에 의한 것으로 보인다.[102]

4. 구하·한암과 상좌·제자

구하와 한암의 상좌나 제자들이 교차하여 양자와 맺은 관계는 구하와 한암의 교류를 뒷받침한다. 용명 성관龍溟聲觀은 구하·한암과 인연이 깊다. 1923년 18세에 송광사 삼일암에서 출가한 그는 1925년 가을 봉은사에서 한암을 은사[친교사]로 삼았는데, 성관은 그때 한암에게 받은 법명이다.[103] 그는 을축년 홍수와 관련된 민간의 사정을 살펴보는 행각이나 1926년 2월초에 수도산 봉은사를 떠나 오대산 상원사로 이거하는 한암의 시자였다.[104] 선사였던 그가 통도사와 맺은 인연은 1928년 가을에서 1930년 봄까지 통도사 강원의 수학에서 비롯되었다. 당시 통도사 강백은 한암의 맏상좌 오해련이었다. 그는, 해련을 통해 한암이 석담에게 물려받은 법답의 도조로 강원의 학비와 생활비를 충당하였다. 1931년 여름 이후로 불영사를 거쳐 상원사·대

---

101) 제산은 그 사이 9회의 안거 가운데 7회가 원주, 1회가 열중이었다. 또한 그는 1907년 하안거에서 지전으로 한암의 법사 석담[열중]과 정진하였다. 대한불교조계종 교육원 불학연구소(2006), 『근대 선원 방함록』, 대한불교조계종 교육원, pp.13~55.
102) 관응대종사문도회(2018), 『황악직지록』, 황악산 중암, pp.384~385, p.399; 한암문도회·김광식, 『그리운 스승 한암 스님』, p.62, pp.76~78, p.99, pp.129~130, p.271.
103) 조용명, 「노사의 운수시절」, 『불광』 58·59·60·61, 1979.8·9·10·11 참조.
104) 졸고, 「한암의 상원사 이거와 시기 검토」, pp.172~177.

116

승사·화과원·불국사·백율사·고은사를 거쳐 3년 만에 통도사로 돌아왔다.[105]

법호인 용명은 구하에게 건당하며 받은 것이다.[106] 그러나 그 시기는 명확하지 않다. 1934년 통도사로 귀환한 조용명은 통도중학을 주창하여 만들고 해련과 함께 교학을 병행하였다.[107] 당시 조용명은 구하가 머물던 통도사 보광전 뒷방에서 장경을 열람하였다. 그것은 "그만 돌아다니고 여기 가만히 있게나." 하는 구하의 권유에 따른 것이었다. 이는 들끓는 혈기로 가는 곳마다 사단을 일으킨 자신의 행실을 반성하는 동시에 새로운 학문, 즉 일본 유학을 결심하는 계기가 되었다. 그는 1년 정도의 유학 준비과정을 거쳐 1935년 일본 교토의 임제학원[대학]으로 유학하였다.[108] 바로 이 무렵에 조용명은 구하에게 건당한 것으로 추정된다. 통도중학의 설립은 물론이고 일본 유학도 구하의 승인 없이는 거의 불가능하였다. 1930년 전후 통도사의 일본 유학은 유력 승려의 상좌가 우선적으로 선발되었기 때문이다.[109]

『축산문집』에 전하는 「조용명에게 주는 명훈銘訓」도 바로 이와 관련된 글로 추정된다. 다소 길지만, 저간의 사정과 부합하기 때문에 인

---

105) 조용명, 「노사의 운수시절」, 『불광』 62·63·72, 1979.12·1980.1·10; 선우도량 한국불교근현대사연구회, 앞의 책, pp.65~72.
106) 선우도량 한국불교근현대사연구회, 위의 책, p.58.
107) 용명이 1930년 봄에 통도중학을 주창하여 만들었다는 회고는 뒤에 '1930년대'로 수정되었다. 통도중학의 개교는 1934년 4월 1일이다. 조용명, 「노사의 운수시절」, 『불광』 62·63·72, 1979.12·1980.1·10; 선우도량 한국불교근현대사연구회, 위의 책, p.72; 정광호, 앞의 책, p.278.
108) 조용명, 「노사의 운수시절」, 『불광』 63·72, 1980.1·10; 선우도량 한국불교근현대사연구회, 위의 책, p.72.
109) 다수의 일본 유학생을 파견한 것은 구하의 공적이었다. 정광호, 위의 책, pp.277~278; 강석주 박경훈 공저(2002), 『불교근세백년』, 민족사, p.124; 『축산문집』, p.600.

용한다. 아마도 이 글은 구하가 혈기방강한 용명을 훈계하는 내용으로 건당과 관련하여 법호를 내리면서 준 글이 아닌가 싶다.

> 대저 순역順逆의 인욕忍辱을 옷으로 삼고 사리事理의 견고함을 음식으로 삼으며 선악善惡의 모험을 집으로 삼으면, 천만사千萬事에 있어서 성취되지 않음이 없을 것이다. 나방은 불인 줄을 모르고 찾아 좋아하다가 마침내 불에 타서 죽고, 젊은 나이에 양을 헤아리지 않고 맛에 취하다가 결국 진흙탕에 빠져 이름을 잃는다. 자신의 도량을 알고 행해야 하니, 한결같이 부지런하면 난사難事가 없을 것이다. 뛰어난 재주의 말은 채찍질하는 그림자의 채찍만으로도 잘 달릴 수 있을 것이다. 이를 새기노니 또한 명심할지어다.[110]

사실 용명은 기질적 측면과 1931년 불영사의 분란 등으로 한암과 거리가 생겼다. 이러한 점도 그가 구하에게 건당한 하나의 배경이었을 것이다. 이후로 용명은 오대산문보다 주로 영축산문에서 활동하였다.[111] 한암이 좌탈한 다음 1951년 부산 묘심사에서 열린 49재를 겸한 봉도식에서 그는 상주로서 해동중학교의 학생을 도열시키고 조객들에게 감사의 인사를 올렸다.[112]

구하를 사법하며 대한불교 조계종 9대 종정과 16대 총무원장을 역임[113]한 노천 월하老天月下(1915~2003)도 한암의 회상에서 정진하였다. 보경과 설산의 회고에 의하면, 일제강점 말기에 효봉·고암·서

---

110) 『축산문집』, p.595.
111) 선우도량 한국불교근현대사연구회, 앞의 책, pp.77~88.
112) 당시 조용명은 해동중고교의 이사장이었다. 〈고 교정 방한암 대종사의 봉도식과 49재 엄수〉, 《대한불교》, 1951.5.15, p.1; 선우도량 한국불교근현대사연구회, 위의 책, pp.77~88.
113) 동국대 석림동문회, 앞의 책, p.591, p.651; 〈16대 총무원장 월하 스님〉상하, 《법보신문》, 2019.4.29·6.3.

옹·탄옹·지월·자운·월하 등 한국불교의 대표적 선승이 상원사에서 정진하였다. 특히 보경은 월하가 상원사에서 서너 철 동안 참선하였다고 구술하였다.[114] 다만, 그 연도는 명확하지 않다. 설산은 17세인 1936년 상원사의 강원도삼본사연합승려수련소에 입소, 수료한 다음 3, 4년을 더 머물렀다고 회고한다.[115] 그렇다면 월하가 상원사에서 참선한 것은 1936~1940년, 즉 1941년 이전으로 보인다. 1940년 월하가 한암의 회상에서 동안거와 하안거에 들었다는 견해도 이와 무관하지 않다. 특히, 여기에 구하의 명이 있었던 점은 주목된다.[116]

『영축문집』에는 구하가 13일 연락선을 타고 대한해협을 건너면서 읊은 「경남삼본사중견십육인도일시찰시慶南三本寺中堅十六人渡日視察詩」가 전한다. 그 서언에 의하면, 경남도청 학무과 종교계는 통도본말사 5명·해인본말사 6명·범어본말사 5명의 중견승려를 선발하고 경남도청의 인솔자 1명을 포함하여 모두 17명으로 된 일본불교시찰단을 꾸렸다. 그 목적은 조선불교의 개혁을 위한 것이고, 일정은 대략 20일이었다. 그때 단장이 바로 구하였다.[117] 다만, 시찰단의 출발 연월은 표기되지 않았다. 그런데, 경봉의 『삼소굴일지』 1942년 6월 11일 자에 구하가 일본 시찰을 떠나자 신평에서 전송하였다는 짤막한 기록이 있다.[118] 그렇다면, 구하가 경남 삼본사의 불교시찰단을 거느리고

---

114) 한암문도회·김광식, 앞의 책, p.76, p.129.

115) 실제로 그가 승려수련소에서 교육받은 것은 1939~1940년이다. 한암문도회·김광식, 위의 책, p.134; 박설산(1994), 『뚜껑 없는 역사책』, 삼장, pp.165~199; 졸고(2021), 「강원도 삼본사수련소의 설립과 운영」, 『한국불교학』98집, pp.162~163.

116) 윤청광, 앞의 책, p.177.

117) 축산문집간행위원회(1998), 앞의 책, p.73.

118) 경봉 대선사, 석명정 역주, 앞의 책, p.237.

도일한 것은 1942년 6월 13일이다.[119)]

구하의 일본불교 시찰에서 주목되는 인물은 종묵 난암宗黙暖庵 (1893~1983)이다. 그는, 1929년 월정사에서 출가한 것으로 알려진 것과 달리 원래 불영사 이설운의 상좌였는데, 한암에게 건당하였다. 1935년에 도일하였고, 1938년 교토의 임제학원에 유학하였으며, 그 연구과에서 불교철학을 공부하였다. 그는 교토 동복사東福寺 내의 만수사萬壽寺에 기거하며 포교와 두타행을 펼쳤고, 1939년 경도불교유학생회인 수심회修心會의 의장을 거쳐 이듬해에는 만수사의 주지가 되었다. 이후로 난암은 재일 교포사회, 특히 조총련계에서 불교계의 리더이자 정신적 지주로 성장하였다.[120)]

1930년대 후반부터 해방 때까지 임제학원의 유학생뿐만 아니라 교토의 불교를 시찰하는 불교 인사는 대부분 난암의 신세를 졌다. 당시 1937년 임제학원으로 유학한 서옹도 난암과의 관계를 통한 것이었고, 대동아전쟁기 허몽초의 상좌인 화산의 임제학원 유학에도 난암의 도움이 있었다.[121)] 구하에 앞서 경봉도 1941년 3월 29일부터 5월 4일까지 일본불교를 시찰하였다. 난암은 학인 10여 명을 거느리고 도쿄에 도착한 경봉 등을 환영하며 만수사로 맞이하였다. 경봉은 만수사에 머물며 묘심사妙心寺·청수사淸水寺·동서본원사東西本願寺·

---

119) 다만, 출발일과 관련하여 다른 해석이 가능한 자료도 있다. 구하의 시찰단을 모범사례로 평가한 해령海靈의 「경남삼본사시찰상」, 『불교(신)』7, pp.27~28이 1942년 6월 1일에 출판되었다. 그렇다면 시찰단의 출발은 그 이전이어야 한다.

120) 『불교시보』52, 1939.11.1, pp.15~16; 보문문도회·김광식 엮음(2012), 『보문 선사』, 민족사, p.179, p.190, p.237; 원영상(2016), 「난암 유종묵의 수행교화와 일본 행적에 대한 시론적 고찰」, 『한국불교학』79 참조.

121) 이와 관련하여 1935년 조용명과 서옹이 임제학원으로 유학한 것은 흥미롭다. 조환기 엮음(2004), 『참사람의 향기』, 대한불교조계종 고불총림 백양사, pp.310~314; 한암문도회·김광식, 앞의 책, pp.98~99.

동복사東福寺·나라의 동대사東大寺 등을 시찰하였고, 교토를 떠날 적에도 난암은 역전까지 와서 환송하였다.[122)]

특히 난암은 5촌 사숙에 해당되는 구하에게는 보다 정성을 기울였을 것이다. 경남 삼본산의 일본불교 시찰단은 난암의 안내로 만수사에서 점심을 먹고 경도의 사찰을 시찰하였다. 구하는 그 감흥을 「경도 만수사에서 점심을 먹고」로 읊었다.[123)] "길 가운데 우뚝 선 유종묵 선사, 우리 대중을 위해 불문으로 안내하네. 경도의 풍물이 진실로 이와 같으니, 만사가 모두 사람 탓이라는 말 사실이로다!"[124)]

구하는 난암을 높이 평가하였다. 구하는 「벽에 쓴 난암 선사의 시에 화답함」에서 심신의 활발함과 뛰어난 설법, 대중 구제의 진담 등은 고금의 현철을 능가한다고 칭송하였다. 이는 경봉이 난암과 수작하며 교토에서 만난 회포와 불법을 노래하거나, 그리움과 만남, 향수를 참선 수행이나 불법으로 인도하는 것과 달랐다.[125)] "심신이 활발하여 푸른 하늘 올라가, 기막힌 설법 구름을 연꽃으로 바꾸도다. 세상 제도한 진담 누군들 존경하지 않으랴, 고금의 현철들 모두 일깨웠다네."[126)]

1942년 12월 난암은 입국하였지만 구하와 경봉을 만나지 않았을 것으로 보인다. 왜냐하면 당시 입국 목적은 강원도 사찰의 순회 강

---

122) 당시 안내는 백양사의 이상순李尚純[서웅]이었고, 시공侍供은 월정사의 강상균姜祥均이었다. 경봉 대선사, 역주 석명정, 앞의 책, pp.212~223.
123) 동일한 내용이 1937년이라는 설이 있지만(원영상, 앞의 논문, p.333.), 구하는 1937년 총본산 건설위원으로 매우 바빴고, 경봉의 『삼소굴일지』 1937년 조에 해당 기사가 존재하지 않는다.
124) 축산문집간행위원회(1998), 앞의 책, p.76.
125) 경봉 대선사, 역주 석명정, 위의 책, pp.227~228, pp.238~240, pp.249~250, p.264.
126) 축산문집간행위원회(1998), 위의 책, p.133.

연이었기 때문이다.[127) 그렇지만, 해방 직후 구하·경봉의 혁신운동과 관련하여 난암의 관계는 유의할 여지가 있다.

그리고 한암의 상좌인 동성은 1946년 3월 은사의 권유로 인심을 살피고 수행하기 위해 남으로 만행하였다. 한암은 동성에게 부처님 참배, 종무소 방문, 조실·주지의 예배, 원로스님의 인사, 소속 산문과 은사를 고하는 객승의 예절 등을 일일이 가르쳤다. 동성은, 이 해 해인사에서 하안거를 보낸 다음 통도사에 이르러 구하의 환영을 받았다. "구하 스님께서 대단히 반가워하시며 통도사에서 한 철 나라 하심으로 통도사 내원암에서 동안거를" 마쳤다.[128) 짧은 글이지만, 여기에는 구하가 한암의 상좌인 동성을 환대하며 수행시키려는 의도와 통도사 내원암의 불연이 잘 드러나 있다. 위에서 서술하였듯이, 당시에 구하는 내원암에 주석하고 있었다.

한암의 제자 보문이나 상좌 탄허도 통도사와 관련이 있다. 한암의 선을 계승한 것으로 알려진 보문은 1946년 상원사를 떠나 통도사의 극락암과 내원암에서 공양주나 채공으로 수행하였고, 1947년 가을 내원암에 머물던 성철, 우봉 등과 함께 한국 현대불교사에서 획을 긋는 봉암사 결사에 참가하였다.[129) 탄허도 구하, 경봉, 벽안과 각별한 정으로 친근하게 지냈다. "당시에 탄허와 경봉은 자주 만나거나 거래가 많지 않아도 각별한 정이 있었다. 탄허와 구하·벽안이 동국대의

127) 『불교시보』77, 1945.12.15, p.5.
128) 안동성, 앞의 책, pp.81~85.
129) 보문은 경봉과도 법문을 주고받았다. 보문문도회·김광식(2012), 『보문 선사』, 민족사, p.25, p.124, pp.197~198, p.206, p.291, p.325, p.364; 김광식 엮음(2011), 『처처에 나툰 보살행: 석암 스님의 수행과 가르침』, 석암문도회, pp.203~207; 석명정 역주(1997), 『삼소굴소식』, 극락선원, p.364. p.368.

이사로 있을 적이나 종단의 사무를 볼 적에도 말 한마디라도 다정하게 하는 등의 끈끈한 정이 있었다. 당시에는 … 문중 관념이 있었던 것이다. 탄허 스님은 사적인 자리에서 성파에게 통도문중이라고 발언하였다."고 한다.[130)

양자의 네트워크를 조금 넓혀보면 자운도 포함된다. 1953년 자운 율사가 영암·지관·홍법·인환 등을 거느리고 통도사로 와서 율장을 강론하고 수계법회를 개최하였다. 자운을 초빙한 구하는 손아래의 자운에게 문안조차 마다하지 않았다. 불교계는 자운을 해인사를 중심으로 삼거나 구하와 자운의 개인적 측면에서 접근한다.[131)

그렇지만, 자운과 오대산의 인연도 적지 않다. 월정사 아래 평창군 진부면 노동리에 살았던 자운이 1926년 상원사를 방문한 것이 해인사 혜운 경윤慧雲敬允에게 출가하는 계기가 되었고, 1933년 동하안거 및 1935~37년 울진 불영사에서 장좌불와로 수행하였으며, 1939년 오대산 적멸보궁에 문수기도로 감응을 받은 것은 잘 알려져 있다.[132) 1951년 한암의 추도식에서 자운은 독경사讀經師였다.[133) 자운과 비슷한 입장의 영암[박기종]이나 구하와 한암의 손상좌들과의 교류는 모두 지면 관계상 줄이고 후일을 기약한다.

130) 월정사·김광식(2013),『방산굴의 무영수』상, p.122, p.128. 탄허는 경봉에게 보내는 편지에서 자신을 '문소질門小侄'로 낮추었다. 석명정 역주, 앞의 책, p.276~278.
131) 이에 앞서 1937년 자운은 통도사에서 동안거를 보냈고, 1959년 표충사 주지였다. 자운문도회(2000),「자운 대율사스님 행장」,『자운 대율사』, 가산불교문화연구원출판부; 김광식 엮음,『자운 대율사』, 앞의 책, p.57, p.72, pp.288~291.
132) 한암문도회·김광식(2006),『그리운 스승 한암 스님』p.345; 자운문도회,「자운 대율사스님 행장」, 위의 책 참조.
133)『정본 한암일발록』하, p.317; 〈고 교정 방한암 대종사의 봉도식과 49재 엄수〉,《불교신문》, 1951.5.15., p.1.

5. 맺음말

이상에서 필자는 1910년까지의 전기와 1926~1951년의 후기로 대별하여 구하와 한암의 관계를 살펴보며 양자와 공통으로 관련된 상좌 등을 검토하였다. 전기에 있어서, 1908년 후반기에서 1910년을 제외하고 통도사에 주석한 구하는 빠르면 1900년, 늦어도 1902년까지 백운암이나 범어사에 머문 한암을 인지하였을 것이고, 한암은 만행하던 1900년에 이미 구하를 알고 있었을 것이다. 양자는 1900년과 1904, 5년 성해와 석담을 법사로 삼음으로써 법계로 사촌 사형제가되었다. 통도사 내원암은 구하가 입산하고 두 차례 주지를 역임한 곳으로 한암이 1904~1910년까지 선교를 겸한 '조실'로 머문 암자였다. 당시 구하의 원종 활동과 관련된 승려로 한암과 연결된 것은 통도사의 서해담을 비롯하여 나청호·김경운·진진응·박한영이 있다. 다만, 법계와 내원암의 공통 기반에도 불구하고 구하와 한암이 편지나 한시를 수작하지 않았다.

후기에 양자의 관계는 전기보다 진전되었다. 한암이 1929년 구하의 법사인 성해의 영찬을 짓자, 구하는 1934년 입적한 한암의 법사인 석담의 영찬을 찬술하였다. 1931년 10월 한암이 석담을 문안하기 위해 통도사를 방문하였으나 구하를 만나지 못하였다. 그렇지만, 1937년 2·3~1941년까지 통도사의 재정 기여와 관련하여 총본산 건설의 고문과 위원, 조계종 종무고문으로 중앙 교단에서 활약하였다. 당시 월정사 주지 이종욱이 총본산 건설과 조계종 창설의 주역이었고, 초대 조계정 종정은 한암이었다. 해방 이후 혁신운동을 지향한 구하는 1949년 10월 3대 총무원장으로 교정 한암과 만났다.

그렇다고 해도 한암은 구하에게 친숙하게 다가가지 않았고, 구하도 종단의 지위나 틀을 넘어서지 않았다. 이는 수작한 편지나 한시에도 반영되었다. 1944년 한암이 경봉에 보내는 편지는 '형주兄主' 구하에게 문안 전달에 그치고 있다. 구하는 1947년 상원사 화재를 계기로 안부를 전하며 단월의 작복 기회로 삼은 편지를 보냈고, 1950년 봄 총무원 부장들을 거느리고 상원사에서 교정 한암을 만날 무렵 한시 2수를 지어 한암의 불법을 높였다. 다만, 1951년 5월 부산 묘심사에서 거행된 한암의 49재와 봉도회에서 대표 구하는 불참하였지만, 생사좌당의 법은을 기리며 좌탈을 추도하는 동시에 환생을 빌었다. 양자와 연결되는 송설우와 윤퇴운도 고찰하였다.

마지막으로 구하·한암의 상좌·제자와 양자의 관계를 검토하여 뒷받침하였다. 한암의 제자로 1934년 구하에게 건당한 다음 해에 일본 임제학원으로 유학하고 통도사와 부산을 중심으로 활약한 조용명, 1940년 무렵 구하의 명으로 상원사에서 정진한 월하, 1946년 구하가 반갑게 맞이하며 동안거를 권한 동성, 1942년 6월 구하가 일본 시찰에서 만나 높이 평가한 난암, 보문과 탄허의 통도사 주석, 자운과의 관계 등을 고찰하였다. 이는 양자의 관계를 뒷받침하는 정황 증거이다.

구하와 한암의 관계는 경봉과 한암의 경우[134]에 비해 상대적 의의나 맛깔이 다소 떨어진다. 이는 양자가 영축산과 오대산을 상징하는 대표인 만큼 화학적 결합이나 친밀감을 보이기 어려운 점도 있고, 참선과 교학의 방향성이나 이판과 사판의 지향성의 차이도 있다. 물론

---

134) 경봉, 석명정, 앞의 책, pp.20~94; 윤창화(2015), 「한암 선사의 서간문 고찰」, 『한암 선사 연구』, 민족사, pp.194~228.

시대적 한계와 인간적 덕성도 존재할 것이고, 구하의 은거도 영향을 미쳤을 것이다. 그럼에도 근현대 영축문도와 오대문도의 친밀함은 색다르다. 물론 여기에는 자장이 창건한 사찰이며, 금강계단이나 적멸보궁이 있다는 공통점도 있다. 그러나 구하와 한암의 관계는 그 기원을 열었다는 점에서나 당시에 그 인적 네트워크가 확인된다는 점에서 의의가 있다. 나아가 양자의 결합은 일제강점기와 해방 이후 동란기에 불교계를 움직이는 추동력에 일조하였다.

끝으로 양자의 관계 연구에서 가장 큰 난관인, 초기 사료의 한계와 구하의 칩거 공백을 메울 새로운 자료의 발굴을 기대한다. 한암과 구하의 교학관과 불교사상의 비교나 영축문도와 오대문도의 교류 확대는 후일을 기약한다.

제2부

한암과 오대산 상원사

I. 한암의 상원사 이거移居와 시기 검토

[Abstract]

A Study on Han-am's Move to Sangwon Temple and Its Period

This paper examines the reason and time Han-am who had been a head master(Josil, 祖室) of Bongeun Temple in Mt. Sudo moved to Sangwon Temple in Mt. Odae.

I point out the involvement of monks like Hong boryong, the chief priest of Woljeong Temple on Choseon Buddhist Chogye Order(中央教務院) and the real condition(實情) of Odaesan Temples(五臺山門) under the Temple Act promulgated by Japanese colonial administration in the first half of 1920's and the effect of 3·1 Movement as the background of his move.

I reexamine Han-am's activities since taking office as a head master of Bongeun Temple in 1923. While tracing the reason and course of his move to Sangwon Temple, I further explore and develop the view that Lee Jongwook asked him for the move to pay off its debts.

Moreover, I retrace the origin of theory that he moved to Sangwon Temple in 1925, which has regarded as the established theory of Odae-san Temples and the widely-accepted notion in academic world related to when he moved there and confirm the recent research trend in the subject is changing from it to strengthening the view of 1926 as that time.

I also reinterpret the oral materials by Cho youngmyung and Kim kosong. To sum up, we have seen that Han-am left Bongeun Temple around the middle of March in 1926, came to live in Sangwon Temple in early May, took office as a head master of Woljeong Temple, and then moved to Sangwon Temple.

Key words

Han-am, Bongeun Temple, Odae-san Temples, Sangwon Temple, Woljeong Temple, Ji-am, Return to the Mt. Odae, Tan-heo, Choyoungmyung, Kim kosong.

1. 머리말

한암(1876~1951)의 생애 가운데 극적인 전환점은 수도산 봉은사에서 오대산 상원사로의 이거였다. 근현대의 전환기 한암은 오대산에서 자신만의 불교 세계를 구축하였다. 그는 1929년 이래로 선교양종의 교정·조선불교 선종의 종정, 특히 1941년 조선불교조계종의 초대 종정을 역임하였고, 사상적으로 정혜쌍수와 선교융합, 수행적으로 계정혜 삼학겸수를 강조한 고승이다. 그 내용물로서 '지계持戒' '수졸守拙'과 '승가오칙'의 승행, 간화선과 '보임保任'의 중시, '경전과 강학의 병행' 등이 포함된다. 이러한 '한암상'은 모두 오대산 상원사에서 구축되었으니, 오대산은 한암과 서로 분리될 수 없는 절대 불연佛緣의 공간이었다. 게다가, 한암이 오대산으로 향하면서 읊은 "차라리 천고에 자취 감춘 학이 될지언정 봄날에 재잘대는 앵무새를 배우지 않겠노라!"[1]는 귀산시歸山詩는 널리 회자되었을 뿐만 아니라 그 이후 '27년간 불출동구'로 상징화되어 사실마저 흐리게 하는 역설로도 작용하였다.

반면에 한암의 상원사 이거와 그 주변은 아직 해명되지 않은 부분이 많다. 한암의 생애에서 봉은사 판전 조실과 관련된 연구는 윤창화의 논고가 유일하다.[2] 또한 한암의 상원사 이거에서 흔히 거론된, 월정사의 부채를 해결하려는 지암 이종욱의 초빙과 한암의 위장병 치

---

1) 한암대종사법어집편찬위원회(2010), 『정본 한암일발록』상, 평창: 오대산월정사 한암문도회, p.12. 아래에서 본서의 서지사항은 『정본 한암일발록』으로 줄이고, "寧爲千古藏蹤鶴, 不學三春巧語鸚"은 '-귀산시-'로 표기한다.
2) 윤창화(2016), 「한암 선사와 봉은사」, 『문학 사학 철학』47 참조.

료 논리도 보다 확대되어야 한다. 특히 한암의 오대산 귀산 연도도 매우 중요하다. 「연보」에 언급된 '1925년설'[3]을 주장하는 경우가 많지만, '1926년설'을 제기하는 견해도 적지 않고 늘어나는 추세이다. 여기에는 오대산문의 전통적·종교적 입장과 사실적 논증이나 합리적 해석 사이에 발생하는 견해차 등이 반영되어 있다. 물론 그 기저에는 『정본 한암일발록』의 내용이 풍성하지 못하고 구술자와 대담자의 문제가 잠복된 회고 자료가 있다.[4] 이를 극복하기 위해서는 각종 자료의 발굴과 함께 엄격한 사료 비판이나 체계적인 해석이 더욱 필요하다.

본고는 한암이 봉은사에서 상원사로 이거하는 배경과 원인, 그리고 오대산 상원사행의 시기를 다시 정하려는 것이다. 필자는 우선 1920년대 전반기 사찰령 체제와 3·1운동의 개혁이 교차하는 흐름에서 오대산문의 실정을 살펴보고, 한암의 봉은사 주석과 상원사로의 이거 주변을 추적하여 그 배경과 연유를 고찰하겠다. 그리고 한암의 오대산행 시기를 '1925년설'과 '1926년설'로 대별하여 학계의 연구를 소급 분석한 다음 구술 자료 등을 해석하여 후자의 타당성을 주장하고자 한다.

2. 1920년대 전반 오대산문의 실정

1920년대 전반기 일제 총독부는 문화통치에 따라 외형적으로 사

---

3) 『정본 한암일발록』상, pp.505~506.
4) 대표적으로 조용명의 구술 자료는 52년 전을 회고한 것으로 사실성과 정확도에 한계가 있다. 조용명, 「노사의 운수시절 몰현금을 들어라」, 『불광』60, 1979.10, p.57.

찰령 체제를 다소 완화하면서도 불교계에 대한 교묘한 회유와 분할 통치로 선회하였다. 3·1운동의 개혁적 흐름을 둘러싸고 30본산연합 세력은 1922년 조선불교중앙교무원을 설립하고 2년 뒤에 총무원을 통합하여 종단을 대표하였으나 조선불교청년회와 선학원의 반발 및 총독부의 압력으로 점차 변형되어 갔다. 당시 불교계의 화두였던 주지의 전횡과 분규 및 대처식육론은 결국 1926년 사찰령 사법寺法의 개정으로 대처승의 주지 허용으로 귀결되었고, 승려의 의식과 생활도 광범위하게 왜색화되었다. 이상을 염두에 두고 필자는 한암이 오대산으로 이거한 배경을 이해하기 위해 오대산문으로 시야를 돌린다.

1920년대 전반 강원도 3본산의 하나였던 월정사는 교세가 침체되었다. 당시에는 사찰령의 「포교 규칙」에 따라 월정사는 포교소[당]를 설치할 수가 있었다. 그렇지만 가장 이른 시기에 추진된 것은 강릉포교당이었다. 강릉포교당은 1922년 8월에 처음으로 설치계가 제출된 이래 1924년 3월에 월정사 전 주지 홍보룡洪莆龍이 포교사로 처음 부임하였고[5] 5월에 신축법당이 완공되어 낙성식과 봉안식을 거행하였다.[6] 이는 사찰령이 반포된 뒤 14년이 지난 즈음이었다.[7] 1926년까지도 삼척과 평창의 포교당에 머물렀다.[8] 이는 31본산체제에서 중간인 4등급지[9]에도 미치지 못하는 교세였다.

5) 대한불교조계종 총무원 총무부(2001), 『일제시대 불교정책과 현황』상, 대한불교 조계종 총무원, pp.866, p.869. 아래에서 본서의 서지는『일제의 불교정책과 현황』으로 줄인다.
6) 『불교』1, 1924.7.15, p.57, p.70;《조선일보》, 1924.6.6, p.4.
7) 예컨대 3등급지 건봉사는 1915년 11월에 이미 건봉사 불교진흥포교당의 설치계를 제출하였다. 『일제의 불교정책과 현황』상, p.846.
8) 『일제의 불교정책과 현황』상, p.871~875.
9) 1910년대 중반 이후 30본산연합사무소의 운영자금 분배, 중앙학림의 출자금 분배, 학생 모집의 배당 등에서 월정사는 정중간인 4등급지였다. 삼보학회(1994),

월정사의 주지는 명주사 주지였던 강백 홍보룡이 1914년 4월에, 이우영李愚榮과 김일운金一雲이 1923년 5월과 1927년 10월에 각각 인가되었다.[10] 이들은 대체로 중앙의 본산연합회나 교무원에서 활동하였다. 30본산연합사무소의 감사원鑑查員과 상치원常置員을 역임한[11] 홍보룡은 1921년 30본산연합사무소에서 창설하려던 종무원 원장에[12] 이어 조선불교대회의 이사로 선임되어 〈불佛과 중생의 평등〉 등으로 강연하였다.[13] 1922년 1월에는 연합회임시의장으로서 불교유신회의 강신창姜信昌과 논란을 벌였고[14] 재단법인 기초위원으로 김일운과 함께 선발되었지만,[15] 종무원 설립을 반대하던 봉은사 주지 김상숙金相淑과 논쟁하였다.[16] 유점사 주지(1918~1927)를 지낸 김일운은 홍보룡 아래에서, 혹은 함께 비슷한 활동을 전개하였고,[17] 1924년과

「교유편년」 「경제편년」, 『한국근세불교백년사』2·3, pp.17~25, pp.13~16.

10) 『일제의 불교정책과 현황』상, p.156, p.169, p.172, p.173.

11) 『일제의 불교정책과 현황』상, pp.147~148. 또한 월정사 주지 홍보룡은 1917~1923년 정선의 정암사 주지도 겸하였다. p.199, p.329, p.404, p.469.

12) 〈불교의 대개혁운동〉, 《동아일보》, 1921.3.9, p.3; 〈조선불교 혁신과 30만원 예산〉, 《매일신보》, 1921.1.12, p.3; 강석주 박경훈 공저(2002), 『불교근세백년』, 민족사, pp.90~92.

13) 〈불교강연회〉, 《동아일보》, 1921.12.25, p.3; 〈조선불교대회〉 〈승려 7천여 명을 통일하고〉, 《매일신보》, 1921.11.5·12.11, p.2·p.3.

14) 〈중앙학림만 전문으로〉, 《동아일보》, 1922.1.14, p.3; 〈불교계 대악마 강내련 명고 축출〉, 《매일신보》, 1922.1.14·3.27, p.3.

15) 〈명신학교 장래를 토의〉, 《매일신보》, 1922.5.29, p.3.

16) 강석주·박경훈(2002), 『불교근세백년』, pp.92~93; 〈불교개혁의 연합회〉, 《동아일보》, 1921.3.17, p.3; 〈불교총무원도 폐지〉, 《매일신보》, 1912.6.1, p.3.

17) 김일운은 1919, 20년 30본사연합사무소 상치원, 1921년 홍보룡 아래에서 종무원 교무부장에 선임되었고, 조선불교대회 등에서 강연 설법하였다. 『일제의 불교정책과 현황』상, pp.149~150; 〈조선불교 혁신과 30만원 예산〉, 《매일신보》, 1921.1.12, p.3. 불교강연회는 선우도량 한국불교근현대사연구회(1995), 『한국불교근현대사자료집Ⅰ 신문으로 보는 한국불교 근현대사』상, 선우도량출판부, pp.541~543; 동(1999), 『한국불교근현대사자료집Ⅱ 신문으로 보는 한국불교 근현대사』하, pp.176~180 참조. 후자의 두 서지 사항은 아래에서 『資料集Ⅰ』과 『資

1926년에는 중앙교무원의 이사와 평의원회의 의장에 선출되었다.[18] 홍보룡과 김일운은 보수적인 중앙교무원에서 활동하였지만, 교학 분야에서도 인정받은 개혁적 승려였다.[19]

당시 월정사와 그 말사인 불영사는 선우공제회에 적극적으로 참가하였다. 1922년 3월 30~4월 1일 창립총회에는 월정사의 박혜명朴慧明, 불영사 주지인 이설운李雪耘과 신환옹申幻翁이 참가하였다. 월정사는 그 지부가 되었고, 신환옹은 평의원에 선출되었다. 1923~24년 신환옹은 재무부 이사, 이설운은 평의원으로 선임되었다. 특히 이설운은 법답法畓 80여 두락을 희사하였다.[20] 이는 교세에 비해 본사인 월정사와 말사가 상대적으로 참선과 수좌의 지원에 높은 관심을 지녔던 것을 보여준다.[21]

취임 초기 이우영은 강릉포교당의 신축을 배경으로 교육사업을 중시하였다. 당시 강릉포교당의 포교사가 전임 주지 홍보룡이었고[22] 보좌가 바로 용창은龍昌恩이었다. 1924년 6월 월정사는 일본에 파견된 유학생 2명[23]이 귀국하여 포교와 사무에 종사하였고, 경성의 고등보

料集Ⅱ』로 줄인다.

18) 〈교무원 이사 본사를 방문〉, 《매일신보》, 1924.4.5, p.3; 『불교』22, 1926.4.1, pp.67~74.

19) 〈불교의 대개혁운동〉, 《동아일보》, 1921.3.9, p.3; 〈임원선거 의론 중에〉 〈중앙학림만 전문으로〉, 《동아일보》, 1922.1.13·14, p.3 ;김순식(1999), 「1920년대 초반 조선총독부의 불교정책」, 『한국독립운동사연구』13, p.19.

20) 정광호 편(1999), 『한국불교최근백년사편년』, 인하대학교출판부, 1999, pp.249~255.

21) 1363개의 전국 사찰 가운데 선우공제회에 가입한 것은 19개소였다. 강석주·박경훈 공저(2002), 『불교근세백년』, p.118.

22) 홍보룡은 1924년 3월부터 1925년 6월 말까지 강릉포교당의 포교사였다. 『일제의 불교정책과 현황』상, p.866, p.872.

23) 이들이 바로 용창은과 김상일金尙一이다. 용창은은 1924년 와세다대학 정경과를 졸업하였다. 김상일은 1923년 일본대학 사회과를 졸업하였다. 양자는 모두 재

통학교에 공비생 5~6명이 유학하였으며, 불교전문도량을 설치하여 도제를 양성하였다. 당시에는 이미 관동권업주식회사의 창설도 본말사주지회의에서 가결되었다.[24]

특히, 강릉의 불교청년활동은 주목된다. 1925년 1월 초에 강릉불교발기총회, 4월에는 석가탄신일을 축하하기 위해 불교청년회, 불교여자청년회, 금천유치원 등이 참가한 체육대회, 10월에는 포교당 내 동광여자학원 창립 1주년을 기념하여 서화전람회, 여자토론회, 여자웅변대회 등이 성황리에 개최되었다.[25] 사회적으로 1925년 기근과 수재의 구제 사업이 있었다. 2월 강릉 월정사의 본말사와 신도들이 기근동정금을 모아 경기기근구제회에 보냈고,[26] 을축년 대홍수의 구제를 위해 강릉불교여자청년회는 각종 공연이나 수제품과 과실의 판매로 기금을 모았다.[27] 그러나 1926년 월정사의 부채 문제가 본격화되자 강릉불교청년총회와 임시총회는 열기가 식었고,[28] 후반기 강릉불교여자청년회의 웅변대회는 겨우 50여 명, 토론회는 30여 명이 참여하여 청년운동의 부흥을 고심할 지경이었다.[29]

일본조선불교청년회 평의원을 역임하였다. 이경순(1998),「일제강점기 불교 유학생의 동향」,『승가교육』2, p.281, p.287.

24) 이상은 모두『불교』1, 1924.7.15, pp.57~58 참조.

25)『불교』8, 1925.2.1, p.83;〈강릉불교청년회강연〉《동아일보》, 1925.11.23, p.4;〈성황인 강릉불사〉,《매일신보》, 1925.5.8, p.3.

26)『불교』9, 1925.3.1, p.78.

27)〈강릉 수재 구제〉,《동아일보》, 1925.8.21, p.4;〈불교여자청년회의 수재 구제 연예회〉,《매일신보》, 1925.8.24, p.3.

28)〈강릉불청총회〉,《동아일보》, 1926.5.10, p.4;『불교』24·25, 1926.6.1·7.1, p.53, p.55.

29)〈강릉불교여자청년회 웅변대회〉〈강릉여자토론회와 불교여자청년회 부흥에 부심〉,《매일신보》, 1926.7.17·10.24, p.2. 이는 1928년에 이르러 회복된다.〈강릉성도기념축하식 성황〉〈강릉불교여청 강연 성황〉,《매일신보》, 1928.1.13·3·21, p.4·p.2.

그런데, 불교 대중화의 풍조에 따라 홍보룡과 제자 용창은 등이 추진한 강릉포교당의 신축, 금천유치원의 운영, 특히 관동권업주식회사의 실패로 월정사는 위기에 처하였다. 당시 신학풍의 유행 아래 월정사의 사비로 일본 와세다[早稻田]와 니혼[日本]대학에 유학, 졸업하여 귀국한 용창은, 김상일 등이 소장개혁파가 주도하여 강릉에 포교당과 병설 금천유치원을 세우고, 사중 재산과 본말사의 자금 등 10만여 원圓[엔]으로 관동권업주식회사를 세워 물산과 유통, 금융업을 추진하였다. 이는 결국 실패하고 식산은행에 토지를 담보로 잡고 빌린 3만 엔이 빚으로 남았다.

홍보룡은 채무를 해결하기 위해 사찰 소유 박달나무를 팔았는데, 일본인 아키타니[秋谷]와 완제품 수레바퀴의 개수로 계약하고, 그 수가 부족하면 안동 시장의 최고가로 배상한다는 조건에 합의하였다. 아키타니는 그 숫자가 부족하자 월정사에 8만 원[엔]의 손해배상청구소송을 제기하였다. 결국 패소하여 소송비마저 떠안은 월정사는 식산은행에 담보로 잡힌 법당, 불상, 토지, 추수 도조, 산림 등을 경매하였고, 적멸보궁에도 법원의 경매 딱지가 붙었다. 당시 채무는 양자의 빚에다 패소 비용을 포함하여 모두 12만 원[엔], 이자까지 30만 원에 이르렀다. 월정사의 몰락은 가시화되었고 적멸보궁의 향화香火마저도 기약할 수가 없었다.[30] 지암 이종욱(1884~1969)은 바로 월정사의 채무를 주도적으로 해결한 인물로 한암을 상원사로 모신 장본인이었다.

30) 박희승(2011), 『지암 이종욱』, 조계종출판사, pp.102~105; 임혜봉(1993), 『친일불교론』상, 민족사, pp.136~139; 강석주 박경훈 공저(2002), 앞의 책, pp.153~156; 삼보학회, 「경제본산」, 앞의 책3, pp.17~19.

월정사 주지 이우영은, 1926년 31본산연합회에서도 교무원 이사로 선출되었고 월정사 주지로 재인가 되었다.[31] 그런데, 부채 해결의 뚜렷한 진전이 없는 가운데 소작료 선납 요구로 인한 물의나 산림의 매매와 관련된 사기 사건에 휘말린 다음 1927년 7월 월정사의 부채 해결이 악화되는 일 등과 관련하여 주지 배척 운동이 일어났다.[32] 이러한 가운데 홍보룡과의 인연과 권유로 유점사의 김일운이 월정사 주지로 자리를 옮겼다.[33]

3. 봉은사 주석과 상원사로의 이거 연유

한암이 어떤 배경과 이유로 건봉사에서 봉은사로 옮겼는지는 명확하지 않다. 「연보」에는 1923년 불기 2950(계해 48세, 만47세) 조에 "이해 서울 봉은사 조실로 추대되시다."[34]라고만 간략하게 기술되어 있다. 그 핵심 근거인 『대륜 대종사 법어집』에는 "계해년(1923)에는 [박대륜이] 봉은사로 한암 선사를 참방, 선문답을 교환하다."[35]라고 하여 그 구체적인 지위도 언급이 없다. 그러나 한암의 수행과정과 대선

---

31) 『불교』22, 1926.4.1, p.73; 『일제의 불교정책과 현황』상, p.172.

32) 〈본정서本町署에 제출된 월정사의 고소장〉, 《매일신보》, 1926.11.16, p.3; 〈월정사의 주지와 승려 제군에게〉 〈승려가 결속하야 이주지를 배척〉, 《매일신보》, 1927.3.21·7.6, p.3·4.

33) 선우도량 한국근현대불교사연구회(2002), 『22인의 증언을 통해 본 근현대불교사』, 선우도량 출판부, p.61. 본서의 서지사항은 아래에서 『22인의 증언을 통해 본 근현대불교사』로 줄인다.

34) 『정본 한암일발록』상, p.505.

35) 대륜 대종사 법어집 간행위원회(1991), 『대륜 대종사 법어집』, 법륜사, p.480.

사의 법계, 건봉사의 만일선원의 조실 경력,[36] 각종 증언[37] 등을 통해 보면 '조실'로 주석한 것은 확실하다. 한암이 경허의 인정을 받은 선안禪眼, 불법에 대한 지견知見, 경전과 교학의 겸비, 청정하고 원만한 사표상, '생불'이나 '도인'으로 추앙된 점 등은 봉은사 조실 취임에 영향을 미쳤을 것이다.[38]

이와 관련하여 한암을 봉은사로 초치한 것은 주지 나청호羅晴湖 (1875~1934)라는 추정이 있다.[39] 그런데, 1923년 봉은사의 주지는 나청호가 아니라 김상숙이었다. 김상숙은 30본산회의의 재무를 담당하면서 뛰어난 일본어 실력으로 통역을 맡았고, 1918년 7월부터 1924년 6월까지 두 차례 봉은사 주지로 신륵사 주지를 겸하였다.[40] 당시 나청호는, 30본산연합회와 그 주변의 일에 몰두하였다.[41] 1917년, 1920년에 동경의 동양불교대회에 참가하는 대표의 일원으로 선

---

36) 『정본 한암일발록』상, pp.499~505; 『조선불교총보』3, 1917.5.20, p.54; 윤창화 (2015), 「한암의 자전적 구도기 〈일생패궐〉」, 『한암 선사 연구』, 민족사, p.24. 다만, 1905~1910년 통도사 내원암의 조실과 관련하여 박재현(2009)이 『한국 근대 불교의 타자들』 101쪽에서 '강사설'을 제기하였다. 이에 대한 검토는 졸고(2020) 「한암과 통도사 내원암」을 참조하고 여기서 서술하지 않는다.

37) 조용명과 김고송의 회고담이나 당시 봉은사에 있던 이동연李東淵의 발언을 전한 운남雲南의 증언에 의하면, 한암은 1925년에 봉은사 조실이었다. 조용명, 「노사의 운수시절 몰현금을 들어라」, 『불광』60, 1979.10, p.57; 강성태(2003), 『푸른 솔 푸른 향기』, 토방, 2003, p.186; 〈봉은사 7백8명 인명 구제〉, 《불교신문》, 1987.8.12, p.6.

38) 윤창화(2016), 「한암 선사와 봉은사」, pp.68~70. 이는 한암이 봉은사 조실에서 상원사 조실로 이거하는 경우에도 적용되므로 아래에서 재론하지 않는다.

39) 윤창화(2016), 위의 논문, pp.67~70.

40) 임혜봉(2005), 『친일 승려 108인』, 파주: 청년사, pp.93~100; 「서울 및 근교 사찰지 봉은본말사지」, 『다보』10, 1994 여름 권말부록, p.15; 사찰문화연구원(1997), 『봉은사』, 사찰문화연구원, p.36.

41) 나청호는 1912년 1월~1918년 2월까지 봉은사 주지로 인가되었고, 1915년~18년에 삼십본산연합사무소의 상치원과 감사원을 역임하였다. 『일제의 불교정책과 현황』상, pp.147~162.

발되었고,[42] 1923년 1월 교무원의 제3차 평의원회에서 조선불교협성회의 회장으로 선출되었다.[43] 그 사이에는 중앙 설교사로 각황사 등에서 열린 조선불교대회나 법회에서 〈불교와 문화의 향상〉 〈불타의 광명〉 등을 주제로 강연하거나 설법하였다.[44] 그런데, 1923년 8월에 봉은사 승려 김우화金雨化 등과 직권남용, 재정유용 등을 이유로 주지 김상숙을 비판하였고, 이듬해 4월에 이미 봉은사의 신임주지이자 중앙교무원의 신임이사로 매일신보사를 방문하였다. 1924년 6월 나청호의 3차 주지 인가는 용문사 주지 엄응허嚴應虛와 일부 말사의 반발 가운데 이루어졌다.[45] 주지가 조실을 초빙하는 일반적 관례로 보면 한암의 봉은사 이거에 나청호의 역할은 크지 않았을 것이지만, 김상숙이 한암과 관련성이 부족한 것은 문제로 남는다. 다만, 봉은사의 유력자 나청호가 주지 분규를 해결하기 위한 명분으로 한암을 초빙할 가능성은 남아 있다.

봉은사에서 한암의 활동을 알려주는 것은 겨우 조용명趙龍溟의 회고담과 윤창화의 연구가 있을 뿐이다. 봉은사 조실로서 한암은 법문과 법어, 수계법회를 시행하였겠지만, 필자가 확인한 바로는 『불교』 16호의 「불교 소식」에 실린 '봉은사계단'뿐이다. 그 내용은 봉은사가 1925년 음력 7월 15일(우란분재일)부터 금강계단을 설치하고 한암을

42) 『조선불교총보』7, 1917.11.20, p.9; 삼보학회(1994), 「승단편년」, 앞의 책1, p.75.
43) 삼보학회(1994), 「각종단체편년」, 위의 책3, p.21.
44) 불괴비첩간행회(1985), 『불괴비첩』, 삼장원, p.269. 특히 강연이나 설법은 1921년 12월~1923년 6월 말에 집중되었고, 이후로 기록이 보이지 않는 것은 봉은사 주지 취임과 관련된다. 〈불교주지총회는 금일부터〉, 《동아일보》, 1921.5.15, p.3. 기타 설법과 강연은 『자료집 I』상, p.471, pp.520~545; 『자료집 II』상하, p.954, p.977, p.1053·p.104, p.117, p.137, p.153, pp.179~180, p.189 참조.
45) 〈나법사 배척〉, 《동아일보》, 1924.11.11, p.2; 〈주지 불신임을 의결〉 〈6개 수반사 분기〉 〈교무원 이사 본사를 방문〉, 《매일신보》, 1923.8.3·11.10·24.4.5, p.3.

전계화상으로 모셔 비구 56명, 신사 3명, 신녀 21명에게 수계한 것이다.[46] 그는 참선도 지도하였다. 한암의 지도 아래 봉은사 판전의 선원에는 유명한 선사들이 모여들었다. 1925년의 동안거에는 후일 한국불교의 주맥을 이룬 정금오, 이단암, 이탄옹, 이백우, 설석우, 하정광, 장설봉, 정운봉 등이 참가하여 짬지게 정진하였다. 여기에 궁중 공양도 있었지만 주지 나청호의 외호도 훌륭하였다.[47]

봉은사 판전에서 한암이 한국 지성을 대표하는 명사들과 교류한 것은 주목된다. 대표적 인물은 박한영, 오세창, 변영만, 정인보, 최남선 등이다. 이들은 당시 불교계의 리더이거나 학계와 문화계에서 활발하게 활동하던 대표적 지성이었다. 이들이 한암과 교류한 것은 한암의 한학적인 지식과 불경에 대한 안목, 진술하고 뛰어난 참구와 선안, 계율을 지키는 행동 규범 등 때문이었다. 한암과 경성의 명사들을 연결한 이는 박한영으로 보인다. 특히 변영만과 최남선은 한암의 상원사 이거를 말렸으나, 한암은 한시를 지어 거절 의사를 명확히 밝혔다.[48]

봉은사의 조실 한암이 주지 나청호에게 지시하여 을축년(1925) 7월 대홍수의 수재민과 익사자를 구제하게 한 일[49]은 특필할 만하다. 나청호는 소임과 사중寺衆을 거느리고 익사자를 직접 구조하거나 선

---

46) 『불교』16, 1925.10.1, p.44.
47) 조용명, 「노사의 운수시절 몰현금을 들어라」, 『불광』60, 1979.10, pp.54~55; 윤창화(2016), 「한암 선사와 봉은사」, pp.76~77.
48) 『22인의 증언을 통해 본 근현대불교사』, p.60; 윤창화(2016), 위의 논문, pp.77~81. 다만 그 구체적 내용에 대해서는 추후 세밀한 연구가 필요하다.
49) 한암이 나청호에게 수재민의 구제를 지시한 것은 당시 봉은사에 기거한 이동연에게 들었다는 운남의 증언이 있다. 〈봉은사 7백8명 인명 구제〉, 《불교신문》, 1987.8.12, p.6.

부船夫에게 인명의 구제에 10원의 상금을 내걸어 호응하게 하였다. 그 결과 잠실, 신장리, 선리, 부리 등에서 708명을 구조하고 숙식과 생활비를 제공하였다. 이는 당시 장안의 화제였고 그는 '활불'로 칭송되었다. 7월에서 12월까지 봉은사 말사를 비롯하여 30본산 주지 등이 나청호의 송덕문頌德文을 발표하였고, 1주년을 기념하여 이능화李能和 등의 발기로 지식인, 예술가, 종교인 등 108명의 시문·서화를 모아 『불괴비첩不壞碑帖』을 증정하였으며, 1929년 수재민을 대표하여 선리의 이준식李俊植 등은 그의 공덕을 치하하여 봉은사에 '수해 구제 공덕비'를 세웠다.[50] 이는 나청호가 1911~15년 사이 사원 인근의 국유 황무지와 산림을 총독부와 교섭하여 개간한 다음 70여만 정보를 사찰 소유로 삼고 200여 석을 수확한 경제 덕분이었다.[51]

　이제는 한암이 상원사로 이거한 배경이나 연유를 검토할 차례이다. 그 직접적 이유로는 먼저 한암의 위장병이 거론된다. 그는 참선이나 오후 불식으로 인한 위장병에 시달렸고,[52] 이를 치료하기 위해 산 깊고 물 좋은 도량을 찾았다. 그의 우선 희망지는 바로 자신이 출가한 금강산이었지만,[53] 이와 가까운 오대산 상원사도 뛰어난 자연환경으

---

50) 그 1주년을 기념하여 『불교』26호(1926.8.1)는 부록으로 「불괴비」를 게재하였다. 그밖에 불괴비첩간행회(1985), 『불괴비첩』; 「서울 및 근교 사찰지 1편 봉은사」, 『다보』10, 1994 여름 권말 부록, pp.47~50; 사찰문화연구원(1997), 『봉은사』, pp.96~97; 삼보학회(1994), 「사회사업」, 앞의 책2, pp.2~10; 윤창화(2016), 앞의 논문, pp.72~74 참조.
51) 『불교』61, 1929.6.1, p.56; 불괴비첩간행회(1985), 위의 책, p.271.
52) 김종서는 좌선하는 스님에게 많은 위장병을 다스리기 위해 보건체조를 가르쳐 한암과 탄허 등에게 환영을 받았고, 한암의 회상에서 수행한 김고송은 잘못하여 병만 얻는 오후불식보다 세 끼의 소식을 권장하였다. 월정사·김광식 엮음(2013), 『방산굴의 무영수』하, 오대산 월정사, p.22; 강성태(2003), 『푸른 솔 푸른 향기』, p.135.
53) 『22인의 증언을 통해 본 근현대불교사』, p.60.

로 인하여 한암의 의도에 부합하는 차선의 선택지였다.

또한, 한암이 일제 치하 경성 승려들의 일상과 도시의 사원 현실에 실망한 것으로 추정된다.[54] 특히 필자는 1920년대 중반 조선불교의 총체적 왜색화에 반발하는 한암을 주목한다. 당시는 일제 당국에 의한 불교계의 분열, 대처식육론의 유행과 함께 불교의 대중화·도시화가 확산되었다. 봉은사에 주석하던 한암도 1925년 31본산 주지회의에서 대처식육의 합법화 논의와 대처승의 일반화로 인한 계율 파괴를 목도하였고, 친일 주지의 전횡과 축출을 둘러싼 분규가 빈발하는 가운데 1923~24년 봉은사의 주지 분란도 경험하였다. 실로 그는 불교의 왜색화에 반발하여 귀산하였다. 이는 '재잘대는 앵무새를 배우지 않겠노라'는 귀산시에 함축되었을 뿐만 아니라 선왕의 법도를 준수하고 승행과 계율을 강조한 청정상에도 잘 나타난다.[55] 백용성白龍城이 1927년 7월 함양 백운산의 화과원으로 이거한 것도 비슷한 비판의식의 소산이지만,[56] 한암의 오대산행은 백용성의 경우보다 1년 이상 앞선다.

이와 관련하여 필자가 보다 중시하는 것은 '불도'를 간직할 수밖에 없다는 시대인식이다. 일제의 강점과 망국이라는 현실은 불도를 열어가는 시대라기보다는 '사장捨藏'해야 하는 난세였다. 사실 '용사행

54) 윤창화(2016), 앞의 논문, pp.80~83.
55) 한암의 고풍 존중, 참선의 가풍, 승가오칙 등의 강조는 조용명, 「노사의 운수시절 우리 스님 한암 스님」, 『불광』67, 1980.5, pp.42~43; 한암문도회·김광식(2006), 『그리운 스승 한암 스님』, 오대산 월정사, p.65, p.83, p.121, p.159, pp.209~210 참조.
56) 한보광(2000·2001), 「용성 스님의 후반기 생애(1·2)」, 『대각사상』3·4; 김광식(2017), 『백용성 연구』, 동국대출판사; 동(1998), 「1926년 불교계의 대처식육론과 백용성의 건백서」, 『한국 근대불교의 현실인식』, 민족사, 참조.

장用捨行藏'은 치세의 용행用行과 난세의 사장을 의미하는 유교적 용어이다. 잘 알다시피, 한암은 어려서부터 『천자문』을 비롯하여 사서삼경과 역사서, 제자백가와 유수한 문집도 망라하였고, 한시와 서예도 일품이었다.[57] 그에게 유교적 색채가 일정 부분 존재하는 것은 당연하였다. "임금 없고 나라 없는 우리 같은 무리, 인간 세상 살아가는 것 슬프지 않겠는가!"[58]라는 정몽주를 조문하는 비감시에 그 일단이 잘 나타나 있다. 망국의 백성이자 승려로서 그는 조선의 전통불교 본연을 지키고 '불도의 장종藏踪'을 위해 심산유곡으로 들어가려 결심하였다. 이는 조선시대 선비가 '용사행장' 아래 '산림山林'으로 일생을 보내는 경우보다 심하지만, '산림'이 '장종학藏踪鶴'에만 머물지 않는 점은 더욱 유의되어야 한다.[59]

또한, 오대산문이 통도사와 함께 율종의 성역으로 인식된 점도 한암의 오대산행에 영향을 미쳤을 것으로 추정된다. 사불산인四佛山人은 「조선불교의 조선율종」에서 「월정사계첩」에 근거하여 100년 사이에 적막해진 조선율종의 부흥을 월정사와 홍보룡에게 기대하였다. 자장 율사가 월정사에 금강계단을 설치하여 번지 율사煩支律師에게 전계한 이래 이어지던 계맥은 연파 영주蓮坡永住에 이르러 거의 실전되었다. 그를 계승한 만우 유규萬愚裕奎는 1916년 고운사에서 올라와 적멸보궁수호원장으로 세행細行과 위의를 엄수하였다. 이듬해 만우

---

57) 졸고(2016),「한암 중원과 탄허 택성의 불연」,『한국불교학』79, pp.309~310.
58) 『정본 한암일발록』상, p.245.
59) 이상은 필자가 김호성과 조성택이 한암의 시대를 '궁핍한 시대'로 규정한 것으로 부족하다고 판단하여 제시한 것이다. 김호성(1995),『방한암 선사』, 민족사, p.48; 조성택(2015),「근대 한국불교에서 한암의 역할과 불교사적 의의」,『석전과 한암, 한국불교의 시대정신을 말하다』, 조계종출판사, pp.67~76.

유규가 계법을 전해준 바가 바로 홍보룡이었다.[60] 자장과 오대산문·통도사의 인연이나 한암의 율사적 성격을 고려하면 오대산은 조선계율의 정종正宗을 계승하는 성지로 인식되기에 충분하다. 또한, 상원사에는 예로부터 율사가 많았던 관계로 해방 직후 법당의 탁자 밑에 천 권가량의 율서가 전해졌고, 한암이 눈병을 감수하면서도 그 어려운 율서를 모두 현토하였다는 전언도 있다.[61] 이상에서, 한암이 월정사의 부채 문제로 인해 계율의 종맥을 잇지 못하는 홍보룡을 대신하려 귀산한 것도 설득력이 적지 않다.

널리 알려졌듯이 한암의 상원사 이거에는 지암 이종욱의 초치가 있었다. 지암은, 양양 출신으로 1896년 오대산 명주사에서 백월당白月堂 김병조金炳肇에게 출가하였고, 곧이어 은사의 스승인 대은大隱의 뜻에 따라 오대산 적멸보궁에서 노전을 보던 월운 해천月運海天을 시봉하면서 행자생활을 시작하였다. 2년 뒤 월정사에서 명주사 출신의 홍보룡에게 사미계를 받았다. 이듬해부터 전국의 강원과 명진학교 등을 돌아다니면서 12년 동안 불교 공부에 매진하다가 1908년에는 백담사 오세암에서 탁몽성卓夢聖의 제자인 이설운의 법제자가 되었다. 1912년 월정사로 돌아와 토지조사사업으로 촉발된 소작인과의 분쟁을 매듭지었다. 3년 뒤 월정사에 불교전문강원의 설립을 주도하였는데, 당시의 주지가 바로 홍보룡이었다. 1917년 홍보룡이 월정사의 주지로 재임하자 그의 공적을 기리고자 스님들의 지원금을 모아 은제기념 다완과 감사장을 올리고, 강원의 내전 강사이자 감무로서

---

60) 사불산인, 「조선불교의 조선율종」, 『조선불교총보』3, 1917.5.20, pp.10~16.
61) 그 율서는 1947년 상원사의 화재로 모두 소실되었다. 한암문도회·김광식(2006), 『그리운 스승 한암 스님』, p.85.

홍보룡을 뒷받침하였다. 3·1운동 이후에는 대동단 총재 김가진金嘉鎭의 상해 임시정부 탈출 주도, 상해 임시정부와 관련 활동 등의 독립운동에 가담하였는데, 이는 결국 김상옥 의사 폭탄반입 사건과 결부되어 결국 3년간 함흥에서 복역하였다고도 한다. 1925년에 출소한 이후 월정사로 돌아와 산중회의에서 사채정리위원으로 선출되었고, 1927년에 월정사 사원社員을 거쳐 김일운 주지 아래에서 감무로 월정사의 채무를 주도적으로 해결한다.[62]

이상에서 보면, 명주사는 건봉사의 말사였지만 월정사와 지리적으로 가까웠고, 문도도 친밀한 가운데 지암도 월정사와 그 주지 홍보룡과 밀접하였다. 그가 월정사 사채정리위원으로 선출된 것은 일제의 토지조사령으로 인한 소작인과의 토지분쟁을 해결한 전력, 곤경에 처한 은사를 구제하려는 의지, 홍보룡의 후원 등이 결합되었을 것이다. 또한, 지암은 위에서 언급한 월정사 부채를 촉발한 용창은의 사형이었다. 그는 1919년 3월 1일 파고다 공원에서 월정사 승려 용창은을 데리고 만세 시위에 함께 참가한 적이 있었다.[63] 용창은에 대한 지암의 책임과 문도 의식도 영향을 미쳤던 것이다.

그런데, 지암은 봉은사 주지였던 나청호와도 관계가 있다. 당시 고양 뚝섬(현재 성동구 성수동)에서 태어난 나청호가 출가한 사찰이 바로 양양 오대산 명주사였고, 적멸보궁에서 시봉한 월운 해천은 바로 나청호의 은사였다.[64] 그런 인연 때문인지 몰라도 위에서 언급한 것

---

62) 박희승(2011), 『지암 이종욱』, pp.29~107. 덧붙여 박희승은 '月雲'으로 기술하였지만, 사찰문화연구원(1997), 『봉은사』의 251쪽 「봉은사사적비명」에 따라 '月運'으로 수정한다.
63) 〈국내 국외 삼일운동의 회고〉, 《동아일보》, 1956.3.1, p4.
64) 불괴비첩간행회(1985), 앞의 책, 256~262; 「서울 및 근교 사찰지 1편 봉은사」,

제2부 한암과 오대산 상원사 145

처럼 1909년 금강산 건봉사 강원에서 지암은 나청호에게 『대승기신론』을 공부하였다. 게다가 양자는 모두 뛰어난 교학에 종사한 강백으로 개혁적인 성향도 비슷하였다. 지암과 한암을 연결한 인물은 틀림없이 나청호였을 것이다.

그리고 지암은 1908년 오세암에서 설운 봉인을 법사로 삼았다. 설운은 바로 개화운동에 참가한 탁정식, 즉 몽성 스님의 법제자였다. 그는 이미 언급한 것처럼 선우공제회에 가입하여 물려받은 강릉과 양양 일대의 많은 토지를 상원사 선원 등에 시주하였다.[65] 그런데, 설운 봉인이 관할한 사찰이 바로 봉은사였다. 만년의 지암을 모셨던 천운은 "설운 스님이 관여한 절이 백담사·오세암·불영사·봉은사"[66]라고 회고하였다. 이런 연고로 지암이 봉은사에 있는 한암을 월정사로 가자고 권유하였다는 것이다. 한암과 설운이 상원사에서 자주 만나 대화하였다는 회고도 이와 무관하지 않을 것이다.[67]

사실, 지암이 월정사의 채무를 정리하기 위해서는 조선 불교계의 대표성이 있고 일본인의 존경심을 유발하며 현실감각도 갖춘 이판비구승의 힘이 필요하였다.[68] 여기에는 지암이 친일파라는 비난을 면하려는 숨은 의도도 있었을 것이다.[69] 한암의 오대산행은 이미 서술한 네 가지 연유에서 보이는 그의 귀산 의지와 지암의 요구라는 양자의 결합에 의한 것이었다. 지암이 한암을 만나 오대산 이거를 요청한

『다보』10, 1994 여름 권말 부록, pp.15~16; 사찰문화연구원(1997), 앞의 책, pp.93~97; 박희승(2011), 앞의 책, pp.29~30.

65) 박희승(2011), 위의 책, pp.40~43.
66) 한암문도회·김광식(2006), 『그리운 스승 한암 스님』, p.142.
67) 한암문도회·김광식(2006), 위의 책, pp.87~88.
68) 박재현(2009), 『한국 근대불교의 타자들』, p.106.
69) 한암문도회·김광식(2006), 『그리운 스승 한암 스님』, pp.142~143.

시기는 1926년 2월 중순(병인년 정월 초)이었다. 조용명의 회고담에 의하면, "월정사가 망해갔거든. 홍보룡이란 이가 대강사인데 제자를 잘못 두어 가지고 망했다고. … 병인년에 한암 스님을 찾아와서 월정 사를 건져주시라고 부탁했지. 또 오대산이 물이 좋다고 하니까 스님 이 가기로 하셨어."[70] 지암의 요청을 받은 한암은 을축년 봉은사 동 안거 해제를 마치고 오대산으로 가겠다고 약속하였다.[71]

한암이 지암의 요청에 대해 어떤 생각을 가졌는지는 명확하지 않 지만, 박희승이나 박재현의 주장처럼 긍정적이었을 것이다. 그런데, 박재현은 한암이 학처럼 지내기 위해 오대산으로 들어간 것이 아니 라 세상을 향해 적극적으로 발언하기 위해 입산하였다고 주장하였 다. 그 근거는 한암이 당시 생불로 일컬어지는 승려들 가운데 사판승 에게 가장 유연한 태도를 취했다는 점이다.[72] 이런 역설적 해석은 매 우 흥미롭지만, 궁벽한 상원사에서 한암의 활동을 과도하게 적극적 으로 평가하거나 차후의 일을 가지고 사전에 미리 적용한 점이 다소 아쉽다.

4. 1925년·1926년 귀산설歸山說의 검토

한암의 「연보」 '1925년 불기 2952(을축 50세, 만 49세)' 조에는 오대 산 상원사 이거를 기술하면서 '1925년설'이 명확하게 제시되어 있다.

---

70) 『22인의 증언을 통해 본 근현대불교사』, p.61.
71) 박희승(2011), 『지암 이종욱』, pp.108~109.
72) 박재현(2009), 『한국 근대불교의 타자들』, pp.106~107.

가을, "내 차라리 천고에 자취를 감춘 학이 될지언정 봄날에 재잘대는 앵무새를 배우지 않겠노라."라는 말을 남긴 채 서울 봉은사 조실을 그만두시고, 오대산 상원사로 이거하시다. 행각 길에 치악산 상원사, 횡성 봉복사, 개성에 들러 포은 정몽주의 비를 참배하고 「포은 선생의 비를 조문하며[弔圃隱碑]」라는 칠언절구를 지으시다(당시 시자는 조용명 스님이었음).[73]

위의 내용은 탄허의 「한암대종사부도비명」과 「현대불교의 거인 방한암」을 골격으로 삼고 『불광』에 게재된 조용명의 「노사의 운수시절」을 보조로 삼은 것이다. 아래에서는 그 근원을 소급하여 검토하겠다.

한암의 상원사 이거와 관련하여 가장 이른 시기에 발표된 것은 소마 쇼에이[相馬勝英]의 「방한암 선사를 찾아서」이다. 그는 한암이 월정사와 중대의 적멸보궁을 구하기 위하여 입산한 점을 언급하고 다음과 같이 서술하였다.

선사는 경성 부근의 본산[봉은사]으로부터 몰래 숨어들어 이 불정골佛頂骨[적멸보궁]에 이르렀던 것이다. 그럼에도 불구하고 선사의 심경은 실로 간단하였다. 그것은 지금으로부터 9년 전의 일이었다. 그 이후 오늘날까지 한 걸음도 산을 내려가지 않고 모든 인연을 끊고 불정골을 지켜왔던 것이다.[74]

여기서 말한 '지금'을 집필 시기로 보면 9년 전은 1923년이고, 출판 시기로 보면 1924년이지만, 모두 명확하지 않다. 또한, 일본인은 나이를 만으로 계산하는 점을 고려하면, 『정본 한암일발록』의 그 각주 1)

73) 『정본 한암일발록』상, pp.505~506.
74) 相馬勝英, 「方寒巖禪師をたづねて」, 『朝鮮佛教』87, 1933.4.1, pp.16~17.

과 4)[75)]는 '1925년설'을 합리화하는 것으로 순조롭지 않다. 소마 쇼에이의 주장은 애매하지만 '1925년설'에 가깝다.

가장 먼저 '1925년설'을 명확하게 제시한 것은 1941년 김소하의 「대도사大導師 방한암 선사를 종정으로 마지며」이다. "선사께서는 을축년에 광주 봉은사 선실에 기시며 납자를 제접하시다가 거금距今 17년 전에 강원도 평창군 오대산 상원사로 가서서 근 20년간을 불출동구"[76)] 하였다. 여기서 '17년 전'은 바로 1925년이다. 한암의 입적 소식을 전한 1951년 10월 1일자《불교신문》의 〈오호! 교정 방한암 대종사 열반〉도 법랍을 '58년'으로 오기하였지만 동일한 입장에 섰다. "50세 시에 오대산에 입산"[77)]에서 한암의 '50세'는 바로 1925년이다.

탄허는 1959년 「대한불교조계종종정한암대종사부도비명」과 1965년 「현대불교의 거인 방한암」을 찬술하여 '1925년설'의 골격을 제시하였다. "50세(1925) 을축년에 이르러 스스로 맹세하기를 −귀산시−라고 하시고, 이윽고 오대산에 들어가 27년 동안 동구 밖을 나오지 않고 열반하시니, 향연 76세 법랍 54세더라."[78)] 후자는 전자를 확대하는 동시에 보다 명확하게 정리하였다.

> 한암은 50세 되던 1925년에 서울 근방의 봉은사 조실스님으로 있었다. 그러나 곧 맹서하기를 −귀산시−라고 하면서 또다시 오대산에 들어갔다. 그 후 27년 동안 동구 밖을 나오지 않은 채, 76세의 나이로 일생을 거기서 마쳤다.[79)]

---

75) 『정본 한암일발록』하, p.78의 각주 1), 4) 참조.
76) 김소하, 「대도사 방한암 선사를 종정으로 마지며」, 『불교시보』72, 1941.7.15, p.3.
77) 〈오호! 교정 방한암 대종사 열반〉, 《불교신문》1, 1951.10.1, p.1.
78) 『탄허 대종사 연보』(2012), 오대산문도회 탄허불교문화재단 교림, pp.61~62.
79) 필자는 1974년 신구문화사본을 참고하였다. 김탄허(1974), 「현대불교의 거인 방

여기에는 ① 50세(을축년)에 봉은사 조실을 떠나, ② 귀산시를 읊고 오대산행, ③ 27년 동안 불출동구라는 '3요소'가 정형화되었다. '3요소'에 기초한 탄허의 '1925년설'은 오대산문에서 그의 지위와 권위에 비례하여 정설화되었다.

1960년 안덕암도 탄허의 「한암대종사부도비명」을 따라 '1925년설'을 주장하였다. "그 뒤 잠시 광주 봉은사에 주석하실 때 을축년 대홍수를 만나 도도한 황류 속에 휩쓸려 떠내려가는 사람들 수백 명을 건져 구제의 손을 뻗쳤으니 … 그해 가을에 강원도 평창 오대산 상원사에 들어가 주석하신 뒤 30년을 한자리에서 그야말로 두문불출로 일관하였다." 1972년 권기종, 1984년 이재창, 1985년 윤소암도 탄허가 주장한 '1925년설'의 3요소를 재론하면서 나름의 평가를 덧붙였다.[80]

탄허의 주장은 월정사의 회주 현해와 주지 정념[81]뿐만 아니라 『한암일발록』의 편집위원장을 역임한 혜거에게로 이어졌다. 그는 "왜정치하에서의 한암의 행적은 … 단적으로 불출동구의 서원"이라고 하면서 탄허의 '3요소'를 재론하였다.[82] '1925년설'에 서서 한암과 탄허의 동이점을 고찰한[83] 윤창화도 최근에 같은 주장을 반복하였다.

한암」, 『한국인의 인간상』3 종교사회봉사편, 신구문화사, p.340; 『정본 한암일발록』하, pp.168~169.
80) 덕암, 「현대불교의 귀감이신 한암대종사의 일생」, 『현대불교』4, 1960.3, p.11; 권기종(1972), 「한국선학의 재출발 방한암」, 『한국인물대계』9 현대의 인물②, 박우사, pp.275~276; 이재창(1984), 「오대산의 맑은 연꽃 한암 스님」, 『늘 깨어 있는 사람』, 홍사단출판부, p.135; 윤소암, 「방한암 스님」, 『불교사상』23, 1985.10, p.144.
81) 『정본 한암일발록』상, p.9, p.12: 한암사상연구원(2015), 『한암 선사 연구』, 민족사, pp.4~5.
82) 혜거(2005), 「삼학겸수와 선교융회의 한암사상」, 『정토학연구』8, p.326.
83) 윤창화(2012), 「오대산 화엄의 특징과 탄허의 원융사상: 한암과 탄허의 동이점

한암이 봉은사 조실로 주석한 기간은 그다지 길지 않다. 1923년에 추대되어 1925년 하안거를 마치고, 초가을(음력 8월, 양력 9월) 무렵에 봉은사를 떠나 오대산 상원사로 이거했으므로 실제 봉은사 조실로 있은 것은 1년 반 정도에 지나지 않는다. … 한암은 이 을축년 홍수 사건이 거의 마무리된 무렵인 음력 8월 초가을(양력 9월) 봉은사를 떠났다. 강원도 오대산을 향하여 발걸음을 옮긴다. … 한암은 봉은사 조실로 이거한 지 2년 만인 1925년 9월(음력 8월) 조실을 그만두고 오대산 상원사행을 택한다.[84]

그 밖에 염중섭(자현)[85]과 고영섭[86]뿐만 아니라 이덕진,[87] 박재현,[88] 김종두(혜명),[89] 안효순[90] 등도 모두 '1925년설'에 섰다. 다만, 이들은 각자의 시각과 접근방법으로 「연보」의 '1925년설'을 단순히 차용한 것으로 보인다.

그런데 오대산문의 정설에 섰던 윤창화는 '1925년설'을 의심한 듯하다. "[을축년] 초가을(음력 8월, 양력 9월) 무렵에 봉은사를 떠나 오대산 상원사로 이거했으므로"에 각주를 달아 『22인의 증언을 통해 본 근현대불교사』에 실린, 을축년 음력 8월 행각 출발에 관한 조용

고찰」, 『한국불교학』63, p.99.
84) 윤창화(2016), 「한암 선사와 봉은사」, pp.70~71, p.74, p.82.
85) 염중섭(자현)(2015), 「〈계잠〉의 분석을 통한 한암의 선계일치적 관점」, 『대각사상』23, p.172; 동(2016), 「나옹의 공부십절목에 대한 한암의 답변과 관점」, 『한국불교학』78, p.178.
86) 고영섭(2015), 「한암의 일발선」, 『한암 선사 연구』, 민족사, p.157.
87) 이덕진(2015), 「한암의 선사상과 계율정신」, 『석전과 한암, 한국불교의 시대정신을 말한다』, 조계종출판사, p.119.
88) 박재현(2009), 『한국 근대불교의 타자들』, p.102, p.106.
89) 김종두(혜명)(2015), 「천태에서 본 한암 스님의 선사상」, 『석전과 한암, 한국불교의 시대정신을 말한다』, p.313.
90) 안효순(2006), 「천고의 말 없는 학: 방한암 선사」, 『문학 사학 철학』4, pp.45~46.

명의 회고 내용을 기술하였다.[91] 그런데, 이는 『불광』 1979년 10월호의 구술 내용과 달랐기 때문에 그 내용도 각주에 병기하였다.[92] 비슷한 정황은 『월정사의 한암과 탄허』에도 보인다. 여기서는 '1925년설'의 입장을 견지하면서도 "이후 1951년 봄 열반하실 때까지 26년 동안 동구 밖을 나가지 않고"[93]라고 하여 '1925년설'의 한 요소가 '26년 동안'으로 수정되었다. 그는 오대산문의 정설을 수용하면서 조용명 회고담과의 괴리를 인지하였으나 의문점을 끝까지 추구하지 않은 듯하다.

한편, 필자가 검토한 바 '1926년설'을 처음으로 주장한 것은 정광호였다. 그는 1972년 9월부터 《불교신문》의 전신인 《대한불교》에 연재된 〈현대불교인열전 방한암〉에서 다음과 같이 서술하였다.

> 1925년, 한암의 연세는 50세가 됐다. 이때 그는 잠시 서울 교외 봉은사의 청장을 받고 그곳 조실로 취임을 하게 된다. … 그런데, 그 이듬해 봄, 그에게는 또 하나의 청장이 들어오게 된다. 오대산 월정사의 이종욱 주지로부터 온 것이었다. '강원도 오대산이라.' … 도를 구하는 납자에게 있어서 이 오대산이, 한강 하류의 봉은사보다 좀 더 바람직한 산이었을 것은 짐작하기 어렵지 아니하다. 여기서 한암의 발걸음은 다시 오대산으로, 그리고 이 산중에서도 특히 산세가 절승한 중대 상원사로 가는 것이다. 이 오대산 상원사야말로 이후 한암이 27년 동안 주석을 하는, 그리하여 그 성가가 더욱 높아지게 된 절, 다시 말해서 한암과는 자못 밀접한 관계를 가지는 절이다.[94]

91) 『22인의 증언을 통해 본 근현대불교사』, p.60.

92) 조용명, 「노사의 운수시절 몰현금을 들어라」, 『불광』 60, 1979.10, p.55.

93) 윤창화(2013), 「한암 대종사」, 『월정사의 한암과 탄허』, 국립중앙박물관·월정사, p.275.

94) 정광호, 〈현대불교인열전 방한암〉, 《대한불교》, 1972.11.19, p.3.

다만 당시 월정사의 주지는 이우영이었고,[95] 한암의 봉은사 조실
은 1923년부터이다. 그가 특히 1926년설에 섰으면서도 한암의 상원
사의 주석 기간을 '27년 동안'으로 서술한 점은 그 상징성을 역설적
으로 보여준다. 근거가 명시되지 않았지만 제일 먼저 '1926년설'을 제
시한 측면에서 정광호의 주장은 매우 중요하다.

근현대 한국불교 연구의 개척자 김광식도 처음에는 '1925년설'에
섰다. 그는, 2006년에 발표한 논문에서 "방한암은 1925년에는 봉은
사 조실로 있다가 오대산 월정사로 들어와서, 산내 암자인 상원사의
조실로 있었다."[96]라고 기술하였고, 「한암 선사의 생애와 사상」에서도
같은 견해를 반복하였다.[97] 그런데, 2015년에 발표한 논문에서는 "더
욱이 한암은 1926년 봉은사에서 오대산 상원사로 들어간 이후에는
동구불출의 자세로서"[98]라고 명기하여 '1926년설'에 섰다. 이듬해 다
른 글에서는 "오대산 월정사, 상원사 조실(1926~1951)[99]"로만 기술하
였다. 후자의 두 비교 논문은 모두 한암의 상원사 조실 취임을 기준
으로 서술한 것이다. 김광식의 견해는 다소 모호하지만,[100] 필자는 일
단 한암의 상원사 이거를 '1925년'에서 '1926년'으로 옮긴 것으로 정
리해둔다.

95) 박희승(2011), 『지암 이종욱』, p.107.
96) 김광식(2015), 「방한암과 조계종단」, 『한암 선사 연구』, 민족사, p.66.
97) 한암문도회·김광식(2006), 『그리운 스승 한암 스님』, 민족사, p.22.
98) 김광식(2015), 「석전과 한암의 문제의식」, 『석전과 한암, 한국불교의 시대정신을
   말한다』, 조계종출판사, p.194.
99) 김광식(2016), 「용성과 한암의 행적에 나타난 정체성」, 『한암과 용성, 현대 불교
   의 새벽을 비추다』, 쿠담북스, p.178.
100) 김광식(2015)의 『우리 시대의 큰스님』(고양: 인북스, pp.105~107)에는 '1925년설'
    도 제시되어 있다.

최초의 한암 연구서인 『방한암 선사』를 저술한 김호성도 '1926년설'이 보다 타당하다고 주장하였다. 그는 저서의 「연보」 1926년(병인, 50세) 조에서 "봉은사 조실로 있다가 '천고에 자취를 감춘 학'이 되고자 발원한 뒤, 오대산으로 들어감"이라고 서술한 다음 각주에 직접 취재한 김고송과의 회고담을 근거로 제시하면서 1926년설이 신빙성이 높다고 주장하였다.[101]

기타 사찰문화연구원의 『봉은사』나 『한국불교 1600년사』도 '1926년설'에 섰다. 후자에서 한암이 "1925년에는 서울 봉은사의 조실이 되었다."라고 서술한 이외에 양자는 모두 '27년 동안 불출동구'를 재론하였다.[102] 이는 '1925년설'의 한 요소로서 '27년 동안 불출동구'의 강렬한 상징성을 역설적으로 보여준다.

박희승과 임혜봉도 '1926년설'에 섰지만, 행각과 입산을 직결시킨 한계도 있다. "한암 스님은 을축년 봉은사 동안거를 마치고 오대산으로 떠나면서 -귀산시-라는 말을 남기고 강화도를 거쳐 개성 지방의 사찰을 두루 참배하고 오대산으로 걸어 들어갔다."[103] "1925년에 봉은사를 떠나 행각에 나서 개성 봉선사 등을 거쳐 1926년에 오대산으로 들어갔다."[104]

일지—指도 『경허 술에 취해 꽃밭에 누운 선승』에서 1925년 서울 봉은사의 조실로 주석하다가 1926년 오대산 상원사로 이거한 것과

101) 김호성(1995), 『방한암 선사』, p.218, p.229의 각주 65) 참조.
102) 사찰문화연구원(1997), 『봉은사』, p.100; 불교텔레비전(2004) 『한국불교 1600년사』상, 불교텔레비전, p.635.
103) 박희승(2011), 『지암 이종욱』, p.110.
104) 임혜봉(2010), 『종정열전』1, 문화문고, pp.267~268.

26년간 산문山門을 나오지 않은 사실을 기술하였다.[105] 물론 필자도 고민 끝에 일단 같은 입장에 섰다. "한암은 봉은사 조실로 판전의 선원에서 동안거가 끝난 1926년 —귀산시—라는 명언을 남기고 오대산으로 들어갔다."[106]

그런데, '1925년설'과 '1926년설' 사이에서 애매한 입장을 취한 경우도 있다. 『선원총람』과 『한국불교 위대한 대선사』가 그것이다. 전자는 봉은사 판전 선원을 설명하면서 '1925년설'을, 상원사 청량선원을 언급하면서 '1925년설'과 함께 '1926년설'을 섞어 기술하였다.[107] 후자는 한암의 생애를 정리한 앞부분에서 '1926년설'과 함께 '27년 동안 동구불출'을 언급하였고, 수행과 일화를 정리한 뒤에서는 '3요소'를 중심으로 '1925년설'을 견지하였다.[108] 동일한 책에서 귀산의 연도는 앞뒤에서 서로 엇갈렸던 것이다.

5. 구술 자료의 분석과 1926년의 오대산행

이제 탄허의 주장과 함께 '1925년설'의 근거인 조용명의 회고담을 검토할 차례이다. 그의 구술 자료가 중요한 까닭은 그가 바로 한암

105) 일지(2012), 『경허 꽃밭에 누운 선승』, 민족사, p.182.
106) 졸고(2016), 「한암 중원과 탄허 택성의 불연-탄허의 출가 배경-」, 『한국불교학』 79, p.298.
107) 대한불교조계종 교육원 불학연구소(2000), 『선원총람』, 대한불교조계종교육원, p.506, pp.974~975.
108) 한국불교단체총연합회(2007), 『한국불교 위대한 대선사』2, 한국불교단체총연합회, pp.921~926. 그 밖에 1927년 설도 있다. 신대현 외(2009), 『월정사』, 대한불교진흥원, p.80.

의 서울·강화·경기 행각과 상원사행을 모신 시자였기 때문이다. 그런데, 조용명의 구술 자료는 『불광』59·60호(1979년 10·11월)에 실린 「노사의 운수시절」과 『22인의 증언을 통해 본 근현대불교사』(2002년)의 두 가지가 있다. 전자는 주로 일제강점기 한암을 중심으로 백용성과의 인연 및 그 주변을 회고한 것이고, 후자는 주로 해방 이후 불교정화운동과 관련된 것이다. 물론 후자에도 한암에 대한 내용이 있지만, 이는 전자를 보완하거나 수정한 것으로 보인다. 아래의 긴 인용문은 한암의 오대산 상원사 이거와 관련된 조용명의 두 회고 가운데 중요한 부분이다.

⑨ 한암 스님의 마지막 행각
을축년 겨울 안거를 마치니 큰스님께서 행각을 나서게 되었다. 물론 시자인 내가 모시고 떠났다. 주로 서울과 강화, 개성 지방 일대를 다녔다. 서울에 남삼막·북승가·서진관·동불암은 말할 것도 없고 문수암·태고암과 강화 전등사·정수암·적석사·백련암·보문사를 두루 참배하였다. 생각해 보면 우리 조실스님의 행각뿐만 아니라 외부 출입은 이것이 마지막이었는가 한다. 이 행각을 끝으로 오대산에 들어가시어 열반 때까지 오대산에서 내려오시지 않았기 때문이다. 강화에서 발을 옮겨 장단 화장사·법련사·원통암 그리고 개성의 경천암 자리와 칠성암·지족암을 둘러 박연폭포도 돌아보았다. 그런데 내가 스님을 모시고 행각하기는 이것이 처음이었고 이 여행 끝에 서울에서 오대산으로 들어가시던 그 행차가 마지막이었다.

⑩ 오대산에 들어갈 때
우리 스님, 한암 조실스님께서 오대산에 들어가신 것이 병인년이다. 그러니까 내 나이 21세 서기 1926년이다. 그해 오대산 상원사에 들어가시어 입적 때까지 평생을 오대산에서 내려오지 않으시고 오직 납자를

제접하시고 풀무질하며 방망이질하는 종사의 거룩한 생애를 마치셨던 것이다. … 그것을 사참寺站이라 하여서 하룻길을 절에서 출발하여 절에 당도해서 쉬었고 다음 새벽 출발할 때는 도시락을 싸 들고 또 다음 사참을 대어 갔다. … 도중에 해가 저물게 되면 절을 찾아가는데, 그 절은 20리나 30리를 들어가는 곳이 예사였다. 심지어 50리나 되는 길도 있었다. … 이리하여 서울 봉은사를 출발한 것이 그해 2월 초인데, 오대산에 도착한 것은 3월 중순이었다. 꼭 40여일 만에 오대산에 당도한 것이었다. … 그때 정정한 걸음으로 빠르지도 않으시고 느리지도 않으시고 시종 한결같이 걸으시던 우리 스님, 한암 조실 스님.[109]

스님은 을축년 음력 8월에 강화 보문사를 거쳐 개성을 구경하러 가게 되었어. 내가 시봉이니까 따라나섰지. … 월정사가 망해갔거든. 홍보룡이란 이가 대강사인데 제자를 잘못 두어 가지고 망했다고. 유점사 김일운이란 스님을 모셔다가 주지를 시키고 두 동(冬)을 지내고 가려고 하니까. 지암 스님을 주지로 청했다고. 지암 스님은 양양 명주사 주지였어. 지암 스님은 망해가는 절을 맡으려니까 겁이 났나 봐. 지암 스님이 월정사 주지로 가기 전 명주사에 있으면서 병인년에 한암 스님을 찾아와서 월정사를 건져주시라고 부탁했지. 또 오대산 물이 좋다고 하니까 스님이 가기로 하셨어. 그래서 서울에서 오대산을 가는데 한 달 열흘이 걸렸어. 스님은 절대로 차를 타지 않으셨고 여관에서도 주무시지 않았지. 꼭 절만 찾으셨어. 몇십 리를 설을 찾아 왔다 갔다 했지. … 이종욱 씨는 … 월정사 주지 진산식 하고 나중에 상원사에 올라왔는데 … 내가 직접 들었어. 병인년 4월 8일에 진산식을 했으니까 한 5월쯤의 일이야.[110]

두 인용문의 관건은 서울 경기 지역의 행각과 오대산행의 직결 여

---

109) 조용명, 「노사의 운수시절 몰현금을 들어라」, 『불광』 60, 1979.10, pp.56~57.
110) 『22인의 증언을 통해 본 근현대불교사』, pp.60~61.

부, 그리고 '을축년 동안거 뒤'와 '을축년 음력 8월'이라는 행각의 시점이다. 결론적으로 필자는 우선, 서울·경기의 행각과 오대산 입산은 별개이고, 행각의 시점은 1925년 10월 상순, 즉 을축년 음력 8월이 보다 실상에 근사하다고 판단한다. 왜냐하면, 조용명이 양자를 구분하여 서술한 점, 지암이 한암을 방문하여 상원사행을 권유한 것과 한암이 오대산으로 들어간 해가 병인년으로 명시한 점, 서울 봉은사에서 출발하여 오대산으로 들어갔다는 서술, 그리고 3절에서 언급한 을축년 동안거에 대한 회고 때문이다. 서울과 강화, 경기 일대를 도보로 행각하여 사찰에 머물고, 게다가 각종 예불을 올리고 법문과 필묵을 남기면서 40일 만에 상원사로 가는 것은 사실상 불가능하다.

그러므로 행각의 출발을 '을축년 음력 8월'로 회고한 후자는 전자의 잘못된 기억을 수정한 것이고, 그 행각은 을축년 홍수를 당한 민간의 사정을 살피려는 것으로 추정된다. 아울러 「연보」에 언급된 치악산, 상원사, 횡성 봉복사, 개성이라는 행각의 방향도 문제가 있지만, 특히 전자의 인용문에서 "이 행각을 끝으로"를 "이 행각 끝에 곧바로 이어서"로 오해한 결과로 판단된다. "끝으로"는 "마지막으로"이고, "끝에"는 "끝내고"의 의미이다. 두 인용문의 공통 핵심은 한암이 을축년 동안거가 끝난 1926년 3월 중순(병인 음력 2월 초) 봉은사에서 출발, 도보로 사찰을 거쳐 40여 일 만인 5월 초순에 오대산에 도착하였다는 내용이라고 필자는 판단한다.

그렇다고 해도 행각의 출발일은 약간의 문제가 남는다. 조용명이 김수일金守一의 소개로 한암을 처음 만난 것은 을축년 가을이었다. 그 뒤 한암의 지시로 대각사의 백용성에게 '구자무불성狗子無佛性' 화두를 받아 7일간 참선한 다음 돌아왔다가 다시 10월에 백용성에게 보살계와 비구계를 받았고, 그해에 봉은사 판전 선원의 동안거에 참여하였다.[111] 즉, 한암을 만나 1개월 뒤에 행각을 떠나 달포 정도 소요한 셈이다. 이는 처음 만나 시자가 되어 행각을 떠난 시일이 너무 촉박하다. 52년 전의 기억이 한 치의 착오도 없다고 믿기는 어렵지만, 전혀 불가능한 것도 아니다. 아울러 지암이 명주사 주지였고 초파일에 지암이 월정사의 주지로 취임하는 진산식을 거행하였다는 회고도 위에서 언급한 것처럼 모두 사실이 아니다.[112]

박희승은 한암의 오대산 상원사행과 관련하여 다음과 같이 서술하였다.

> 봉은사 조실 한암 스님은 당시 판전 선원에서 … 정진하고 계셨다. 한암 스님께 인사를 한 뒤 오대산의 급박한 위기 상황을 말씀드리고 월정사를 지키는 데 스님께서 도와주셔야 한다면서 오대산 물이 좋으니 상원사에 거처를 마련하고 조실로 모시겠다고 간곡히 청을 드렸다. 한암 스님은 지암의 청을 받고는 쾌히 승낙하고, 을축년(1925) 봉은사 동안거 해제를 마치고 오대산으로 가겠다고 약속하였다. … 한암 스님은 을축년 봉은사 동안거를 마치고 오대산으로 떠나면서 -귀산시-라는 말을 남기고 강화도를 거쳐 개성 지방의 사찰을 두루 참배하고 오대산으로 걸어 들어갔다. 1926년 음력 4월 8일 월정사에서 한암 스님을 조실로 추대하는 진산식이 열렸다.[113]

여기서 봉은사 동안거 해제 이후 이거하겠다는 한암의 약속과 이

---

111) 조용명, 「노사의 운수시절 사자 새끼 사자 흉내」, 『불광』59, 1979.9, pp.43~44.
112) 이종욱은 1930년 7월 10일에 월정사 주지로 인가되었고, 명주사 주지는 1926년 7월 26일 윤설호尹雪昊에서 김묵옹金黙翁으로 바뀌었다. 『일제의 불교정책과 현황』상, p.176, p.511.
113) 박희승(2011), 『지암 이종욱』, pp.109~110.

에 따라 1926년 양력 5월 19일(부처님 오신 날)에 한암의 월정사 조실 취임식이 열렸다는 점은 주목된다. 다만, 지암이 한암을 방문하여 오대산행을 요청한 시점이 명확하지 않고, 을축년 동안거 이후 개성 지방을 두루 참배한 것은 귀산과 직결되지 않는다.

한암이 참선을 지도한 아래에서 법호法號를 받은 고송 종협古松宗協(1906~2003)의 회고도 '1926년설'을 뒷받침하는 중요한 근거이다.

> 특히 마음으로 계합한 선사가 바로 오대산 상원사의 한암 선사이셨다. 1925년 을축 봉은사 판전의 조실로 계신 한암 선사를 친견하셨으며, 그 문하에서 본격 정진한 것은 1926년 병인에 한암 선사가 불출동구의 원을 세우시고 오대산에 입산한 후였다.[114]

인용문은 김호성이 서술한 김고송의 행장으로 그의 회고에 기초한 것이다. 고송이 한암을 처음 만난 것은 1925년 봉은사 판전의 선원이었지만, 본격적으로 한암의 회상에서 참선한 것은 한암이 1926년 오대산에 들어간 뒤였다. "스물이 조금 넘었을 무렵(1925년경) 봉은사에서 한암 스님을 처음으로 만났다. 이미 오십의 나이가 된 스님은 봉은사의 조실로 계셨다."[115] "그 당시 한암 스님은 판전에 계셨으며, 약 이십여 대중이 정진하고 있었다. 한암 스님은 1926년에 오대산으로 들어갔는데, … 고송 스님은 이때 오대산으로 들어가 한암 스님 밑에서 공부를 했다."[116]

이상에서 1925년 김고송은 봉은사 판전에서 한암을 처음 만났고,

---

114) 강성태(2003), 『푸른 솔 푸른 향기』, 토방, p.192.
115) 강성태(2003), 위의 책, p.186.
116) 강성태(2003), 위의 책, p.63.

이듬해 오대산 상원사의 한암 회상에서 공부하였다는 것이다. 특히, 고송이 한암보다 1년 먼저 오대산에 들어간 일은 회고의 신빙성을 높여준다. 그는 "그 이듬해 을축년에 오대산으로 들어갔어. … 한암 스님보다 내가 한 해 먼저 들어갔거든."[117)]이라고 회상하였다.

6. 맺음말

본고는 한암이 수도산 봉은사에서의 활동 및 오대산 상원사로 이거한 연유와 그 시기를 검토한 것이다. 필자는, 먼저 1920년대 전반 일제의 사찰령 체제와 3·1운동의 개혁적 추세가 교차하는 배경 아래 오대산문의 실정을 검토하였다. 홍보룡과 이우영 등 월정사의 주지는 중앙의 본산연합회나 중앙교무원에서 활동하였다. 교세가 약함에도 불구하고 월정사 등은 선우공제회에 적극적으로 가입하였고, 강릉의 불교청년회는 활발하게 움직였지만, 월정사의 부채는 이를 일거에 무력화시켰다.

김상숙이 주지였던 봉은사에서 1923년부터 판전 선원 조실이던 한암은 계회契會의 실시, 참선 지도, 경성 지식인과의 교류, 수재의 구호 등에 노력하였고, 1925년 대홍수 이후 10월 상순부터 서울·강화·경기를 행각하였다. 1926년 2월 중순 나청호를 매개로 월정사의 채무를 해소하려는 이종욱의 직접 초빙을 제의받은 그는 위장병의 치료, 불교의 왜색화에 대한 반발, 불도의 사장捨藏, 조선 계율종의

---

117) 강성태(2003), 앞의 책, pp.104~105, p.186.

계승과 발전 등을 고려하여 수용하였다.

이어 한암의 상원사 이거에 대해 학계의 1925년설과 1926년설을 소급하여 검토하면서 후자가 강화되는 연구 동향을 기술하였다. 마지막으로 조용명과 김고송의 회고 자료를 분석하고 재해석하였다. 결론적으로 한암은 1926년 동안거를 끝낸 다음 양력 3월 중순 봉은사를 출발하여 사참을 이용하면서 40여일 만인 5월 초순에 오대산으로 들어갔으며, 5월 19일에 월정사의 조실로 취임하고 상원사로 이거하였다.

한암의 오대산 귀산 시기와 관련하여 '1925년설'은 오대산문의 정설로 '탄허의 3요소'에 의해 뒷받침되었다. 이는 역사성과 정통성을 지니고 '27년 동안 불출동구'의 상징성과 결합하면서 확대 재생산되었다. 그렇지만, 이는 명확하고 결정적인 증거가 수반되지 않은 '이구상전以口相傳'의 한계가 있다. 반면에 '1926년설'은 증거 자료에서 확실한 우위성을 확보하였다. 다만 구술자의 기억 능력과 구술 자료의 상충이나 신빙성에 대한 문제는 일부 잔존한다. 또한 '1925년설'의 한 요소인 '27년 동안의 불출동구'를 그대로 답습한 경우도 적지 않다. 학계의 동향은 '1925년설'이 여전히 다수이지만 점차 '1926년설'로 옮겨가는 추세라고 해도 좋을 것이다.

사실 한암도 1926년설을 암시한 적이 있었다. 1934년 6월 경무국장 이케다[池田]가 강원도를 순시하다가 상원사를 방문하여 한암과 대화하였다. 이케다가 여기로 온 지 몇 년이 되었는지를 묻자, 한암이 "9년이 됩니다. 10년쯤 전 경성의 대수해가 있었을 때는 독도纛島[뚝섬] 건너편의 봉은사에 있었습니다."[118]라고 대답하였다. 아주 명확한

118) 山下眞一, 「池田警務局長方漢巖禪師を訪ふ」, 『朝鮮佛教』101, 1934.8.1, p.5.

것은 아니지만, '9년'이라는 햇수도 '연간'이나 '몇 년째'로 이해하면 1926년이다. 특히 한양의 대수해는 말할 것도 없이 1925년 을축년 대홍수이고, 상원사로의 이거는 을축년이 될 수 없다. 그러므로 한암도 오대산 상원사로 이거한 해가 실로 1926년이라고 언급한 것이다.

이상에서 필자는 사실성과 합리성을 추구하는 불교사적 입장에서 한암이 봉은사에서 상원사로 이거한 것은 '1926년설'이 '1925년설'보다 합당하다고 주장하였다. 결론적으로, '1925년설'을 지지하는 3요소 가운데 '1925년 오대산 상원사 이거'와 '27년 동안의 불출동구'도 '1926년 상원사 이거'와 '26년 동안 불출동구'로 수정되어야 한다. 아울러, 「연보」도 한암의 오대산 상원사행을 '1926년'으로 고치는 것이 순리이다. 다만, 한암의 오대산 상원사 이거로 그 목적과 의도가 잘 구현되었는지는 추후의 과제로 남겨둔다.

Ⅱ. 한암의 불출동구不出洞口와 현실관

[Abstract]

Han-am's Seclusion Within Gate(不出洞口) and
His View of Reality

The purpose of this paper is to examine the life of Han-am, a Buddhist monk, not only considering his life in seclusion at Sangwon Temple in Odae Mountain but also analyzing his view of reality to have communicated with secular society, based on historical records. For twenty-six years, Han-am had kept his promise not to leave the mountain, but his disciples, including Tan-heo, praised him as confining himself within the temple's gate of Sangwon Temple. The meaning of 'Within the temple's gate' was 'up to the Gwandae-street'. However, Han-am actually left out of the temple's gate twice.

His walk of life as a Buddhist monk, including buddhist percepts(淸淨持戒), Sujolsang(守拙相, Keeping one's human nature), life in frugality, and open relationship with the public(大衆家風), which were closely related to Han-am's seclusion, was taken into consideration. Especially, Cho Youngmyung recalled Han-am's Sujolsang unrelated to organizations of Buddha and secular society, which has a considerable gap between this image and his real life. Han-am was elected as a great buddhist monk in 1929 and solved debt problem of Woljeongsa(월정사). Furthermore, his view of secular society is shown through his moves as a great buddhist monk, which was to have Buddhist services, to harmonize Buddhist organizations, and to pray the prosperity of Korea and its people. The inauguration of 'The Organization for Maintenance of Buddha's Skull Stupa in Odae Mountain(五臺山釋尊頂骨塔廟讚仰會)' served as an opportunity for his involvement, and after that, Han-am's thought got stronger.

Han-am's literary activities came from the purpose to help ease debt problem of Woljeong Temple, and his view of reality including Saving-Mankind and secular success was extended and strengthened through his literary works. Han-am's Seon(禪) thoughts which were read in his collection of letters focused on Seon meditation during work and life and tried to build Buddha's Land in actual world. Han-am pursued consilience using the gate of the temple as a border to seek the teaching of Buddha and establish the traditional Buddhism while considering problems in the secular world. this can be interpreted that his endeavor was a kind of reflection of the 'Isamuae(理事無碍)' idea(The Non-obstruction of Universal Principle and Particular Phenomena).

Key Words: Han-am, Sangwon Temple, Seclusion Within Gate, Sujol, Cho Youngmyung, View of Reality, Writings, Seon Thoughts.

1. 머리말

한암 스님(1876~1951)은 1926년 3월 중순 수도산 봉은사를 떠나 5월 초순 오대로 입산하고 19일[석탄일] 월정사에서 조실 진산식을 거쳐 상원사에 주석하였다. 당시 문화통치를 표방한 일제는 사찰령을 기반으로 3·1운동의 개혁 흐름을 교묘하게 변형하여 불교계에 대한 회유와 분할통치로 전환하였다. 주지의 전횡과 함께 대처식육론은 1926년 사찰령 사법의 개정으로 합법화되었고, 승려의 의식과 생활도 근대화·왜색화되었다. 월정사와 그 주지 홍보룡 등은 상대적으로 약한 교세에도 불구하고 중앙교무원과 선우공제회에서 개혁적으로 활동하였으나, 홍보룡이 용창은 등과 함께 추진한 강릉의 불교 근대화사업과 관동권업주식회사는 실패로 끝났고, 재판의 패소에 따라 불어난 30만 원(圓, 엔)의 부채는 오대성지를 위기로 몰아넣었다. 1926년 2월 중순 지암 이종욱은 봉은사 주지 나청호를 매개로 조실 한암을 방문하여 오대산으로 초빙하였다. 그 밖에도 한암은 위장병의 치료, 불교의 왜색화에 대한 반발, 조선 계율종의 계승과 발전 등을 고려하여 상원사로 이거하였다.[1]

---

1) 졸고(2017), 「한암의 상원사 이거와 시기 검토」, 『정토학연구』28 참조. 그 전해 가을 한암은 경기를 행각하다 개성의 정몽주 비를 찾아 시를 읊었다. 이는 오대 입산의 의미와 함께 우국충정과 국권 상실의 현실비판을 담았다. 한암대종사법어집 편찬위원회(2010), 『정본 한암일발록』상, 오대산 월정사·한암문도회, p.245. 아래에서 본서의 서지사항은 『정본 한암일발록』으로 줄인다. 한암문도회·김광식(2006), 『그리운 스승 한암 스님』, 오대산 월정사, p.39, p.106, p.212; 선우도량 한국불교근현대사연구회(2002), 『22인의 증언을 통해 본 근현대불교사』, 선우도량출판부, p.60.

상원사로 출발할 무렵 한암은 시를 지어 변영만, 최남선 등의 만류를 뿌리치고[2] 저 유명한 귀산시-"차라리 천고에 자취 감춘 학이 될지언정, 봄날에 재잘대는 앵무새를 배우지 않겠노라."[3]-를 읊으며 스스로 '불출산'을 서원하였다. 이후로 한암은 1951년 좌탈할 때까지 26년간[4] 상원사에서 '자취 감춘 학[藏踪鶴]'으로 자신만의 불교 세계를 구축하였다. 오대산 상원사는 오늘날 흔히 언급되는 선교합일, 삼학겸수, 오후 보림, 승가오칙, 청정 지계, 수졸 등 '한암상'이 완성된 곳이다. 다른 한편으로 그는 여기서 1929년 조선불교선교양종의 교정에 선출된 이래로 1951년 조선불교 2대 교정으로 입적할 때까지 네 차례 20년 동안 교정과 종정을 역임하면서 한국 승단을 대표하였다.[5] 이에 따라 오대산 상원사는 한암의 '성가가 더욱 높아지게 된 절'이나 '한암과는 자못 밀접한 관계를 가지는 절'[6]로도 서술하기 부족하고, "'오대산' 하면 '방한암', '방한암' 하면 '오대산'이라고 할 만큼 양자는 끊을 수 없는"[7] 절대 불연의 관계였다.

그런데, 한암의 불출산·불출동구는 실상이 제대로 검토된 적이 없고, 이와 밀접한 그의 수졸적 승행을 대표하는 조용명의 회고 기록도

---

2) 선우도량 한국불교근현대사연구회(2002), 앞의 책, p.60; 동곡문도회(2002), 『일타 대종사 법어집』, 가야산 해인사 지족암, p.380. "回首北望金剛山, 身在當年漢水濱. 杖頭有眼明如日, 照破乾坤未芽前."

3) 『정본 한암일발록』상, p.29; 동곡문도회(2002), 위의 책, p.380.

4) 일반적으로 칭송된 한암의 '27년간 불출동구'는 실제로 '26년간'이 정확하다. 졸고(2017), 「한암의 상원사 이거와 시기 검토」, 『정토학연구』28 참조.

5) 이는 1908년 원종의 종정이 존재한 이래 유일한 사례였다. 임혜봉(2010), 『종정열전』1, 문화문고, pp.254~256.

6) 육산陸山, 〈현대불교인열전 방한암〉, 《대한불교》, 1972.11.19, p.3.

7) 김탄허(1974), 「현대불교의 거인 방한암」, 『한국인의 인간상』3 종교사회봉사편, 신구문화사, pp.341~342.

재고될 여지가 적지 않다. 또한 한암은 교단의 직무와 불사뿐만 아니라 사부대중의 계몽도 사양하지 않았으며 현실에 대한 관심도 컸다. 그에게 출세와 속세의 입장은 산문이나 동구로 이분되지만 통합되기도 한다. 관건은 양자를 역사적 사실과 자료를 기반으로 어떤 시각과 논리로 보고 해석하느냐는 것이다. 이와 관련하여 고영섭은 물러나는 [藏踪] 참여와 나아가는[巧語] 침묵, 홍금과 파예를 통섭하여 상징적으로 이해하는 데에 그쳤다.[8]

한암의 종조관과 종단관을 연구한 김광식은 기존의 소극적 한암관을 배격하고 중생의 교화, 민족과 국가의 번영 등 현실 인식의 탄력성을 주목하고는 불교잡지에 게재된 글의 구체적 분석을 제안하였다.[9] 박재현은 한암의 사상을 현실 반영의 개혁 노선으로 보아 한국선의 범형을 마련하고 깨침을 통한 사회화 과정으로 규정하며 그의 입산을 현실사회에 발언하기 위한 것으로, 종정 역할을 철저한 실무 지향적으로 파악하였다.[10] 요컨대, 학계에서 한암의 현실관에 대한 구체적 고찰은 거의 공백으로 남아 있다.

이상을 토대로 본고는 한암이 오대산 상원사에서 불출산·불출동구하면서 사회와 소통한 현실관을 대비하며 검토하고 해석한 것이다.

---

8) 고영섭(2015), 「한암의 일발선」, 『한암 사상 연구』, 민족사 참조.
9) 김광식(2015), 「방한암과 조계종단」 「한암과 만공의 동이 그 행적에 나타난 불교관」 「한암의 종조관과 도의 국사」, 『한암 사상 연구』, 민족사 참조. 다만 그는 이들 논문에서 한암의 현실관을 실제로 고찰하지 않았다. 비슷한 관점에서 월정사 주지 정념도 한암의 사상적 특징을 탄력적 개방성으로 보았다. 한암문도회·김광식(2006), 『그리운 스승 한암 스님』, p.15.
10) 당시 상원사의 지리적 환경을 고려하면 현실사회에 발언하기 위해 입산하였다는 주장은 과도하다. 박재현(2006), 「방한암의 선적 지향과 역할 의식에 관한 연구」, 『철학사상』23; 동(2007), 「근대불교의 개혁 노선과 깨침의 사회화-방한암을 중심으로」, 『만해축전자료집』하; 동(2009), 『한국 근대불교의 타자들』, 푸른역사 참조.

필자는, 우선 한암의 불출산과 불출동구를 나누어 그 실상을 살펴 되 지계나 수졸을 음미하면서 조용명의 회고 기록을 접근하겠다. 이 어 월정사의 부채 해결과 교단의 직위나 임무에 임한 논리와 실제를 살펴 한암의 현실관을 추적하고, 논고와 법문이나 편지를 포함한 문 한文翰 및 참선론에 보이는 사회관과 현실론을 고찰하겠다. 이는 한 암이 출가 후 수행기에 세속사와의 단절을 강조하고 참선으로 구도 진각을 설파한 논고의 연장이자[11] 불교의 일심一心으로 속세와 출세 간을 초월하는 일반론에 선행하는 것이다.[12]

2. 불출산·불출동구의 인식과 실상

상원사로 이거한 한암 스님은 서원대로 불출산을 줄곧 실천하였 다. 그는, 1936년 1월 심전개발운동의 일환으로 홍종국洪鍾國 참여관 이 요구한 강원도의 중견 승려 교육을 승낙하면서도 "절대로 차사此 寺(상원사)에서 외출케 말아 달라고" 하며 도내 연 1회 정도의 사찰순 회교육을 거절하였다.[13] 1941년 서울에서 열린 고승유교법회에도 "한 번 나가면 두 번 가게 되고 … 그러면 자주 나가게 된다."며 참가 권 유를 뿌리쳤다.[14] 뿐만 아니라 같은 해 조계종 초대 종정에 선출되었

---

11) 졸고(2018) 「한암의 출가 과정과 구도적 출가관」, 『선학』50 참조.
12) 한암의 현실 사회관과 밀접한 종단관과 종조관은 선행 연구가 있으므로 제한적 으로 음미한다. 김광식(2015), 「방한암과 조계종단」 「한암과 만공의 동이 그 행적 에 나타난 불교관」 「한암의 종조관과 도의 국사」(『한암 사상 연구』, 민족사) 참조.
13) 〈불교를 중심으로 심전개발 도모〉, 《매일신보》, 1936.1.23, p.4.
14) 한암문도회·김광식(2006), 『그리운 스승 한암 스님』, pp.40~41.

으나 "나의 그림자[影子]를 오대산 동구洞口 밖에 보내지 않고 여년을 마치겠다."며 고사하였고, 부득이 종정을 수락하고도 "당초부터 일차도 아니 나가야 본원本願을 이룬다."며 태고사의 주지 진산식과 주석도 물리쳤다.[15] 1942년에도 "오대산 구석에 앉아서 분향하고 마음으로 불사에 협력하여 불은에 보답코자 할 뿐"[16]이라고 하며 불출산을 재확인하였고, 총독 미나미의 초치도 불출산의 신념에 따라 거절하였다.[17]

1943년 묵담 선사에게 써준 「한산시초」에서도 속세와 절연하여 인적 끊긴 한산에서 불출산하고 시공을 초월하며 불도를 수행하고 즐기며 늙어가는 시의詩意를 자신의 경지로 대변하였다.[18] 심지어 1949년에 탄허가 어지러운 시국을 예견하며 남천을 권유하자, 그는 '좌당생사'를 거론하고 움직이지 않았다.[19] 그 밖에 진진응·오해련·이효봉·김경봉의 초치도 모두 사양하였다.[20] 마침내 1951년 상원사에서 좌탈함으로써 그 서원을 이루었다. 한암은 기본적으로 불출산을 강조하였으니, '동구洞口 밖에 보내지 않고'도 '불출산'의 의미였다.

한암의 불출산은 1930년대 초반에 이미 일본인과 세인 사이에 회자되었다. 1932년 한암의 지도 아래 동안거에 참가한 일본 조동종의 승려 소마 쇼에이[相馬勝英]는 한암이 오대산 상원사로 들어온 이후

15) 「방한암 대선사 종정 추대의 승낙」, 『불교시보』71, 1941.6.15, p.5.
16) 「불화학인 이재병에게 보낸 답서」, 『정본 한암일발록』상, pp.359~360.
17) 「정무총감 오노와 대화」, 『정본 한암일발록』상, p.216; 이재창(1984), 「오대산의 맑은 연꽃」, 『늘 깨어 있는 사람』, 홍사단출판부, p.142.
18) 「적절법문 한산시초」, 『정본 한암일발록』하, pp.13~64.
19) 「앉은 채 생사를 맞이하노라」, 『정본 한암일발록』상, pp.30~31; 김탄허(1980), 『부처님이 계신다면』, 예조각, pp.151~152.
20) 『정본 한암일발록』상, pp.290~291, pp.294~295, pp.302~307, p.341, p.349, pp.350~351.

"오늘까지 한 걸음도 산에서 내려가지 않고 모든 인연을 끊고 사리탑을 지켜왔다."고 서술하였다.[21] 1934년 6월 경무국장 이케다 기요시[池田淸]는 상원사에서 한암과 대담하며 상원사에 온 지 몇 년이 되었는가 묻자, 한암이 9년이라고 답하였다. 다시 "9년 동안 몇 번 하산했습니까?" 하고 묻자 그는 "경주 불국사에 참예參詣한 것, 이가 아팠기 때문에 그 치료차 경성에 갔던 일 등 전후 2회"라고 대답하였다. 이케다가 예폐를 올려 경의를 표하자 한암은 불출산의 선게禪偈로 답례하였다.[22] 1941년 한암의 조계종 종정 선출과 관련하여 이능화는 한암의 불출산 결심을 종정의 진정한 자격이라고 극찬하였다.[23] 조용명도 스승의 불출산을 칭송하였다. "(한암 조실스님께서) 오대산 상원사에 들어가시어 입적 때까지 평생을 오대산에서 내려오지 않으시고 … 종사의 거룩한 생애를 마치셨던 것이다."[24] 후일 도견도 승행과 관련하여 한암의 불출산을 거론하였다.[25]

그런데, 한암의 불출산은 '두문불출杜門不出'이나 '불출동구不出洞口'로도 이해되었다. 안덕암은 "30년을 한자리에서 그야말로 두문불출로 일관하였으며 … 일제의 고관들이 … 왜인倭人의 지사知事가 … 신남신녀들이 … 모두 거절하고 산에서 나오시지 않았을 뿐만 아니

---

21) 相馬勝英,「方寒巖禪師をたづねて」,『朝鮮佛敎』87, 1933.4.1, p.17. 그러나 후술하듯이 소마의 주장과 달리 당시 한암은 이미 불국사의 참예를 거쳐 통도사를 방문하였다.

22) 山下眞一,「池田警務局長方漢巖禪師を訪ふ」,『朝鮮佛敎』101, 1934.8.1, p.5: 이능화,「한암종정과 분수보국焚修報國」,『불교시보』73, 1941.8.15, p.12. "香衣蘿松食臥雲, 林祇樹蓼蓼絶世. 音薄窮無能報聖, 代淸香炷磬葵心."

23) 무능無能 이능화,「조선불교조계종과 초대종정 방한암 선사」,『불교시보』72, 1941.7.15, p.8.

24) 조용명,「노사의 운수시절 몰현금을 들어라」,『불광』60, 1979.10, pp.55~56.

25) 한암문도회 · 김광식(2006),『그리운 스승 한암 스님』, p.121.

172

라"라고 하여 두문불출과 불출산을 병론하였다.[26] 이재창은 불출동구를 불출산으로 해석하였다. "그는 한 번도 동구 밖을 나온 일이 없이" "입적할 때까지 한 발자국도 오대산 밖을 나온 일이 없었던" 것이다."[27] 현해도 27년 동안 동구 밖 불출과 산문 출입을 함께 거론하였고,[28] 김광식도 한암의 불출산과 불출동구를 거의 동일한 개념으로 보았거나 그냥 '불출'로 기술하며 은둔적 측면도 유의하였다.[29]

한편, '불출동구'라는 개념을 명확하게 처음 사용한 것은 대은大隱 김소하金素荷였다. 1941년 그는 "오대산 상원사로 가서서 근 20년간을 불출동구하여 … 계정혜 삼학이 선사같이 원구하신 분이 없다."며 한암을 조계종 종정으로 맞이하여 불교를 중흥시키자고 주장하였다.[30] 특히 전법자 탄허가 스승의 '불출동구'를 언급한 것은 후대에 큰 영향을 미쳤다. 즉, "이십칠년二十七年을 불출동구이종언不出洞口而終焉하시니"라거나 "그 후 27년 동안 그는 동구 밖에 나오지 않은 채, 76세의 나이로 일생을 거기서 마쳤다."[31]는 것이다. 이후로 윤소암, 김일타, 김호성 등 대다수의 승려나 학자들은 탄허의 영향을 받아 불출산보다는 불출동구=동구불출을 거론하였다.[32] 한암의 상좌나 제자들은 점차 한암의 불출산 의지와 달리 불출동구를 문자 그대로

26) 덕암, 「현대불교의 귀감이신 한암대종사의 일생」, 『현대불교』4, 1960.3, p.11.
27) 이재창(1984), 「오대산의 맑은 연꽃」, 『늘 깨어 있는 사람』, p.135, p.147.
28) 한암문도회·김광식(2006), 『그리운 스승 한암 스님』, p.194, p.198.
29) 김광식(2015), 「방한암과 조계종단」 「한암과 만공의 동이 그 행적에 나타난 불교관」, 『한암 사상 연구』, p.79, pp.482~483.
30) 김소하, 「대도사 방한암 선사를 종정으로 마지며」, 『불교시보』72, 1941.7.15, p.3.
31) 「한암대종사부도비명」, 『정본 한암일발록』상, p.492; 김탄허(1974), 『한국인의 인간상』3 종교사회봉사편, 신구문화사, p.340.
32) 윤소암, 「방한암 스님」, 『불교사상』23, 1985.10, p.144; 김호성(1995), 『방한암 선사』, 민족사, p.57; 동곡문도회(1998), 『일타대종사법어집』, p.380.

'동구를 나가지 않는다.'는 의미로 칭송하였다.

여기서 불출의 동구는 대개 관대거리였다. 비구니 법련은 한암이 상원사 입구의 고양이 비석까지 나와 합장하며 송별하였다고 회고한다.[33] 화산은 점심을 먹고 30분가량 산책하던 상원사의 스님들이 "이따금 관대거리까지 내려갔다 오는" 한암을 만났다고 한다.[34] 비구니 뇌묵 등이 관대거리에서 쉬고 있다가 한암과 송만공을 목격한 것[35]도 동구가 관대거리임을 역설적으로 보여준다. 설산은 한암이 입산한 이후로 한 번도 관대거리를 지나친 적이 없었다고 하였고,[36] 상원사에서 5리밖에 안 되는 신선골까지도 잘 내려온 일이 없다[37]는 회고도 동구가 관대거리임을 보여준다. 그렇지만, 한암은 송만공의 마중과 환송처럼 특별한 경우에 신선골까지 내려왔다.[38] 이상에서, 한암에게 동구는 일반적으로 관대거리였고, 아주 특별한 경우에 신선골 입구 정도가 그 한계로 추정된다.

그렇다면, 한암이 동피굴의 외나무다리에서 만공을 송별하였다거나 신선골의 샘물까지를 한암의 포행거리로 삼은 것은 와전일 가능성이 있다.[39] 나아가 동성이 불출동구의 한계를 월정사로 보거나 봉석이 스승의 주선으로 개운사에서 공부하기 위해 상원사를 떠날 적에 한암이 월정사까지 따라와 송별하였다는 것도 오해일 것이다. 창

---

33) 한암문도회·김광식(2006), 『그리운 스승 한암 스님』, p.331.
34) 한암문도회·김광식(2006), 위의 책, pp.105~106.
35) 한암문도회·김광식(2006), 위의 책, pp.282~283.
36) 박설산(1994), 『뚜껑 없는 조선 역사책』, 삼장사, p.183.
37) 육산, 〈현대불교인열전 방한암〉, 《대한불교》, 1972.11.26, p.3.
38) 한암문도회·김광식(2006), 『그리운 스승 한암 스님』, p.175, pp.344~345.
39) 한암문도회·김광식(2006), 위의 책, p.194.

조는 한암이 월정사에도 내려오지 않았다고 회고하였고,[40] 1939년 이종욱이 월정사의 승려수양강습회에 한암을 초청하였으나 한암이 불출동구로 거절함으로써 상원사에서 법담이 진행되었다.[41] 봉석은 한암의 총애를 다소 과장한 것으로 추정된다. 다만, 방선이나 해제 기간에 수좌나 스님들이 산행하는 문화를 염두에 두면, 한암이 상원사에 주석하던 초기에 아주 간혹 관대거리와 신선골을 넘어가는 경우도 있었을 것이다.

이상을 살펴보면 한암은 시종일관 '불출산'을 서원하였고, 조용명이나 일본인들의 인식도 1930년대 전반까지 한암과 동일하였다. 반면에 대부분 상좌나 제자들은 '불출동구'로 이해하였고, 동구도 명확하게 통일되지 않았다. 그런데, 삼본산승려연합수련소의 출범과 조계종 종정의 선출을 배경으로 상좌와 제자들, 특히 탄허는 불출동구 확산에 큰 영향을 미쳤다. 여기에는 불출산의 시기와 연배의 증대에 따라 그의 활동반경이 축소된 것과 함께 종교적 명성의 증대에 의한 신격화로 이해된다.[42] 한암이 멀리 가는 손님도 전송하지 않았다거나 겨우 마당까지 나와 송별하였고 상원사 뜰 밖을 나와 본 적도 없다는 회고나 기사는 이를 잘 보여준다.[43]

그렇다고 한암이 오대산문을 전혀 나서지 않은 것은 아니었다. 월

---

40) 월정사는 불출동구의 경계라기보다 불출산의 경계로 이해된다. 한암문도회·김광식(2006), 『그리운 스승 한암 스님』, p.170, p.238, p.274.

41) 다만 보경이 겨울철에 개최하였다는 회고는 잘못이다. 한암문도회·김광식(2006), 『그리운 스승 한암 스님』, 민족사, p.79.

42) 탄허를 비롯한 상좌나 제자들이 한암을 신격화한 것은 한암문도회·김광식(2006), 위의 책, p.206, p.258, p.354 참조.

43) 조용명, 「노사의 운수시절 우리 스님 한암 스님」, 『불광』68, 1980.6, p.59; 한암문도회·김광식(2006), 위의 책, p.282; 〈사상의 고향 오대산〉하, 《동아일보》, 1967.11.14, p.6.

정사 회주 현해는 전문을 정리하여 한암의 출타가 3회라고 주장하였다. 첫째는 치아 치료차 서울행이고, 둘째와 셋째는 모두 조계종 창설(1941년경)과 1946년 혜화전문학교의 동국대 승격과 관련된 조계종재단의 재정 증자를 협조받기 위해 통도사의 김구하를 만난 것이다.[44] 그런데, 「연보」에는 한암이 1931년 음력 10월 초에 "경주 불국사를 참배하고 이어 10월 4일 통도사 비로암에서 경봉 화상과 함께 일숙一宿하며 법담을 나눈" 기록이 있다.[45] 이는 한암이 입산한 이후 처음으로 출타한 것이다. 그리고 현해가 첫 출타로 언급한 치아 치료의 서울행은 1933년이다. 이는 탄허가 처음으로 입산하여 그를 방문하였으나 만나지 못한 것으로 뒷받침된다.[46] 이것이 2차 출타이다.

이상 두 차례의 출입은 앞서 언급된 경무국장 이케다와 한암의 대담에서도 증명된다.[47] 현해의 전문에는 첫 출타인 경주 불국사의 참예와 통도사행이 누락되었다. 또한, 1935년에 상원사로 온 보경이 탄허가 한암을 모시고 치아 치료차 두 차례나 서울로 가는 것을 보았다는 것도 착오이다.[48] 다만, 그가 통도사의 김구하를 2회 만났다는 현해의 주장은 자료로 뒷받침되지 않는다. 김경봉의 『삼소굴일지』에도 관련 기사가 확인되지 않기 때문이다.[49]

필자는 이상을 종합하여 한암의 산문 출타를 모두 2회로 확정하고,

44) 한암문도회·김광식(2006), 앞의 책, pp.194~198.
45) 「연보」, 『정본 한암일발록』상, p.507. 필자는 한암의 불국사행은 사참의 과정에 불과하고 최종 목적은 통도사로, 스승 석담에 대한 마지막 문안으로 추정하였다. 졸고(2020), 「한암과 통도사 내원암」, 『한국불교학』96, p.208.
46) 졸고(2016), 「한암 중원과 탄허 택성의 불연-탄허의 출가 배경-」, 『한국불교학』79, pp.314~315.
47) 山下眞一, 「池田警務局長方漢巖禪師を訪ふ」, 『朝鮮佛敎』101, 1934.8.1, p.5.
48) 한암문도회·김광식(2006), 『그리운 스승 한암 스님』, p.82.
49) 경봉, 명정 역주(2014), 『삼소굴 일지』, 호국선원, 참조.

그 밖의 2회는 후일 사료의 검증을 기다린다. 그 밖에 범룡이 회고한 1949년 한암의 수타사의 출타[50]는 그 목적의 불명확성, 남북관계의 악화, 좌탈 2년 전의 노쇠함 등으로 인해 신빙성이 다소 떨어진다.

3. 청정 지계와 수졸守拙의 승행

한암 스님의 불출산이나 불출동구는 속세나 세간사와의 단절을 의미한다. 이와 관련하여 한암의 지계는 재론을 요하지 않는다. 범룡·보경·화산·봉석·창조·덕수·권희도 등과 송만공·강석주도 지계를 그의 대표적 승행으로 칭송하였다.[51] 한암의 계행은 선정·지계·불방일로 구성된 「계잠」과 「수행의 지침」, 「선사 경허 화상 행장」, 그가 애송한 「한산시초」와 화산에게 써준 글에도 드러난다. 한암은 출가수행자들에게 세속이나 세간사의 애착과 인연을 단절할 것을 강권하였고,[52] 출가한 동생 방우일과 조카 방문성[원혜]에 대한 친족의식도 회박하였다.[53] 한암의 청정계행은 1932년 상원사를 방문한 일본인 승려 소마에게서도 확인된다.

선사는 부처님의 가르침에 결코 어긋남이 없다고 할 만큼 강고한 신앙을 지켰다. 따라서 지계를 지키는 것은 실로 엄중한 것이었다. '계를 지킬 수 없는 자는 출가득도자라고 말할 수가 없으니, 파계승은 속인보

---

50) 한암문도회·김광식(2006), 『그리운 스승 한암 스님』, p.41.
51) 한암문도회·김광식(2006), 위의 책, p.44, p.45, p.78, p.85, p.230, p.239, p.269, p.304, p.325, p.353, p.384.
52) 졸고(2018), 「한암의 출가 과정과 구도적 출가관」, 『선학』50, pp.95~97.
53) 한암문도회·김광식(2006), 『그리운 스승 한암 스님』, pp.370~371, p.393.

다 못하다.'라고 항상 가르치셨던 것이다. 이런 선사의 슬하에서 참선하는 자들은 물론 선사의 한 말씀도 빠뜨리지 않고 지키는 데에 정진하고 있다. … 출가자는 사욕을 떠난 사람이다. … 참으로 출가의 진면목을 발휘하고 있는 것이다.[54]

또한, 한암의 불출동구는 질박하고 곧았던 성품과 행실[性行質直][55], 특히 수졸과 밀접하였다. 1945년 송광사에서 효봉이 한암을 조실로 초빙하자 그는 "스스로 수졸守拙하여 모우毛羽를 깊은 산속에 감추고 사는 것이 분수에 족하다."[56]며 거절하였다. 도견은 입적할 때까지 행전을 차고 불출산하는 승행을 우선 배울 것으로 거론하였고, 비구니 경희도 상좌들에게 한암의 [승]행을 따르라고 가르쳤다.[57] 조용명도 스승의 고풍 존중을 수졸과 연관시켰다. 한암은 '선왕지법'을 거론하면서 각기병을 야기한다는 행건을 하루 종일 벗지 않았다. 또한 당시 수좌들이 큰방에서 3배로 예불하는 것과 달리 한암은 조석으로 각단 예불을 모두 올렸다.[58] 이는 삼학겸수와 수행의 전통을 계승하여 부처님의 가르침을 고수하거나 더욱 철저하게 지킨 것[59]으로써 왜색화의 비판이나 전통불교의 모색과 관련하여 유의되어야 한다.

한암의 1일 2식의 공양과 오후 불식에도 수졸은 반영되어 있다. 다른 선방과 달리 상원사 선원은 아침에 죽을 먹고, 점심은 사시 마지 올린 다음 조금 늦게 감자·콩·팥·강냉이·쌀을 섞은 밥이 전부였다.

---

54) 相馬勝英, 「方寒巖禪師をたづねて」, 『朝鮮佛教』87, 1933.4.1, pp.17~19.
55) 「경허 화상 전별사」, 『정본 한암일발록』상, pp.222~223.
56) 「효봉 선사에게 보내는 답서」, 『정본 한암일발록』상, pp.350~351.
57) 한암문도회·김광식(2006), 『그리운 스승 한암 스님』, p.121, p.312.
58) 조용명, 「노사의 운수시절 우리 스님 한암 스님」, 『불광』67, 1980.5, p.42.
59) 한암문도회·김광식(2006), 위의 책, p.198.

오후 불식에는 위장병의 치료를 비롯하여 다양한 이유가 있었지만, "부처님은 1일1식이었다. 그러므로 저희들이 아침을 받들 수 있는 것은 실로 다행한 일이다."라는 부처님 말씀이 거론되었다. 밥그릇도 항상 정해진 7부만 담아 먹었고 심지어 한 숟가락 남겼다. 한암은 시래기·김·두부·야채·표고버섯·냉이국을 좋아하였지만, 대중과 함께하는 공양도 반찬 한두 가지 더 갖추는 정도였고, 생일의 별식도 냉면이나 메밀국수에 그쳤다.[60]

한암은, 타인을 논평하거나 흠보지 않았고 스스로 상을 내거나 자랑한 적도 없다. 무슨 형식이나 체하는 권위주의가 없어 해제와 결제를 제외하면 법상에도 앉지 않았다. 아만이 없었던 것이다. 그러면서 "내가 젊어서부터 이름 석 자가 알려져 공부에 손실이 많았다."고 하며 어른 노릇 하지 말라고 가르쳤다.[61] 아래에서 조용명이 회고한 한암의 수졸상은 매우 중요하다.

> 우리 스님은 좀체로 말이 없으신 분이었다. … 또 처음 찾아오는 신도분이 있어도 그저 아무 말이 없었다. … 담소가 일체 없었다. 세속이 어떻게 돌아가는지 일체 말이 없었다. … 종단 일도 나라도 사회도 일체 언급이 없었다.[62]

---

60) 조용명, 「노사의 운수시절 우리 스님 한암 스님」, 『불광』67, 1980.5, p.42; 相馬勝英, 「方寒巖禪師をたづねて」, 『조선불교』87, 1933.4.1, p.16; 박설산(1994), 『뚜껑 없는 조선 역사책』, p.166; 한암문도회·김광식(2006), 『그리운 스승 한암 스님』, p.34, pp.51~53, p.61, pp.128~129, pp.279~280, pp.342~343, p.358, pp.371~372.

61) 한암문도회·김광식(2006), 위의 책, p.37, p.54, p.82, p.84, pp.273~274, p.345, pp.358~359, pp.383~384, p.394; 육산, 〈현대불교인열전 방한암〉, 《대한불교》, 1972.11.26·1973.2.11, p.3.

62) 조용명, 「노사의 운수시절 우리 스님 한암 스님」, 『불광』68, 1980.6, pp.58~59.

우리 조실스님은 수행인으로서 자기 분수를 지키지 않고 넘는 행실을 크게 못마땅히 여기신 듯하다. … 한암 조실스님은 일체 그런 것(백용성의 불교 부흥 운동, 필자)에 관심을 표시하지 않으셨다. 오직 당신 공부만을 알뜰하게 지키시는 것으로 보였다. 남의 잘못에 대하여는 조금도 입 밖에 내지 않으셨다. … 거듭 말하지만, 우리 노장님은 일상에 무심하고 내가 혹 방정맞고 불경스러운 말을 여러 번 드려도 거목처럼, 호수처럼 잠잠히 계셨다. 일상이 정말 중 그대로 정결하셨다.[63]

우리 한암 조실스님께서 … 보조 스님과 좀 다른 것은 당신을 스스로 졸拙하다고 생각하시고 수절(?)을 하셨던 점이다. … 우리 스님은 먼저 자기 힘의 확충을 제1 요건으로 삼았다. 힘이 확충되지 못하였을 때는 힘을 확충하는 데 온 힘을 써야 한다. 결코 지나치거나 넘어가거나 과장하는 거와는 천리만리였다. 그래서 당신께서는 졸하게 지내는 것이 당신의 분에 맞다고 하셨고, 보살도니 종단이니 사회니 하는 일은 입 밖에도 내지 않으셨다.[64]

한암은, 상주물이나 시주물도 무섭게 여겼다. 팥, 무 껍데기, 배추 이파리, 콩, 상추의 떡잎, 콩나물 찌꺼기, 설거지한 밥알 등을 버리지 못하게 질색하며 줍고 다듬어 먹었다. 쌀 한 톨과 쌀뜨물조차 아꼈고, 한 장의 종이와 나뭇잎도 주의하였다. "금생에 물 한 모금을 먹어도 자기 마음을 밝히지 못하면 물 한 방울도 삭일 수 없다."는 서산 대사의 발언도 인용하였다. 먹다 남은 콩비지를 손수 찾았고, 소금 대신에 다듬은 버드나무로 양치하였다. 군인이 버린 밥알을 모두 씻어 먹었고, 식사 후 틀니를 씻은 것마저 마셨으며, 죽에도 물 한 바

63) 조용명, 「노사의 운수시절 우리 스님 한암 스님」, 『불광』71, 1980.9, pp.67~69.
64) 조용명, 「노사의 운수시절 우리 스님 한암 스님」, 『불광』70, 1980.8, pp.38~39.

가지와 파란 나물 쪼가리를 더 넣었다. 석유를 아끼는 것은 물론이고 산나물을 제독하는 기름병을 직접 관장하였고, 간장을 따를 적에 흘러내리는 것조차 아꼈다. 당시 상원사에서의 스님 노릇은 군대 생활보다 어렵다는 푸념이 있었다.[65]

수졸은 한암의 검박한 생활에도 반영되었다. 그는 비구니·궁녀·신도들이 보낸 방석, 두루마기, 버선, 명주와 비단 등은 사용하지 않았고, 두 칸 방에는 질박한 소구와 경탑뿐이었다. 제사나 천도재로 들어온 의복·약·각종 먹거리 등은 모았다가 당신의 것 일부를 제외하고 대중에게 균분하였다. 이는 대중 생활과 함께 복을 아끼는 것으로, 요를 깔지 않고 자는 것도 동일하였다. 산삼은 입에 대지 않았고, 독감이 걸린 제자에게 꿀을 내렸으며, 변소에서는 병수를 사용하였다. 이는 살림살이를 잘하려는 것도, 저축하기 위한 것도, 대중과 많이 지내기 위한 것도 아니라 "다른 생각 없이" "오직 시물을 아낀다는 것뿐"이었다.[66] 이상은 오대산문의 경제적 곤란이 반영된 것이다.

그리고 한암은, 대중적 가풍을 매우 중시하였다. 대중 처소에서 승려 생활을 강조하였고, 대중의 뜻을 높이며 대중 화합을 제일로 여겼다. "작은 고기를 혼자 먹지 말고 큰 고기를 여럿이 나누어 먹으라." 경책도 개인보다 대중을 향하였고, 대중의 뜻에 따라 오신채의 하나

---

65) 조용명, 「노사의 운수시절 우리 스님 한암 스님」, 『불광』67, 1980.5, pp.42~43; 相馬勝英, 「方寒巖禪師をたづねて」, 『朝鮮佛教』87, 1933.4.1, pp.17~18; 한암문도회·김광식(2006), 『그리운 스승 한암 스님』, p.66, pp.103~104, p.115, p.258, p.285, pp.306~307, pp.322~326, p.348, p.372, p.379.

66) 조용명, 「노사의 운수시절 우리 스님 한암 스님」, 『불광』67·69(1980.5·7), p.42·pp.42~43; 相馬勝英, 위의 글, p.19; 張道煥, 「상원사행(2)」, 『불교(신)』41, 1942.10.1, p.26; 한암문도회·김광식(2006), 위의 책, p.60, p.66, p.270, p.281, p.322, p.325, p.370.

인 명이의 식용도 허용하였다. 예불·염불·공양·울력·참선도 대중적이었다. 새벽 3시의 예불에 대중과 함께 참여하였고, 간혹 한암이 변소라도 가면 돌아오기를 기다렸다. 두 시간가량 진행되는 관음 정근에도 한암은 자리를 굳게 지켰고, 공양도 한암이 좌정하고서야 시작되었다.[67] 채소·감자 가꾸기, 꿀밤 손질, 야채 다듬기, 변소 치기 등의 울력도 대중과 함께 진행되었다. 한암은 울력에 몸소 동참하며 애제자 탄허도 참가시켰고, 불평하는 제자들을 경책하였다.[68] 참선도 대중적이었다. 조실방에도 가지 않고 지대방도 없는 큰방에서 항상 허리를 꼿꼿하게 펴고 앉아 참선하였다. 한암은 아프거나 특별한 경우를 제외하고 눕지도 않았다. 조용명은 "조실스님으로 대중과 함께 이렇게 행한 분이 또 어디 있을까!" 하고 찬탄하였다.[69]

4. 월정사의 부채 해결과 교단에서의 활동

한암 스님은, 1930년대 전반에 이미 불교계를 대표하는 인물로 부상하고 있었다. 개혁적인 종헌 제정 운동을 배경으로 1929년 1월에 개최된 조선불교선교양종승려대회에서 7인의 교정으로 선출되었다.

---

67) 조용명, 「노사의 운수시절 우리 스님 한암 스님」, 『불광』67, pp.42~43; 相馬勝英, 앞의 글, p.17; 한암문도회·김광식(2006), 앞의 책, pp.62~65, p.83, p.133, p.160, pp.269~271, p.327, p.371.
68) 조용명, 「노사의 운수시절 우리 스님 한암 스님 」, 『불광』67, 1980.5, p.43; 한암문도회·김광식(2006), 위의 책, p.38, p.102, p.160, p.270.
69) 조용명, 「노사의 운수시절 우리 스님 한암 스님」, 『불광』67, 1980.5, pp.42~43: 한암문도회·김광식(2006), 위의 책, p.99, p.269. 한암의 대중적 가풍은 1921년 건봉사에서 제정한 「선원규례」에도 이미 반영되어 있다. 『정본 한암일발록』상, pp.182~187.

1934년에는 선학원을 재건한 선리연구원의 부이사장에 피선되었지만 나아가지 않았고, 1935년 3월 선리참구원에서 거행된 조선불교수좌대회에서 신혜월, 송만공과 함께 조선불교선종의 종정에 추대되었다.[70] 당시 7인의 교정 가운데 선종의 선사로는 한암뿐이었고, 교정에서 종정으로 다시 선출된 것도 한암이 유일하였다.[71]

그러나 한암은 외견상 교정이나 종정으로서의 직무를 적극 수행하지 않은 듯하다. 교정과 종정에 대해 그가 응낙한 증거나 종정으로서 활동한 기록도 확인되지 않는다. 심지어 한암은 1930년 『불교』 70호에 기고한 「해동초조에 대하야」에서 '교정 방한암'이라는 필자 표기에서 '교정'을 삭제하도록 요청하였다.[72] 이후 불교의 각종 잡지에 발표한 글도 필명을 '방한암方漢岩(巖)'으로만 표기하여 교정이나 종정을 앞세우지 않았다. 여기에는 사찰령 체제라는 식민지 환경이나 미약한 종단 등을 배경으로 한 한암의 불출동구와 수졸적 성격도 있다. 또한 한암이 교정이나 종정으로 속랍 54세, 법랍 25세 및 속랍 60세, 법랍 31세로 최연소였던 점도 있다.

그런데, 1930년 5월 오대산석존정골탑묘찬앙회의 발족은 한암의 오대산 상원사의 이거 연유뿐만 아니라 현실관과 관련하여 보다 주목된다. 발기인은 중앙교무원의 31본산 주지·전주지, 교정 6명[73]과

---

70) 「연보」, 『정본 한암일발록』상, p.506, p.508.
71) 7인의 교정 가운데 방한암만이 순수한 선장禪匠일 뿐이고 나머지는 모두 화엄이나 율의 교종장教宗匠이었다. 高橋亨(1973), 『李朝佛教』, p.905; 김광식(2015), 「방한암과 조계종단」, 『한암 사상 연구』, p.76.
72) 김광식(2015), 위의 논문, pp.69~70.
73) 교정 김환응金幻應은 1929년 4월 7일(음력) 입적하였다. 정광호(1999), 『한국불교최근백년사편년』, 인하대학교 출판부, pp.328~329; 백양사 일기자, 「고교 정환응 대선사의 백일을 임하야」, 『불교』64, 1929.10.1, pp.28~31.

이사·포교사, 권상로·백용성·박대륜·송만공 등 불교계 지도자, 월정사 말사 주지 등을 비롯한 불교계 지도자 53명이었다. 승낙 순서대로 발기한 명단의 첫머리에 '교정 방한암'이 올랐다. 회장에는 중추원 부의장 박영효, 고문에는 중추원 고문 이윤용·민병석·윤덕영·권중현, 법주에는 방한암이 추대되었다. 그 밖에 사이토 마코토 총독과 고다마 히데오 정무총감 이하 총독부의 국장과 부장 및 도지사, 식산·상업은행장과 각종 회사의 사장, 조선일보·동아일보·불교사의 사장으로 신석우·송진우·권상로, 학자로 이능화·최남선·백성욱 등이 회원으로 가입하였다.[74]

규약 6~8조에 따르면, 찬앙회는 서무와 회계를 관리하는 이사부理事部와 법요부法要部를 둔다. 법요부는 19·20조에 따라 회원의 회비 기여에 보은하기 위해 적멸보궁에서 회원의 행복 증진과 명복 축수를 거행하는데, 석탄일을 기하여 매년 4월 기도 거행과 수호부守護符의 송정送呈, 6종 회원의 사망에 따른 천도재를 10일까지 차등적으로 실행한다. 이사부는 월정사에서 이종욱이, 법요부는 적멸보궁에서 한암이 주관한다. 특히 한암은 그 규약 9조 2항에 규정된 1인의 법주로 추대되었다. 16조와 12조 2항에 의하면, 법주는 출가 회원 가운데 31본산의 주지로 충당된 평의원회에서 선정되지만, 창설의 즈음에는 발기인에 의해 결정된다. 즉, 한암은 53명의 불교계 발기인에 의해 찬앙회의 법주로 결정되었다. 그런데, 10조 2항에서 법주는 "회장을 보좌하여 법요 사무를 주관하고 또한 회장이 사고가 있을 시는 그 직무를 대리한다."고 하여 회장 직무도 열려 있었다.[75]

---

74) 「오대산석존정골탑묘찬앙회 발기인」, 『불교』81, 1931.3.1, pp.14~18.
75) 「오대산석존정골탑묘찬앙회 규약」, 『불교』81, 1931.3.1, pp.12~13.

찬앙회의 취지는 적멸보궁을 보존하고 월정사를 부흥하기 위한 것
이었고, 그 목적은 "불교도의 신앙을 집중하야 석가여래의 정골을 봉
안하신 오대산 적멸보궁을 영원히 신호信護하여 인천人天의 복전福
田"으로 만드는 것이다.[76] 그러나 그 핵심은 월정사 부채의 완전한 청
산이었다. 1928년 5월 강원도에 설립된 월정사사유재산정리위원회
는 총독부 월정사감리위원회의 처리결과에 따라 10년 계획에 의거,
월정사 부채를 해소해 갔다. 문제는 악성 고리대를 해결하기 위해 중
앙교무원에서 5만 2천 원을 빌리고, 그 대가로 강릉군 성덕면 신석리
소재 토지를 양도하되 10년 이내 원금을 갚는 것이었다.[77]

찬앙회의 설립 목적은 바로 5만 2천 원을 중앙교무원에 상환하고
그 토지를 돌려받는 것이었다. 이를 위하여 그 규약 20조 1항과 17
조에는 "본회의 목적을 달성하기 위해" "적멸보궁의 관호사管護寺 되
는 월정사의 궁상窮狀을 호護"하거나 6종의 회원은 입회할 즈음에 1
원에서 100원의 차별적 회비를 기부하도록 명문화하였다. 그 결과는
1936년 8월 2일자 《매일신보》에서 확인된다.[78]

찬앙회의 규약으로 보면, 법주 한암은-확인되지 않지만-적멸보궁
에서 회원들의 기도와 천도를 주관하였을 것이다. 그런데, 월정사의
부채 해결은 기본적으로 불사지만 현실사회의 부채 문제 해결이라는

76) 「오대산석존정골탑묘찬앙회 취지서」 「오대산석존정골탑묘찬앙회 규약」, 『불교』
81, 1931.3.1, p.12.
77) 월정사 부채 문제는 삼보학회(1994), 「경제본산」, 『한국근세불교백년사』3, 민
족사, pp.17~19; 정광호(1999), 『한국불교최근백년사편년』 인하대학교출판부,
pp.407~409; 박희승(2011), 『지암 이종욱』, pp.107~118 참조.
78) 무급의 임원에게는 기타 실비만 제공된다. 「오대산석존정골탑묘찬앙회 규약」,
『불교』81, 1931.3.1, pp.12~13; 박희승(2011), 위의 책, pp.118~121; 〈명찰 월정사
부흥비 4만원을 또 희사〉, 《매일신보》, 1936.8.2, p.7; 『불교시보』14, 1936.9.1, p.7.

점에서, 법주가 유고 시 회장을 대리한다는 점에서 사회 현실과 보다 밀접한 것이었다. 특히, 총독부의 최고위 관료가 대거 참여한 찬앙회는 현실사회나 정치와 분리되기 어려웠다. 아울러 이종욱이 찬앙회의 창설과 운영을 주도하였다는 견해가 있지만,[79] 위에서 서술한 법요부의 역할이 상당하였음을 고려하면 한암의 공로가 더욱 컸을지도 모른다. 1936년 9월에 월정사가 중앙교무원에 5만여 원을 지불하고 강릉 소재의 토지를 되돌려 받는 것은 경성의 독지가 김용우가 한암에게 귀의하여 희사한 4만 원이 결정적이었다.[80] 이제 한암은 입산의 목적 가운데 하나를 이루었고, 지암은 한암을 '생불'로 받들며 강고하게 결합하였다.[81]

찬앙회가 창설되기 한 달 전쯤에 한암이 발표한 「해동초조海東初祖에 대對하야」가 주목된다. 이는 한암이 사부대중을 대상으로 발표한 첫 작품으로 한국불교 종명과 종조, 법통과 연원을 밝힌 것이다. 구체적으로 우리나라 조계종의 초조는 신라의 도의이고, 그 법통은 범일, 홍척, 혜철 등을 거치고 보조, 16국사, 태고 등을 이어 환암·구곡·벽계·벽송으로 계승된다는 것이다. 그는 다양한 논거를 토대로 1910~1920년대 교계의 지배적인 태고보우의 초조설이나 종조설을 '자위自違'로 강력하게 반박하였다.[82] 한암은 선종 종단의 정체성이나 법맥의 계승에 대해 강렬한 관심과 현실 인식의 균형성을 가지고 이

---

79) 박희승(2011), 『지암 이종욱』, 앞의 책, pp.112~136.
80) 다만, 김용우의 희사금은 5만 원이라는 박설산의 주장과 달리 4만 원이었다. 「대본산월정사토지를 교무원으로부터 반환」, 『불교시보』15, 1936.10.1, p.9; 한암문도회·김광식(2006), 『그리운 스승 한암 스님』, p.133.
81) 한암문도회·김광식(2006), 위의 책, pp.143~150.
82) 교정 방한암, 「해동초조에 대하야」, 『불교』70, 1930.4.1, pp.7~11.

례적으로 종조론을 공개 주장하였다. 특히 이는 처음으로 도의 종조론을 제기한 것으로 후일 조계종명의 확정에도 큰 영향을 미쳤다.[83] 이는 한암이 종단이나 그 일과 무관하다던 조졸명의 수졸상과 거리가 매우 멀다.

1936년 한암은 심전개발운동의 일환으로 강원도삼본산연합승려수련소를 설치하여 중견승려를 교육하였다. 수련소는 6월 1일에 입소식이 거행되었고, 1942년 봄에 해산된 것으로 추정된다. 원래 상원사 선원에는 한암의 명성을 듣고 전국의 사찰에서 수좌들이 몰려들어 참선과 안거에 매진하였다. 이들은 적게는 10~20명, 많게는 50명이 넘었다. 여기에 수련소가 더하여 개설된 것이다. 수련소의 일과는 아침·저녁·오후의 참선과 오전의 경전 수학이었다. 경전 교육은『금강경』,『범망경』,『화엄경』을 비롯하여『보조어록』,『육조단경』,『전등록』,『선문염송』 등이 대상이었다. 한암은『금강경』,『보조법어』,『육조단경』은 현토하여 교재로 출판하였고, 선방의 수좌들도 방신하거나 차담茶談할 적에 간경에 참가시켰다.[84] 특히, 참선하는 대중 처소에서 박대응을 초빙하여 천수, 관음 등의 염불과 마지, 범패[어산] 등 의식도 가르쳤다.[85] 이상을 잘하지 못하면 가람수호라도 해야 했다.

이상은 한암이 수련생의 교육에서 강조한 승가오칙[86]으로, 그 가

83) 김광식(2015),「한암의 종조관과 도의 국사」,『한암 선사 연구』, 민족사, pp.321~344.

84) 삼본산연합승려수련소에 대한 연구는 졸고(2021),「강원도 삼본사수련소의 설립과 운영」,『불교학연구』98 참조.

85) 한암문도회·김광식(2006),『그리운 스승 한암 스님』, p.65, p.83, p.116, pp.130~135, p.144, pp.158~159, pp.192~193, p.210, pp.214~215, p.230, p.271, p.284, p.342, p.345, p.379, p.401.

86) 한암의 승가오칙은 조선 말기의 '십과'에서 유래되었다는 추정이 있다. 김광식(2017),「오대성지의 중창주, 만화 희찬 : 승가오칙의 계승과 발전」,『정토학연구』

운데 참선이 가장 중시되었다. 후술하듯이 승가오칙은 1944년의 「오인수행五人修行이 전재어결심성판專在於決心成辦」에서 명확하게 제시되지만, 1935년의 「불교는 실행에 있다」에 이미 참선·간경·염불의 삼칙三則이 여실히 드러난다.[87] 승가오칙의 강조는 한암의 계정혜 삼학 겸수와 선교합일의 수행관을 보여주는 것으로 승려들의 근기를 고려하거나 불교계의 현실을 반영한 것이었다. 당시 불교계는 선종보다 교종이 강세였고, 또한 자질이 뛰어나지 못한 다수의 승려에게는 참선·간경보다 염불이나 의식, 가람수호가 더 적합하였다.

한암은, 노구를 이끌고 기존의 선원과 수련소를 병행하는 과중한 부담에서도 승려 교육에 열심이었다. 중강인 탄허가 불경을 현토하고 해석하는 가운데 증명법사로서 부족한 부분을 보충하거나 질문에 응답하였고, 경전을 잘 외우지 못하는 수련생에게 직접 종아리를 쳤다. 또한 방문한 승려나 정진하러 온 수좌들에게 게문偈文을 주어 수게상좌나 선계제자로 삼았다. 한 시자가 접은 게첩만도 수백 장에 이르렀다. 『석문의범』의 핵심을 발췌하여 『소예참문』을 만들었고, 몸소 예불과 의식, 천도재에 참가하였다. 선방에서의 경전 강의는 물론이고 염불과 의식은 수좌들의 반발을 야기할 정도였다.[88]

1941년 6월 15일 31본산 주지 총회에서 한암은 압도적 지지를 받

<hr />

28, pp.196~198. 한암은 상원사 이거 초기에도 상좌나 수좌들에게 참선 이외에 염불, 간경, 의식 등을 교육하였지만 나열하는 정도에 그쳤다. 조용명, 「노사의 운수시절 우리 스님 한암 스님」, 『불광』67~71, 1980.5~1980.9 참조.

87) 方漢巖, 「佛教は實行にあり」, 『韓國近現代佛教資料全集』64, 민족사, p.234.

88) 한암문도회·김광식(2006), 『그리운 스승 한암 스님』, p.35, p.54, p.62, p.65, pp.73~76, p.83, pp.97~98, pp.118~119, p.127, pp.158~159, pp.192~193, p.208, p.230, p.379; 탄허문도회(2013), 『방산굴법어집』, 오대산 월정사, pp.75~78.

아 조선불교 조계종 초대종정에 선출되었고, 8월 4일 일제의 허가를 얻어 공식적으로 종정에 취임하여 1945년 12월까지 재임하였다.[89] 한암은 종정에 취임한 8월에 종무원장을 선출하기 위한 인선 기준을 공개하였다. 첫째 신력信力이 견실하여 사업상에 시종이 있는 자, 둘째 금전상에 과실이 없는 자, 셋째 역경계에 처하여도 인내를 잘하는 자, 넷째 사리에 명백하고 원융하여 대중의 마음을 기쁘게 하는 자, 다섯째 불사 문중에 공로가 많아도 자랑과 아만이 없는 자이다.[90] 한암의 수졸상이 일정하게 반영된 인선 기준은 이종욱을 염두에 둔 것으로 보이지만, 종정이 그 기준을 일일이 제시한 것은 현실참여의 명증明證이자 종정이 업무에 적극 개입하는 신호였다.

조계종 초대 종정에 취임한 한암은 종무를 직접 결재한 것으로 보인다. 1945년부터 월정사에 머물렀던 덕수는 총무원장 지암이 한암에게 종단과 사회 국가 현황을 구두로 보고하였다고 전한다. "지암 스님이 서울에서 내려오시면 꼭 상원사에 가시는데 … 한암 스님에게 종단 돌아가는 것, 정치가 어떻게 되어 간다는 것, 일제의 탄압이 어떻다는 것을 말씀으로 보고하였어요. … 종단의 모든 일을 구전으로 보고하였어요." 덕수가 "그때 한암 스님은 종단에 대해 간섭을 안 하셨다."[91]고 회고하였지만, 화엄사에서 만년의 이종욱을 받든 천운은 종단의 운영과 방향은 '생불' 한암에게서 나왔다고 강조하였다.

---

89) 김광식(2015), 「한암의 종조관과 도의 국사」, 「방한암과 조계종단」, 『한암 선사 연구』, 민족사; 염중섭(자현)(2021), 「한암의 「해동초조에 대하야」와 조계종의 성립」, 『한국불교학』97 참조.
90) 「종무총장의 자격」, 『정본 한암일발록』상, pp.146~147.
91) 이상은 한암문도회·김광식(2006), 『그리운 스승 한암 스님』, pp.377~378, p.384 참조.

우리 스님은 총무원에 다녀오면, 우선 상원사에 가서 모든 보고를 하고 일일이 지시를 받아 … 지암 스님이 종단을 운영한 것이 아니라 실제로는 한암 스님의 운영법으로 한 것이고, 종단의 방향이 상원사에서 다 나왔어요.[92]

1935년 입산하여 한암을 시봉하며 삼본산수련소 수련생이었던 보경의 회고는 보다 구체적이다.

종정이 되시고 한 달에 한 번 총무원에서 두 부장이 한 보따리씩 서류를 갖고 오면 결재를 꼬박꼬박 하셨어요. 밤새 검토하셔서 아주 제쳐 놓은 것도 있고, 수결을 하신 것도 있고. 이것은 수정해 가지고 오라고 하시면 다음달에 가지고 와서 결재 받고 그랬지요.[93]

인용문은 종정 한암이 몸소 종무를 일일이 챙기고 결재한 사실을 뒷받침하는 것으로 종무원장의 자격을 공개한 일과 상통한다. 천운은 조계종단과 동국대 재단을 만드는 것도 지암과 한암이 몰래 상의하여 이루어진 것으로 증언하였다. 독립운동과 함께 "종단, 동국대 재단 만드는 것은 나하고 한암 스님하고 귓속말로 이루어졌다."는 것이다.[94] 한암이 통도사에서 사촌 사형 구하를 두 차례나 만났다는 전문도 사실이라면 사회 현실과 직결되어 있다.

한암은 1948년 6월에는 박한영의 입적에 따라 공석이 된 대한불교 2대 교정으로 다시 선출되었다. 한암이 교정의 직무를 몸소 살폈는지에 대한 자료가 거의 없지만, 12월 총무원장에 취임한 박원찬이

92) 한암문도회·김광식(2006), 앞의 책, p.143.
93) 한암문도회·김광식(2006), 위의 책, p.80.
94) 한암문도회·김광식(2006), 위의 책, pp.146~147.

한암을 배알한 기사가 전한다. 이에 의하면, 한암은 고희를 넘긴 고령이지만 여전히 좋은 건강으로 운수납자 30명을 제접하며 "끊임없이 민족과 국가의 번영을 기원하시며 정진"하고 있었다. 동시에 "승단 전체는 서로서로 합심하고 화협和協"하여 "노소 상하가 서로 동심합력同心合力"하여 불교의 위기를 극복하도록 당부하였다.[95] 여기에도 여전히 민족과 국가의 번영을 기원하는 현실관과 종단의 화합을 강조하는 애정이 잘 반영되어 있다.

또한 1949년 9월 29일 유엽 등 재야의 젊은 승려 40여 명은 좌익 투쟁을 빌미로 종권을 장악하기 위해 폭력 사태를 일으켰다.[96] 당시 불교계는 교정 방한암의 태도 표명에 관심을 집중하였다. 한암은 10월 14일 자로 사건을 보고하고 품청을 간 황태호 씨 등에게 "모든 일은 대회에 가서 '서로 다투지 말고 청정자비로써 행하라.'"고 하여 분주하고 혼란한 교단 질서 정비에 광명을 비추었다. 이와 함께 총무원 직원 박성도 씨에게 중앙교무회의 의장 곽기종에게 전달하라는 10월 10일 자의 특명서를 내렸다.

> 금차今次 11월 소집교무회의가 당두堂頭 고故로 자이고시玆以告示하오니, 당시기여법공의當其時如法公議하시와 불조의 정법을 선해수지善解受持하시와 미래제未來際가 진盡토록 절물구쟁혐시切勿口諍嫌猜하야 교내敎內에 오점이 무無하고 청정자비로 실행하심을 절망切望함.

특명서의 내용은 매우 간결하지만 흥분되고 착란한 머리를 시켜주

---

95) 「교정 방한암 예하 근황」, 『불교공보』1, 1949.5.4, p.1.
96) 사건의 전후 배경과 처리는 서남현 편(2010), 『영축총림 통도사 근현대 불교사』 상, 영축총림 통도사. pp.264~277 참조.

는 청량제로 평가되었다.[97] 여기에도 한암의 대중적 가풍, 종단 화합의 강조라는 온건적 현실관이 그대로 투영되어 있다.

5. 법문·문필과 선사상에 보이는 현실관

1930년대는 사부대중을 위한 한암 스님의 법문과 논고를 포함한 문한文翰이 가장 활발하게 발표된 시기였다. 대부분 참선과 관련된 글에는 사회관이나 현실관이 반영되어 있다.[98] 1931년에 발표된 「일진화一塵話」는 대중 불자에게 참선을 통하여 본래 마음의 근원, 자신의 천진면목을 깨닫게 하는 법문이다. 여기에는 부처님의 정법과 대도가 행해지지 않는 현실에 대한 한암의 우분 의식과 함께 본분사인 일상생활에서의 참선이 강조되었다. 옷 입고 밥 먹으며 오줌 누고 똥누며, 사람들과 문답하고 글 읽고 사기私記 쓸 때, 일체시 일체처에서도 간단없는 참선으로 일념순일하여 색계를 벗어나야 한다. 그 뒤에는 중생의 제도를 통하여 일시에 부처님·부모·시주의 은혜를 갚아야 한다는 것이다.[99]

이듬해에 발표된 「악기식惡氣息」은 탐심과 망정에서 비롯된 지식이나 알음알이, 언어와 문자 등을 구린 냄새인 악기식으로 규정하고, 참선을 통하여 마음과 지혜로 그 구린 냄새를 끊음없이 끊어 성불성도

---

97) 이상은 「대회소집을 특명」, 『불교신보』36, 1949.10.15, p.1 참조.
98) 다만, 참선만 논의한 1932년의 「양어가추揚於家醜」, 「참선에 대하야」, 1935년의 「연년갱유신조재年年更有新條在, 뇌란춘풍졸미휴惱亂春風卒未休」는 모두 배제한다.
99) 방한암, 「일진화」, 『선원』1, 1931.10, pp.14~15.

하라는 것이다. 그 뒤에 대자비를 운용하여 유연중생을 제도하면 대장부·천인사·세존이 된다. 그러면 세간의 거친 말과 부드러운 말은 모두 실상법문이 된다는 것이다.[100]

1935년에 발표한 일문 「불교는 실행에 있다」는 글이나 구호보다 심행心行이나 실천을 강조한 법어로 매우 주목된다. 이는 당시에 지식을 중시하고도 실천하지 못하는 세태를 비판하며 좌선·간경·염불을 착실하게 실행하여 불교를 꽃피운다는 것이다.

> 장소가 도회에 있다고 하고 산중에 있다고 하든지 간에, 보는 사람이 한 사람 두 사람이라고 하더라도 반드시 공명하는 자가 나올 것이라고 믿는 것입니다. 이렇게 하는 것이야말로 정말로 불교의 제자라고 말할 수 있는 것입니다. 그렇게 일보일보 나아가 행하면 일인이 이인, 이인에서 삼인으로 그 신자가 늘어가게 한다면 불교의 흥륭興隆은 걱정할 것도 없고 … 불교는 반도에서 그 꽃을 피울 것이라고 생각하는 것입니다. … 잊어버리지 않는다면 상주좌와常住坐臥하는 그 장소와 때를 가리지 않고 실천할 수 있습니다. … 선 그 자체의 성질은 결심하여 실행하면 저절로 이해할 수 있는 것입니다. … 오직 결심하여 실행하기를 바랄 뿐입니다.[101]

이 글은 『한암일발록』의 해설[102]과 달리 심전개발운동과 관련된 것이다. 이는 불교도들이 "모두 결심의 허리띠를 굳게 매고 이를 실행에 옮겨버리면 어떤 연설을 하거나 강연을 하거나 선전에 힘쓰지 않더라도 자연히 불교는 흥륭한다고 믿는 것입니다."[103]에서 확인된다.

---

100) 방한암, 「악기식」, 『선원』2, 1932.2.1, pp.13~15.
101) 方漢巖, 「佛敎は實行にあり」, 『韓國近現代佛敎資料全集』64, pp.233~235.
102) 「불교는 실행에 있다」, 『정본 한암일발록』상, p.142.
103) 方漢巖, 「佛敎は實行にあり」, 『韓國近現代佛敎資料全集』64, p.234.

그러나 이는 도리어 심전개발운동의 형식과 내용을 비판하는 의미로도 읽힌다. 여기에는 위에서 서술하였듯이 승가삼칙이 처음 확인되고, 선사로서의 본래 모습과 함께 불교의 현실적 포용성과 장소를 초월한 생활참선이 강조되었다. 한암의 실천 강조는 탄허의 양명학적 지행관에도 일정한 영향을 미쳤다.[104]

1937년의 「묘포서猫捕鼠」는 회당 선사가 초당 선사에게 말한, 고양이가 눈과 몸과 마음을 집중하여 기필코 쥐를 잡는 모습을 참선의 전일직심專一直心한 묘법으로 비유한 법어다. 여기에서 한암은 "세간 출세간 어사어리於事於理에 이 전일한 마음이 아니면 성취할 도리가 무無하리니, 또한 성취하지 못할 뿐 아니라 필경에 자기 신세까지 부지지어하경不知至於何境일 것"이고, 지사志士의 행업行業도 이와 같고, 만행과 만덕을 여기서 이룬다고 읊었다.[105] 이는 한암의 설법이 매우 친근하고 알기 쉬운 비유임은 물론이고 전일한 마음으로 실천하면 사리나 행업, 모든 행실과 덕이 원만하게 이루어진다는 사회현실관도 반영된 것이다.

1931년의 「송불청운동」과 이듬해의 「송금강저」는 게송이다. 전자는 한암이 '불청佛靑'으로 비유한 불도를 깨달아 중생들의 만병을 치유하라는 것이다.[106] 후자는 금강저가 상징하는 파사현정의 호법력과 직설법의 교화력을 찬양하고 그 광명과 지혜를 송축하였다.[107] 전자는 조선불교청년총동맹을 중심으로 한 청년운동의 영원성을 축원

---

104) 졸고(2019), 「탄허의 학술과 회통론」, 『대각사상』31, pp.205~207.
105) 방한암, 「묘포서」, 『금강저』22, 1937.1.30, p.51.
106) 방한암, 「송불청운동」, 『불청운동』3, 1937.12.30, p.22.
107) 방한암, 「송금강저」, 『금강저』20, 1932.12.30, p.2.

하며 지지하였고, 후자는 「묘포서」와 함께 일본 동경에 유학 중인 청년 불자를 위한 글이다. 이상 세 글은 모두 중생의 구제와 현실사회의 참여에 치중하며 세간의 사업과 많은 덕행을 강조하거나 불교 청년들을 격려한 점에서 진보적 측면이 확인된다.

한암이 조선불교 조계종 종정에 취임한 이후의 글로는 1943년 『금강저』의 「권두언」이 있다. 이는 일본 유학승을 대상으로 '비구'에서 '다툼을 없앤다.'는 뜻을 취하여 대중과 승단의 화합을 통하여 이상사회로 나아가자는 법문이다.

> 다툼을 없애기 때문에 화합하고 화합하기 때문에 승보가 되고 인천人天의 복전이 되니, 자성自性을 깨달아 닦을 수 있으며, 중생을 구하여 제도할 수 있으며, 국가를 복되게 하고 세상을 도울 수 있으며, 불법을 도와 교화를 드날릴 수 있느니라.

이와 반대로 하면, 결국 자기 자신마저도 구제하지 못한다. 그러므로 힘써 선열禪悅에 나아가 영원히 혜신慧身을 성취하고 물러서지 말자는 것이다.[108] 여기에는 한암의 대중적 가풍, 종단 화합의 강조라는 측면과 함께 현세에 불국정토를 이루려는 관점이 매우 강하다. 모두 일문日文으로 표기된 본호에서 「권두언」을 모두 한문으로 기술한 점은 친일적 요소와 함께 유의되어야 한다.

특히 '종정宗正 방한암方漢岩'으로 발표된 「오인수행吾人修行이 전재어결심성판專在於決心成辦」은 제도 중생과 함께 현실 사회관이 잘 드러난 글로 앞서 거론된 「불교는 실행에 있다」와 함께 주목된다. 그 요

---

108) 대종정 방한암, 「권두언」, 『금강저』26, 1943.1.25, p.1.

지는 성불이 용맹·정직·견실을 포괄한 결심에 달려 있다는 것이다. 그런데, 그 결심은 생각마다 수시로 발하는 가운데 견고불퇴한 지경에 이르러야 성공하고, 그 뒤에도 최초의 발심을 저버리지 말고 자비와 지혜로 중생을 제도해야 한다. 그렇지 않으면 그 결심은 타락한다. 불자 각자가 참선, 염불, 간경, 가람수호, 의식[祈願持呪]에서의 결심을 바탕으로 실제 공력을 다하면 일의 대소가 다르지만, 그 성공을 이룸에는 모두 동일하다. 여기에는 승가오칙이 명확하게 제시되었을 뿐만 아니라 중생 제도에 대한 분명한 의지와 현실사회에서의 성공마저 불법으로 포용하는 논리가 강력하다.

> 대사大事는 대사대로 결심決心하고 소사小事는 소사대로 결심하여 각기 직책 맡은 대로 진력성공盡力成功하면 인인人人이 성공 가가家家가 성공 사회社會사회가 성공, 사업 공명功名 문명文明 도덕 기술 농축農畜 모조리 성공 아니 된 것이 무無하리니 … 충효자선忠孝慈善도 차此에 재在하고, 성불작조成佛作祖도 차에 재하니 우리 … 승속僧俗 남녀男女 귀천貴賤 노소老少없이 … 총總히 결심을 발하고 용진무퇴勇進無退할 지원志願을 세운 중中에 또 세웁시다. 결심을 발發한 후에 실행이 되고 … 불일증휘佛日增輝하고 법륜法輪이 상전常轉할 것입니다.[109]

위의 글에는 기존 주장과 다른 점이 보이지 않고 중생 제도와 사회 현실관이 명확하게 확대 강화되었다.

이상의 법문과 논고는 모두 참선을 주제로 한 것이고, 그마저도 「일진화」 「송불청운동」처럼 원고 청탁에 의해 비롯되었다. 필명도 대개

---

109) 종정 방한암, 「오인수행吾人修行이 전재어결심성판專在於決心成辦」, 『불교(신)』56, 1944.1.1, pp.2~4.

'방한암方漢岩(巖)'으로 표기하여 교정이나 종정과 무관한 듯하다.[110] 그러나 오대산 상원사에서 불출산과 수졸을 강조하고 알음알이를 배격하며 참선을 중시한 한암 선사가 당시의 불편한 환경이나 노구를 무릅쓰고 사부대중에게 공개적으로 글을 발표한다는 것은 일반적이지 않다. 또한, 한암의 법문과 문한, 문필은 교단의 지위나 직무와도 관련이 있다. 예컨대, 현재 전하는 총 4호의 『선원』에는 모두 한암의 글이 존재한다. 이는 참선을 강조하는 선사로서의 기본 입장이나 선종적 종단관과 함께 그 발행 주체인 선학원 계열과 한암의 관계를 보여준다. 그는 바로 선학원 계열에서 종정으로 추대되었기 때문이다. 「연년경유신조재年年經有新條在하야 뇌란춘풍졸미휴惱亂春風卒未休라」가 '종정 방한암'의 명의로 발표된 것은 그 대표적 사례이지만, 기타 『선원』의 글도 종정과 무관하지 않다.

한암이 54세에서 60세까지 쓴 1930년대 전반기는 문필활동의 정점이었다.[111] 이는 한암의 연배와도 관련되지만, 월정사의 부채 문제의 해결을 위한 노력의 일환으로도 보인다. 「해동초조에 대하야」는 1928년 7월 월정사재산정리위원회가 식산은행의 저리융자와 사중 임목 매각 등으로 사채 정리가 진행되던 1930년,[112] 찬앙회가 발족되기 한 달 전에 발표되었다. 당시에 한암은 이미 찬앙회의 창설을 알았을 가능성이 크다. 「해동초조에 대하야」에서 필명을 삭제해 달라는 것

---

110) 1930년대에 교정이나 종정을 명기한 것은 앞서의 「해동초조에 대하야」를 제외하면 1935년 10월, 『선원』4의 「연년경유신조재年年經有新條在하야 뇌란춘풍졸미휴惱亂春風卒未休라」가 유일하다.
111) 1937~1941년 조계종 종정 취임까지 발표된 글은 삼본산승려수련소의 교재와 관련되었고, 참선을 주제로 한 「묘포서」나 「무설무문無說無聞이 진설진문眞說眞聞」이 있지만 중량감과 분량이 현저하게 줄어들었다.
112) 박희승(2011), 『지암 이종욱』, pp.117~118.

과 달리 찬앙회 발기인의 명단에는 '교정'이 명기되었다.

시야를 확대하면, 월정사의 부채 청산 계획이 체계적으로 추진되면서 1932년 말 월정사는 서서히 기사회생하였고, 불교계는 그 주역인 이종욱의 노고를 칭송하였다. 1932년 12월 23일 서울 태서관太西館에서 재경 유지 승려들이 모여 이종욱의 공로를 위로하는 모임을 열었다.[113] 『불청운동』은 「월정사와 이종욱 사」, 『불교』는 「월정사 부채 정리의 희보」를 게재하여 이종욱을 월정사의 중창주로 높이며 부채 청산을 특필하였다.[114] 1932년에 그는 가장 많은 5편의 글을 발표하였다.[115] 덧붙여 찬앙회 12조 2항에는 "적멸보궁을 수호하기 위하여 상원사에 선원을 설비하고 장차 불조의 혜명慧命을 소륭紹隆"한다는 내용도 있다.[116] 1933년과 이듬해 상원사·오세사·불영사의 「헌답략기」와 「사적비기」도 이와 관련이 있다.

한편 한암이 스님과 신도들에게 보낸 편지에도 중생의 제도와 일상적 생활선의 현실관이 드러난다. 한암은, 1932년 탄허에게 보낸 편지에서 도란 배울 수 있는 것이 아니라 참선을 통하여 한결같이 진실을 생각하여 깨달을 뿐이라고 설파하였다. "모든 나쁜 짓을 하지 말고 모든 선한 일을 봉행하라."는 조과 선사의 말과 관련하여 일상적 천근함에서 참선의 심묘함을 설파하며 세속과 탈속의 초월을 강조하였다.

---

113) 「월정사 주지 이종욱사 위로회」, 『불교』104호, 1933.2.1, p.70.
114) 「월정사와 이종욱 사」, 「위로회」, 『불청운동』9·10합호, 1933.2.20, p.38, p.49; 「월정사 부채정리의 희보」, 『불교』104호, 1933.2.1, p.70.
115) 이해 한암은 『선원』『불교』『금강저』에 가장 많은 5편을 게재하였다. 「연보」, 『정본 한암일발록』상, p.507.
116) 「오대산석존정골탑묘찬앙회규약」, 『불교』81, 1931.3.1, p.13.

심묘함은 본래 천근한 가운데를 떠나지 않으니, 굳이 시끄러움을 버리고 고요함을 구하며 속됨을 버리고 진실로 나아갈 필요가 없다. 매양 시끄러움에서 고요함을 구하고 속됨에서 진실을 찾아 추구하여, [마침내] 찾아서 추구할 수도 없고 찾을 수도 없는 경지에 이른다. 그러면, 자연히 시끄러움이 시끄러움이 아니요, 고요함이 고요함이 아니며, 속됨이 속됨이 아니고, 진실이 진실이 아니다. 그러므로 갑자기 [깨달아] 땅이 꺼지고 끊어지느니라.[117]

1932년 말[음력] 한암은, 성도재일 특별용맹정진에 참가한 13명의 수좌들에게 성공을 빌면서 정신적 각오를 가다듬었다. "학인의 정진은 오직 한 사람을 위한 것이 아니라 일체 중생을 위한 것이므로 그 책임이 실로 중대하다고 말하지 않으면 안 됩니다."[118] 한암은 개인의 해탈을 위한 소승적 수련보다는 일체중생을 위한다는 원대한 대승적 참선 목표를 제시하였다.

1939년 송라사의 칠성계원들에게도 군주와 어버이의 은혜를 갚고 중생을 구제하는 일을 당부하였다. "해마다 봄과 가을 두 계절에 계원이 모여 불보살과 칠원성군七元聖君 앞에 공양을 올려 재계하고 성심껏 발원하되 위로 군주와 어버이의 크신 은혜를 빌고 아래로 모든 중생의 고액苦厄을 제도하여 장차 대덕의 근본을 무궁히 이루고자 하니, 어찌 거룩하지 않겠는가?"[119]

특히 1949년의 「일체중생 모두 성불하소서」에는 현실사회를 불국토로 만들려는 한암의 의지가 여실히 드러나 있다.

117) 「제자 탄허에게 보내는 답서(1)」, 『정본 한암일발록』상, pp.343~344.
118) 相馬勝英, 「五臺山上元寺禪堂臘八接心の思ひ出」, 『朝鮮佛敎』117, 1935.12.1, p.14.
119) 「송라사 칠성계 서」, 『정본 한암일발록』상, pp.423~424.

중생들로 하여금 뜻을 원만케 하여, 일체 국토가 모두 여래가 되게 하고, 모든 지견 갖가지 낙을 누리게 하소서./ … 이처럼 무량한 상묘上妙의 즐거움을, 모두 최상승의 도에 회향하여, 일체 세간의 모든 선법이 되게 하소서./ 비유컨대 마술사가 마술을 알아, 대중에게 지은 요술 많이 보이듯. 여래의 지혜도 다시 그러하리./ 하나의 털구멍에서 광명이 쏟아져 나와, 세간의 번뇌 어둠 모두 없애주니, 국토 티끌 모두 헤아릴 수 있도다.[120]

1949년 한암은 속가제자 조창환에게 보내는 편지에서 생활선을 지극히 강조하였다.

화두를 들어 깨치는 것은 똥 누고 오줌 눌 때에도 간단間斷이 없어야 합니다. … 일체처 일체시에 들어 깨쳐야 합니다. 간단이 없는 것을 위주로 하십시오. 고요함과 시끄러움, 움직임과 고요함, 행주좌와와 청산과 도시를 모두 거론하지 말고 다만 화두를 면밀하게 익히는 것을 주력하십시오.
우리나라에 불법이 들어온 이후에 재가자와 출가자를 막론하고 참선하여 도를 이룬 사람은 무수히 많으니, 어찌 다만 부처님 앞에서만 되는 것이 아니올시다. 오히려 사무가 복잡한 가운데 득력得力하는 것이 적정寂靜한 곳에서 득력한 것보다 10만 억 배나 더하오니[121]

위 인용문은 일상생활이나 사무를 보는 가운데의 참선이 산중의 고요한 사찰에서 참선하는 것보다 훨씬 강력하다는 것으로, 한암의 진보적인 생활선의 일단이 잘 드러나 있다.[122] 이는 염불도 예외가 아

120) 「일체중생 모두 성불하소서」, 『정본 한암일발록』상, pp.226~228.
121) 「조창환 선생에게 보내는 답서(3)」, 『정본 한암일발록』상, pp.368~370.
122) 이는 실로 한용운의 대중적 생활선과 근사하다. 김광식(2011) 「한용운의 대중

니었다. 그는 일상생활에서 일심으로 염불하면 세간과 출세간이 모두 구족具足하다고 주장하였다. "화두도 일심, 염불도 일심, 모두가 일심이라야 성취하오니, 온갖 사무 보시는 중에 일심으로 진실한 마음으로 간단없이 염불하시면 일거양득으로, 세·출세간이 다 구족하게 성취하십니다."[123]

6. 맺음말

필자는 지금까지 한암의 불출산과 불출동구를 이원적으로 검토하여 전자에서 후자로 이행하는 인식 과정을 밝혔고, 이와 밀접한 그의 청정 지계와 수졸적이고 대중적인 한암상을 검토하였다. 한암의 이러한 노력은 전통불교의 재정립과 출세간의 오대산을 청정 불국토로 만들려는 일환이었다. 다른 한편으로 그는 승단의 교정과 종정, 찬앙회의 법주, 승려수련소의 책임자로서 승려의 질적 제고와 승단의 화합과 안정뿐만 아니라 사회와 국가의 번영에도 애정과 노력을 기울였다.

동일한 논리는 참선을 주제로 한 한암의 법문에도 보이듯이, 월정사의 부채를 청산하거나 개인과 가정의 성공, 중생의 제도나 사회와 국가의 흥성에도 많은 관심을 기울였다. 선이론도 일상이나 사무에서의 생활 참선을 강조하여 세간과 출세간을 통합하였다. 시대가 흐를수록 점차 강화된 한암의 현실사회관은 일반 수좌에게서 거의 찾아

불교·생활선과 구제주의·입니입수」,『만해 한용운 연구』, 동국대출판부 참조.
123) 「일여행 보살님」, 『정본 한암일발록』상, pp.376~377.

볼 수 없는 것[124]으로 오대산석존정골탑묘찬앙회의 발족은 그 중대 계기였다. 이는 한암의 불출동구나 수졸상과 상당한 괴리가 있다.

사실 한암의 수졸상에 미친 상좌 조용명의 회고는 매우 중요하지 만 재고의 여지가 적지 않다. 왜냐하면, 조용명이 상원사에 머문 시기는 실로 1926년 봄에서 1928년 여름까지의 2년 정도이다. 그 사이에도 그는 1927년 봄 금강산으로의 만행과 하안거, 봉익동 대각사의 백용성 회상을 거쳤다. 그 뒤 1931년 여름까지 3년 동안 통도사에 머물렀고, 다시 불영사를 거쳐 대승사 선원, 백용성의 화과원, 대구 경주 등의 사찰 등을 전전하다가 1935년 일본 임제 대학으로 유학하였다.[125] 따라서 1979년 8월부터 『불광』에 발표된 「노사의 운수시절」에 보이는 한암의 불출동구와 수졸상은 오대산 상원사에 주석하던 매우 초기의 모습이다.

한암이, 1929년 조선불교선교양종의 7인 교정으로 선출되었을 적에도, 이듬해 오대산석존정골찬앙회의 법주로 취임하고 「해동초조에 대하야」를 발표할 적에도 조용명은 이미 오대산을 떠나 통도사에 머물렀다. 이어 한암이 먼저 두 차례 오대산을 나섰을 적에 조용명은 함양의 화과원과 대구 경주 지역의 사찰을 전전하거나 통도사 강원을 마치고 여름에 불영사를 거쳐 겨울에 대승사 선방으로 나간 다음이었다. 그는 스승의 실상을 볼 수 있는 위치에 있지 않았던 것이다.[126]

물론 필자가 수행을 포함한 승행으로서 한암의 불출산을 폄하하

124) 현칙(2003), 『산중일지』, 지영사 참조.
125) 선우도량 한국불교근현대사연구회(1995), 『22인의 증언을 통해본 근현대불교사』, pp.63~72.
126) 조용명, 「노사의 운수시절 선을 버리고 교에 들다」, 『불광』62, 1979.12, pp.40~51.

는 것은 결코 아니다. 그의 수졸상은 이후에도 이어졌지만, 사실 26
년간에 걸쳐 많아야 4회, 적으면 2회의 동구 출타는 실로 어렵고도
어려운 승행을 대표한다. 이능화뿐만 아니라 소마 쇼에이도 일체 세
속의 인연을 끊은 채 강원도 오대산 상원사에서 오로지 학인들을 제
접하며 정진하는 한암을 진정한 출가 사문이자 본분을 다하는 불제
자로 규정하고, 순수한 조선불교의 종풍을 고취하는 조선의 자랑이
라고 매우 높이 평가하였다.[127] 다른 관점에서 한암이 부처님의 계율
을 정갈하게 지키면서도 두문불출동구한 것은 타파할 무문관이 있
어서가 아니라 출입이나 왕래를 초월한 자유인으로 소요 자재했다는
평가도 있다.[128]

그럼에도 불구하고 현실과 사회에 대한 한암의 관심은 결코 적지
않았다. 한암은 결제와 해제에도 어려운 부처님의 말씀이나 조사어록
으로 법문하지 않고 담담하게 쉽게 일러주었고, 선교禪敎 모두 생활
화된 것을 알려주었다.[129] 특히 그는 지인과知因果와 함께 '명사리明
事理'를 강조하였다. 고송은 이를 반복하여 회고하였고, 보경도 인과
를 철저히 알고 사리에 밝은 스님으로 한암을 기억하였다. 도견과 동
성은 '명사리'를 보다 강조하여 잘못을 깨우쳐주는 사리에 밝은 전무
후무한 스님으로, 유학 서적을 다 읽고 입산하여 글과 세상사, 사리
에 아주 밝은 스님으로 한암을 평가하였다.

월정사 회주 현해는 한암의 수행과 가르침은 "일반사회의 사리와
의리에서도 전혀 어긋나지 않을 정도로 그 폭이 광대하였다."고 회

---

127) 相馬勝英, 「方寒巖禪師をたづねて」, 『朝鮮佛敎』87, 1933.4.1, p.14, p.19.
128) 윤소암, 「방한암 스님」, 『불교사상』23, 1985.10, p.144; 윤소암(1987), 『피안을
바라보며』, 원음사, p.299.
129) 한암문도회·김광식(2006), 『그리운 스승 한암 스님』, pp.270~273.

고하였다.[130] 한암이 원만한 도인으로 "불가와 세속에서도 전혀 걸림이 없는, 통달한 인간"이라는 시각도 있다.[131] 한암의 현실 중시론은 김종서 교수와의 일화에도 반영되어 있다. 그는 1945년 광복의 감격에도 불구하고 마음의 예속을 회의하며 "나란 도대체 무엇이냐?"라는 의심을 품고 오대산 상원사를 방문하였으나, 한암에게 도리어 크게 야단을 맞았다. "나라가 해방되어 젊은 학도들이 할 일이 많은데 어째서 이 산속으로 들어왔느냐." "오늘 하루만 묵고 당장 내일 나가라."[132]

이상, 한암의 불출동구와 현실관은 이理를 중심으로 사事를, 탈속과 세속을 산문이나 동구로 엄격하게 구분하면서도 회통하여 초월하는 적어도 이사무애의 경지, 나아가 사사무애한 화엄관의 반영이다. 탄허가 한암의 비명에서 "사가 곧 이[卽事而理]"[133]로 귀결한 것도 이에 다름아니다. 한암은 오대를 전통적 청정 도량으로 회복하고 참선 등으로 밝힌 불도를 중생의 교화와 구제로 확대하며 사회 현실마저 포용하였다. 불출동구나 수졸의 강조는 일제강점기를 배경으로 세간을 차단하면서도 높은 수준에서 회통하기 위한 우선적 방한防閑이나 경계였다. 또한 여기에는 조선시대 유자들이 은거하여 성현의 도를 간직하면서도 현실사회와 불가분의 관계를 지니는 산림山林의

---

130) 한암문도회·김광식(2006), 앞의 책, pp.11~12.
131) 강성태(2003), 『푸른 솔 푸른 향기』, 토방, p.50, p.184; 한암문도회·김광식(2006), 위의 책, p.45, pp.63~66, p.82, p.90, p.119, p.177, p.288.
132) 월정사·김광식(2013), 『방산굴의 무영수』하, 오대산 월정사, pp.18~19.
133) 원래 '일에 나아가 다스렸다'는 의미지만, '사事가 곧 이理'라는 화엄의 중의가 포함된다. 탄허불교문화재단(2012), 『탄허 대종사 연보』(2012), 탄허불교문화재단·오대산문도회·교림, p.63: 『정본 한암일발록』상, p.490.

면모도 보인다. 그렇지만 한암의 포용적 현실관은 일제와의 관계에서 왜곡되거나 변형될 여지가 남아 있고,[134] 온건적 불교정화론으로도 표출될 것이었다.

---

134) 「吾人修行이 專在於決心成辦」에는 친일적 요소가 있지만, 타인에 의한 용어의 일부 개변도 가능하므로 보다 세밀한 접근이 필요하다. 이처럼 친일과 관련된 그 밖의 글은 ①「선전어대조宣傳御大詔의 환발渙發에 제際하야 종도 일반에 고함」, ②「대동아전쟁 일주년 기념을 제際하야」, ③「불락험곡이천정로不落險曲履踐正路」, ④「유시諭示」가 있다. 『불교(신)』32 · 43 · 44 · 66(1942.1.1 · 12.1, 1943.1.1, 1944.11.1). 김호성과 임혜봉은 이상의 5편을 모두 한암이 직접 작성한 것이 아니라고 주장하였다. 김호성(1995), 『방한암 선사』, pp.57~59; 임혜봉(2010), 『종정열전』1, 문화문고, pp.304~306.

Ⅲ. 강원도 삼본사수련소의 설립과 운영

[Abstract]

The Establishment and Operation of the Gangwon-do Three Head Temple Training Center

Lee, Won-suk

Assistant Professor, Dharma College, Dongguk Univ., Seoul

This paper aims to examine the ideological project including the establishment and operation of the Three Head Temple

Training Center, promoted by Gangwon-do Province as a part of Mental Enlightenment Movement.

The Mental Enlightenment Movement pushed by the Governor, Ugaki Kazushige, was the policy for social enlightenment and thought control to train subjects of Japanese Empire through religious revival and faith cultivation. This was regularized in June 1935 by the notification on the purification of temples, and finally in January 1936, three main principles including the Japanese ruling system focusing on Japanese Emperor were delivered. At the center was Buddhism and The Central Administrative Headquarters of the Buddhism Foundation participated actively in the movement.

In early July 1935, Son Youngmok, the governor of Gangwon-do, instructed the main monk of the three head temples to purify the temple and cultivate monks, and the Chief of Home Affairs of Gangwon-do delivered to enhance Monk Asceticism and Discipline Rules among practice details. Since late Juanuary of 1936, the province of Gangwon-do held a preliminary meeting with the head monk of the Three Head Temple, and planned and promoted various projects. In particular, Buddhist Varsa Ceremony was the birthplace of the Training Center. It intended to spread the Mental Enlightenment Movement into the private sector by cultivating Buddhist leaders.

In mid-April 1936, the preliminary meeting of the three head temples changed Buddhist Varsa Ceremony into the Training Center. The Training Center operated a course training mid-level monks who got approval from the provincial governor after the recommendation of the main monk of the three head temples. On June 1st, the entrance ceremony for the first semester was held at Sangwon Temple, and it was disbanded after the fourth semester in the spring of 1941. In total, less than 50 monks completed the program. It continued to the training center of Sangwon Temple of Joseon Buddhist Jogye Order after the breakup.

The operation of the Training Center was decided at the preliminary conference of the three head temples led by the department of Home Affairs of Gangwon-do. The head manager was the Chief of Home Affairs of Gangwon-do, and the actual training was carried out by Han-am assisted by Junggang Tan-heo. It is notable that there were the meditations in the before-meal, morning, and evening as well as the lecture on Buddhist scriptures in the afternoon. Five Rules of Buddhism of Han-am was established from here. The completion test was a recitation of Diamond Sutra, and the privilege was to be granted the title of 'Great Monk'.

Although the Training Center failed, it has its own meaning in that it cultivated leading figures in modern Buddhism like Tan-heo as a modern monk educational institution and in that

Han-am re-established traditional Buddhism by Five Rules of Buddhism.

Key Words: Government General, Mental Enlightenment Movement, Gangwon-do, Son-Youngmok, Training Center of Three Head Temple, Han-am, Sangwon Temple.

1. 머리말

1936년 6월 1일 오전 10시, 오대산 상원사에서 강원도삼본사[삼본산] 연합 승려수련소(이하 수련소로 약칭)의 입소식이 열렸다.[1] 이는 조선 총독 우가키 가즈시게[宇垣一成]의 심전개발운동 방침에 따라 강원도가 유점사·건봉사·월정사의 삼본사와 함께 중견 승려들의 수양과 교육을 위한 것이었다. 수련소는 1941년 봄 마지막 수료생을 배출할 때까지 만 5년 동안 참선을 위주로 강학을 병행하며 40명이 넘는 중견 승려를 양성하였다. 수련소는 근대적 승려교육기관으로 탄허, 영암, 설산 등 현대 불교계의 동량을 배출하였다. 한암은 월정사의 선원인 상원사 조실로 1935년「佛敎は實行にあり」를 찬술하였고, 1941년 6월까지 조선불교선종의 종정으로서 승려들의 교육에 몰두하였다.[2] 수련소의 설립과 운영은 분명 일제강점기 말기의 어두운 역사지만 한국근대불교사에서 거론되지 않을 수 없는 바이다.

그런데 현재까지 심전개발운동에 대한 학계의 연구는 기초적 토대를 갖추었지만[3] 수련소의 고찰은 전론조차 없었다. 김광식과 염중

---

1) 〈승려수련소가 1일에 입소식〉,《매일신보》, 1936.6.7, p.5;「오대산 상원사의 승려수련소 입소식」,『불교시보』12, 1936.7.1, p.9.

2) 한암 대종사법어집 편찬위원회(2010),『정본 한암일발록』상, 오대산 월정사·한암문도회, pp.508~509. 아래에서는『정본 한암일발록』으로 줄인다.

3) 임혜봉(1993),『친일불교론』상, 민족사, pp.145~166; 한긍희(1996),「1935~37년 일제의 '심전개발' 정책과 그 성격」,『한국사론』35; 김순석(2000),「1930년대 후반 조선총독부의 '심전개발운동' 전개와 조선불교계」,『한국민족운동사연구』25; 조성운(2011),「『불교시보』를 통해 본 심전개발운동」,『한국민족운동사연구』67; 川瀨貴也(2001·2002),「植民地期朝鮮における'心田開發運動'政策」,『韓國朝鮮の文化と社會』1·「植民地期朝鮮における'心田開發'について」,『宗敎硏究』74-4(327) 참조.

섭(자현)이 탄허의 교육사상이나 한암의 교육관과 선교관禪敎觀을 검토하기 위해 수련소를 살펴본 정도이다.[4] 특히, 양자의 연구는 수련소에 초점을 맞춘 것이라기보다 한암과 탄허라는 개별 인물 중심의 미시적 접근이었다. 이제는 거시적 관점에서 총독부와 강원도의 심전개발정책을 토대로 수련소의 설립과 운영을 고찰할 필요가 있다.

본고는 기존의 연구를 토대로 강원도 심전개발운동의 일환으로 1936년 오대산 상원사에 설립된 수련소 전반을 고찰한 것이다. 필자는 먼저, 수련소의 설립 배경을 이해하기 위해 1930년대 총독부의 심전개발운동과 강원도의 구체적 정책 추진을 살펴보겠다. 이어 수련소의 설립 과정을 추적하고 입학과 수료, 해체의 실상을 고찰하며 운영과 교육과정을 검토한 다음 그 성격과 한계를 음미하고자 한다.

2. 심전개발운동과 강원도

1930년대 동아시아 정세는 급변하였다. 일제는 1931년 만주사변과 1933년 열하의 침공과 병행하여 1932년 만주국을 수립하여 대륙 침략의 토대를 구축하였다.[5] 국제연맹은 일본의 책임론과 함께 만주에서의 철군을 촉구하였고, 이에 반발한 일제는 1933년 2월 국제연맹을 탈퇴하였으나 국제적 고립과 군비 부족 상태에서 열강과 확전 가능성에 마주하였다. 일본 국내에도 1929년 세계공황의 여파가 농

---

4) 김광식(2003), 「김탄허의 교육과 그 성격」, 『정토학연구』6; 자현(2020), 『시대를 초월한 성자, 한암』, 불광출판사 참조.
5) 菊池秀明(2005), 『ラストエンペラ〜ト近代中國』, 東京; 講談社, pp.306~316; 이매뉴얼 C.Y. 쉬, 조윤수·서정희 옮김(2013), 『근현대중국사』하, 까치, pp.671~679.

촌까지 미쳤고, 자유주의나 사회주의사상이 확대되었다. 이에 따라 1935, 6년에 대두된 일본위기설은 황제기관설皇帝機關說의 비판과 국체명징운동國體明徵運動으로 나아가 파시즘의 권력 장악과 총동원체제의 구축으로 귀결되었다.[6]

그 파고는 곧바로 식민지 조선에 미쳤다. 민족말살체제로 민족주의운동과 사회주의운동을 정리하던 총독부는 총동원체제의 구축과 지배이데올로기의 강화에 직면하였다. 이에 6대 조선 총독 우가키[재임 1931.6~1936.8]는 일본의 농촌갱생운동을 조선에 적용한 농촌진흥운동을 추진하였다. 당시 일본 재야의 농본주의자와 신관료들은 농촌갱생운동을 주장하였고, 1932년 농림성 산하에 경제갱생부를 신설하고 관 주도의 농촌갱생운동을 추진하였던 것이다.[7] 1932년 11월 총독부는 농가의 자력갱생을 기치로 행정단위, 농촌진흥회 등을 통한 농촌진흥운동을 추진하여 물적 토대를 갖추었다. 그러나 그 실상은 농촌 부락의 재편과 지원병제도의 준비 등으로 충량한 황국농민을 배양하는 것이었다.[8]

심전개발운동은 관 주도의 농촌진흥운동을 민간의 참여로 확대하는 동시에 '민심작흥民心作興'을 기반으로 정신과 종교를 포함한 사상운동으로 제고한 것이었다.[9] '마음의 밭'을 비유적으로 의미하는 심전개발은 불교나 유교에서 종교적 수행이나 정신의 수양을 의미한

---

6) 김순석(2003), 『일제시대 조선총독부의 불교정책과 불교계의 대응』, 경인출판사, pp.157~162; 한긍희(1996), 앞의 논문, pp.141~143.
7) 川瀬貴也(2002), 「植民地期朝鮮における'心·田開發'について」, p.104.
8) 한긍희(1996), 위의 논문, pp.144~149.
9) 川瀬貴也(2002), 「植民地期朝鮮における'心·田開發'について」, p.105; 조성운(2011), 「『불교시보』를 통해 본 심전개발운동」, pp.112~114.

다.[10] 이는 우가키의 구상과 연설에 따라 1933년 말경부터 계획단계, 1935년 학무국의 정책 입안, 중추원의 자문[11]과 신앙심사위원회, 도지사와 참여관 회의, 각종 간담회와 심전개발위원회의 개최를 거쳐 구체화되었다.[12]

그 결과 1936년 1월 15일 이마이다 기요노리[今井田淸德] 정무총감은 심전개발운동 시행에 관한 통첩을 발송하여 3대 원칙을 제시하였다. 이는 국체관념國體觀念을 명징明徵할 것, 경신숭조敬神崇祖의 사상 및 정신을 함양할 것, 보은·감사·자립의 정신을 양성할 것이었다. 그 실행방법은 종교 각파 및 교화 제 단체는 상호 연락 제휴함으로써 실효를 거둘 것, 지도적 입장에 있는 자는 솔선하여 이에 노력하고 일반에게 시범을 보일 것이었다. 그 세부실천사항은 각종 교단과 교파, 지방관청, 교육시설, 사회시설 등이 연합하여 영화회, 강습회, 강연회, 방송, 인쇄물, 해설서의 간행 및 종교 교화 단체와 시설에 편의를 제공하는 것 등이었다. 지식인·종교가·포교사는 지도를 담당하고, 그 대상은 농촌의 학생·청년·농민이었다.[13]

심전개발운동은 종교의 부흥과 신앙의 배양을 통한 정신 교화에서 출발하여 천황에게 순종하는 황국신민의 육성으로 나아간 일종

---

10) 김순석(2000), 「1930년대 후반 조선총독부의 '심전개발운동' 전개와 조선불교계」, p.91; 한긍희(1996), 앞의 논문, pp.138~139. 자현은(2020) 『시대를 초월한 성자, 한암』의 pp.463~464에서 『잡아함경』의 '심전' 출처설을 부정하였다.

11) 한암도 여기에 응해 1935년 「佛敎は實行にあり」(『韓國近現代佛敎資料全集』64, 민족사, pp.233~235)를 서술하였다.

12) 김순석(2000), 「1930년대 후반 조선총독부의 '심전개발운동' 전개와 조선불교계」, pp.93~97; 조성운(2011), 앞의 논문, pp.114~116.

13) 「심전개발의 삼대 원칙에 취就하여」, 『불교시보』7, 1936.2.1, pp.1~2; 김순석(2000), 위의 논문, pp.97~103.

의 식민지 교화정책이자 사상통제정책이었다.[14]

초기 심전개발운동은 조상숭배와 경신사상敬神思想을 이용하기 위해 각종 종교, 특히 불교를 중심으로 진행되었다. 1935년 1월 31일, 총독부 학무국은 조선과 일본의 불교 대표자 13명을 초치한 간담회에서 신앙심의 배양을 의제로 토론하며 양국 불교계의 제휴에 의한 불교 부흥으로 의견을 모았다.[15] 3월 6일, 우가키는 총독관저에 중앙교무원 31본산 주지와 평의원을 초치하여 "조사선덕祖師先德의 행적을 살피시고 지덕연찬知德研鑽에 노력하여 사私를 버리고 공公을 취하여 반도半島 민중의 정신 작흥精神作興, 즉 심전心田이 젖을 수 있도록 … 조선불교계를 부흥시켜 정신계를 진전시키는 데 공헌해 달라."[16]고 주문하였다. 총독부의 기관지《매일신보》는 사설에서 심전개발의 주력으로 불교를 지목하며 불교의 사명을 촉구하였다.[17]

총독부는 사찰정화를 방침으로 정한 후 1935년 6월 19일 심전개발의 기반을 마련하기 위해 도지사들에게 사찰정화계획의 통첩을 엄달하였다.[18] 이는 심전개발운동의 본격적 출발이었다. 1935년 7월에는 불교 각 종파의 승려 대표들에게 심전개발에 대한 의견과 자문을

---

14) 한긍희(1996), 앞의 논문 참조.
15) 〈종교부흥 준비로 각파대표 간담회〉〈종교부흥 구체화 협의〉,《매일신보》, 1935.1.31·2.2, p.1.
16) 宇垣一成,「精神界のために貢獻せよ」,『조선불교』99, 1934.4.1, pp.2~3; 〈불교 각파대표 초대〉,《매일신보》, 1935.3.6, p.2.
17) 〈황폐한 심전개발 불교에 주력 경주〉〈심전개발과 불교의 사명〉,《매일신보》, 1935.3.26·5.31, p.2.
18) 〈각 도지사에게 통첩한 사찰정화 구체안〉,《매일신보》, 1935.6.22, p.2;「사찰정화에 대하야 각 도지사의게 통첩」,『불교시보』1, 1936.8.3, p.4;「心田開發と寺刹淨化」「寺刹尊嚴維持に關し各道知事に通牒」,『조선불교』111·112, 1936.6.1·7.1, p.4·p.6.

구하였다.[19] 심전개발운동의 확대에 따라 조선총독부는 1936년부터 예산을 증액하고 학무국 사회교육과의 종교계를 종교과로 승격시켰다.[20]

심전개발운동에서 조선총독부가 조선의 종교 가운데 불교를 주목한 것은 다양한 이유가 있었다. 불교는 조선 조정의 탄압을 받았지만 커다란 잠재력을 지녀 소생할 가능성이 크고, 승려의 자질과 지위를 강화하면 목표 달성에 유리하며, 장차 일본이 지배할 동아시아에 거부감이 없는 공통의 종교였다. 특히 불교는 일본의 국교인 신도를 쉽게 수용하거나 국교로 나아가는 과도기에 일본 정신을 발흥하여 일선동화를 도모할 수 있는 매개의 종교로 간주되었다.[21]

중앙교무원도 심전개발운동에 적극적으로 참가하였다. 이는 조선의 억불정책에 대한 피해의식이나 반발과 함께 포교를 통하여 불교중흥을 도모하려는 의도와 부합하였기 때문이다. 중앙교무원은 1935년 7월 28일 본산 주지를 중심으로 심전개발운동촉진발기인대회를 열어 심전개발운동의 참여를 선언하였다.[22] 8월 27일에 열린 31본산 주지회의는 불교의 포교와 사찰 정화를 결의하였다. 그 내용은 1면 1포교소로 농촌포교사업의 강화, 매년 여름 포교사 강습회의 개최, 전국적 순회 강연, 각종 사찰 정화사업 등이다.[23] 당시 유일한 불교잡

19) 「심전개발과 의견 청취」, 『불교시보』1, 1935.8.3, p.4.
20) 〈심전개발운동 조성 학무국 경비 요구〉〈심전개발에 박차 학무국에 종교과〉, 《매일신보》, 1935.7.14·27, p.2; 「심전개발운동과 학무국에 종교과 독립」, 『불교시보』2, 1935.9.1, p.4.
21) 김순석(2003), 『일제시대 조선총독부의 불교정책과 불교계의 대응』, pp.93~95; 조성운(2011), 앞의 논문, pp.119~120.
22) 「조선불교심전개발사업촉진발기회」, 『불교시보』2, 1935.9.1, p.4.
23) 「31본산주지회」「주지 회의에 상정된 의안 내용과 결의된 사항」, 『불교시보』3, 1935.10.1, p.6; 〈심전개발에 향응響應 조선불교 최고기관 선교양종 종무원〉, 《매

지인 『불교시보』는 "심전개발운동에 한 팔이 되고 한 다리가 되어"[24]라고 하여 기관지로서 선전을 불사하였다. 그 편집인 김태흡金泰洽은 각종 불교서적과 관련 기고를 통하여 심전개발을 선전하였고 가장 많이 전국 순회 강연을 다닌 전도사였다.[25]

물론 불교 중심의 심전개발운동에 대한 우려가 있었지만,[26] 우가키를 이은 미나미 지로[南次郎]도 기존 정책을 이었다. 그는 1937년 2월 26일 총독부 제1회의실에서 개최된 31본산 주지회의에서 일시동인一視同仁의 황화皇化로 부여된 불교 재기의 기회를 이용하여 정신생활, 심전개발에 분투할 것을 촉구하였다. 학무국장 토미나가 분이치[富榮文一]는 심전개발운동에서 사회교화와 민심 작흥을 불교계에 기대하며 사찰 정화와 포교, 불교도 양성, 삼보 정재 관리 등을 지시하였다. 여기서 불교진흥책으로 중앙집권적 총본산인 조계종의 창설에 의견을 모았고, 학무국 사회교육과장은 이를 환영하였다.[27] 조계종의 건설도 사실상 심전개발운동과 연동되었던 것이다.[28] 1937년 4월 20일 미나미가 보다 구체화한 조선 통치의 5대 지침 가운데 황도선양, 신사참배, 황거요배皇居遙拜 등의 '국체 명징'과 국민 정신 함양

일신보》, 1935.9.3, p.2.
24) 「창간사」, 『불교시보』1, 1935.8.3, p.1.
25) 조성운(2011), 앞의 논문, pp.124~125, pp.137~161; 「근고謹告」, 『불교시보』22, 1937.5.1, p.8.
26) 〈심전개발에 불교 중심은 낙제〉, 《조선일보》, 1936.1.8, p.2.
27) 〈조선불교의 재기지추再起之秋〉, 〈정신작흥전개책으로 불교 부흥 중대회의〉, 〈사회정화 민심 작흥을 조선불교에 기대〉, 〈불교운동 참모본부인 중앙집권적 총본산〉, 《매일신보》, 1937.2.27, pp.1~3.
28) 각황사[현재의 조계사]의 증축도 심전개발운동의 일환이었다. 김광식(1996), 「일제하 불교계의 총본산 건설 운동과 조계종」, 『한국근대불교사연구』, 민족사; 김순석(2000) 앞의 논문, pp.104~105.

과 황국신민을 포함한 '교학 증진'은 심전개발운동과 밀접하였다. 7월의 중일전쟁은 전시국민정신총동원체제로 이행을 가속함으로써 심전개발운동의 황민화적 성격은 더욱 강화된다.[29]

한편, 지방의 심전개발운동은 총독부의 지시를 받은 지방 각 도와 31본말사, 즉 일제의 중앙과 지방의 통치 체제와 사찰령 체제를 결합하여 공동으로 추진되었다. 먼저 총독부가 심전개발운동의 방향과 원칙을 제시하면, 각 도는 목표를 달성하기 위해 지방의 실정과 특성을 고려하여 적합한 사업계획을 세우고, 도 내의 본말사와 함께 시행하였다. 이에 따라 지방의 참여는 다양하였지만, 강원도와 삼본사는 매우 적극적이었다. 다만, 본고는 강원도의 심전개발운동 가운데 수련소와 관련이 깊은 부분을 중심으로 논지를 전개한다.

총독부는 1935년 6월 19일 학무국, 경무국, 내무국 등과 경기도에서 마련한 사찰 정화 통첩을 내려 도청과 군청에 본말사의 주지를 초치하여 시행케 엄명하였다.[30] 이에 따라 강원도 손영목孫永睦 지사知事는 7월 4일 도청 내무부장실에서 삼본사 주지를 불러 훈시하였고, 이어 도청회의실에서 내무부장의 통제하에 삼본사 주지들은 실천사항을 협의하고 지시사항을 받들었다. 이는 바로 총독부의 사찰 정화령을 세부적으로 규정하고 구체적 추진과 명시된 시한을 준수하는 것이었다. 그 내용은 유흥 오락·세속 음악·주류 판매·음주 만취자의 출입·기타 사찰의 존엄을 해치는 행위 등의 금지이다. 그리고

---

29) 『불교시보』가 1936년을 기점으로 1기와 2기를 구분하였고, 임혜봉(1993)도 『친일불교론』상 pp.145~166에서 이를 따랐다. 이와 달리 조성운(2011)은 앞의 논문에서 1937년 중일전쟁을 기준으로 구분하였고, 김순석(2000)도 앞의 논문에서 비슷한 입장에 섰다.

30) 앞의 주 18) 참조.

이를 공시하는 게시판의 설치와 시한 등의 각종 사항과 사찰 승규의 준수가 결의되었고, 각 군은 경내의 말사 주지를 소집하여 시달하고 실시할 것 등 12개 사항이었다.[31]

당시 강원도지사 손영목의 훈시는 수련소와 관련하여 주목된다. 그는 불교도에게 일반 민중의 선도와 정신운동의 선구적 사명을 전제하고, 불교의 침체 현상을 진단한 다음 ①총독부의 통첩에 따른 사찰 정화의 조속한 시행, ②승려의 수양 강조와 이를 통한 일반 민중의 선도, ③포교를 위한 사찰재산의 엄격한 관리를 주문하였다. 이는 실로 중생의 포교와 선도를 기반으로 불교를 부흥하고 심전개발 운동으로 확산시키려는 것이었다. 특히 ②와 관련하여 손지사는 "큰 원인은 신앙의 유도誘導인 일반 승려의 수양부덕修養不德으로 기운 무자각無自覺이며 스스로 처한 이 비천卑賤하고 민중을 선도할 능력이 없음에 기인基因된 것이 다일多一하다."고 생각하여 "승려의 수양 향상을 계計"하라고 명하였다.[32]

승려의 수양과 자질 향상은 내무부장 지시사항의 '(4) 승려의 수행 및 승규 진작에 관한 건'에 구체화되었다. 당시 승려는 승규의 문란, 사찰 분규, 주지의 본분 상실과 배척 운동 등의 풍조에 젖어있었다. 승려의 수양과 승규의 진작은 바로 그 해결책이었다.

> 현금現今 서로 상계相戒하며 수양修養에 노력하야서 승풍僧風을 계숙
> 戒肅하야 원융제도圓融濟度 종교가의 직업본분職業本分에 진력하도록
> 일반 승려의 해행수계解行受戒, 법계法階, 안거安居의 제행사諸行事를
> 독려엄정督勵嚴正히 하며 또는 장경藏經의 행계行戒를 여행勵行하야서

---

31) 〈본산주지회석상 영지 정화靈地淨化를 지시(1)〉, 《매일신보》, 1935.7.9, p.4.
32) 〈재래의 폐풍弊風을 일소 심전개발을 도圖하라〉, 《매일신보》, 1935.7.7, p.4.

부흥의 도상途上에 있는 조선불교의 진흥상振興上 일반의 공부와 노력하기를 요要함.[33]

강원도지사의 훈시와 내무부장의 지시사항에 따르면 강원도는 1935년 7월 초에 심전개발운동 아래 민중의 교화와 포교, 불교 중흥을 위해 승려의 수양과 교육을 통한 자질 향상과 승려의 수계 법계와 안거를 통한 승풍 정돈을 계획하였다. 이는 총독부 학무국이 사찰 정화를 이어 불량 승려를 퇴출하려는 사업에 부합한 것[34]으로 수련소의 전신인 '승려안거법회'의 출발이었다.[35] 또한, 여기에는 강원도의 심전개발운동 추진체로서 사회부장을 비롯한 참여관과 삼본산주지타합회打合會[협의회]가 모습을 드러냈다. 이는 행정 체제와 사찰령 체제의 결합으로 관 주도 민 보조의 성격을 보여준다.

이에 내무부장과 주무자 홍종국洪鍾國 참여관參與官이 1935년 후반부터 마련한 심전개발운동의 계획은 1936년 1월 15일 총독부에서 심전개발운동의 3대 원칙이 정해진 뒤인 1월 말경에 구체화되었다. 승려안거법회는 후술하겠지만, 그 중요 내용은 사찰사무강습회와 순회 강연의 개최, 본말사주지타합회 등이다.[36] 강원도는 도비 가운데 1500원의 예산을 들여 삼본사수련소와 순회 강연에 배정하였다.[37]

---

33) 〈본산주지회석상 영지 정화를 지시(2)〉, 《매일신보》, 1935.7.10, p.4.
34) 〈사찰 정화의 다음으로 부랑승니浮浪僧尼 철저 퇴치徹底退治〉, 《매일신보》, 1935.7.7, p.5. 이에 앞서 강원도는 사찰에서 승려 가족의 상주를 금지하였다. 「僧侶家族の寺刹內常駐禁止」, 『조선불교』112, 1935.7.1, p.7.
35) 탄허는 강원도지사 손영목이 수련소를 주동하여 개설하였다고 회고하였다. 탄허문도회(2013), 『방산굴법어집』, 오대산 월정사, p.75.
36) 〈불교를 중심으로 심전개발에 매진〉, 《매일신보》, 1936.1.30, p.4.
37) 「강원도청의 심전개발실천계획」, 『불교시보』10, 1936.5.1, pp.6~7.

이에 대해 『불교시보』는 사설에서 사찰에만 의지하지 않고 도의 자체 예산을 배정하여 관민 합작의 형태로 추진한 점을 조선의 모범이자 장거로 높이 평가하였다.[38]

강원도의 심전개발 계획에 따라 4월 12~13일 강원도청에서 열린 사찰사무강습회는 학무과가 삼본사와 중요 말사의 주지 19명을 불러 사찰 관계의 법규, 사무 처리 규정, 경리와 예산 등을 교육하는 것이었다. 그리고 순회 강연은 삼본사와 각 군과 연합으로 1일씩 청년단·부인회·아동·일반 민중을 대상으로 각 군 2개소, 모두 42개소에서 진행된다. 강사는 본말사의 주지·포교사·승려, 혹은 사찰사무강습회의 경우처럼 중앙교무원의 포교사 김태흡이 거론되었다.[39]

이에 김태흡은 1936년 4월 12일부터 강원도청의 사찰사무강습회에서 〈불교 신앙과 심전개발〉을 강연한 것[40]을 필두로 1940년 3월까지 강원도에서 심전개발운동과 관련한 순회 강연을 125회나 열었다. 사실 그는 강원도뿐만 아니라 전국적으로 가장 많은 순회 강연을 실시하였다. 그는 심전개발운동에 매진하기 위해 중앙불전의 전임강사마저 사직하였다.[41]

1936년 중반 강원도는 심전개발운동의 점검과 도약을 위해[42] 유

---

38) 「강원도청의 장거」, 『불교시보』10, 1936.5.1, p.1.

39) 이상 사찰사무강습회와 순회 강연은 〈불교를 중심으로 심전개발에 매진〉, 《매일신보》, 1936.1.30, p.4; 「강원도청의 사찰사무강습회 개최」, 『불교시보』10, 1936.5.1, p.6 참조.

40) 〈불교를 중심으로 심전개발에 매진〉, 《매일신보》, 1936.1.30, p.4; 「강원도청의 심전개발 강연」, 『불교시보』10, 1936.5.1, p.7; 조성운(2011), 앞의 논문, p.140.

41) 삼척 표리정表裏晶의 6회, 강릉 김유신金宥信의 3회를 제외한 강원도의 순회 강연은 김태흡이 전담하였다. 조성운(2011), 위의 논문, pp.124~125, pp.137~161; 「근고謹告」, 『불교시보』22, 1937.5.1, p.8.

42) 「전국적 일류망라一流網羅 강력위원회 결성」, 『불교시보』13, 1936.8.1, p.6.

220

교를 불교보다 앞세운 적도 있지만,[43] 여전히 불교는 강원도 심전개
발운동의 핵심이었다. 강원도는 승려수양강습회도 개최하였다. 이는
1937년 4월 18일 월정사에서 홍종국 참여관의 주재로 열린 삼본사
주지타합회에서 처음 논의된 사업으로[44] 2월 26일 총독과 학무국장
의 훈시와 연설을 구체화한 것이었다. 제1회 승려수양강습회는 개최
되었지만, 자료상 확인되지 않는다. 제2회는 1938년 8월 2일부터 7일
까지 건봉사에서 열렸다.[45] 1939년 7월 16일부터 20일까지 월정사에
서 열린 제3회는 계획[46]보다 배나 많은 100여 명이 참가하였다.[47]

　보도 자료에 의하면, 승려수양강습회는 1년에 1회, 1주일 동안 삼
본사에서 강원도의 일반 승려 50~100명을 대상으로 진행되었다. 강
습회는 명목상 강원도 승려의 지식 향상과 심신 연마를 통하여 소질
을 향상하는 것이었다.[48] 강습회의 강사로 확인된 인물은 권상로와
김태흡이다. 교육내용은 조선불교사·불교교리·포교법·법요의식을
비롯하여 좌선과 기도 정진이었다. 승려수양강습회는 수련소보다 수
준이 낮은 일반 승려를 교육하는 것으로 교육목표와 교육내용에 심
전개발운동을 확산시키려는 강원도의 의도가 확인된다.[49]

43) 「강원도의 심전개발사업 실행의 방침」, 『불교시보』13, 1936.8.1, p.8.
44) 〈승방정화僧房淨化 위하야 강원주지협의회〉, 《매일신보》, 1937.4.23, p.3; 「강원
　　삼본산 주지회」, 『불교시보』22, 1937.5.1, p.6.
45) 「강원도 삼본산급 중요말사 타합회」 「강원도 주최 제2회 승려수양강습회」, 『불
　　교시보』35·38, 1938.6.1·9.1, p.7·p.11.
46) 〈강습회, 내지시찰 등 승려 소질 향상 도모〉, 《매일신보》, 1939.3.19, p.4.
47) 「강원도의 불교진흥책 강습회 내지시찰 등 실행」 「오대산 월정사 승려수양강습
　　회」, 『불교시보』45·49, 1939.4.1·1939.8.1, p.13·p.11.
48) 위의 주 46) 참조.
49) 「강원도 삼본산급 중요말사 타합회」 「강원도 주최 제2회 승려수양강습회」, 『불
　　교시보』35·38, 1938.6.1·9.1, p.7·p.11.

1939년 월정사에서 개최된 제3회 승려수양강습회는 한암과 관련이 있다. 당시 강사로 초청된 중앙불전의 권상로는 상원사를 방문하여 한암을 처음 만나 인사한 다음 선문답을 펼쳤고, 이어 한암은 수양강습회에 참가한 승려들을 대상으로 「무설무문無說無聞이 진설진문眞說眞聞」이라는 주제로 상당 설법하였다.[50] 이는 이종욱이 월정사의 승려수양강습회에 한암을 초청하였으나 한암이 불출동구로 거절한 관계로 상원사에서 거행되었다.[51]

강원도의 내지시찰사업은 승려수양강습회와 마찬가지로 1937년 4월 18일 월정사의 삼본사주지타합회에서 처음으로 논의되었다.[52] 그 계획은 삼본사의 우수한 포교사나 사찰 직원 5~6명을 선발하고 1인당 150~180원을 보조하여 2~3주간 내지불교를 시찰하는 포상사업이었다.[53] 1939년과 1940년의 내지시찰명단에 따르면, 대상자는 본사나 말사의 소임자였다.[54] 여기서 '내지'란 일본을 의미하는 점에서 내지시찰은 실로 일본불교시찰이었다.

그런데 일본불교시찰단은 1937년 논의에 그쳤다. 첫 시찰단은 1938년 6월 12~27일까지 보름가량, 1939년에는 5월 15~6월 2일까

---

50) 권상로와의 대면은 1939년 7월 15일이고, 한암의 상당설법은 9일이다. 「무설무문無說無聞이 진설진문眞說眞聞」 「불전 권상로 교수와 방한암 선사의 선적 문답禪的問答」, 『불교시보』51, 1939.10.1, p.4; 『정본 한암일발록』상, pp.36~37.
51) 다만 보경이 겨울철에 개최하였다는 회고는 잘못이다. 한암문도회·김광식(2006), 『그리운 스승 한암 스님』, 민족사, p.79.
52) 〈승방정화僧房淨化 위하야 강원주지협의회〉, 《매일신보》, 1937.4.23, p.3; 「강원도삼본산주지회」, 『불교시보』22, 1937.5.1, p.6.
53) 〈모범승려를 선발 내지불교계 시찰〉, 《매일신보》, 1937.4.24, p.3; 「강원도삼본산주지회」「모범승려의 내지불교시찰계획」, 『불교시보』22, 1937.5.1, pp.6~7.
54) 2, 3차의 일본불교시찰단의 명단은 〈강원도 승려 8명 내지불교시찰〉 〈불교관계자 내지시찰단〉, 《매일신보》, 1939.5.7·1940.5.25, p.3 참조.

지 19일간, 1940년에는 4월 하순부터 5월 중순까지 추진되었다.[55] 1940년 이후 기록이 《매일신보》나 『불교시보』에 전하지 않는 것은 승려수양강습회와 동일하다. 그 선발 인원은 계획보다 확대되어 20~50세의 모범 승려 8~10명이었고, 기간은 대략 봄과 여름에 2~3주의 일정이었으며, 시찰대상은 나고야·오사카·교토·나라·도쿄 등의 사찰과 불교계 등이었다. 단장은 강원도의 내무부 관리였고, 특전은 일인당 170원 정도의 여비를 보조하는 것이다.

불교시찰단은 강원도 내무부장의 통첩에 따라 귀국 후 지역을 분담하여 본말사 승려와 일반대중을 대상으로 일본불교시찰담·심전개발운동·시국인식의 순회강연이나 좌담회에서 강연하였다. 예컨대, 2차 시찰단원인 유점사의 정야운鄭野雲은 1939년 8월 5일부터 〈내지불교시찰여감內地佛敎視察餘憾〉을 주제로 7차에 걸쳐 강연하였고, 1940년 시찰단원이었던 철원 심원사 주지 최경출崔敬出은 11월 9일 철원읍 사무소에서 순회 강연을 열었다.[56] 이는 불교시찰사업이 심전개발운동의 일환으로 추진되었음을 잘 보여준다.

외견상 일본불교시찰은 강원도의 모범 승려들을 표창하는 사업이었다. 그러나 1930년대의 일본불교시찰단은 전통불교의 부흥과 근대화라는 1920년대의 추세와 달리 각종 성지[신궁]의 참배 및 국가 본위의 대찰을 견학함으로써 일선동화나 민중교화를 통한 전시 동원의

---

55) 「강원도 삼본산급중요말사타합회」 「강원도삼본산법려 내지불교시찰단 출발」 「강원도 승려 내지시찰단일행 입성入城」, 『불교시보』35·36·37, 1938.6·7·8.1, p.7·p.9·p.14; 〈강원 승려 8명 내지불교시찰〉〈승려 약 10명을 선발 내지불교를 시찰〉〈불교관계자 내지시찰단〉, 《매일신보》, 1939.5.7·1940.2.21·5.25, p.3.

56) 「유점사 주최 내지불교시찰에 대한 순회 강연」, 『불교시보』51, 1930.10.1, p.14; 〈불교강연 좌담회〉〈철원 불교강연회 성황〉, 《매일신보》, 1940.9.25·11.14, p.3.

제2부 한암과 오대산 상원사 223

성격이 강하였다.[57] 여기에는 심전개발운동의 3대 원칙이 반영되었던 것이다.

3. 수련소의 설립 과정

1936년 1월 말에 확정된 강원도 심전개발사업계획의 핵심은 불교를 중심으로 한 '승려안거법회僧侶安居法會'였다. 강원도 내무부의 실무자인 참여관 홍종국은 '승려안거법회'를 확정하기 위해 1월 16일 영하 35도의 날씨에 평창 군수와 월정사 승려를 대동하고 상원사에서 한암을 만났다. 월정사 승려는 홍종국과 한암을 연결한 주지 지암 이종욱李鍾郁일 것이다. 그는 당시 강원도 내무부와 삼본사주지타합회를 이끌며 월정사 조실 한암을 추천한 것으로 보인다.[58]

불교를 중심으로 심전개발운동을 성공시키기 위해 중견 승려의 양성에 있어 사표가 되는 명승名僧은 필수적이었다.[59] 1926년에 경남 당국에 의해 통도사 주지로 추천[60]된 한암은 강원도 삼본사와 밀접하였다. 그는, 금강산 장안사에서 출가하였고, 신계사의 보운강회에서 수학하였으며, 그의 승행은 유점사를 비롯한 금강산 지역에 널리

---

57) 특히 이는 미나미가 4월 20일에 훈시한 국체명징과 직결된다. 조성운(2007), 「일제하 불교시찰단의 파견과 성격」, 『한국선학』18; 김경집(2002), 「일제하 불교시찰단 연구」, 『불교학연구』44 참조.
58) 박희승(2011)은 『지암 이종욱』, 조계종출판사, pp.130~132에서 심전개발운동을 강원도의 후원으로 보고 지암이 수련소를 주도적으로 설립한 것으로 규정하였다.
59) 〈불교를 중심으로 심전개발 도모〉, 《매일신보》, 1936.1.23, p.4.
60) 영축총림 통도사(2008), 『축산 구하 대종사 민족불교운동 사료집』하, 영축총림 통도사, pp.196~197.

알려졌고,[61] 1935년 표훈사 주지 최원허崔圓虛가 발행한 『금강산』의 발기인이자 각황사에서 창립된 금강산불교회의 고문이었다.[62] 금강산 건봉사의 조실도 역임하였다. 사실 강원도에서 운영하는 안거법회의 조실로는 한암이 최고의 적임자였다.

> 금번今番 월정사 상원사에 잇는 명승인 방한암 선생을 방문한 것은 … 차此와 여如히 하려면 월정사에 잇는 방선생方先生의 심을 아니할 수가 업서 차此를 의議키 위하야 간 것이다. 엄동에 급히 가지 안아도 상관 업겟스나 예산 관계도 잇서 단여 왔다. 그런데 방선생을 상봉하야 의견을 교환하야 보니 참으로 훌융한 선생인 것을 깨다럿다. 처음에는 응應치 아니하다가 한천寒天에 온 성의를 생각하야서 승락하게 되엇는데 각 사찰 일반승려 중에서 신信, 원願, 행行의 삼건三件이 정당한 자로 기십명幾十名이고 선발하야 보내주면 되도록은 성의것 훈육하겟다고 하엿스며 또 한 가지의 청은 일 년에 일차식一次式이라도 도내 각 사찰로 순회하야 이삼일식二三日式이라도 선생이 유留하시게 되면 큰 감동感動이 유有하겟스니 승락만 한다면 어느 때고 자동차를 가지고 영접하겟다 함에는 절대로 차사此寺[상원사]에서 외출케 마러 달나고 거절을 당하엿스나 방문한 목적은 달達하엿는데 … 여하튼 방선생의 승락을 수受하야 깃부며 인원은 아즉 부지不知나 4월 15일경에는 각 사찰에서 선발하야 상원사로 입사入寺케 할 예정이다.[63]

---

61) 1927년에는 금강산 유점사 마하연의 백운 스님과 신계사 보운암의 석두 스님에게도 한암의 상원사 이거가 이미 알려졌다. 유점사의 만허는 상좌 범룡에게 "중 노릇은 한암 스님만큼 하라."고 당부하였고, 보덕굴의 승려는 한암을 한국에서 제일가는 도인스님으로 일컬었다. 조용명, 「노사의 운수시절 바람 타고 삼천리」, 『불광』61, 1979.11, pp.49~51; 한암문도회·김광식(2006), 『그리운 스승 한암 스님』, p.33, p.154.
62) 『불교시보』1·3, 1935.8.1·10.1, p.7·pp.7~8.
63) 〈불교를 중심으로 심전개발 도모〉, 《매일신보》, 1936.1.23, p.4.

인용문은 참여관 홍종국이 승려안거법회를 추진하기 위해 한암을 면담한 과정과 그 소감이다. 기사의 부제에서 보이듯이 한암은 "승려의 사표될 명승"으로 인정되었고,[64] 한암의 사양 끝에 승낙을 받은 홍종국은 기쁨을 감추지 못하였다. 여기에는 한암의 불출동구의 소신과 함께 강원도의 심전개발운동의 윤곽이 확인된다. 첫째는 강원도의 사찰을 중심으로 신·원·행이 뛰어난 중견승려를 교육한다는 점에서 삼본산 수련소가 상정되어 있다. 둘째로 수련방식은 4월 15일 상원사 입소라는 점에서 하안거이다. 셋째로 수련생은 '기십명幾十名'으로 보아 대략 30명, 본사마다 10명이 배정된 것이다.[65]

승려안거법회는 1936년 1월 말경에 확정되었다. 그 목적은 "도내 승려의 수양혜행修養慧行의 향상向上을 도圖하며 또 중견승려 양성을 함"이고, 개최 장소는 "월정사의 산내 말사 상원사 선원"이었다. 안거 기간은 하안거와 동안거이다. "하안거는 소화 11[1936]년 6월 4일부터 8월 30일까지 90일간, 동안거는 11월 28일부터 익년翌年 2월 말까지 90일간"이다. 결제와 해제의 일시는, "결제식일結制式日 하안거는 6월 4일, 동안거는 11월 28일, 해제식일解制式日 하안거는 8월 30일, 동안거는 2월 말일"이다. 원주는 "월정사 주지 이종욱"이고, "조실은 조선불교 교정 방한암"이다. 인원은 말사를 포함하여 "유점사 8명, 건봉사 6명, 월정사 6명"으로 모두 20명의 수좌이다. 입회 자격은 "①본도本道 내內 사찰에 재직하고 연령은 20세 이상, ②되도록 사교과四敎科 수료자나 동등 이상의 학력이 유有하며 신체 건전한 자, ③신앙심

---

64) 영축총림 통도사(2008), 『축산 구하 대종사 민족불교운동 사료집』하, pp.196~197.
65) 《매일신보》(1936.1.30, p.4)의 〈불교를 중심으로 심전개발에 매진〉에 보이는 "도내 각 사에서 승려를 선발하여 20명이고 36[30]명"은 이를 뒷받침한다.

이 풍부하며 또 불교에 대하여서 신념이 유有한 자, ④선불禪佛에 대하야 특히 염원심念願心이 두텁고 또 품행이 방정하며 계행戒行을 각수格守하는 자"이다. 모집 방법은 각 본사의 주지가 "입회 지원자 각인과 인물·학력·계행 등에 대하여 엄밀히 고사考査한 후 우수한 자를 도지사에게 추천"한다. "추천조사推薦調査에 본인의 수행이력서를 첨부하여 4월 10일까지 도청에 필참必參의 예정豫定으로 제출"하고, "말사 주지는 입회 자격자 각인各人의 인물·계행戒行 등의 원서를 작성하야 본인의 이력서 2통을 첨부하여 3월 10일 한 본사 월정사 주지에게 제출하여 추천을 청"한다.[66] 손영목 지사의 훈시는 승려안거법회로 구체화되었던 것이다.

이상에서, 승려안거법회는 1936년 하안거와 동안거를 의미하고 수련기간이 1년이다. 한암은 조실로 안거를 지도하고 월정사 주지 이종욱은 원주로서 안거를 뒷받침한다. 입소는 예상보다 적은 중견 승려 20명으로 결정되었다. 이는 사교과 수료자로 불교에 대한 신앙심과 선불교의 염원이 강한 청정 승행의 수좌로 제고된 자격요건 때문이다. 말사 주지가 원서와 지원자의 이력서를 첨부하여 본사로 올려 추천을 요청하고, 삼본사 주지는 인물·학력·계행을 엄밀히 조사하여 도지사에게 추천하면, 도지사가 최종적으로 재가한다. 수련소 장소가 상원사로 결정된 것은 월정사의 조실이자 선원이 상원사에 있었기 때문이다.[67] 안거수양법회의 목적을 승려의 자질 향상과 중견승려의 양성으로 삼은 것은 불교의 지도자를 양성하여 심전개발운동

---

66) 이상 승려안거법회는 〈불교를 중심으로 심전개발에 매진〉,《매일신보》, 1936.1.30, p.4 참조.
67) 반면에 자현(2020)은 『시대를 초월한 성자, 한암』 pp.470~473에서 수련소를 상원사에 설립한 것을 이례적으로 보았다.

을 주도, 확산하려는 것이었다. 이를 위해 강원도는 3월 하순 삼본사의 본말사를 대상으로 사찰 주지 타합회를 계획하였다. 여기서 논의 사항은 승려안거법회 등이었지만, 계획이 변동될 수 있다는 단서 조항이 붙었다.[68] 이는 1936년 1월 초, 불교계에 위대한 승려가 없고 수양에 장기간이 걸린다는 이유로 불교 중심의 심전개발운동이 낙제라는 일각의 주장을 불식시키는 것이었다.[69]

계획보다 지체된 4월 11일, 강원도 도청에서 중요 말사 주지를 포함한 11명이 참가한 삼본사주지타합회는 승려안거법회를 삼본사수련소로 바꾸었다. 회의가 10일 이상 지연된 것은 안거 위주의 승려교육이 수련소로 전환됨에 따른 준비와 함께 입소자 원서 마감과 관련된다. 그 의결사항은 ①수련소 규칙에 관한 사항, ②1936년도 수련소 예산에 관한 사항, ③수련소 수강생 모집에 관한 사항, ④각 사찰 부담금 수입에 관한 사항, ⑤심전개발 기타의 사항 등이다. 이는 실로 수련소의 출범에 따른 구체적 세부계획 마련이었다. 이와 함께 강원도는 1500원의 예산을 심전개발비로 책정하였는데, 그 가운데 500원은 오대산 상원사의 승려수련소 운영비였다.[70]

왜 안거수양법회가 두 달이 지나 삼본사수련소로 개편되었는지는 자료에서 확인되지 않는다. 물론 안거수양법회는 관 주도 민 보조라는 운동의 추진과정에서 불가피하였겠지만, 안거수양법회가 일본식 명명인 점과 함께 심전개발운동에 대한 불교계 내부의 반발이나 타율적

68) 〈불교를 중심으로 심전개발에 매진〉,《대한매일신보》, 1936.1.30, p.4.
69) 〈심전개발에 불교 중심은 낙제〉,《조선일보》, 1936.1.8, p.2.
70) 「강원도청의 관내 본말사주지타합회打合會 개최」 「강원도청의 심전개발실천계획」, 『불교시보』10, 1936.5.1, pp.6~7; 〈불교를 중심으로 심전개발에 매진〉,《매일신보》, 1936.1.30, p.4.

교육이라는 비난과 관련된 정비과정이 있었을 것이다.[71] 또한, 강원도
청의 심전개발계획이 월정사의 지암과 상원사의 한암이 실무를 협의
하는 과정에서 참선 중심의 안거를 수용하면서도 실질적으로 불교교
육을 강화하려는 의도가 반영되었을 수도 있다. 이는 한암의 상원사
이거가 왜색불교의 반발과 관련되어 주목되는 부분이기도 하다.[72]

수련소 개설과 관련하여 지세가 협소한 상원사에 공간 마련은 우선
적 과제였다. 상원사는 기존의 선방도 운영[73]하는 동시에 수련생을 합
하면 적어도 35명 정도 내외가 머물 수행공간이 추가로 소요되었다.
1936년 봄, 수행공간의 기초 작업에는 상원사 대중이 동원되었다.

> 그 수련소 집을 지을 때에 직접 터를 다졌지. 탄허 스님도 직접 목도를
> 해서 목에 굳은살이 다 배겼어. 터를 닦을 때는 가마니에 흙을 담고,
> 가마니 양옆에 목도를 끼워서 목에 걸고 날랐어. 대중이 다 참여하였
> 는데.[74]

이렇게 만들어진 수련소에는 삼본사에 각각 하나씩, 모두 3개의
방이 배정되었다.[75] 여기에는 강원도 예산으로 배정한 500원의 일부
가 우선 투입되었을 것이다.

---

71) 김형준金炯埈은 승려 수련의 타율성을 비판적으로 지적하였다. 「승려 수련에
   대하야 어든 감상」, 『불교시보』12, 1936.7.1, p.18.
72) 졸고(2017), 「한암의 상원사 이거와 시기 검토」, 『정토학연구』28, p.161.
73) 김광식(2003)은 「김탄허의 교육과 그 성격」, 『정토학연구』6, pp.223~224에서
   1935~1943년까지 외호 인원을 제외하고 상원사의 안거에 참여한 수좌는 대략
   20~56명으로 제시하였다. 자현(2020)은 앞의 책 p.468에서 해제 때 40~50명 결
   제 때 100명 정도로 상정하였다.
74) 한암문도회·김광식(2006), 『그리운 스승 한암 스님』, pp.157~158.
75) 한암문도회·김광식(2006), 위의 책, p.235.

4. 입소와 수료 및 해체

삼본사주지타합회에서는 수련소의 수강생 규칙이 정해지고, 수강생의 모집도 일단락된 것으로 보인다. 다만 수강생 규정은 전해지지 않는다. 마침내 1936년 6월 1일 상원사에서 제1기 17명[76]의 입소식이 성대하게 거행되었다. 그 소식은《매일신보》6월 7일자 기사에 전한다.

> 강원도삼본사연합승려수련소에 입소식은 지난 1일 오전 10시부터 평창군 오대산 상원사에서 성대히 거행하얏는데 수련생의 입소자는 17명이며 당일 임석자臨席者는 손지사孫知事 홍참여관洪參與官 홍본부촉탁洪本府囑託, 평창정선 군수 삼본사 주지 기타 약 20명과 월정사 상원사 승려 약 20명이 열석列席하얏다고 한다.[77]

수련생 입소자가 예정보다 적었던 것은 기본적으로 강화된 자격조건에다 교종 세력을 배경으로 강학을 통하여 주지가 되려는 반면에 선방에 가지 않으려는 교계의 지배적 풍조와 관련된다.[78] 입소식 참가자는 수련생을 제외하고 강원도지사를 비롯하여 홍종국 참여관, 평창과 정선의 군수, 본말사 주지 20여 명과 월정사 상원사의 승려 20명 등 대략 40명이었다. 제1기생은 1937년 4월 17일 상원사에서 제1회 수료식을 거행하였다. 수료자는 입소자 가운데 세 명이 탈락한

---

76) 탄허의 기억과 한암의 연보에 '30명'이라는 것은 잘못이다. 탄허문도회(2013), 『방산굴법어집』, p.75;『정본 한암일록』상, pp.508~509.

77) 〈승려수련소가 1일에 입소식〉,《매일신보》, 1936.6.7, p.5;「오대산 상원사의 승려수련소 입소식」,『불교시보』12, 1936.7.1, p.9.

78) 한암문도회·김광식(2006),『그리운 스승 한암 스님』, p.33, p.126.

14명으로 김대성金大成, 이광순李光洵, 서성봉徐成鳳, 김창복金昌福, 박기종朴淇宗, 금혜오琴慧悟, 이봉석李奉奭, 한선동韓善童, 전세원全世元, 신보원幸[辛]寶源, 전해용全亥用, 박홍선朴弘宣, 문천기文天機, 박상경朴上慶이다.[79]

제2회 수련생 모집은 1937년 3월 말~4월 초에 《매일신보》와 『불교시보』21호에 공고되었다. 이에 따르면, 그 수련 기간은 1937년 5월 10일부터 1938년 4월까지이다. 정원은 말사를 포함하여 유점사 6명, 건봉사 5명, 월정사 4명으로 모두 15명이었다.[80] 정원의 축소는 제1기생이 20명 정원으로 계획되었다가 17명으로 줄어든 다음 최종 수료자가 14명에 지나지 않았던 전례가 참고된 것으로 보인다.

제1회 수련소 수료식 다음날, 월정사에서 홍종국 참여관의 주재하에 삼본사주지타합회가 예정보다 1주일가량 늦게 열렸다.[81] 타합회는 삼본사와 주요 말사의 주지 11명, 본사 직원 세 명이 참가하여 사찰 정화를 협의하였지만, 핵심 의제는 전년도와 마찬가지로 수련소의 운영이었다. 즉, 1937년 승려수련소에 대한 예산 편성, 수련생의 모집, 수련생 부채금[부담금 의연금]의 납부, 수련소 법계 규정의 제정 등이었다.[82] 여기서 사찰 정화와 관련하여 수련생들의 법계 규정과 삼본사에서 부담하던 수련생의 의연금의 미납문제가 논의된 점은 유의되어야 한다.

---

79) 해당 기사에는 장소가 애매하지만, 입소식과 수료식이 모두 상원사에서 거행된 관례를 따랐다. 「승려수련소의 제1회 수료식」, 『불교시보』22, 1937.5.1, p.7.

80) 〈강원 삼본사 연합승려수련소 모생募生〉, 《매일신보》, 1937.3.27, p.3; 「강원도삼본사연합승려수련생 모집」, 『불교시보』21, 1937.4.1, 9p.

81) 〈속화승방俗化僧房 숙정肅正코자 강원주지협의회〉, 《매일신보》, 1937.3.25, p.3.

82) 〈승방정화僧房淨化 위하야 강원주지협의회〉, 《매일신보》, 1937.4.23, p.3; 「강원도삼본사주지회」, 『불교시보』22, 1937.5.1, p.6.

제2회 승려수련소 입소식은 1937년 6월 8일에 거행되었다. 그런데, 이는 《매일신보》와 『불교시보』에 동시에 전한다. 전자는 그 개최 장소가 월정사이고, 강원도에서 홍종국 참여관 등이 참가하였다는 간결한 내용이다.[83] 후자는 상원사에서 개최된 사실과 함께 식순과 입소자 명단이 자세하게 전한다. 그 식순에는 심전개발운동과 일제의 통제 강화를 상징하는 동방요배東方遙拜가 있고, 내무부장인 수련소 소장의 식사와 도지사의 고사告辭, 종주인 한암의 설법이 있었다. 입소자는 한동명韓東明, 강재신姜載信, 조봉순趙奉順, 황상기黃相基, 이원구李元九, 조중련趙重連, 황영진黃永眞, 조기경趙起慶, 김영준金永俊, 김도진金道津, 김병안金炳安, 김정수金精修, 김철하金喆河, 백운형白雲亨으로 모두 14명이다.[84] 필자는 『불교시보』가 정확한 것으로 판단한다. 입소자가 14명인 점은 원래의 모집계획이 잘 이행된 것으로 평가된다.

1938년 4월 9일 강원도청에서 홍종국 참여관의 통제 아래 삼본사와 중요말사 주지의 타합회가 열렸다. 여기서는 1938년 공동사업예산과 사업비 부담, 승려수련소 신입생 모집, 수련소의 수료식과 입소식, 1936년 수련소 결산보고 등이 의결되었다.[85] 수련생 공모 계획과 타합회의 협의 사항에 따르면 2회 수련소 수료식은 분명히 열렸을 것이다. 다만, 수료식은 물론이고 제3회 수련소 입소식 기사도 확인되지

---

83) 〈승려입소식〉,《매일신보》, 1937.6.9, p.3.
84) 「강원도 삼본사연합승려수련소 제2회 입소식」, 『불교시보』24, 1937.7.1, p.6. 유점사 출신의 박범룡의 기억은 애매하다. 그가 2기 수련생인 듯 회고하였지만 그 명단에 없고, 삼본사에서 10명이 입소하였다는 발언도 부정확하다. 1948년 상원사 승려수련소를 수료하였다는 자료도 있다. 한암문도회·김광식(2006), 『그리운 스승 한암 스님』, pp.33~34; 《불교신문》, 1999.11.30, p.17.
85) 「강원도 삼본사급중요말사타합회」, 『불교시보』35, 1938.6.1, p.7.

않는다.

1939년 3월 15일 강원도는 도청회의실에서 삼본사 말사의 중요 주지 22명을 초치하여 공동사업비 예산 심의를 겸한 타합회를 개최하였다. 여기서 도지사 김시권金時權은 승려의 수양과 훈련을 제고하여 신앙배양, 민심작흥을 통하여 종교보국, 국민정신총동원을 훈시하였다. 이어 내무부장의 통제 아래에 핵심 사안들을 의결하였다. 수련소와 관련된 것은 1939년 삼본사 공동사업비 세입출 예산과 '승려수련소 입소생 선정에 관한 건'이다. 또한 주요사항에는 있는 1936년도 강원도 본말사 공동사업비 세입출 결산서도 수련소와 관련된다.[86) 그렇지만 수련소 입소식 기사는 전하지 않는다.

1940년 강원도의 본말사주지타합회는 1월 25일 도청회의실에서 신앙심 앙양과 심전개발에 대한 협의가 예정되었지만,[87) 실행 기사는 확인되지 않는다. 그런데, 3월 20일 월정사에서 제3회 수련소의 수료식이 거행된다는 《매일신보》의 기사가 있다. 강원도에서는 내무부장이 참석하고, 수료생은 모두 11명이라는 간단한 기사이다.[88) 관례에 따르면, 그 장소는 월정사가 아니라 상원사였을 것이다. 그렇다면, 강원도의 삼본사주지타합회는 전례에 따라 3월 20일을 전후하여 개최되었을 것이다. 다만, 3기 수료생의 명단은 기사에 전하지 않는다. 그런데, 3기생인 보경은 수련생의 일부 이름을 전하였지만,[89) 김광

---

86) 〈본말사 주지회의 15일 강원서 개최〉, 《매일신보》, 1939.3.17, p.3; 「은둔생활을 타파하고 자계수행自戒修行하야 민심을 작흥하라」 「강원도 본말사 주지회」, 『불교시보』45, 1939.4.1, p.11·p.13.
87) 〈강원 각 사찰 주지협의회〉, 《매일신보》, 1940.1.19, p.3.
88) 〈강원 삼본사 승려 수료식〉, 《매일신보》, 1940.3.20, p.3.
89) 한암문도회·김광식(2006), 『그리운 스승 한암 스님』, p.78.

식은 1937년 상원사에서 발간한 『금강반야바라밀경』의 부록인 '시주질施主秩'에서 오대산 상원사 수련생 11명의 인명을 밝혔다. 이는 김경석, 곽동선(유점사), 김형준, 박준용(설산, 건봉사), 류륜섭, 전병희, 김희태[보경, 월정사], 김보현, 이동우(건봉사), 윤해심, 김택성(탄허, 월정사)이다.[90]

이상과 관련하여 『불교시보』 34호에 게재된 상원사의 화엄산림설행 고시는 주목된다. 화엄산림은 한암이 1938년 5월 14일(음력 4월 15일)부터 1년 동안을 기한으로 이통현 장자가 편찬한 『화엄대론』과 경문을 참선 여가에 강설한다는 것이다.[91] 문제는 기존의 선원에 더해진 수련소와 화엄산림의 운영이다. 물론 양자를 동시에 진행할 수도 있지만, 이는 한암과 탄허라는 지도 인사의 제한과 상원사의 공간 부족으로 쉽지 않다. 일반적으로 접근하면, 1938년은 화엄산림의 설행으로 수련생의 입소가 취소된 것으로 판단된다. 그렇다면, 수련소 3기생은 1939년 관례대로 6월 2일[음력 4월 15일]에 입소하여 1940년 3월 20일에 수료하였을 것이다.

한편, 삼본사수련소의 해체와 관련하여 학계에는 통일된 견해가 없다. 김광식은 1940년 이후 기록과 증언이 부재하다는 논리로 1941년 이후에 중단되었다고 주장하였다. 그 배경은 일제 식민통치의 기승, 태평양전쟁의 발발을 비롯한 군국주의 통치기조였다.[92] 자현도 동일한 입장이다. 그는 일제의 심전개발정책이 1940년까지 진행된 것으로 보고 수련소가 1940년까지 만 4년 정도 지속되었다고 기술하

---

90) 김광식(2010), 『기록으로 본 탄허 대종사』, 탄허불교문화재단, p.70, p.86의 주 63) 참조.
91) 「오대산 상원사의 화엄산림」, 『불교시보』34, 1938.5.1, p.6.
92) 김광식(2003), 「김탄허의 교육과 그 성격」, 『정토학연구』6, pp.222~223, p.227.

였다.[93] 그렇지만, 양자는 수련소의 운영을 1940년 봄까지로 보았다. 결국 양자가 주장한 수련소의 하한은 1940년이다.

그런데, 1940년 4월 20일 상원사에서 거행된 수련소 제4회 입소식 기사가 전한다. 여기에는 식순도 전해지고 있는데, 강원도지사가 불참한 가운데 수련소 소장인 내무부장의 식사와 종주인 한암의 설법이 있었다. 입소식에는 대략 10여 명이 참가하였지만, 그 명단은 전해지지 않는다.[94] 식순 등이 전하는 것으로 본다면, 제4기 수련생의 입소는 사실로 보인다. 보경도 수련소 4기생의 존재를 회고하였다. "내가 3기생이지만 4기생인 후배도 있었어."[95] 1940년 10월 상원사로 입산한 권태호는 그 겨울에 한암을 시봉하면서 낮에 도원, 택근 등 10여명이 있는 수련소에 가서 경전, 특히 『금강경』 등을 공부하였다고 언급하였다.[96]

심지어 1942년 봄 상원사를 방문한 한암의 조카인 방문성도 승려수련소를 거론하였다. "수련소의 간판도 있었지요. 수료식은 아마 결제·해제로 가능했을 거예요. 탄허 스님이 『금강경』을 가르쳤는데."[97] 당시 공양주였던 도원도 "내가 있을 때도 있었어요."라고 하며 회고하였다. "그때에 건봉사, 유점사, 월정사 삼본사승려수련소라는 것을 하였어. 강원도지사가 주관하여 매년 젊은 승려들에게 교육을 시켰지. 당시 수련생들은 모두가 젊은 승려들이었는데."[98]

---

93) 자현(2020), 『시대를 초월한 성자, 한암』, p.469.
94) 「강원도 삼본사연합승려수련소 입소식」, 『불교시보』59, 1940.6.15, p.6. 아래의 김태호의 회고에 따르면 인원은 대략 10여 명 정도이다.
95) 한암문도회·김광식(2006), 『그리운 스승 한암 스님』, p.78.
96) 한암문도회·김광식(2006), 위의 책, p.343.
97) 한암문도회·김광식(2006), 위의 책, pp.369~370.
98) 한암문도회·김광식(2006), 위의 책, p.51, p.59.

그러나 권태호와 도원의 수련소에 대한 회고는 다소 애매하다. 전자가 1940년 겨울 상원사에 도착할 무렵 '조선불교 조계종 상원사 수련소'의 간판이 걸려 있다는 것은 사실이 아닐 가능성이 더 크다.[99] 조계종은 적어도 초대 종정을 선출한 1941년 6월이어야 공식적으로 등장하고, 김고송의 상좌인 도원은 파계사 출신이었으므로 정식 수련생이 아니었다. 도원의 회고 또한 더욱 애매하다. 1927년생인 그가 상원사로 올라온 것은 18세였는데, 권태호는 그때도 삼본사수련소가 있었다고 회고한다.[100] 권태호의 회고는 1943, 4년의 실상이 1940년 겨울이나 1941년 봄의 기억으로 이전된 것으로 보이고, 도원은 1942, 3년에 상원사가 아니라 파계사에 주석하였을 가능성이 크다.

방문성·권태호·도원의 증언은 사실 삼본사수련소와 다른 것으로 '조선불교 조계종 상원사 수련소'로 보인다. 즉, 제4기 수련생은 정상적이라면 1941년 봄에는 수료하였을 것이다. 그 이후 삼본사수련소가 해체되었지만, 수련소는 여전히 운영되었다. 1941년 6월에 조계종 초대 종정으로 선출된 한암은 '조선불교 조계종 상원사 수련소'를 삼본사수련소와 동일하게 운영하였던 것이다. 그 대상은 상원사에 남아 있던 삼본사 출신 일부 승려나 강원도 이외 출신 승려들이었을 것이다. 도원과 권태호는 여기에 해당된다. 이는 탄허가 수련소의 중강을 담당하면서 7년 동안 경전을 공부한 이력과정과도 대략 부합한다.[101]

---

99) 한암문도회·김광식(2006), 앞의 책, p.343.

100) 한암문도회·김광식(2006), 위의 책, pp.48~51, p.340, p.343.

101) 탄허의 이력 7년에는 조계종 상원사 수련소 과정 1년이 포함된 것으로 추정된다. 김광식(2010), 『기록으로 본 탄허 대종사』, 탄허불교문화재단, pp.64~71; 월정사·김광식 엮음(2013), 『방산굴의 무영수』하, 오대산 월정사, p.262; 『탄허 대종사 연보』(2012), 탄허불교문화재단·오대산문도회·교림, pp.39~40.

수련소는 1940년 제4회 수련생의 입소 기사를 마지막으로 일체의 공식 매체에 등장하지 않는다. 수련소는 교육기간이 1년인 점을 감안하면 적어도 동안거가 끝난 1941년 봄까지는 운영되었을 것이다. 결국 제4기 수련생이 수료한 1941년 봄 이후 수련소는 유야무야 해체되었을 것으로 추정된다. 당시 일제는 동남아시아로 전선을 확대하였고, 태평양전쟁의 암운이 드리우기 시작하였으며, 총동원체제와 황민화는 크게 강화되었다. 결국 삼본사수련소는 1936년부터 1941년까지 대략 만 5년 동안 유지되었고, 그해 봄 이후에 조선불교 조계종 상원사 수련소로 이어졌다. 그 완전한 해체는 명확하지 않다. 다만, 해방 이전까지 존속한 것으로 희미하게 기억하는 보경과 1944, 5년 상원사로 이거한 도원의 경우로 보면 조계종 상원사 수련소는 해방 직전까지 존재하였을 가능성도 완전히 배제할 수 없다.

5. 운영과 교육

강원도의 심전개발운동은 물론이고 그 일환인 수련소는 기본적으로 강원도와 도지사가 주관하고, 실제 운영과 감독은 내부부장의 몫이었으며, 실무자는 참여관 홍종국이었다. 강원도의 심전개발운동과 수련소의 운영은 대개 내부부장의 주재 아래 도청회의실에서 삼본사와 중요 말사의 주지가 함께 협의하는 타합회打合會에서 결정되었다. 내부부장이 공무로 바쁘거나 회의장소가 도청을 벗어날 경우에는 홍종국 참여관이 주도하였다. 타합회에서는 심전개발운동의 구체적 추진과 함께 수련소의 운영과 재정문제, 수련생의 자격과 허가, 입소식과 수료식, 수련소의 규칙과 법계 부여 등이 의결되었다. 타합회의 개최 시기는 수련소의 수료식과 입소식 전후인 3월말에서 4월 중순 무렵이었다.

수련소의 소장은 강원도 내무부장이었다. 1938년 9월에 열린 제2회 승려수양강습회에서 내무부장이 수련소 소장으로 훈시한 것은 명확한 증거이다.[102] 이는 삼본사수련소가 심전개발운동의 일환으로 추진된 점을 반증한다. 한암은 조실=종주로서 참선과 강설을 비롯한 수련소의 모든 교육을 실제적으로 담당하였다. 기존의 선원 운영에 더하여 수련소의 교육을 총괄하는 것은 노구의 한암에게 실로 과중하였다. 이에 뛰어난 경전 독해 실력에다 박한영에게 불경 수학을 고민하던 탄허가 한암의 총애와 신뢰, 도반의 배려로 중강中講[조교]으로 발탁되었다. 이는 입산한 지 2년에 불과한 탄허에게 파격이었다. 동시에 그는 법계를 받기 위해 수련소 3기생으로도 등록하였다. 당시 수련생에게는 교종의 대덕 법계가 수여되었다.[103]

수련소의 건설과 운영은 강원도청의 첫 지원금 500원과 함께 삼본사가 갹출한 재정으로 뒷받침되었다. 이는 강원도의 주도로 진행된 삼본사타합회에서 논의된 수련소의 예산과 결산, 본사의 부담금[의연금]으로 이해된다. 다만, 그 구체적 분담과 실제 예산의 액수는 확인되지 않는다. 그리고 이를 기반으로 실제로 수련소를 뒷받침한 것은 월정사 주지 이종욱이었다. 그는 원주로서 재정을 집행하여 수련소를 운영하였다. 월정사에서 일정량의 식량을 대주었다는 도원의 회고도

---

102) 「강원도 주최 제2회 승려수양강습회」, 『불교시보』38, 1938.9.1, p.11.
103) 김광식(2010), 『기록으로 본 탄허 대종사』, pp.61~62, pp.70~71; 한암문도회·김광식(2006), 『그리운 스승 한암 스님』, p.74, p.237.

이를 뒷받침한다.[104] 이어 원보산도 원주를 맡았다. 수련소의 말기에는 한암도 운영에 일조하였다. 1주일마다 징용이나 징병에 끌려간 아들을 위해 기도해달라는 한 묶음의 편지에 들어 있는 돈도 수련소의 운영에 투입되었다.[105]

한암 제자들의 회고에 의하면, 수련소의 교육 일과는 다음과 같다. 새벽 3시에 기상하여 예불을 올린 다음 5시에 된장국과 김치 한 조각으로 된 아침 공양으로 죽[106]을 먹기 전까지 참선한다. 쉬었다가 오전 9시부터 『금강경』, 『범망경』 등의 각종 경전을 강설하고 정오에 점심을 먹고 휴식한다. 휴식 시간에는 『금강경』의 독송이나 사경이 진행되기도 한다. 그리고 오후 2시 참선[107]에 들어간 뒤 17시에는 저녁을 공양한다. 한암의 방식인 오후불식은 권장되었으나 의무가 아니었다. 그 이후에 다시 참선한 다음 저녁 9시에는 취침에 든다.[108] 물론 이러한 일과는 결제에만 적용되었고, 해제가 되면 원래의 소속 사찰로 복귀하였다.[109]

그 밖에 봄과 여름, 가을에는 산나물 채취, 감자 심기, 변소 치기, 풀베기, 무와 채소 가꾸기, 기와 운반 등을 비롯한 각종 울력이 진행

---

104) 원보산도 3기 수련생을 지원하는 원주였다. 한암문도회·김광식(2006), 앞의 책, p.60, p.78.
105) 한암문도회·김광식(2006), 위의 책, pp.59~60.
106) 얼굴이 비치는 묽은 죽은 수련생들의 불평을 야기하였다. 한암문도회·김광식(2006), 위의 책, p.34, p.130, p.135, p.235, p.269, p.342, p.370; 박설산(1994), 『뚜껑 없는 조선 역사 책』, 삼장, p.166.
107) 한암문도회·김광식(2006), 위의 책, p.76, p.97, p.127; 박설산(1994), 위의 책, p.166, p.184. 반면에 오전과 오후에 두 차례 강학하였다는 김광식의 견해(2010, 『기록으로 본 탄허 대종사』, p.62, p.66)는 화엄산림을 중심으로 판단한 것으로 보인다.
108) 한암문도회·김광식(2006), 위의 책, pp.34~35, p.54, p.76, pp.97~98, pp.126~127, p.192, p.269, pp.342~343.
109) 한암문도회·김광식(2006), 위의 책, p.127.

되었다. 한암은, 직접 울력에 참가하지 않아도 되었지만 노구를 이끌고 동참하였다. 강의 준비를 핑계로 빠지려는 탄허를 울력에 참가시켰고, 심지어 울력에 불평하는 수련생을 경책하였다.[110]

이상 수련소의 일과에서 가장 중요한 것은 아침저녁과 오후에 걸쳐 진행되는 참선이었다. 이는 기본적으로 한암이 선사라는 점에서나 후술하는 선교관 내지는 '승가오칙' 가운데 참선을 가장 중시한 점에서 당연한 것이었다. 또한 한암이 결제와 해제나 초하루와 보름의 법회에서 상당하지 않았지만 설법한 점도 동일하다.[111] 후술하는 간경看經에서도 참선과 관련된 교재가 중시된 것도 그 반증이다. 물론 이는 강원도가 처음 계획한 '승려안거법회'의 기본 골격을 유지한 것이기도 하다.

수련소 교육에서 보다 특징적인 것은 오전의 경전 강설이다. 탄허를 비롯한 제자들의 회고에 의하면, 정규과정은 『금강경』과 『범망경』이고, 기타 『보조어록』『육조단경』『전등록』『선문염송』『서장』『선요』 등이었다.[112] 특히 1938년 5월부터 약 1년간[113]에 걸쳐 추진된 화엄산림에서 『화엄경』 강의는 주목된다. 『보조어록』의 강설이 끝나자 수련생이나 수좌, 특히 탄옹의 주장에 의해 이통현 장자의 『화엄경론』이 채택되었던 것이다. 책은 허몽성 부인의 시주로 남경에서 구입한

---

110) 한암문도회 · 김광식(2006), 앞의 책, p.38, p.52, p.97, pp.102~103, p.160, p.270; 박설산(1994), 앞의 책, pp.184~185.
111) 한암문도회 · 김광식(2006), 위의 책, pp.53~54, p.270, p.345.
112) 탄허문도회(2013), 『방산굴법어집』, 오대산 월정사, pp.76~77; 한암문도회 · 김광식(2006), 위의 책, p.35, p.54, pp.61~62, pp.97~98, pp.126~128, p.192, p.236, p.274, p.343, p.370.
113) 탄허는 그 120권을 11개월에 걸쳐 꼬박 현토하고 강설하였다. 탄허문도회 (2013), 위의 책, p.77.

것이었다.[114]

『금강경』등을 비롯한 수련소의 경전 강설은 큰 방에 수련생들이 둘러앉고 한암이 증명으로 참석한다. 먼저 중강인 탄허가 경문을 현토하여 읽고 석사[해석]하면, 한암이 그 내용을 감정한다. 이어 수련생들은 그 해석을 음미한 다음 의심나는 것이 있으면 질문하고, 탄허가 대답하되 내용이 충분하지 않으면 한암이 보충하였다. 마지막으로 탄허가 현토하여 독송하면, 수련생들이 모두 현토하였다. 수련생들은 강습 내용을 다음날 모두 외워야 했고, 그렇지 않으면 한암이 질책하였다.[115] 뿐만 아니라 각종 경전과 어록, 특히『화엄경론』등의 강의에는 고암, 탄옹, 서옹, 석주, 고송, 지월, 월하 등 선방의 수좌도 참여하였다. 이는 방선이나 차담茶談에도 이어졌다.[116]

당시에 한암과 탄허는 현토를 둘러싸고 논쟁하였다. 한암의 현토는 탄허가 감당하지 못하였다거나 누구도 고치지 못하여 전국의 스님들이 베껴갔을 정도로 정평이 났다.[117] 그러나 한문의 문리와 경위로 해석하려는 탄허와 불교의 교학이나 사상으로 접근하려는 한암의 시각차가 존재하는 경우도 있었다. 심지어 양자는 현토를 넘어 불법과 학문에 대해 치열하게 논쟁하였고, 한암은 상좌인 탄허가 낫다고 칭찬조차 마다하지 않았다.[118] 이상에서 탄허는 정진하는 동시에 불경의

---

114) 『화엄경론』의 구입은 보경의 30질보다 탄허와 범룡의 10질이 합당하다. 탄허문도회(2013), 앞의 책, pp.76~77; 한암문도회·김광식(2006), 앞의 책, p.35, p.41, p.75.
115) 탄허문도회(2013), 위의 책, p.77; 한암문도회·김광식(2006), 위의 책, pp.35~36, p.54, p.62, pp.97~98, pp.118~119, p.127.
116) 한암문도회·김광식(2006), 위의 책, p.62, p.76, pp.129~130, p.158, p.271.
117) 한암문도회·김광식(2006), 위의 책, pp.35~37, p.75, p.174, p.274.
118) 한암문도회·김광식(2006), 위의 책, pp.35~37, p.75; 김광식(2010), 『기록으로 본 탄허 대종사』, pp.73~75.

정확한 이해, 『화엄경』 번역의 유촉, 균형적인 선교관과 삼학겸수 등으로 한암을 계승하였다. 이는 탄허가 후일 오대산과 영은사의 수도원 개설과 『화엄경합론』의 번역, 참선을 중시하고 선지로 경전을 해석하는 한편 독자적인 화엄론을 위주로 삼교를 회통하는 기반이었다.[119] 덧붙여 한암이 『금강경』『보조법어』『육조단경』『화엄경』을 현토하거나 주해하여 발간한 것도 수련소의 교재를 위한 것이었다.[120]

그 밖에도 한암은, 박대응을 초빙하여 관음정근, 천수 등의 염불, 범패[어산] 등도 가르쳤다. 몸소 예불과 의식, 마지, 천도재에 참가하였다. 또한 방문 승려나 정진하는 수좌들에게 게문을 주었고, 『석문의범』을 발췌하여 『소예참문』을 찬집하였다. 그렇지 않으면 최소한 가람수호라도 해야 했다. 선방에서의 경전 강의는 물론이고 염불과 의식은 수좌들이 크게 반발할 정도였다.[121]

이상은 한암이 수련생의 교육에서 강조한 승가오칙이다. 한암은 1935년 「불교는 실행에 있다」에서 처음으로 참선·간경·염불의 삼칙을, 1944년의 「오인수행吾人修行이 전재어결심성판專在於決心成辦」에서 오칙을 제시하였다.[122] 그렇다면, 한암의 승가오칙은 사실상 수련

119) 문광(2020), 『탄허 선사의 사교 회통 사상』, 민족사, pp.55~157: 탄허문도회 (2013), 『방산굴법어집』, pp.77~78; 김광식(2010), 『기록으로 본 탄허 대종사』, pp.65~73; 자현(2020), 『시대를 초월한 성자, 한암』, pp.479~509; 졸고(2019), 「탄허의 학술과 회통론」, 『대각사상』31, pp.212~221.
120) 한암의 현토는 탄허문도회(2013), 위의 책, p.77; 한암문도회·김광식(2006), 『그리운 스승 한암 스님』, p.35, p.41, p.274.
121) 한암문도회·김광식(2006), 위의 책, p.65, pp.75~76, p.83, pp.97~98, pp.116~119, p.127, pp.130~135, p.144, pp.158~159, pp.192~193, p.210, pp.214~215, p.230, p.271, p.284, p.345; 탄허문도회(2013), 위의 책, pp.75~78.
122) 方漢巖, 「佛教は實行にあり」, 『韓國近現代佛教資料全集』64, p.234; 종정 방한암, 「오인수행吾人修行이 전재어결심성판專在於決心成辦」, 『불교(신)』56, 1944.1.1, pp.2~4.

소 운영시기에 확립된 것으로 보아도 지나치지 않다. 이는 당시 불교계의 현실을 반영하는 동시에 전통불교의 재정립을 도모한 측면에서 주목된다. 즉, 자질이 뛰어난 경우에 참선을 강조하고, 강한 교종 세력을 염두에 두고 차선으로 간경을 제시하며, 그렇지 못한 경우에는 염불이나 의식, 적어도 가람이라도 수호해야 했다. 조선 말기의 '십과'에 비롯된[123] 승가오칙은 1904년 봄~1910년 봄 통도사 내원암에서 좌선우교의 선교관[124]을 기반으로 1926년 상원사로 이거한 이후 제자나 수좌들을 교육한 경험을 통하여 발전된 것이었다.[125] 결국 선교합일의 수행관과 계·정·혜의 삼학겸수를 포괄한 승가오칙은 전통불교의 재정립이나 왜색의 불교 해소와 무관하지 않다.[126] 이는 역설적으로 심전개발운동과 상치되는 측면이기도 하다.

수련생의 수료 시험은 한암·지암·보산이 증명법사로 참가한 가운데 『금강경』을 암송하는 것이었다. 1기 수련생 봉석은 다음과 같이 회고하였다.

> 그것은 참선을 하고 1년 동안 강한 것을 시험한 것인데, 그 시험은 『금강경』을 죽 외우는 방식이었어. … 그 시험의 증명법사는 한암 스님, 지암 이종욱 스님, 원보산 스님이었지. 수련생이 차례로 방에 들어가서 『금강경』을 외우고 나오고 그랬어.[127]

123) 김광식(2017), 「오대성지의 중창주 만화 희찬-승가오칙의 계승과 실천」, 『정토학연구』28, pp.196~198.
124) 졸고(2020), 「한암과 통도사 내원암」, 『한국불교학』96 참조.
125) 조용명, 「노사의 운수시절 우리 스님 한암 스님」, 『불광』67~71, 1980.5~1980.9 참조.
126) 졸고(2017), 「한암의 상원사 이거와 시기 검토」, 『정토학연구』28, p.161.
127) 다만, 수료식에 160명이 참관한 회고는 착오이다. 한암문도회·김광식(2006), 『그리운 스승 한암 스님』, p.237.

수료생들에게는 다양한 특전이 부여되었다. 우선 수련소의 규정에 따라 교종의 대덕 품계가 수여되었다. 위에서 언급한 수련소 3기생 탄허뿐만아니라 봉석도 제1기 수료식을 거행한 1937년 4월 17일 상원사에서 대덕을 받았다.[128] 또한 당시에 강원도에서는 수련소를 거쳐야만 삼직三職에 나아갈 수 있다는 관례가 회자되었다.[129] 수료생의 특전으로 직결되는 것은 아니지만, 불교시찰단의 일원으로 일본불교계를 시찰할 기회도 넓어졌다. 수련소 제1기생 영암[박기종]은 1939년 5월 일본불교시찰단으로 선발되었고, 봉석도 강원도의 주선으로 1944년 원보산과 함께 일본불교계를 두 달이나 여행하는 특전을 누렸다.[130] 개별적으로 한암은 제1기 수료생 봉석을 개운사 강원의 대교 과정에서 공부할 수 있도록 주선하였다.[131]

6. 맺음말

필자는 총독부와 강원도의 심전개발운동과 관련하여 삼본사수련소의 설립과정, 입학과 수료 및 해체, 운영과 교육 등의 전반을 살펴보았다. 수련소는 1936년부터 1941년까지 화엄산림을 포함하여 만 5년간에 걸쳐 40명이 넘는 수료생을 배출하였다. 국제정세의 급변과

---

128) 한암문도회·김광식(2006), 앞의 책, p.74, pp.237~238.
129) 월정사·김광식 엮음(2011), 『오대산의 버팀목』, 오대산 월정사, p.73.
130) 〈강원 승려 8명 내지불교시찰〉,《매일신보》, 1939.5.7, p.3; 한암문도회·김광식(2006), 『그리운 스승 한암 스님』, p.239. 이는 조성운의 연구(2007, 「일제하 불교시찰단의 파견과 성격」)에 없는 것이므로 강원도 주최 여부는 추가 검토가 필요하다.
131) 한암문도회·김광식(2006), 위의 책, p.238.

총동원체제로의 이행 아래 수련소는 장기간 존속되지도 않았고, 수련기한이 1년에 불과하였으며, 교단의 한계, 자격과 공간의 제약으로 수련생이 많은 것도 아니었다. 그러므로 수련소의 운영을 성공적이라고 평가하기는 어려울 것이다. 이는 수련소의 성격과 한계에 기인한다.

수련소는 명확히 일제의 심전개발운동의 일환으로 설립되었다. 조선총독 우가키 가즈시게가 구상하여 추진한 심전개발운동은 1935년 6월 구체적 사찰정화사업의 통첩 엄달로 기반을 구축하고 1936년 1월 심전개발의 3대 원칙을 통하여 일선동화와 사상 통제를 명확히 제시하였다. 이는 후임 총독 미나미 지로에게 계승되었다. 강원도지사 손영목은 총독부의 통첩에 따라 불교를 중심으로 강원도의 심전개발운동을 계획하였다. 이는 사찰사무강습회, 순회 강연회, 승려수양강습회, 일본불교시찰 등으로 시행되었지만, 가장 대표적 사업이 바로 승려안거법회의 계획에서 비롯된 삼본사수련소의 설립이었다. 당시 강원도의 심전개발운동은 높이 평가되었다.

체제와 운영으로 본 수련소의 성격은 겉으로 관민합작으로 보이지만 실제로 관 주도 민 보조였다. 그 지휘체계는 총독부 아래 강원도청과 도지사, 내무부장과 주무관이다. 내무부장은 강원도 심전개발운동의 책임자이자 수련소의 소장이었다. 반면에 수련소의 실제 교육은 상원사 조실 한암의 몫이었고, 탄허가 중강으로 한암을 보좌하였으며, 월정사 주지 지암은 원주로서 수련소를 지원하였다. 특히, 강원도의 내무부장·주무관과 삼본사와 중요말사의 주지로 구성된 타합회는 수련소의 운영 전반을 의결하였다. 이는 행정체계와 사찰령체제의 결합으로 관 주도 민 보조의 성격을 잘 보여준다. 이에 따라 수련소의 설립과 운영은 민간의 참여를 크게 제한하였고, 한암의 승려 교육도 수동적 측면이 불가피하였을 것이다.[132]

그럼에도 불구하고 한국 근현대 불교사에서 수련소가 지니는 의의도 있다. 수련소는 근대적 불교교육기관의 성격이 존재한다. 수련소는 국가 권력의 의지가 설립에 반영되었을 뿐만 아니라 조선 말기의 전통적 불교교육이 강원과 선원의 분립체제였던 것과 달리 양자를 통합하였다. 게다가 선원 중심의 사찰 상원사에서 참선을 중심으로 강학을 병행한 점은 보다 특징적이다. 교육과정은 소수 정예의 수좌를 대상으로 한 고급반이었다. 여기서 배출된 수련생들은 후일 한국불교의 동량으로 성장하였다. 가장 잘 알려진 탄허의 경우를 제외하고도 영암, 설산 등이 있다. 화엄산림이나 상원사 선원으로 확대하면 그 폭은 훨씬 커진다. 고암, 탄옹, 동산, 효봉, 서옹, 석주, 고송, 지월, 월하 등이 한국불교의 거목으로 성장하였다.

한암으로 시각을 좁혀 보면, 통도사 내원암에서 시작된 좌선우교의 선교관[133]과 함께 승가오칙으로 확대된 점도 주목된다. 선교겸비와 계·정·혜의 삼학겸수를 포함한 승가오칙은 한암이 상원사로 이거를 결행한 하나의 원인, 즉 전통불교의 모색이나 왜색불교의 청산과 관련된 것[134]으로 심전개발운동과 다른 나름의 결실이다. 즉, 수련소의 설립이 주체적이지 못하지만, 더욱 열심히 노력하여 우리의 소유물이나 보리수로 삼아 무상복전을 개발하자는 의견[135]이 구현된 측

---

132) 한암이 수련소의 관리와 운영을 주도하였다는 자현의 견해(2020, 『시대를 초월한 성자, 한암』, p.462)는 지나치다.
133) 졸고(2020), 「한암과 통도사 내원암」, 『한국불교학』96 참조.
134) 졸고(2017), 「한암의 상원사 이거와 시기 검토」, 『정토학연구』28. 참조.
135) 「승려 수련에 대하야 어든 감상」, 『불교시보』12, 1936.7.1, p.18.

면도 제한적으로 존재한다. "암울한 식민통치하, 일제 말기 군국주의 통치가 기승을 부리던, 계율이 내팽개쳐진 정황 하에서 고독하고 처절하게 수행을 하였던 그 상원사에 역사성을 부여해야 한다."[136]는 주장도 전혀 일리가 없지 않다. 여기에서 탄허의 상징성은 매우 크다.

남은 과제도 있다. 강원도의 심전개발운동의 보편성과 특수성을 파악하기 위한 작업으로 다른 지방과 31본산의 심전개발운동에 대한 비교 고찰이 필요하다. 이는 심전개발운동의 연구를 심화시키는 작업이기도 하다. 또한 수료생들의 행적 검토는 수련소의 성격 규명에 일조할 것이다. 종교적 신격화와 민족적 측면이 강조된 『그리운 스승 한암 스님』도 비판적 접근과 재음미의 여지가 있음도 덧붙인다.

---

136) 김광식(2003), 「김탄허의 교육과 그 성격」, 『정토학연구』6, p.228.

제3부

탄허의 출가와 학술 사상

I. 탄허의 전통 학술 수학과 구도 입산의 궤적

[Abstract]

The History of Tan Heo's Scholarship: In His Search of Truth from the Traditional Learning to Buddhism

This study has two-fold aims to understand the academic backgrounds of Tan Heo. The first aim is to trace back his family lineage and family backgrounds to help us understand about his study of the traditional learning, first by examining the scholarly tradition of Yi Geukjong who is believed to have been a teacher of Tan Heo and second by reevaluating the teacher-student relations between the two persons and afterwards he became a monk to study Buddhism. Based on our examination of the family backgrounds of Tan Heo this writer has come to the following conclusions.

First, Kim Honggyu, father of Tan Heo, was deeply involved with the indiginous religion called Bocheongyo tinctured with the overweening sense of Korean nationalism and managed to rise to the high position of Bocheongyo leadership because he had been also involved in the Korean independence movement. Second, it is of the opinion of this writer that there is no direct link between Choe Ikhyeon and Jeon Wu as far as their teacher-student relations are concerned. But between Jeon Wu and Yi Geukjong is likely to be related. Yi Geukjong was a student of Jeon Wu, and Tan Heo met Yi Geukjong in 1929 under whom he deepned his scholarship of Confucian learning. At the suggestion of his father, Tan Heo read Huanggeukgyeongseo(皇極經世書), Juyeok(周易), writings of Laozi and Zhuangzi and finally devoted himself to the study of Buddhism by becoming a monk.

By way of conclusions, first, before he became a monk, both his father and his religion had influenced Tan Heo most in the process of mastering the traditional learning. For example, many concepts of Tan Heo were taken from the Book of Changes,

Daoism, and Confucianism. Such influence can be found in the form of hucheongaebyeok idea(後天開闢論), bogukanmin(輔國安民), samgyeohapil(三敎合一), jeonggyoilchi(政敎一致), all these were related to his emphasis on the importance of traditional Confucian education, and finally Buddhist practices such as frugal life style in terms of wearing three pieces of blue cloths, eating little food or cold uncooked food in the process of searching out the truth. In order of the importance of all these learnings one can say that Tan Heo first studied Confucianism, Daoism, and then Buddhism in his search of the Truth.

Key Words: Tan Heo, Kim Honggyu, Bocheongyo, Scholarly Tradition, Choe Ikhyeon, Jeon Wu, Yi Geukjong, Confucian Learning, Saozi-Zhuangzi, Search for Truth.

1. 머리말

두루 알다시피 탄허 택성呑虛宅成(1913~1983)은 현대 한국의 대표적인 학승이자 선승이다. 그는 속명이 김금택金金鐸이고 자가 간산艮山이며 본관이 경주이다. 전라북도 김제에서 출생하여 22세에 오대산 상원사로 출가한 이래로 조계종 초대 종정을 지낸 한암의 지도로 용맹정진하여 정혜쌍수定慧雙修하면서도 경·율·론의 삼장三藏에 정통하였는데, 특히 화엄학에 뛰어났다. 이와 함께 전통불교의 재정비와 불교정화운동을 배경으로 불교의 인재양성과 대중화를 위해 오대산수도원 등에서 교육활동에 종사하였고 『화엄경』 『능엄경』 『금강경』 등 각종 불장佛藏을 번역하는 일에 진력하였다. 그 가운데에 1975년 47권으로 출간된 『현토역해 신화엄경합론』은 그 백미로 동아시아에서도 유례가 없는 것이었다. 그 공로로 1975년 제3회 인촌문화상과 조계종 종정상을 수상하였다. 덧붙여 일찍부터 유가와 도가를 비롯한 동양사상에도 밝아 『도덕경』 『장자』 『주역』마저 번역 출판하여 불교를 중심으로 유·도를 합일하였다. 아쉽게도 1983년 월정사 방산굴方山窟에서 세수世壽 71세, 법랍 49세로 입적하였다. 사후에는 국민문화훈장 은관장이 추서되었다.[1]

그러나 탄허가 불장과 선교禪敎의 심오한 경지에 올랐음에도 불구

---

[1] 각성은 탄허가 도덕·학문·업적·공로의 네 방면에서 모두 뛰어난 여래사라고 높였다. 각성(2012), 「탄허 대종사 연보서」, 『탄허 대종사 연보』, 탄허불교문화재단·오대산문도회·교림, p.20. 탄허의 일생을 정리한 것은 김광식(2004), 「탄허 스님의 생애와 교화활동」, 『탄허 선사의 선교관』, 오대산 월정사; 동(2010), 『기록으로 본 탄허 대종사』, 탄허불교문화재단 참조.

하고 이에 대해 구체적으로 남긴 법문·법어나 저술은 지극히 소략하였다. 물론, 이는 불립문자不立文字를 강조하는 선불교의 논리나 세속의 행적보다 출가 이후만을 중시하는 불교계의 관행과 관련이 있다.

> 다언多言은 사자士子의 병이 되고 번문煩文은 도가道家의 해가 된다. 도를 밝힌 말이라도 다언과 번문은 병이 되고 해가 되거든 하물며 도를 밝히지 못한 산설散屑의 잡화雜話야 말할 것이 있으랴. 나는 … 고인古人의 난서부화亂書付火라는 훈계를 잠시도 잊지 않고 저술보다는 사색, 사색보다는 좌망坐忘을 노력해 왔다. 그리하여 단편적인 문자도 남겨놓은 것이 없었던 것이다.[2]

그 결과 탄허가 생전에 남긴 것은 교재나 서문, 전통양식의 글을 제외하면 『부처님이 계신다면』이라는 법어집에 불과하다. 심지어 "부득이 청을 저버리지 못하고 간행을 허락한" 이 법어집이나 탄허가 입적한 뒤에 출판된 『피안으로 이끄는 사자후』조차도 허상을 쫓는다는 질타나 '멍청이'라는 꾸지람을 염려할 정도였다.[3] 특히 1934년 출가하기 이전, 인생의 1/4이 넘는 시기 탄허의 자료는 거의 없다고 해도 과언이 아니다. 예컨대, 오대산에 입산하기 이전의 탄허 관련 자료는 『탄허 대종사 연보』에 모두 합해도 9쪽에 불과하다.[4]

이와 달리 필자는 속가 시절 김금탁의 가정환경, 개인적 행적, 전통

---

2) 김탄허(1980), 『부처님이 계신다면』, 예조각, p.17. 그 밖에 탄허는 납자의 제접, 정화불사 따위를 티끌이나 쭉정이로 간주하였고 『화엄경』을 번역할 적에 독창적인 자신의 뜻을 털끝만큼도 덧붙이지 않았다. 탄허문도회(2013), 『방산굴법어』, 오대산 월정사, p.210, p.299.

3) 월정사·김광식 엮음(2013), 『방산굴의 무영수』하, 오대산 월정사, p.266; 탄허불교문화재단 어록편찬실(1997), 『피안으로 이끄는 사자후』, 교림, p.5.

4) 『탄허 대종사 연보』, pp.31~39. 이마저도 한암과 왕복한 편지를 제외하면 탄허 관련 자료는 겨우 3쪽이다.

학술의 수학, 사상의 성장 등을 규명하는 작업도 승려 탄허의 실상을 밝히는 것 만큼이나 중요하다고 생각한다. 이는 역사적 입장에서는 말할 것도 없고 김광식의 견해처럼 불교의 연기법적 접근으로도 매우 중요하다.[5] 특히, 필자가 본고를 준비하면서 느낀 것이지만, 청년 김금탁에게서 가정환경과 전통 학술의 수학은 그의 출가와 불교, 그리고 사상 형성에 상당히 큰 영향을 미쳤다. 특히, 민족적·민중적 사상이라고 할 수 있는 전통 요소가 많은 점은 주목된다. 역경류와 비기류의 중시, 이와 결부된 예지 본능과 한국의 장래상, 증산도 보천교의 삼교합일과 정학일치 등이 그것이다. 물론 이는 스님 탄허에게 본질적인 영역이 아니지만, 그 배경과 근원은 규명되지 않으면 안 된다. 이와 관련하여 현재 보천교에 대한 연구와 재평가[6]가 이루어지고 있는 만큼 탄허의 부친 김홍규와 함께 가계도 검토되어야 한다. 여기서 필자는 집안의 일을 덮어두건 널리 알리건 모두 '집안의 부끄러움[家醜]'[7]이라는 한암 스님의 명제를 상기해둔다.

본고는 탄허의 속가 환경과 그 스승 이극종의 학통을 재검토하고

---

5) 김광식(2004)은 「탄허 스님의 생애와 교화활동」, pp.253~254에서 탄허의 입산 근원과 그 요인이 승려 탄허의 일생에 어떤 의미인지를 규명하기 위해서도 속가 시절 탄허에 대한 연구의 필요성을 강조하였다.

6) 보천교의 연구사 정리는 안후상(1998), 「보천교 연구의 현황과 과제」, 『한국종교사연구』6 참조. 보천교의 본격적 연구는 1980년 중반에 비로소 학술적 접근이 이루어졌고, 1990년대에 들어와 크게 발전하였지만, 주로 종교사적 접근이었다. 그 결과 2000년 한국신종교학회는 보천교를 주제로 특별 논문집을 꾸렸다. 저서로는 윤이흠(2007), 『일제의 한국 민족종교 말살책』, 모시는 사람들; 박종렬(2001), 『차천자의 꿈』, 장문산; 김재영(2010), 『보천교와 한국의 신종교』, 전주: 신아출판사가 있고, 안후상, 김재영, 김정인 등 전문 연구자의 논문이 있다.

7) 방한암, 「양어가추揚於家醜」, 『선원』3, 1932.8.16, pp.8~119. "가추家醜도 가추家醜요 양어가추揚於家醜도 가추家醜요 불양어가추不揚於家醜도 역시가추亦是家醜."

전통 학술의 수학을 살펴보는 동시에 구도 입산의 궤적을 고찰하려는 것이다. 필자는, 현재까지 학계에서 가장 진척된 연구로 보이는 김광식의 「탄허 스님의 생애와 교화활동」을 토대로 삼아 논의를 진행하고자 한다. 먼저 탄허의 가계와 함께 사상적으로 큰 영향을 미친 부친 김홍규와 그의 보천교 활동을 규명한 다음 기존에 면암 최익현과 간재 전우를 계승한 것으로 이해하는 이극종의 학통을 재검토하고, 마지막으로 탄허가 전통 학술을 수학하는 과정과 내용을 분석하겠다. 아울러 이상에서 어떠한 학술과 사상이 탄허의 구도 입산에 영향을 미쳤는지 그 궤적을 추적하겠다. 다행히도 최근에 월정사가 방한암, 김탄허, 장만화 등의 법어집과 그 상좌나 관련자들의 회고대담집을 출판함으로써 자료의 공백이 일정 부분 해소되었다.[8] 필자는 회고대담집이 지닌 한계를 염두에 두면서도 부족한 자료를 보완하는 측면에서 적극적으로 이용하고자 한다.

2. 부친 김홍규의 보천교 활동

탄허는 1913년 1월 15일(음력) 전라북도 김제군 만경읍 대동리 257번지에서 부친 김홍규(1888~1950, 자가 민석敏錫, 호가 율재栗齋나 동재

---

8) 한암문도회(2010), 『정본 한암일발록』상하, 오대산 월정사; 김광식(2006), 『그리운 스승 한암 스님』, 민족사; 월정사·김광식 엮음(2011), 『오대산의 버팀목』, 오대산 월정사 참조. 특히 탄허 관련 서적은 탄허문도회(2013), 『방산굴법어』; 『탄허 대종사 연보』(2012); 월정사·김광식 엮음(2013), 『방산굴의 무영수』상하, 오대산 월정사. 기타 연구서로는 김광식(2004), 「탄허 스님의 생애와 교화활동」, 『탄허 선사의 선교관』, 오대산 월정사; 동(2010), 『기록으로 본 탄허 대종사』, 탄허불교문화재단이 있다.

東齋)와 모친 최율여崔栗女[9] 사이에서 5남3녀 가운데 차남으로 태어났다. 그의 가문은 신라 경순왕 김부金傅의 3남 김명종金鳴鍾[영분공永分公]이 파조이고 고려말의 중시조 월성부원군月城府院君 김천서金天瑞에서 비롯되었는데, 탄허는 김명종의 39대손에 해당된다.[10] 조선 초에 크게 흥성하던[11] 가문은 월성부원군의 7대손[23代] 진사 김호金浩가 18세에 처음으로 만경에 이주한[12] 이래 대대로 집성촌을 이루고 살았지만 서서히 쇠퇴하였다. 탄허의 11, 12세조가 통덕랑通德郎을 지낸 다음 10세조 이내에 노직으로 가선대부행판중추부사嘉善大夫行判中樞府事에 오른 두 분을[13] 제외하면 5세조 김단金鍛이 정3품 통정대부通政大夫 비서감秘書監에 추증되는 정도에 머물렀다.[14]

조부 김병일金炳日(1853~1932, 자가 윤경允卿, 호가 동인東隱)[15]이 고조부 김철수金洙哲(1846~1864)와 함께 문학가로 회자되었고, 조부가 탄허에게 한학을 가르친 점,[16] 탄허가 조부는 유교를 공부하여 마치

9) 김광식은(2004), 「탄허 스님의 생애와 교화활동」, p.254에서 '崔在祚'로 표기하였지만, 『탄허 대종사 연보』(2012), p.31에 따랐다.
10) 경주김씨월성부원군파세보청(1996), 『경주김씨월성부원군파세보』3, 대전: 회상사, p.777.
11) 김천서金天瑞의 아들 김수金需는 정호공靖胡公에 봉해졌고, 손자 김겸金謙은 관찰사로 우찬성에 추증되었으며, 증손자 김세민金世敏은 정종定宗의 부마로 이시애의 반란을 진압하여 병조판서를 역임하여 양평공良平公이란 시호를 받았다. 경주김씨월성부원군파세보청(1996), 위의 책2, p.5.
12) 경주김씨월성부원군파세보청(1996), 위의 책2, p.12.
13) 경주김씨월성부원군파세보청(1996), 위의 책2, p.33.
14) 경주김씨월성부원군파세보청(1996), 위의 책2, p.136,
15) 김광식은 (2004), p.255에서 김탄허의 조부를 '金炳一'로 표기하였으나, 『탄허 대종사 연보』(2012), p.31과 경주김씨월성부원군파세보청(1996), 위의 책2, p.136에 따랐다.
16) 김광식(2004), 「탄허 스님의 생애와 교화활동」, pp.255~259.

는 데에 5년, 부친은 10년이 걸렸다는 발언[17] 등으로 보면 그의 선조들은 어려운 가정환경에서도 유학을 공부한 것으로 보인다. 다만 족보에 고조부 김수철과 증조부 김영근金永根(1879~1927)은 특기사항이 없고, 부친 김홍규가 민중성이 강한 보천교에 적극적으로 가담하였다.[18] 이상으로 보면 그의 가계는 전북에서 알려진 양반의 문벌에서 서서히 퇴락하여 향반鄕班으로 전락하고 있다고 해도 크게 무리는 없다. 그렇지만 조선말기 집성반촌이 아주 많지 않던 호남의 상황에 비추어보면 탄허의 가계는 나름대로 호남의 명문으로 이해된다. 기울어지던 가세는 8남매라는 자녀와 함께 농업과 상업을 병행하던 부친이 보천교에 빠짐으로 인하여 더욱 곤란해졌다.[19]

부친 김홍규가 보천교[20]의 핵심간부로 활동한 점은 탄허의 출가나 사상 및 학술과 관련하여 매우 주목된다. 김홍규가 언제 보천교에 입교하였는지는 명확하지 않다. 부친이 17세부터 독립운동에 종사하였

---

17) 월정사·김광식 엮음(2013), 『방산굴의 무영수』상, p.257. 조부와 부친의 호가 있는 것도 이와 관련된다.

18) 김항金恒[일부一夫]과 강일순姜一淳[증산甑山] 계열은 후천개벽과 해원사상을 핵심으로 삼아 민중적 종교운동을 전개하였고, 이에 투신한 자들은 대부분 상민층이라는 지적도 있다. 금장태(1990), 『한국근대의 유교사상』, 서울대학교출판부, pp.90~95.

19) 보천교의 독립운동 자금 모집으로 김홍규가 피체되었는데, 판결문에는 그의 직업을 농업과 매약상賣藥商으로 기록하고 있다. 김광식(2004), 「탄허 스님의 생애와 교화활동」, p.254의 주 5) 참조. 이는 서우담의 회고에도 김홍규가 '영사'라는 특효한약을 판매하여 독립자금을 모았다고 하였다. 월정사·김광식 엮음(2013), 『방산굴의 무영수』하 pp.271~272.

20) 태을교太乙敎·선도교仙道敎·차천자교車天子敎·보화교普化敎·훔치교로도 일컬어지는 보천교普天敎는 1922년 서울 동대문 부근 창신동 교당에 '보천교진정원普天敎眞正院' 간판을 세움으로부터 명명되었다. 이영호(1948), 『보천교연혁사』상, 전주, 보천교 중앙총정원·협정원, p.32右.

다[21]는 탄허의 발언으로 보면 1904년인데, 이때는 후일 보천교의 교주가 된 차경석車京石(1880~1936)이 아직 강일순姜一淳[강증산姜甑山]을 만나기 전이었다. 김광식은 김홍규가 10대 후반 무렵인 1910년 직전에 '보천교'에 입교하였다고 주장하였는데,[22] 선도교나 태을교라는 정식 명칭을 쓴 것이 1914년이었다.[23] 1911년 고판례高判禮가 이적異蹟을 보인 이후 교도들이 몰려들기 시작하였고[24] 교단에서 그의 지위가 매우 높다는 점을 염두에 두면 김홍규는 적어도 1910년 이전에 강일순을 종유하던 차경석을 통해 '증산도문甑山道門'에 입도하였을 것이다.

그는 이미 1916년(음력)에 24방주方主에 두 번째로 이름이 나올 정도로 최고위급 간부에 올랐고, 다음해 9월에는 경기 강원 이북의 재무를 관리하는 '북집리北執理'가 되었다.[25] 1919년에는 교주 차경석에게 채규일蔡奎壹과 함께 60방주제로의 조직 확대와 인원의 선발, 고천제告天祭의 장소 하문下問, 고천제의 인원 선발과 제불의 수송 등을 직접 명령을 받아 선발대로 파견되었고, 함양 황석산黃石山의 고천제에 1차로 참배하였으며, 조직개편으로 교정敎正에 올랐다.[26] 1921년 정월 교도의 증가로 교단을 개편할 적에 평안도 정리正理가 되었는데, 2월 10일 평양역에서 체포되어 42일간 구금된 것은 그 정

21) 탄허불교문화재단 어록편찬실(1997), 『피안으로 이끄는 사자후』, p.101.
22) 김광식(2004)은 「탄허 스님의 생애와 교화활동」, pp.257~258에서 1914년 보천교에 입교하였다고 주장하였다가(2012), 「탄허의 시대인식과 종교관」, 『한국불교학』63. p.141에서 1910년 직전으로 정정하였다.
23) 박종렬(2001), 『차천자의 꿈』, p.90.
24) 박종렬(2001), 위의 책, p.90.
25) 이영호(1948), 『보천교연혁사』상, p.4좌, p.6우. 이하 『보천교연혁사』에는 날짜가 모두 음력으로 표기되어 있다.
26) 이영호(1948), 위의 책 상, pp.9우~10좌; 박종렬(2001), 『차천자의 꿈』, pp.98~99.

리로 부임하다 일어난 일이었다.[27] 1924년 6월 2일 보천교가 《시대일보》를 인수하는 계약을 체결할 적에 7인 위원으로 참가하였고,[28] 1925년 2월 일본을 시찰한 시국대동단時局大同團에도 합류하여 예비자금을 관리하였으며,[29] 8월에는 3원의 하나로 외교기관인 총령원장總領院長에 피임되어 확실한 보천교의 3인자가 되었다가 다음해 10월에 사임하였다.[30] 그 뒤에도 1927년에 '목김홍규木金洪圭'[31]라는 교첩敎帖 등을 받았고(29년도 동일),[32] 총정원總正院의 사탁사장司度司長에 임명되었으며,[33] 1933년 3월 교리를 선포하고 조직을 정비할 적에는 경상남도 정리正理가 되었다.[34] 흔히 김홍규가 보천교의 재무와 자금을 총괄하는 목방주木方主[木主道人, 木方道人]로 불린 것은 의심의 여지가 없고,[35] 그의 실권으로 본다면 박금규가 '보천교의 2인자'라고 회고한 것도 그다지 틀려 보이지 않는다.[36] 이상에서 보면, 김탄

27) 이영호(1948), 앞의 책 상, pp.14좌~15좌. 김광식(2004)이 「탄허 스님의 생애와 교화활동」, p.258에서 황해도에서 보천교 활동으로 인하여 일제에 42일간 구금되었다고 기술한 것은 오기이다.
28) 박종렬(2001), 『차천자의 꿈』, p.197.
29) 이영호(1948), 『보천교연혁사』상, pp.45좌~46좌; 박종렬(2001), 위의 책, pp.227~229.
30) 이영호(1948), 『보천교연혁사』상, p.62좌, p.73우.
31) 이영호(1948), 『보천교연혁사』상하에는 모두 김탄허의 부친이 '金洪圭'로 표기되어 있다.
32) 이영호(1948), 『보천교연혁사』상하, p.75좌, p.13좌.
33) 이영호(1948), 『보천교연혁사』상, p.76좌
34) 이영호(1948), 『보천교연혁사』하, pp.38좌~39우.
35) 안후상(2012), 「식민지시기 보천교의 '공개'와 공개배경」, 『신종교연구』26, p.163; 『탄허 대종사 연보』(2012)의 p.663에는 김홍규가 '목주木主'로 되어 있다. 박용덕은 「정산종사탄백 기획특집 정산종사 성적聖蹟을 따라서」(2)(원광대 중앙도서관 원불교자료실)에서 '목주도인'으로, 박금규는 '목방도인'이라고 하였다. 월정사·김광식 엮음(2013), 『방산굴의 무영수』하, p.102.
36) 월정사·김광식 엮음, 위의 책, p.102.

허의 부친 김홍규는 보천교의 자금을 관리하던 최고위급 실권자로 규정될 수 있다.[37]

김홍규가 독립자금문제로 피체된 것도 바로 교금敎金과 밀접한 관계가 있다. 당시 보천교는 정읍을 근거로 크게 흥성하였다. 보천교는 3·1운동 직후 급격히 성장하여 24방주제에서 60방주제로 확대하여 연원제에 기초한 비밀조직을 정비하였고, 신도도 대략 100만, 자칭 600만까지 일컬을 정도로 크게 확산되었다. 특히, 김제에 경복궁을 연상시키는 최대 규모로 십일전十一殿을 건축하기 시작하였고, 거대한 범종을 주조하였으며, 차경석은 스스로 함양의 황석산에서 천자 등극을 연출하였다.[38] 보천교의 폭발적 교세확장은 정읍지역이 동학농민운동의 중핵이라는 역사지리적 배경, 『정감록』신앙과 정읍지역의 풍수설 및 강증산의 종통 전수 등 민중적 성격, 직접적으로 3·1운동의 실패로 인한 독립의 상실감에다 차경석이 천자를 꿈꾸며 독립국을 이룬다는 민족적 염원이 결합된 것이었다.

그러나 보천교의 급격한 교세확장은 일제의 주시와 탄압을 초래하였다. 일제의 경찰당국은 보천교의 실체를 파악하고 차경석과 보천교단에 물리적 탄압을 가하였다. 이에 따라 차경석은 1914~1917년에 3회나 피체되었거나 갑종시찰요인으로 감시를 받았고, 1918년 제주도

---

37) 이영호(1948)의 『보천교연혁사』상하에 의하면, 그 밖에도 교주 차경석은 교첩敎帖의 전달, 인물의 천거, 경고문의 하달, 피신과 수양修養의 권유, 사이토[齋藤] 총독의 환영, 교중 재산의 신탁 등을 위임하거나 명령하였다. 그러나 1933년 경상남도 정리正理에 임명된 기록을 마지막으로 『보천교연혁사』에는 김홍규의 이름이 등장하지 않고, 심지어 1936년 차경석의 호상자 명단에도 이름이 없다. 이 책은 혁신파 계열에서 편찬한 점에서 주의가 요구되지만, 1934년 탄허의 상원사 입산과 관련하여 시사하는 바도 있다.

38) 박종렬(2001), 『차천자의 꿈』, pp.97~175.

법정사法井寺 항일항쟁의 주모자로 수배되었으며, 24방주에게도 체포령이 내려졌다. 1919년 3·1운동 이전의 물리적 탄압은 주로 국권회복운동의 도모, 신정부의 건설, 차경석의 천자 등극, 교도들의 관직 제공 등을 이유로 탄압하였다. 그 이후 문화통치를 가장한 사이토 총독은 경북과 강원 일대에서 보천교도에 대한 물리적 탄압을 크게 강화하여 3·1운동이후 최대의 검거선풍을 일으키는 한편 매수와 회유를 통한 보천교의 내부 분열, 민족감정과 반사회단체로 몰아서 해체하는 작업을 동시에 추진하였다.[39] 아울러 치성금으로 모인 교금의 독립운동자금 유입 동향도 예의주시하였다. 이러한 과정에서 1921년 김홍규의 독립군자금 사건이 일어났다.

사건의 개요는 다음과 같다. 일제는 태을교[보천교] 간부비밀회의의 음모를 발각하고 간부 김홍규 등을 체포하는 동시에 그의 가택을 수색하였다. 그 결과 다수의 불온문서와 함께 107,750원이 담긴 항아리를 압수하였는데, 이는 상해임시정부에 전달할 군자금이었다. 또한 교도들은 독립운동에 착수한 이후 12명의 제자와 60명의 교직원[방주]을 두어 독립이 되면 대신과 관리로 임명한다는 핑계로 독립운동을 도모하였다는 것이다.[40] 실로 김홍규는 독립군자금의 모집과 전달의 책임자이자 종교조직을 이용한 독립운동의 주요 인물로 지목되

---

39) 안후상(2012), 「식민지시기 보천교의 '공개'와 공개배경」, pp.151~153; 박종렬(2001), 앞의 책, pp.128~134. 윤이흠(2007)은 『일제의 한국 민족종교 말살책』, pp.73~91, pp.99~106에서 일제의 민족종교의 탄압을 괴뢰단체를 통한 분열 정책, 이념적 내부 분열 정책, 민족감정의 이반을 통한 고립정책, 반사회단체로의 매도 정책, 무력 제압 정책의 다섯 가지로 설명하고 보천교를 그 사례의 하나로 들었다. 특히 1920년대 중후반에 민족종교의 교세와 영향력 약화는 이로부터 비롯되었다.
40) 〈십만원의 독립자금〉, 《동아일보》, 1921.10.29, p.3.

었다. 필자는, 김영두 교금탈취사건에서 비롯된 이 사건에서 그 돈은 교금이고 독립자금은 일제의 탄압명분일 가능성이 있지만,[41] 그 일부가 독립자금으로 투입되었을 측면도 동시에 병존할 것으로 본다.

왜냐하면, 김홍규의 독립자금사건은 1920년대 전반기, 보천교의 독립운동 경향성과 분리할 수 없기 때문이다. 학계의 연구에 의하면, 1921년 모스크바 약소민족회의에 참가하려던 김규식 등에게 참가여비 1만 원 지원, 1921년 독립운동가 임규林圭에게 5만 원의 자금 지원(나용균羅容均을 통해 임시정부에 전달 계획), 1923년 임시정부의 국민대표회에 보천교 간부의 참석, 김좌진金佐鎭 장군의 2만 원 군자금 지원, 1920년 조만식曺晩植의 보천교 본부 잠입과 물산장려운동, 1925년 이춘산李春山 등 정의부의 보천교 독립자금 확보잠입 등은 모두 1920~1925년 무렵 보천교가 독립운동에 가담하였음을 보여주는 사례이다.[42] 차경석의 아들 차용남의 증언에 의하면, 변영로卞榮魯, 송진우宋鎭禹, 허정許政, 안재홍安在鴻, 백관수白寬洙 등 당시 독립을 열망한 대부분의 지식인들이 직간접으로 보천교와 인연을 맺은 비밀교도였다고 한다.[43] 이는 보천교가 민족운동과 연결되었음을 보여주는 사례이다.

김홍규 사건은 바로 이러한 흐름에서 일어났다. 이미 서술하였듯이, 보천교의 탄압이 본격화되던 1921년에 그는 평안도 정리로 부임

---

41) 안후상(2012), 「식민지시기 보천교의 '공개'와 공개배경」, pp.160~165.
42) 김재영(2007), 「1920년대 보천교의 민족운동에 대한 경향성」, 『전북사학』 31; 동(2010), 『보천교와 한국의 신종교』, pp.181~199; 박종렬(2001), 『차천자의 꿈』, pp.143~144; 안후상(2012), 「식민지시기 보천교의 '공개'와 공개배경」, pp.157~159; 동(1998), 「보천교와 물산장려운동」, 『한국민족운동』19 참조.
43) 박종렬(2001), 위의 책, pp.142~143.

하다 평양역에서 체포되었으나, 함께 간 채선묵蔡善默이 모든 죄를 덮어쓴 덕분에 42일 만에 석방되었다.[44] 서우담의 회고에 의하면, 김홍규는 보천교 핵심간부로 임시정부에 독립자금을 제일 많이 냈고, 그 사례로 해방 이후 임시정부의 최초 국무회의를 정읍의 김홍규 집에서 열었는데, 김구와 이승만이 모두 참석했다고 한다.[45] 박금규의 회고담은 더욱 구체적이다. 김홍규가 임시정부의 안창호安昌浩에게 독립자금의 전달임무를 맡겨달라고 열변을 토하면서 재삼 요구하였으나, 면식이 없다는 이유로 거절당했다. 이 내용은 곁에 있던 이광수가 후일 운허 스님과 황의돈黃義敦에게 전하였는데, 그 내용은 김탄허가 알고 있는 것과 동일하였다는 것이다. 심지어 박금규는 이와 같은 연유로 안창호를 맹렬하게 비난하는 탄허의 인격마저 의심하였다.[46] 탄허의 아우인 김인허의 회고에도 해방 이후 이승만 박사가 인편으로 세 차례나 김홍규에게 면담을 요청하였으나 김홍규가 모두 거절하였다고 한다.[47]

이승만이 김제 김홍규의 집을 방문한 사실과 관련하여 박금규와 김인허의 상반된 주장으로 보면 회고담의 진실성 여부는 문제가 되고, 안창호의 일기에 김홍규가 '모씨'로 나오는 인물과의 동일인인지는 추후 보다 면밀한 연구가 필요하다. 그렇지만, 김홍규의 자금이 보천교의 교금이라고 하더라도 독립지원금의 성격을 완전히 배제할 수 없다. 2005년 8월 15일 노무현 정부가 김홍규에게 독립유공자 건국

---

44) 이영호(1948), 앞의 책 상, p.15좌.
45) 월정사·김광식 엮음(2013), 『방산굴의 무영수』하, p.273.
46) 월정사·김광식 엮음(2013), 위의 책 하, pp.102~103.
47) 김광식(2004), 「탄허 스님의 생애와 교화활동」, p.259. 각주 22) 참조.

포장을 추서한 것도 그 증거이다.[48]

당시 김홍규는 8월 14일 최일문崔逸文·이용하李容河·김혁중金赫中·강태규康泰奎·목원익睦源益·고주경高周景·윤상언尹相彦과 함께 검거되어 공주감영으로 이감되었는데, 고주경과 윤상언은 불기소로 방면되었다. 김홍규를 비롯한 기타 여섯 명은 모두 제령制令 7호 위반으로 기소되었고, 이용하는 불기소로 방면되었다.[49] 1922년 3월 28일 공주지방법원에서 관련자는 무죄로 판결났지만, 일제 측의 검사가 항소[50]한 결과 1923년 2월 19일부터 재개된 경성복심원京城覆審院에서 김홍규는 1년 6개월로 가장 많은 형량을 선고받았다.[51] 보천교와 김홍규는 이에 불만을 품고 상고하였지만, 4월 2일 상고가 기각됨으로 인해 형량은 그대로 확정되었다. 결국 김홍규는 1924년 2월 19일 만기 출옥하였다.[52]

부친의 보천교 활동과 독립운동 가담은 탄허의 사상에도 매우 큰 영향을 미쳤다. 김탄허의 정치에 대한 지대한 관심과 민족주의의 지향은 말할 것도 없이 부친 김홍규의 영향이었다. "저의 선고께서는 17세부터 독립운동을 하셨습니다. 그래서 늘 정치문제를 가지고 저를 가르쳤습니다."[53] 탄허의 구국안민의식은 바로 부친에게서 받은

---

48) 『탄허 대종사 연보』(2012), pp.660~663.
49) 이영호(1948), 『보천교연혁사』상, p.22우.
50) 김광식(2004), 「탄허 스님의 생애와 교화활동」, p.258.
51) 최일문이 1년, 김혁중·강태규·목원익이 10개월, 집행유예 3년을 선고 받았고, 이용하가 무죄로 방면되었으며, 일제에 압수된 4만 3천 7백3십 원은 국고로 편입되었다. 이영호(1948), 『보천교연혁사』상, p.36우; 〈치성금으로 10만원〉, 《동아일보》, 1923.4.6, p.3.
52) 이영호(1948), 위의 책 상, p.22우, pp.36우~37좌; 김광식(2004), 「탄허 스님의 생애와 교화활동」, p.258.
53) 탄허불교문화재단 어록편찬실(1997), 『피안으로 이끄는 사자후』, p.101, p.103.

영향이었다. 뿐만 아니라 민중적인 사상 경향성,『주역』『정감록』『천부경』『정역正易』『황극경세서』의 중시, 이로 인한 후천개벽사상과 예지사상의 강조 등은 모두 보천교와 관련이 깊다. 물론 이와 같은 사상은 선교겸수와 삼장, 특히 화엄학에 빼어난 탄허의 본령과 거리가 있지만, 방편으로 설법한 논지의 연기를 추구하면 부친과 보천교의 영향을 배제할 수 없다.

그리고 김탄허는 신식 학교의 문턱에도 들어가지 않고 한학을 비롯한 전통학술만 배웠는데,[54] 여기에는 후천개벽을 갈구하는 보천교가 교육 본연의 기능과 목적을 상실한 일제의 신교육에 대한 거부 논리가 투영되어 있다.[55] 또한, 푸른 두루마기를 입고 상투에 갓을 쓴 채로 상원사로 들어온 탄허의 모습[56]에는 민족적인 보천교의 의복관이 그대로 반영되었다.[57] 나아가 보천교를 포함하는 증산도 계통에서는 오늘날도 강조되는 『도전道典』의 신성시와 함께 "도를 아십니까?"의 구도 의식은 김탄허의 출가에도 적지 않은 영향을 미쳤을 것으로 보인다.

---

54) 탄허불교문화재단 어록편찬실(1997), 앞의 책, p.192, p.199.
55) 다만 보천교도 유치원과 소년단 운동, 보흥여자사립수학의 설립, 야학운동, 민립대학설립에의 참가, 일본유학생의 파견 등 신교육운동도 추진하였으나, 활성화되지는 않았다. 김재영(2006),「보천교의 교육활동」,『신종교연구』15 참조.
56) 김광식(2006),『그리운 스승 한암 스님』, p.266. 창조는 "파란 두루마기를 입고, 행건을 치고, 갓을 쓰고 올라오는 젊은이를 보았다. 그때는 그가 누구인지를 몰랐는데 그가 바로 탄허 스님이라는 말을 들었어."라고 회고하였다.
57) 1924년 정월 보천교는 교도들에게 청의靑衣를 착용하라는 교령을 반포하였고, 일반적으로 입문한 교인에게 "청의보발靑衣保髮은 바로 우리 도의 생활정신이고 신앙의 표준" 내지는 "오교조吾敎祖[강증산]의 유훈遺訓"이라고 주장하였다. 이영호(1948),『보천교연혁사』상하, p.37좌, p.36좌.

3. 면암·간재와 이극종의 학통 재고

이 절에서는 순서를 조금 바꾸어 면암 최익현→간재 전우→이극
종→탄허로 이어지는 학통의 문제를 먼저 검토하고자 한다. 속가의
김탄허에게 가장 큰 영향을 미친 것은 아마도 스승 이극종일 것이
다. 탄허와 이극종의 만남은 결혼으로 얽혀진 인척관계에서 비롯되
었다. 탄허는 1926년 14세[58]에 부친의 친구로 충남 보령에 살던 독
립운동가이자 보천교도인 백남구白南具[59]의 소개로 이영구李永求
(1876~1953, 자가 경희慶希)의 집안에 유학하였다. 이영구는 기존에
'이용구'로 알려진 인물로 토정土亭 이지함李之菡의 16대 방계 종손[小
宗]이었다.[60] 이를 계기로 3년 뒤에는 부친과 보천교로 맺어진 양양
출신 이병규[61]의 중매로 1929년 그의 막내딸 이복근과 결혼하였고,

---

58) 『탄허 대종사 연보』(2012), p.32에는 1926년 탄허의 나이가 15세로 되어 있지만,
14세가 맞을 것으로 보인다.
59) 백남구는 강원도 일대에서 교도를 조직하던 보천교의 핵심간부로 보인다. 1921
년 양양에서 독립자금을 모은 이주범이나 무과 출신으로 독립운동에 참가하려
던 김홍식은 모두 보천교도로서 백남구와 상의하여 독립자금을 모아 독립운동
을 일으키려다 체포되었다. 〈갑자년〉,《동아일보》1921.10.7, p.3; 〈무과 출신으로
독립운동〉,《동아일보》1921.10.30, p.3 참조.
60) 『탄허 대종사 연보』(2012), p.32에는 "부친의 친구인 독립운동가 백남구씨 소개
로 토정 선생 16대 종손 집안에 유학하였다."고 하였다. 김광식(2004)은 「탄허 스
님의 생애와 교화활동」, p.260에서 "김탄허의 장인 집은 토정 이지함의 8대 종
가집이었다."고 하였고, 동(2012), 「탄허의 시대인식과 종교관」, 『한국불교학』63,
p.143에서 "충남 보령에 거주하는 토정 이지함의 후손인 이용구의 데릴사위로
가면서, 결혼을 하였다."고 주장하였다. 그러나 필자가 족보에서 확인한 그의 성
명은 이영구李永求이고, 6, 7대에 나누어진 방계의 후손[소종]으로 이지함을 포
함하여 16대손에 해당된다. 한산이씨양경공파보소(1982), 『한산이씨양경공파세
보』5, 대전: 농경출판사, p.657.
61) 김광식은 인허 스님과의 대담을 근거로 이병규도 보천교인으로 회고하였다. 그
렇다면 주 59)에서 언급한 것처럼 김홍규와 백남규, 이병규는 모두 보천교로 맺
어진 지인으로 보인다.

충남 보령군 주포면 송학리에 있는 장인 이영구의 집에서 결혼생활의 보금자리를 틀었다.[62] 이는 아마도 후술하듯이 집안의 가난이 가장 큰 이유로 보인다. 이 무렵 탄허는 이지함의 후손이면서 면암의 제자인 이우정의 소개로 그의 일가 이극종을 만났다.[63]

그런데, 이극종의 학통과 관련하여『탄허 대종사 연보』에는 기호학파 면암 최익현(1833~1906)의 재전 제자로 기록되어 있고, 김광식은 최익현 계열의 간재 전우(1841~1922)의 제자라고 주장하였다.[64] 그러나 최익현을 단순히 기호학파로 규정하는 것은 논란의 소지가 있을 뿐만 아니라 구한말 유학의 학통에서 10년 미만의 나이 차를 고려하면 면암과 간재를 직접 연결하기는 더욱 어렵다. 일반적으로 조선유학사에서 포천에서 태어난 최익현은 학술적으로 송시열을 사숙하면서도 정치적으로 노론 계열에 속하는 화서華西 이항로李恒老의 제자

---

62)『탄허 대종사 연보』(2012), p.32; 고준환(1994),「불교중흥의 꽃을 피운 탄허 스님」,『현대고승인물평전』하, 불교영상회보사, p.225; 김광식(2004),「탄허 스님의 생애와 교화활동」, p.260. 김광식은 이 논문 p.657 각주 23)에서 충남 보령군 죽포면 송학리 척동이라고 기술하였다. 그런데, 1982년에 발간된『한산이씨양경공파세보』에는 이영구의 아들로 이창복李昌馥이 올라 있고 그 자손들의 주소가 충남 보령군 주포면 송학리 1구 76번지로 되어 있다. 경주김씨월성부원군파세보청(1996),『경주김씨월성부원군파세보』3, p.777. 후일 둘 사이에는 김연우金年雨와 김찬우金贊雨 자녀가 태어났다.
63)『탄허 대종사 연보』(2012), p.32. 김광식(2004)은「탄허 스님의 생애와 교화활동」, p.261에서 이극종은 "이지함의 후손이면서 면암의 제자인 이우정과는 가까운 친척이었다."고 주장하였다. 그런데, 필자는 족보를 검토한 결과 이에 해당되는 항렬이 없고, 자도 살폈지만 이우종·이극종을 찾지 못하였다. 다만, 1949년 대통령 표창을 받은 이삼규李三珪(1907~1949)의 호가 우정又亭인데, 그가 김광식이 언급한 이우정과 동일인물인지는 추후 검토가 필요하다. 한산이씨양경공파보소(1982),『한산이씨양경공파세보』5, p.602.
64)『탄허 대종사 연보』(2012), p.32. 김광식(2004)은「탄허 스님의 생애와 교화활동」, p.261에서 "면암 최익현 계열의 전우의 제자"라거나 동(2012),「탄허의 시대인식과 종교관」,『한국불교학』63, p.143에서 "이극종은 면암 최익현의 재전제자로 불리운 유학자"로 규정하였다.

이다. 천지만물을 주재하는 상제·신·심을 태극으로 규정한 면암은 이통기국理通氣局과 인식에 의한 이기理氣의 분리와 같은 율곡의 이기론理氣論과 이선기후론理先氣後論, 이주기객론理主氣客論, 이유위론理有爲論 등 퇴계의 학설을 수용하면서도 화서華西의 심주리론心主理論을 계승 발전시켰다. 특히 화서학파 가운데에 의리의 실천을 가장 강조하여 대원군 하야의 정치운동과 위정척사운동, 의병운동에 매진한 인물이었다.[65] 그가 충남 전라 일대와 직접 인연을 맺은 것은 제주도 유배의 길목이라는 간접 요인을 제외하면 1900년 4월 정산에 은거한 이후이다.[66]

반면에 전북 전주 출신의 간재 전우는 임헌회任憲晦의 제자로 율곡·우암 계통의 기호학파를 계승한 구한말 성리학의 최종장最宗匠이었다. 그는 학술적으로 성리심기설性理心氣說, 심본성설心本性說, 성사심제설性師心弟說을 주장하면서도 상대적으로 기氣를 강조한 이기상호주재론理氣相互主宰論 등의 이기심성론을 주장하며[67] 화서학파·노사학파·한주학파와 전개한 성리학 논쟁의 중심에 섰다.[68] 그러나 전우는 일제의 침략에 대해 '도를 간직할 때'라는 시대인식에 근거하여 의병과 '파리 장서長書'를 비롯한 일체의 독립운동에 참가하지 않고 오로지 유도儒道의 보존과 학술의 연구로 구국하기 위해 서해의 섬을 전전하다 계화도에서 구도자적 일생을 마감하였다.[69] 이처럼 연구와

65) 금장태(2001), 『화서학파의 철학과 시대의식』, 태학사, pp.209~255.
66) 화서학회 면암학회 공편(2006), 『면암집』8, 청양군, p.414.
67) 금장태(2002), 『한국유학의 심설心說』, 서울대학교출판부, pp.121~163; 이상익 (2005), 『기호성리학논고』, 심산, pp.283~389; 최정묵 민황기(2004), 「간재 전우 성리설의 기본입장」, 『한국사상과 문화』23 참조.
68) 이상익(2005), 「간재 전우의 이설 비판과 그 의의」, 『한국철학논집』16 참조.
69) 김기현(1994), 「간재의 처세관과 수도의식」, 『간재사상연구논총』1 참조.

교육, 그리고 원리주의적 선비생활에 몰두한 전우의 구도노선은 현상 윤玄相允으로부터 '부유腐儒'라는 혹평을 받았지만[70] 일제의 침략에 대한 다른 접근법으로 평가될 수도 있다. 예컨대, 간문艮門의 화도삼 주華島三柱로 일컬어지는 양재陽齋 권순명權純命(1891~1974)이 보발保 髮과 절의를 강조하거나[71] 후학들이 1963년 한일협정의 체결에 반대 한 것은 그 반증일 것이다. 이상에서 보면, 양자는 학통과 학맥은 직 접 연결되지 않고, 성리학에서도 기호학파의 공통성보다 이理의 차별 성을 강조하였으며, 특히 경세론에서 현격한 차이를 보이고 있다. 결 국 송시열을 존숭한다는 측면과 지역적 근거를 기반으로 기호학파로 묶을 수 있지만, 학통이나 학술상에서 면암과 간재를 직접 연결시키 기는 매우 어려울 것이다.[72]

물론 그렇다고 하여 면암과 간재가 전혀 관계가 없었다는 것은 아 니다. 간재의 스승 임헌회任憲晦는 면암의 스승 이항로와 함께 대원 군이 철폐한 만동묘를 복설하자는 상소를 올린 적이 있다.[73] 임헌회 도 1873년 면암이 대원군의 하야를 촉구한 상소와 관련하여 제주도 로 귀양 갈 적에 그를 높이 평가하면서 인연이 없음을 한탄하였다.[74] 이로 인한 것인지는 명확하지 않지만, 1년 반의 유배를 마치고 포천

70) 현상윤(1954), 『조선유학사』, 민중서관, pp.409~411.
71) 정병련(2000), 「양재 권순명의 생애와 학문」, 『간재학논총』3, pp.303~308.
72) 이상에서 본다면, 탄허와 인연을 맺은 삼보·최창규·김종서·진민자·서우담이 이극종을 최익현의 제자로 언급한 것은 아마도 오래된 기억의 착오로 보인다. 월 정사·김광식 엮음(2013), 『방산굴의 무영수』상하, p.219, p.21, p.26, p.117, p.264.
73) 화서학회 면암학회 공편(2006), 『면암집』8, p.281.
74) 화서학회 면암학회 공편(2006), 위의 책, p.295. "만세토록 우러러볼 터이거늘 하 물며 한 세상 사람이랴. 두렵고 부끄러운 말이지만, 주려 해도 인연 없는 것 한스 럽네.(萬代猶瞻仰 矧爾並世人 骨寒顔厚語 欲贈恨無因)" 임헌회는 면암을 매우 존경 하여 최익현의 이름을 부른 적이 없었다고 한다.

으로 돌아온 최익현은 임헌회에게 문안편지를 올렸다.[75] 특히 이항로와 임헌회의 문하 제자 사이에도 일정한 상호교류가 있었다. 이항로의 제자 중암重菴 김평묵金平默(1819~1891)은 임헌회와 함께 홍직필洪直弼에게 종유하였고, 성재省齋 유중교柳重敎(1832~1893)는 전우와 깊이 교우하기도 하였다. 이는 1878년 김평묵이 쓴 임헌회의 제문을 전우가 돌려보낸 것을 계기로 두 학파가 단교하고 심성론의 논쟁을 시작할 때까지 이어졌다.

최익현과 전우도 약간의 교류가 있었다. 최익현의 문집 가운데에 1905년 을사늑약이 체결된 직후 간재가 오적의 처벌과 함께 자수自守하고 상도常道를 지키자고 주청한 것에 대해 면암이 시대를 구제하는 권도라고 강조하면서 양자를 병행하자는 글과 다음해 의병봉기를 권유하였으나 간재가 호응하지 않았다는 『연보』의 기록이 남아있다.[76] 반면에 간재는 후사後嗣를 세우는 문제를 둘러싸고 최익현의 예론을 비판하는 글과 1907년 최익현의 양이攘夷와 의병운동을 높이 평가하면서 대마도에서의 순국을 조문하는 제문이 확인된다.[77] 그렇지만, 여기에는 양자가 사제관계임을 의미하는 어떤 언급도 없다.

간재의 후학들도 면암 최익현에 대해 호의적이었다. 전우의 문인 오준선吳駿善은 1900년 무렵 최익현 등을 예방하여 선대의 행장이나 서문을 요청하였고, 한말 송병선宋秉璿의 문하에서 전우의 제자가 된 정형규鄭衡圭는 최익현 등의 전기를 모아 『을사순국제공전乙巳

75) 금장태(2001), 『화서학파의 철학과 시대의식』, 태학사, p.213.
76) 화서학회 면암학회 공편(2006), 『면암집』2·8, pp.88~89, p.490.
77) 전우(2004), 「여최면암익현與崔勉菴益鉉」 「제면암최공익현문祭勉菴崔公益鉉文」, 『간재집』1·2(한국문집총간 333, 334), p.38, pp.249~250.

殉國諸公傳」을 지었다. 간재의 문인 김택술金澤述의 아들 김형관金炯觀은 전우가 제자를 양성하여 항일정신을 고취한 것은 독립의 밑거름이 되었다고 주장하면서 "면암은 싸우다 죽고, 연재淵齋[송병선]는 [자진하여] 죽고, 간재는 의리를 양성한 것"[78)]이라고 주장한 것도 비슷한 입장이다. 물론 여기에는 간재의 후학들이 전우의 재평가를 요구하는 노력과 결부된 측면이 있지만, 화서학파와 간재학파의 단절을 염두에 두면 최익현은 전우 및 그 계열과 절충적인 입장에 서서 상대적으로 원만한 관계를 유지하였다고 볼 수 있다. 나아가 학술적인 측면에서 김평묵과 유중교가 사설師說의 배신 여부로 전우와 논쟁하여 학파의 내분과 학문적 심화를 거두지 못한 것과 달리 최익현은 종합적인 측면에서 양자의 긍정적인 측면을 부각하는 입장에서 해명하였다는 지적도 있다.[79)] 최익현과 전우를 사승관계로 규정하는 것은 아마도 이상과 같은 논리에서 나왔을 것으로 추정된다.

그렇다면 이극종은 전우의 문인인가? 필자는 유자의 제자명부를 정리한 『유학연원록』에서 전우의 문하 제자를 조사하였으나, 이극종과 동일한 한산이씨韓山李氏가 4인人 존재하는 것만 확인하였다.[80)] 이어 전우와 그의 제자 권순명과 서암瑞巖 김희진金熙鎮(1918~1999)의 문집도 살펴보았다. 권순명은 만년의 전우를 15년 동안이나 모신

78) 금장태 고광직(1984), 『유학근백년』, 박영사, p.220, p.252; 동(1989), 『속유학근백년』, 여강출판사, p.71.
79) 금장태(2001), 『화서학파의 철학과 시대의식』, 태학사, p.304.
80) 필자는 최익현 전우의 제자에서 이극종을 찾지 못하였다. 역경연구원(1981), 『유학연원록』, 민족문화사, pp.710~737, pp.650~685. 다만 한산이씨로 간재에게 배운 이인재李仁在·이광규李光珪·이욱李煜·이승희李承禧를 확인하였다. p.655, p.657, p.661, p.679.

제자였고, 김희진은 전우와 권순명을 동시에 스승으로 모신 유자로 현대까지 생존했던 인물이다. 그러나『간재집』과 함께『양재집』『서암 유고』에서도 이극종을 찾지 못하였다.[81] 그렇다면, 이극종은 학계나 일반인에게 매우 잘 알려진 인물이 아닐 가능성이 크다. 물론 그렇다고 해서 이극종이 간재의 문인이 아니라고 단정하기는 어렵다. 나머지 제자들의 문집도 일일이 살펴보아야 하기 때문이다. 이는 많은 시간을 필요로 하는 작업이므로 우선 필자의 의견을 개진하고자 한다.

　20세기 초반 전우의 제자는 호남뿐만 아니라 영남까지 미쳐 전국에 걸쳐 가장 많은 제자를 배출하였으니,[82] 충남 일대에도 예외 없이 그의 제자가 많았을 것으로 보인다. 대체로 간재의 학문적 영향이 미치는 지역과 면암의 말년 활동지가 겹치는 부분이 많았다. 또한 면암이 죽고 일제의 강점이 진행된 1910년 이후로는 전북과 가까운 충남의 전통 지식인들이 간재 문하로 몰렸을 것이다. 이극종은 그 가운데 하나의 인물로 추정된다. 그런데, 간재·양재·서암의 문하에서는 '이기심성'뿐만 아니라 보발과 같은 원리주의적 유자의 풍모와 함께 '태극'에 대한 근원적 추구가 지속적으로 강조된 점은 기억되어야 한다. 이는 탄허의 구도 의식과 연결되는 점에서 시사하는 바가 있다.

81) 전우(2004),『간재집』; 권순명(1988),『양재집』, 여강출판사; 서암선생문집간행위원회(2003),『서암유고』, 대전: 학민문화사 참조.
82) 금장태 고광직(1984),『유학근백년』, p.213. 전우의 뛰어난 제자로는 이병은李炳殷·성기운成璂雲·정형규鄭衡圭·송기면宋基冕·유영선柳永善·이보림李普林·오진영吳震泳·최병심崔秉心·김택술金澤述·박인규朴仁圭·오준선吳駿善이 거론된다. 위의 책 및 금장태 고광직(1989),『속유학근백년』, 여강출판사 참조.

4. 전통 학술의 수학과 구도 의식

탄허의 유소년 시절은 『탄허 대종사 연보』에 "1918년(6세) 이때부터 1928년 16세 때까지 10여 년간 부친과 조부, 그리고 향리의 선생으로부터 사서와 삼경을 비롯한 유학의 전 과정을 배우다."[83]라고 두루뭉술하게 기록되어 있어 자세한 실상이 전해지지 않는다. 그 사이에 특기사항으로 1924년 선친이 만기 출옥한 다음 집안은 만경에서 단계적으로 보천교의 중심지인 정읍으로 이사하였다. 그 이면에는 부친이 보천교 운동에 전념하려는 가능성과 함께 보천교가 김홍규의 집안을 보살피려는 배려가 있었을 것이다.[84]

어린 시절 김탄허의 한문 학습이나 유학 교육과 관련한 논점은 부친에게서 받은 영향력 문제이다. 고준환은 "유학자인 가친으로부터 한문학 기초를 전수받고 구국안민과 선공후사하는 큰 사상을 섭렵하기 시작했다."고 서술하였다.[85] 김광식은 고준환의 주장을 비판하면서 김탄허가 김홍규에게서만 '유학 교육'을 받았다는 점을 인정하기 어렵다고 주장하였다. 가친의 보천교 업무 종사와 1924년 정읍으로의 이사 등과 관련하여 각종 대담을 분석한 그는 "김탄허가 유년시절에는 부친에게 기초 한문을 배웠지만 부친인 김홍규가 독립자금 사건으로 일제에 피체된 이후부터는 동네의 글방 선생, 조부에게 한

---

83) 『탄허 대종사 연보』(2012), p.31. 다만, 필자는 부친의 입옥, 정읍으로의 이사, 어려운 가정형편, 문리의 불통 등을 고려하면 유학의 전 과정을 배웠다는 언급은 다소 과장된 것으로 본다.
84) 김광식(2004), 「탄허 스님의 생애와 교화활동」, p.259.
85) 고준환(1994), 「불교중흥의 꽃을 피운 탄허 스님」, p.225.

학을 배웠다고 보는 것이 순리"라고 결론을 내렸다.[86] 필자도 고준환의 서술이 애매하다는 점을 인정한다. 다만, 김광식이 가친·조부·글방 선생으로 세분하고는 가친에게 '한문학 기초'를 배운 것을 '한학' 내지 '유학'으로 확대하여 논지를 전개하고도 '기초 한문'을 공부한 것으로 결론지은 것도 문제로 보인다.

전통시대 자제의 교육은 조부에게서 기초적인 한자나 한문을 교육받는 것을 제외하면, 부친이 친자를 직접 가르치는 경우는 드물었고, 『맹자』에서 언급되듯이 일반적으로는 '역자이교지易子而教之'가 준수되었다. 왜냐하면 학습과정에서 부자 사이의 은혜와 의리인 '효자孝慈'를 해칠 가능성이 있기 때문이다.[87] 즉, 조부가 계시지 않을 경우에는 부득이하여 부친이 기초한자는 직접 가르칠 수 있지만, 흔히 친구의 아들과 서로 바꾸어 가르치는 것이 상례였고, 그렇지 않으면 조부가 기초적인 한학과 유학을 가르치는 정도에 그쳤다.

이에 비추어 보면 아마도 김탄허는 6세 무렵부터 조부에게 『천자문』과 같은 '기초 한자'를 배웠고, 이어 『사자소학』『동몽선습』과 같은 '한문과 유학의 기초'를 공부하였을 것으로 보인다. 어린 탄허에게 학술적 영향을 보다 많이 미친 것은 김광식의 주장대로 분명히 조부였지만, 부친도 기초적인 한문이나 유학을 전혀 가르치지 않았다고 단정할 수는 없을 것이다.[88]

---

86) 김광식(2004), 「탄허 스님의 생애와 교화활동」, pp.255~256.
87) 『맹자』, 「이루장구」상, "公孫丑曰, 君子之不教者何也. 孟子曰, 勢不行也. 教之必以正, 以正不行, 繼之以怒, 繼之以怒則, 反夷矣. 夫子教我以正, 夫子未出於正也則, 是夫子相夷也, 夫子相夷則惡矣. 古者易子而教之. 夫子之間, 不責善, 責善則離, 離則不祥莫大焉."
88) 이는 『황극경세서』를 둘러싼 대담에서도 확인된다. 『탄허 대종사 연보』(2012), p.32.

김광식에 의하면, 소년 탄허의 재가在家 수학修學은 1924년 김제로 이사한 뒤에는 실력이 넉넉지 못한 동네의 글방 선생에게 2~3년 공부하다가 집안문제가 생긴 이후로는 조부 밑에서 한학을 공부하였는데, 조부에게서 수학한 것은 대략 김제에서 3년 정읍에서 3년이었다.[89] 필자는 이 무렵 탄허가 주로 『소학小學』, 조금 더 나아가 사서를 공부했을 것으로 보인다. 13세와 16세에 『논어』를 읽었다는 다소 엇갈린 탄허의 발언은 이를 잘 보여준다.[90] 다만, 김광식의 주장은 1929년 17세의 탄허가 결혼한 것을 전제로 계산한 것이다.

그런데, 탄허가 14세인 1926년에 토정의 16대 후손 이영구에게 유학하였다는 『탄허 대종사 연보』의 기록[91]이 있고 또한 1927, 8년 무렵 변산의 월명암에서 양반가의 자제를 가르쳤다는 증언도 있다. 당시에 탄허는 이미 정읍 일대에서 '소년재사少年才士'로 이름이 났다고 한다. 삼보와 박금규의 회고에 의하면, 월명암에서 펴낸 『부설전』을 근거로 탄허가 변산의 월명암에 머물면서 유학을 공부하는 한편 양반가의 자제 박병수朴炳壽를 가르쳤다고 한다.[92] 이상을 고려하면 정읍에서 탄허가 조부에게 한학을 수학한 기간은 김광식의 주장보다 매우 짧은 1년여에 불과하였을 것이다.

유소년기 탄허의 집안은 매우 어려운 형편이었다. 이는 부친 김홍규가 보천교에서 최고위급 교직자인 점을 감안하면 이해하기 어려운

---

89) 김광식(2004), 「탄허 스님의 생애와 교화활동」, p.260.
90) 탄허불교문화재단 어록편찬실(1997), 『피안으로 이끄는 사자후』, p.211; 탄허장학회(2003), 『탄허 강설집』, 불광출판사, 2003, p.120.
91) 『탄허 대종사 연보』(2012), p.32.
92) 월정사·김광식 엮음(2013), 『방산굴의 무영수』상, p.217. 그가 교육한 내용은 『소학』의 수준을 넘지 않을 것으로 추정되는데, 이도 후술하듯이 가정의 형편의 어려움에 기인하였을 것이다.

부분이다. 현재 보천교 교직자의 정확한 급료체계가 밝혀진 것이 없지만,『보천교연혁사』에 서술된 기록으로 간접적인 이해는 가능할 것이다. 이에 따르면, 김홍규는 교금을 함부로 사용하지 않은 인물로 보인다. 시국대동단의 일원으로 방일한 김홍규가 차경석의 명령에 따라 비상금을 관리하기 위해 악전고투한 것은 대표적 사례이다.[93] 여기에 김홍규의 투옥은 어려운 집안 상황을 가중시켰을 것이다.

앞에서 서술하였듯이, 탄허의 결혼도 어려운 집안형편과 무관하지 않다. 탄허의 친형 김탁빈金鐸霦이 백부 김학규金鶴奎에게 양자든 상황[94]에서 장자로 기대되는 탄허마저 처가에서 생활한 것은 가계의 곤란을 명확하게 보여준다. 또한, 변산 월명암에서 독선생으로 생활한 것도 동일한 사례이다.

탄허 집안의 어려운 형편은 주변 상좌들의 회고 발언에도 보인다. 삼보는 "고생을 많이 했다."는 탄허의 발언을 전하였다.

> 하루 종일 책을 읽다 보면 배가 고프고 목이 마르니깐, 큰 동이에 사카린을 뿌려 놓고는 방에 들어갔다 나올 때마다 그 물을 먹었다고 하셨어요. 먹을 것이 없어서 못살았다고, 거지 생활을 하였다고 그러셨어요. 그리고 스님은 군불을 땔 때에는 숯을 갖고 글씨를 썼다고 그랬어요. 종이가 없으니깐 그렇게 하신 것이지요. 어릴 적부터 숯으로 글씨를 쓰시면서 공부한 것을 외운 것이지요.[95]

인용문에서 탄허가 종이가 부족하여 숯으로 글씨를 쓰거나 사카

---

93) 이영호(1948),『보천교연혁사』상, p.45좌~48우.
94) 족보에 의하면, 탄허의 친형 김탁빈金鐸霦은 백부 김학규金鶴奎의 양자가 되었다. 경주김씨월성부원군파세보청(1996),『경주김씨월성부원군파세보』3, p.777.
95) 월정사·김광식 엮음(2013),『방산굴의 무영수』상, p.217.

린을 탄 물을 마셨다는 것은 당시의 시대상황에 비추어보면 그다지 드문 일이 아니지만, "먹을 것이 없어 못 살았다고, 거지 생활을 하였다"는 탄허의 발언은 가정의 어려움을 단적으로 보여준다. 물론 어려운 환경에서도 탄허는 수학에 열중하였다.

1929년 17세에 결혼한 탄허가 처가의 경제적 지원과 이극종을 만난 것은 학문 수준을 획기적으로 제고하는 기점이 되었다. 이해 『탄허 대종사 연보』에는 다음과 같이 기록되어 있다. "충남 보령으로 옮겨서 면암 최익현의 재전 제자인 이극종 선생으로부터 다시 『시경』을 비롯한 삼경과 『예기』『춘추좌전』 등 경서를 수학하고 유학의 학통을 계승하다. 이 해 결혼하다."[96] 1930~31년 무렵 탄허는 경제적 어려움 속에서도 처가의 지원을 받아 상상을 초월하는 학구열을 불태웠다.

책이 없어 『주역』을 공부하지 못하다가 처가에서 소를 팔아 『주역』을 사주자 집에 돌아오지 않아 글방을 방문해 보니, 흡사 미친 듯 춤을 추며 큰 소리로 책을 읽고 있었다. 그것을 보고 처자불고妻子不顧 가사불고家事不顧를 하지 않겠느냐고 포기했다고 한다. 탄허 선사께서는 당시 『주역』을 500독 하셨다.[97]

글방에서 가난하여 책을 구할 수 없어서 남의 책을 빌려오면 작은 책은 밤새 외워서 기억하고 큰 책은 밤새 필사한 것이 붓글이 문리가 나더라.[98]

『탄허 대종사 연보』에 나오는 이 기사는 탄허가 유학을 얼마나 치

96) 『탄허 대종사 연보』(2012), p.32.
97) 『탄허 대종사 연보』(2012), p.33.
98) 『탄허 대종사 연보』(2012), pp.32~33.

열하게 공부했는가를 생생하게 보여주고 있다. 범룡이 "둔하기는 나 같이 둔한 사람이 없고, 알려고 노력하면 나만큼 노력한 사람도 없다."[99]고 회고하거나 혜거가 "당신은 머리가 나빠서 하루 종일 책만 읽었다."[100]고 하는 탄허의 발언을 회상한 것도 이를 잘 보여준다. 바로 이 무렵 탄허는 이른바 한문의 문리를 터득한 것 같다. 특히, 전자의 기록은 처자와 가사에 관심을 두지 않고 세속을 초월한 측면이 보이는데, 이는 그의 출가를 시사한다. 또한 그가 사서와 삼경, 특히 『주역』의 황홀경에 빠져 500독을 하였다는 것은 공자의 '위편삼절韋編三絕'을 상기시킨다. 역학의 강조는 탄허의 전통 학술 수학에서 매우 주목되는 것으로 그의 학술적 취향과 방향성을 상징적으로 보여준다. 비슷한 내용은 탄허의 법어집에도 나온다.

> 학교 문턱에도 안 갔어. 사서, 삼경과 『주역』 등 한문학을 했습니다. 수백 독 했어요. 줄줄 외웠습니다. 지금도 마음만 먹으면 책을 통째로 외워댈 수 있어요.[101]

> 물론 탄허는 자신의 공부에 이바지한 처가와 아내에 대한 고마움을 잊지 않았다. "아내라기보다는 은인이지, 은인. 내가 그 집에서 공부했습니다. 한학을. 그래서 은인이라는 겁니다."[102]

탄허는 스승 이극종을 매우 존경하였다. 이는 "탄허 스님이 이극종이라는 분을 극찬하였다"거나,[103] "이극종을 만나서부터 본격적으로

99) 월정사·김광식 엮음(2013), 『방산굴의 무영수』상, p.34.
100) 월정사·김광식 엮음(2013), 위의 책, p.194.
101) 탄허불교문화재단 어록편찬실(1997), 『피안으로 이끄는 사자후』, p.192.
102) 탄허불교문화재단 어록편찬실(1997), 위의 책, p.191.
103) 월정사·김광식 엮음(2013), 『방산굴의 무영수』상, p.217.

공부를 하였다."고 회고한 시봉 스님들의 발언에서 알 수 있다.[104] 탄허가 한문의 문리를 터득하여 유학의 종통을 계승한 것은 스승 이극종 덕분으로 보았던 것이다. 그런 까닭인지 출가한 탄허가 보령으로 이극종을 찾은 적도 있다고 한다. 탄허를 시봉한 삼보의 기억에 의하면, 1967년 무렵 탄허가 보령으로 이극종을 찾아가 서로 맞절하였다. 이극종은 큰 키에 상투를 틀고 갓을 썼는데, 탄허보다 20세나 많았다고 한다.[105] 그 무렵 대략 이극종은 75세 전후였을 것으로 보인다.

그런데, 이보다 약간 빠른 1929~1930년에 탄허가 이미 북송 소옹 邵雍(1011~1077)의 『황극경세서』를 읽었다는 것은 주목된다.

> 제가 17~18세가 되었을 때에 선고에게 "소강절邵康節[소옹]은 소인입니까, 군자입니까?" 하고 여쭈었더니 "송조宋朝의 6군자六君子 중의 한 분이다."라고 대답하셨습니다. 제가 또 말씀드리기를 "그러면 그의 학설이 거짓말이 아니겠지요." 『황극경세서』에 5종五種사업의 종별種別을 들어 "'영위계구寧爲鷄口언정 무위우후無爲牛後'라는 말이 있듯이 가다가 못 갈지언정 공자의 불세지사업不世之事業을 따르겠습니다."라고 하니 선고께서도 막지 못하셨습니다.[106]

불세의 사업이란 세상을 떠난 성인 공자를 이어 오는 후학을 여는 [繼往聖 開來學], '시대를 초월한 교육 사업'이다.[107] 여기에서 선친이 말한 송대 6군자란 명확하지 않지만 주자학의 성립에 큰 영향을 미

---

104) 월정사·김광식 엮음(2013), 앞의 책, p.290.
105) 월정사·김광식 엮음(2013), 위의 책, pp.210~217.
106) 탄허불교문화재단 어록편찬실(1997), 앞의 책, p.101; 『탄허 대종사 연보』(2012), p.32.
107) 탄허불교문화재단 어록편찬실(1997), 위의 책, p.99. 여기서 탄허가 공자와 동일한 수준으로 장자를 언급한 부분은 매우 흥미롭다.

친 '북송오자'에 사마광司馬光이 포함될 가능성이 많아 보인다.[108] 탄허의 회고 발언에는 『황극경세서』를 매우 신용하고 있음과 함께 공자처럼 교육 사업에 뜻을 둔 점이 잘 나타나있는데, 이를 미루어 보면 『탄허 대종사 연보』의 기술처럼 '출가 입산'의 가능성은 충분히 있다고 보인다.[109]

다만, 『황극경세서』에 대한 이해는 『주역』과 밀접한 관계가 있다. 일반적으로 『주역』은 삼경의 학습 가운데에 가장 늦은 순서이다. 그런데, 위에서 언급한 것처럼 탄허가 『주역』을 구득한 것이 18세였다. 그러므로 탄허의 발언을 인정한다 해도 『황극경세서』의 독서 시기는 17세보다 18세 이후로 늦추어 보아야 하고, 『황극경세서』에 대한 진정한 터득은 이보다 더욱 뒤로 미루어야 할 것이다.

그런데, 소옹의 『황극경세서』란 스승인 송초의 도사 진단陳搏 계통의 우주설과 유교의 『주역』을 절충하여 상수象數로 해석한 선천도서 상수학先天圖書象數學의 책이다. 여기서 소옹이 주상한 원회운세설元會運世說은 우주의 1년인 1원(12회)은 지구상에서 12만 9600년, 우주의 한 달인 회(30운)는 지구상에서 1만 800년, 우주의 하루인 운(12세)은 지구상에서 360년, 우주의 한 시간인 세는 지구상에서 30년으

---

108) 북송 5자子란 주돈이周敦頤·이정자二程子[정호程顥 정이程頤]·장재張載·소옹邵雍을 가리킨다. 島田虔次(1993), 『朱子學と陽明學』, 東京: 岩波新書, pp.30~76. 여기에 학술 종지가 다르지만 학술의 접근법과 응용에 영향을 미친 왕안석王安石이 포함되는 경우도 있지만,(戶川芳郎 외(1987),『儒教史』, 東京, 山川出版社, pp.241~271) 소옹과 함께 낙양洛陽에 살면서 학술과 교우交友에 가장 친밀한 인물은 사마광司馬光이었다.(이창일(2007), 『소강절의 철학』, 심산, pp.58~60) 그는 송학적宋學的 사학사學을 집대성한 인물로 주희朱熹의 명분적名分的 춘추학春秋學에 많은 영향을 미쳤다.
109) 『탄허 대종사 연보』(2012), p.32.

로 규정된다.[110] 그 내용은 복잡하지만 필자가 이해한 것을 간략하게 정리하면, 인류·만물·우주는 원회운세설의 법칙에 따르므로 그 시간의 안에서 생리生理와 물리物理가 합일된다. 아울러 무아無我의 상태에서 이치로 만물의 객관적 관찰[觀物]을 통하여 아我와 우주만물, 내 무심無心의 움직임과 천지자연의 변화가 일치된다[心法]. 결국 상수의 이치를 꿰고 마음의 변화를 읽으므로 만사의 예지나 궁극적 도를 인지할 수 있다는 논리가 성립된다. 물론 여기에도 올바른 학문과 수양이라는 정도가 강조되고 편법은 배제된다. 그는 관직을 비롯한 일체에 구속되지 않고 소를 타고 유유자적하는 은자의 삶을 살았고 불교에도 조예가 깊었지만 유가임을 자임하여 사마광·정호程顥·정이程頤·장재張載와 교류하였고[111] 특히 주자의 역학易學[112] 등 신유가에게 영향을 미친 삼교합일적 인물이었다.

필자는 '불세지사업'의 입지立志에서 탄허의 출가의 가능성을 넘어 다양한 측면에서 소옹과 『황극경세서』를 유의한다. 우선 소옹이 '(천)도란 무엇인가?'라는 물음을 지속적으로 추구하여 결국 깨달은[113] 점은 탄허의 구도 출가와 동일한 문제의식이다. 또한 소옹이 '원회운세설'과 '심법'을 통하여 자신과 우주를 일치시킨 점도 탄허가 '심법'을 강조하고 화엄학을 불교의 핵심으로 삼은 것과 관련되어 있다. 탄허가 "신생천지후身生天地後하고, 심재천지선心在天地先이라. 천지天

110) 島田虔次(1993), 『朱子學と陽明學』, pp.71~76.
111) 탈탈脫脫 등찬等撰(1977), 「소옹전」, 『송사』36, 북경: 중화서국 참조.
112) 이창일(2007), 『소강절의 철학』, 심산, pp.43~52, pp.219~232.
113) 탈탈脫脫 등찬等撰(1977), 「소옹전」, 『송사』36, p.12726. "已而歎曰, '昔人尚友於古, 而獨未及四方.' 於是踰河汾涉淮漢, 周流齊魯宋鄭之墟, 久之, 幡然來歸曰, 道在是矣, 遂不復出.

地도 자아출自我出이어든 기여其餘아 하족언何足言이리오."라는 소옹의 시를 해설하면서 심오한 도나 근원, 투철한 경지를 각파覺破하였다[114]고 논평하고, 이어 장자와 회통하여 "그 다른 점으로 보면 한 몸의 간과 쓸개도 초나라·월나라처럼 동떨어져 있지만 같은 점으로 살펴보면 만물이 모두 하나이다."[115]라고 주장하였다. 이는 모두 화엄과 회통되는 논리로서 그 유력한 증거이다.

그리고 탄허가 『주역』을 강조하면서 민중적 성향이나 예지적 언급이 많은 측면도 소옹과 그의 『황극경세서』와 밀접하다. 또한, 조선 말기 최제우崔濟愚의 개벽사상은 바로 소옹의 『황극경세서』에서 비롯되어 조선 중기 서경덕徐敬德 등을 거쳐 『정감록』과 같은 비기류가 민간으로 확산된 결과라는 지적이 있다.[116] 그런데, 탄허의 장인 이영구는 이지함의 16대손인데, 서경덕이 바로 이지함의 스승이었다는 인적 관련성도 있다.

이상에서 탄허가 『황극경세서』를 중시한 것은 출가와 관련하여 사상적 연기의 측면에서 주목되는데, 이는 아마도 보천교에 종사한 부친 김홍규의 권유에 의한 것으로 추정된다. 후술하듯이, 유학의 삼경에 매진하던 탄허가 입산 직전 노장을 공부하였는데, 그 계기도 소옹의 『황극경세서』였을 가능성이 농후하다. 요컨대 이와 같은 배경에서 탄허는 한문의 문리를 통하여 유학의 범주를 확장 초월하는 동시에 서서히 노장으로의 방향전환을 시도하면서 구도 의식을 강화하였다.

이극종을 종유하여 한문의 문리를 터득한 탄허가 『황극경세서』의

---

114) 탄허불교문화재단 어록편찬실(1997), 『피안으로 이끄는 사자후』, pp.65~66.
115) 탄허문도회(2013), 『방산굴법어집』, p.399.
116) 황선명(1998), 「후천개벽과 정감록」, 『한국종교』23 참조.

탐독을 계기로 노장으로 치달아 『도덕경』과 『장자』를 읽기 시작한 것은 대략 탄허의 나이 20세인 1932년이었다.[117] 탄허의 발언에 의하면 그의 노장학은 자습자학自習自學한 것이었다. "유학을 마치고 노장을 공부하면서 선생을 찾다가 이곳으로 들어오게 되었습니다. 사회에는 노장을 가르칠 사람이 드물어."[118] 물론 탄허는 출가한 이후에 한암의 지도와 독서 허락을 받아 유교와 불교의 힘으로 『장자』를 무려 천독하여 스스로 터득하였다.[119]

물론 여기에서도 핵심 의문은 '도란 무엇인가' '태극이란 무엇인가'라는 궁극적 초월적 진리로, 그 이전 구도의식의 외연이 계속 확장되고 있었던 것이다. 이런 관점에서 보면, "'도란 무엇인가?'라는 새로운 주제에 관심을 가지기 시작하다."[120]라는 1932년조 『탄허 대종사 연보』의 기술은 거의 오류라고 보아도 좋을 것이다. 필자의 논지는 탄허가 한학이나 유학을 공부하면서 '격외도리格外道理'나 '문자 밖의 소식'을 알려고 고뇌하였고, 이를 깨우쳐 줄 선생을 찾아야 한다고 한탄한 일에서도 확인된다.[121] '격외도리'나 '문자 밖의 소식'이란 문자로 쓰인 경전을 초월한 '절대적 진리'를 의미하는 것으로 도나 태극과 동류의 개념으로 보아도 좋다.

탄허의 구도 출가 궤적은 인도 불교의 중국 전파와 중국적 전통의

---

117) 『탄허 대종사 연보』(2012), p.34.
118) 탄허불교문화재단 어록편찬실(1997), 『피안으로 이끄는 사자후』, p.131.
119) 월정사·김광식 엮음(2013), 『방산굴의 무영수』하, pp.262~263. 김광식(2004)은 「탄허 스님의 생애와 교화활동」, p.261 주 29)에서 서우담과 안혜거의 대담을 근거로 3천 독 하였다고 하는데, 이는 아마도 잘못 전해진 것으로 보인다.
120) 『탄허 대종사 연보』(2012), p.34.
121) 월정사·김광식 엮음(2013), 『방산굴의 무영수』하, p.207 ; 김광식(2004), 「탄허 스님의 생애와 교화활동」, p.262.

종파불교 확립에서 보면 원시유학에서 노장사상을 기초로 한 격의불교로 나아가고 다시 종파불교로 발전한다는 방향과 일치한다. 뿐만 아니라 이는 조선후기 지식인이나 문장가들의 독서 지향과도 일치하는 부분이 있다. 일반적으로 정통 성리학의 입장에서 노장의 경전은 이단으로 간주되어 무조건적으로 배척된다. 그러나 유자들은 실제로 유가의 경전과『사기』,『한서』등의 역사서뿐만 아니라『노자』,『장자』의 독서와 학습을 통하여 문장력을 제고하였다. 심지어 유자는 불교에 대한 글도 상당히 많이 남겼다. 18세기 후반~19세기 전반의 박지원朴趾源이나 김정희金正喜는 그 대표적인 사례였다.

동시에 스님들도『장자』에 대해 일가견을 지닌 경우도 상당히 많았다. 월정사 회주를 지낸 비룡은 천도교를 공부하다 황해도 구월산에서 노자도老子道를 추구하다 한암을 만났고, 한암의 편지를 받고 상원사로 입산하여 행자와 불목으로서도 노자를 공부하였다가 상좌가 되었다.[122] 성파의 회고에 의하면 구하·경봉·벽안을 비롯한 당시 스님들은 입산 이전에 유교뿐만 아니라 도교를 배웠고,[123] 벽안은 평소에도『장자』를 암기하였다.[124] 탄허의 도반인 관응도『장자』에 밝았고, 강의와 법문을 할 적에 노장을 많이 인용하였다. 그의 불교학과 사상에는 불교적 자연인을 넘어 은둔적 성인무기聖人無己라는 노장적 색채가 짙었다.[125] 제산을 위패은사로 모신 서운의 상좌 세연도 관

---

122)《불교신문》, 1995.5.30, p.7.
123) 월정사·김광식 엮음(2013),『방산굴의 무영수』상, p.128.
124) 김광식(2013),『청백가풍의 표상: 벽안 스님의 수행과 가르침』, 벽안문도회, p.362.
125) 관응대종사문도회(2018),『황악일지록』, 김천: 황악산 중암, pp.95~97, p.128, p.227, p.340, p.424, p.608, p.627, pp.638~640, p.661.

응에게 『장자』를 배운 다음 두 번이나 읽었다.[126] 심지어 현대의 한국 선을 대표하는 성철의 '오매일여寤寐一如'라는 화두참구론을 둘러싸고 도가의 깨달음이라는 주장과 선가적이라는 반론을 둘러싸고 논쟁이 일어났다.[127] 1960년대 말~70년대 초에도 심산의 토굴에서, 혹은 상원사 선방에서 방부를 들인 수좌에게도 노장에 대한 이해는 기초적이고 공통적이었다.[128]

탄허가 오대산수도원에서 노장을 강의하였다거나 백련암에서 피란하면서 도원과 함께 머문 이처사가 『장자』를 읽었다[129]는 것은 탄허의 영향으로 보아 배제하더라도, 일본에 유학한 관응도 『장자』에 일가견이 있어 한국의 제일이라는 자부심을 가지고 탄허와 토론하였다는 범룡의 회고도 있다.[130] 탄허의 발언을 회상한 혜거에 의하면 탄허가 『도덕경』, 『장자』 등을 한암에게 드리면 한암이 보살의 경지라고 극찬하면서 좋아하였다고 한다.[131] 이런 측면에서 한암이 "경허 선사가 일생 동안 『장자』 문자를 많이 쓰신 것도 이해할 수 있겠다."[132]고 발언하였을 것이다. 이는 당시 일반적인 경향이었는지도 모른다.

탄허의 동년배나 상좌들도 비슷한 견해를 지니고 있다. 범룡은 탄허와의 대담을 회고하여 "유교를 볼 때에는 잘 몰랐는데 불경을 보고

---

126) 관응대종사문도회(2018), 앞의 책, p.411.
127) 윤창화의 문제 제기로 시작된 논쟁은 2008년 7월 9일부터 8월 6일까지 《법보신문》에 이어졌다.
128) 지허(2000), 『선방일기』, 여시아문, pp.54~57, pp.119~124; 동(2010), 『사벽의 대화』, 도피안사, p.13, p.53, p.81, pp.92~93, p.102, pp.131~132, pp.162~163.
129) 김광식(2006), 『그리운 스승 한암 스님』, p.59.
130) 김광식(2006), 위의 책, pp.36~37.
131) 김광식(2006), 위의 책, p.214.
132) 『탄허 대종사 연보』(2012), p.46.

나서야 어린 시절 배웠던 유교와 도교의 책에 대하여 제대로 이해할 수 있었다."[133]고 언급하였다. 탄허의 효상좌 만화도 노자의 『도덕경』을 필사하였다.[134] 『도덕경』과 『장자』를 읽었다는 부동은 선이란 노장의 바탕에서 나온 것이므로 노장의 이해가 부족하면 선을 제대로 이해할 수 없다고 주장하였다. 예컨대, 선어록에 나오는 '목격이도존目擊而道存'도 선의 고유어인 줄 알지만 『장자』에 나온다는 것이다. 여기에는 유불선의 회통으로 불교를 재평가하거나 재탄생시켜 미래를 열어보자는 논리가 연결되어 있다. 이런 측면에서 탄허의 회통론은 탁월한 견해라는 것이다.[135]

물론 탄허도 이러한 입장에 섰을 것이다. 1940년 29세의 탄허는 한암에게 『장자』의 독서를 허가받은 다음 『장자』를 천독하였는데, "한암 종사께 유가와 불교의 중간에 스스로 『장자』를 자득했기에 더욱 자신이 생겼다."고 말씀드렸다는 기록도 있다.[136] 후일 탄허가 노장에도 정통한 것은 본고에서 언급할 필요가 없지만, 오대산 수도원에서 강의할 적에 아침은 선도仙道의 냉식冷食을 공양하였거나[137] 소식하였다[138]는 것도 참고가 된다.

아울러 동아시아적인 시각에서 보면, 탄허의 학술은 중국 전통 학술의 최종단계에 위치하는 '통학通學'과 밀접하다. 특히 청 중기의 양주학파揚州學派는 다양한 회통론을 통하여 구축한 '통학'과 '통유通

---

133) 월정사·김광식 엮음(2013), 『방산굴의 무영수』상, p.29.
134) 월정사·김광식 엮음(2011), 『오대산의 버팀목』, 오대산 월정사, p.636.
135) 월정사·김광식 엮음(2013), 『방산굴의 무영수』상, p.227.
136) 『탄허 대종사 연보』(2012), p.45.
137) 월정사·김광식 엮음(2011), 『오대산의 버팀목』, p.37.
138) 탄허불교문화재단 어록편찬실(1997), 『피안으로 이끄는 사자후』, p193.

儒'를 학술과 유자의 이상으로 삼았다. 양주학인의 통학은 소학小學에 근거한 고경古經의 연구와 금고今古의 종통縱通을 통하여 고학을 연구하여 실학實學을 중심으로 의리학義理學이 결합된 형태를 이상적인 학술로 상정하고, 이를 준거로 삼아 한학漢學의 병폐를 치유하면서도 송학宋學을 비판하고 방통旁通하여 한송학을 초월하려는 신정학新正學이었다. 그 체계는 '심득心得' '자득自得'과 '가학家學'으로 구축된 전문 학술을 중심으로 기타 경학, 제자학, 금고문경학, 양명학, 사학, 문학, 금석, 소학, 고증, 의리 등의 방대한 학술이 절충되었다. 여기에는 문호門戶의 견해가 배제되고 실사구시적實事求是的 관점에서 우량 학술이 집대성된다. 그 성격은 일상생활에서 이용·실용·실천이 가능하고 현실 사회에서 경세적·사공적事功的 성격이 강하며 천문·역법·과학기술도 포함된다. 그 통학에는 실천적·실용적인 선왕·성현의 의리와 미언대의가 담긴, 주자학적 의리를 초월한 신의리학이 통섭되었다. '통학'은 실학을 중심으로 의리학을 회통한 관계로 '유용적有用的' '실학적' 성격이 매우 강하였다. 필자는 이를 '실학적 통학'이라고 명명하였다. 나아가 양주학파는 통학에 기초하여 정학일치와 함께 통경치용通經致用·경명행수經明行修의 유학이념에 따라 학행의 겸비에서 나아가 통학을 기초로 각종 경세와 사공을 추진하여 합일하였다. 이는 신해혁명기에 일본의 영향을 받아 불교와 서학마저 회통하여 국학으로도 발전한다.[139] 출가 직전 탄허의 전통 학술은 바로

---

139) 졸저(2002),『근대중국의 국학과 혁명사상』, 국학자료원, pp.58~77; 졸고(2008),「19세기 전반 양주학파의 학술관-왕희손의 실학적 통학-」,『명청사연구』29, pp.208~209; 동(2011),「19세기 중반 양주학파 유육숭의 실학적 통학」,『동국사학』51 참조.

'통학적' 성격이 매우 농후하였다.[140] 이제 '노장적 도'에 진입한 탄허
의 구도 열정은 다리 하나만 건너면 '불도'로 건너갈 것이었고 유불선
의 회통은 피할 수 없었다. 나아가, 탄허의 전통 학술은 서구·일본의
학술과 사상에 대한 반감과 함께 민족주의적 성향으로 성장할 수밖
에 없었을 것이다.

5. 맺음말

이상에서 필자는 탄허의 속가 환경과 그 스승 이극종의 학통을 재
검토하고 전통 학술의 수학을 살펴보는 동시에 구도 입산의 궤적을
고찰하였다. 우선 본고는 경주김씨 월성부원군 파보派譜나 한산이씨
의 족보, 『보천교연혁사』 등의 기초 사료를 이용하여 기존의 학설을
수정하는 한편 잘 알려지지 않은 탄허와 처가의 가계, 그리고 부친의
보천교 활동을 재구성하였다. 또한 면암 최익현과 간재 전우의 사제
관계를 부정하는 한편 조선의 멸망을 배경으로 최익현과 전우를 둘
러싼 관계와 학술 등을 검토하면서 최익현의 절충적인 학술과 함께
간문艮門의 전우 재평가를 둘러싸고 최익현·전우의 사제설이 나온
것으로 파악하였다. 다만 전우와 이극종의 사승관계는 문집이나 자
료에서 확인할 수 없었지만 그 가능성은 남겨두었다. 그런데 부친 김

---

140) 탄허는 유불선뿐만 아니라 정교일치를 강조하여 학술과 경세마저도 회통하였
고, 각종 번역서의 서문 말미에는 학술 연구의 기초라고 할 수 있는 소학적小學
的 접근법도 두루 언급되어 있다. 이제는 동아시아적 통학通學의 시각에서 탄허
의 전통학술을 재음미할 필요가 있다. 일단 졸고(2019), 「탄허의 학술과 회통론
－근세 동아시아의 유학으로 본－」, 『대각사상』31 참조.

홍규의 보천교 종사는 의외로 탄허에게 큰 영향을 미쳤고, 간재 전우의 보발이나 유교원리주의적 생활 태도와 태극의 강조는 '도란 무엇인가'와 함께 탄허의 초월의식과 연결되는 점에서 탄허의 출가와 관련이 있다.

그리고 탄허의 전통 학술 수학과 관련하여 필자는 김광식의 주장을 재고하고 그 수학과정을 검토하면서 조부가 탄허에게 미친 영향을 다소 축소시켰다. 어려운 가정형편에서도 학문연마에 열중한 탄허가 1929년 결혼과 함께 이극종을 만난 것은 문리의 터득과 유학 수준의 제고에 크게 기여하였다. 탄허가 4서5경의 유학 정수를 흡수하는 데에는 이극종의 영향력이 절대적이었고, 이런 까닭에 탄허는 이극종을 매우 존경하였다. 특히 1930년부터 탄허는 『주역』에 깊이 매료되었는데, 이는 탄허의 사상 형성에 필수적인 학술 기반이었다.

그런데, 필자는 이보다 앞선 1929년 무렵 탄허가 소옹의 『황극경세서』를 읽고 시대를 초월한 교육 사업에 뜻을 두기 시작한 것을 주목하였다. 이는 부친의 권유에 의한 것으로 보인다. 왜냐하면 『황극경세서』는 유불선을 합일하면서도 도를 추구하였을 뿐만 아니라 유가에서 도가로의 학술적 전환이나 보천교와도 관련된 조선의 후천개벽사상이 실로 모두 여기에서 비롯되기 때문이다. 『탄허 대종사 연보』는 노장학의 시작이 20세인 1932년으로 기술하고 있고, 이로부터 '도'라는 새로운 주제에 관심을 갖기 시작하였다고 하여 탄허의 출가 결심이 비로소 이루어진 것으로 시사하였다. 하지만, '도'에 대한 관심은 실로 이보다 앞서 『황극경세서』를 처음으로 읽은 1929년으로 수정하는 것이 합리적이다.

이렇게 하여 탄허는 『황극경세서』를 거쳐 도의 추구를 강화하는 한편 노장학으로 방향을 돌려 자습자학하였다. 이는 실로 중국에서 유가로부터 노장적 격의불교를 거쳐 중국적 종파불교로 발전하는 방향과 동일하였는데, 이는 당시 지식인이 유학과 노장학을 떠나 신식학문으로 전환하는 시대적 추세와 다른 방향이었다. 이와 관련하여 필자는 탄허를 둘러싼 인물들이나 동시대 불교계의 노장학을 검토하여 그 상통을 고찰하였다. 이 무렵 탄허는 이미 '격외도리'와 '문자 밖의 소식'을 알려고 고뇌하였는데, 이는 학계에 알려진 대로 한암과 탄허가 상봉하는 접점이었다.

그런데, 출가 이전 탄허에게 가장 큰 영향을 미친 것은 어쩌면 이극종보다 부친 김홍규와 보천교였다. 이극종이 한문의 문리와 유학의 정수를 터득한 측면에서 영향이 국한된다면, 탄허에게 보이는 역경류·비기류의 중시와 후천개벽사상, 삼교합일과 정교일치, 전통 한학 교육과 청의보발 및 소식·냉식, 도의 추구 등은 직접적으로 김홍규와 보천교의 직접적 영향이었다. 동시에 이는 유학에서 노장으로, 그리고 불교로 나아가는 연기에서 가장 중요한 것으로 판단된다. 물론 탄허는 분명히 화엄학의 대가요 대선사였지만, 그의 사상세계에는 흔히 언급되는 구국안민의식뿐만 아니라 교학적 측면에도 보천교도였던 부친 김홍규의 영향이 남아있었던 것이다.

덧붙여 보천교는 유교적 지향성이 강하지만 증산도처럼 원래 삼교합일적이다. 예컨대, 차경석의 절친한 동지로 강일순을 시봉하던 박공우朴公又가 6촌 동생 박중빈朴重彬을 강일순姜一淳에게 소개하였는데,[141] 박중빈이 후일 원불교를 창시한 것은 잘 알려져 있다. 또한,

---

141) 박종렬(2001), 『차천자의 꿈』, pp.61~63.

1918년 10월 제주에서 일어난 보천교의 법정사 항일투쟁에서도 불교는 중요한 역할을 수행하였다.[142] 다만 속가의 탄허에게는 불교와 관련된 학술이나 사상을 찾기가 매우 어려웠다. 필자는 이마저도 역설적으로 탄허의 출가로 결국 삼교합일이 이루어진 것으로 이해한다.

다만, 논문의 분량으로 인하여 탄허의 출가와 관련하여 본고에서 해결되지 못한 과제가 남아 있다. 탄허의 입산출가는 만주사변과 무단통치기로의 이행이라는 시대적 배경, 일제의 종교 통제를 비롯한 식민통치의 강화, 그리고 이에 비례하여 성장하는 탄허의 보국안민이념 등과도 일정한 관련이 있다. 또한, 일제강점기 상원사와 월정사를 중심으로 하는 오대산 불교계의 동향이나 한암과 탄허의 교류와 인도 등도 검토되어야 한다. 마지막으로 자료의 한계가 현저한 성년 탄허의 교우관계도 고찰의 대상이다. 이상은 모두 후일을 기약한다.

---

142) 안후상(1996), 「제주 법정사 항일항쟁연구」, 『종교학연구』15; 김정인(2002) 「법정사 항일투쟁의 민족운동사적 위상」, 『제주도연구』22 참조.

II. 한암 중원과 탄허 택성의 불연: 탄허의 출가 배경

1. 머리말
2. 1930년대 전반 불교계의 동향과 오대산문의 실정
3. 부친 김홍규와 보천교의 주변 및 탄허의 우인들
4. 한암과 탄허의 불연 및 탄허의 출가
5. 맺음말

[Abstract]

The Relationship of the Buddhist Scholarship of Han-am and Tan-heo:A Study of the Background of Tan~heo's Decision to Enter the Buddhist Priesthood

The main purpose of this study is to: first, examine the background of Tan-heo's decision to enter the Buddhist priesthood, and second, to discuss the development of his Buddhist scholarship with his mentor Han-am.

After the outbreak of the Manchurian Incident in 1931, much tension was prevalent in East Asia. In Korea, the Japanese authority tried to control or destroy the Korean nationalist movement in general and the Buddhist reform movement in particular. To do so, a series of rules and regulations on the Buddhist movement were issued. To counter this, Korean Buddhists decided to hold a nationwide meeting of all monks from two major Seon sects. Another meeting was also held for all the higher-ranking monks in Korea. Both meetings explored finding new ways to keep their movement going throughout the country. At that time, two eminent monks named Han-am and Ji-am resided in Odae-san Temples(五臺山門). They resolved the temple's budgetary problems by liquidating all debts and liabilities and improved temple management. As the Buddhist reform movement was in full swing, they revitalized Korean Buddhism to a considerable extent.

In 1929, a Korean nationalistic religion called Bocheongyo(普天敎) began to suffer increasingly strong Japanese oppression. The Sigukdaedongdan(時局大同團) is known to have carried out pro-Japanese activities with the blessing of the Japanese authority, and at the same time, followers of Bocheonggyo were busy with their own reform movement to promote their own religious teachings. However, both were subsequently disbanded simultaneously by the Japanese authorities after being branded anti-Japanese organizations.

Meanwhile, Bocheongyo members developed their own serious internal problems and eventually split into several sects due to differences of opinion on the teachings of Bocheongyo. Ultimately, their organization was disbanded by the Japanese. While all this was going on, Cha Gyeongsueok(車京石), the founder of Bochenongyo, and Kim Honggyu(金洪奎), Tan-heo's father and a main disciple of Cha Gyeongseok, had a falling out, primarily because Cha Gyeongseok was conservative and Kim Honggyu was more moderate in interpreting the teachings of Bocheongyeo. Kim subsequently left Bocheonggyeo and went his own way. In 1933, followers of Bocheongyeo began to be persecuted by the Japanese, and in 1936 it was disbanded altogether. This was due to increased Japanese oppression and partly to the unexpected sudden death of Cha Gyeongseok in 1936. As a result, Tan-heo was undoubtedly influenced by his father and the teachings of Bocheongyeo because there was a sizable group of Bocheongyo followers living around Mt. Odae at that time. Under these circumstances, Tan-heo was motivated to enter the Buddhist priesthood.

In 1932, through his correspondence with his teacher Han-am, Tan-heo began to seriously study Chinese classics written by such philosophers as Laozi and Zuangzi. In 1934, Tan-heo was led by his mentor to become a Buddhist monk, primarily due to the profound scholarship and lofty personality Han-am had demonstrated to him.

Key Words: Han-am, Tan-heo, Kim Honggyuo, Bocheongyo, Odae-san Temples, entering the Buddhist priesthood, Laozi, Zuangzi.

1. 머리말

탄허 택성(1913~1983)이 오대산 상원사로 입산한 것은 1934년 9월 5일(음력)이고, 한암 중원(1876~1951)에게 구족계를 받은 것은 10월 15일로 당시 탄허는 22세였다. 이는 1932년 8월 14일부터 탄허가 한암과 20여 통의 서신을 주고받은 불연에 의한 결과였다.[1] 이와 관련하여 학계는 탄허가 한암에게 구도적 열정이 담긴 편지를 보낸 계기로 입산하였다가 그의 인품과 사상에 매료되어 출가한 것으로 설명한다.[2] 필자는 자료 부족의 한계를 극복하고 접근 시각을 확대 심화하여 현재까지 탄허의 입산 출가를 전론한 연구가 없는 상태를 시급히 벗어나야 한다고 판단한다.

이미 필자는 탄허 연구의 미답지로 남아있던, 출가 이전 탄허의 전통 학술 수학을 고찰하면서 구도 입산의 궤적을 규명하였다. 탄허의 가계와 부친 김홍규金洪奎의 보천교 활동을 재검토하였고, 그 스승 이극종李克宗의 학통과 관련하여 면암 최익현崔益鉉과 간재 전우田愚의 사승관계를 비판적으로 접근하였다. 어려운 환경에서도 탄허는 1929년 이극종을 만나 한문의 문리를 터득하고 유학 수준을 오경으로 제고하였다. 이어 태극에 기초한 유가의 원리적 구도의식을 토

---

1) 『탄허 대종사 연보』(2012), 탄허불교문화재단·오대산문도회·교림, p.39. 이하 『탄허 대종사 연보』로 줄여 표기한다. 참고로 탄허의 행적이나 보천교 관련 내용은 특별한 표기가 없으면 음력이다.
2) 김광식(2004), 「탄허 스님의 생애와 교화활동」, 『탄허 선사의 선교관』, 오대산 월정사, pp.262~267. 탄허 연구를 대표하는 이 논문은 턴허의 출가와 관련하여 평면적 접근과 6쪽 미만의 분량에 그치는 한계도 있다.

대로『주역』을 비롯한 경학적 몰입과 부친의 권유로 인한 보천교리의 영향 및『황극경세서』탐독을 거쳐 노장老莊의 자득自得으로 나아갔는데, 이는 바로 구도 입산의 전환점이었다. 실로 출가 이전 탄허에게 큰 영향을 미친 것은 부친 김홍규와 보천교의 교학관이었다. 이는 태극, 도道, 격외도리格外道理 등 구도의식의 확장과 함께 유학에서 노장으로, 그리고 불교로 나아가는 연기에서 결정적으로 작용하였다.[3]

본고는 바로 그 후속연구로 1930년대 전반을 중심으로 탄허의 입산 배경을 고찰하는 동시에 한암과의 불연으로 인해 탄허가 출가하는 과정을 검토한 것이다. 필자는, 기존연구를 토대로 시야를 넓혀 1931년 만주사변을 배경으로 강화된 일제의 불교정책과 이에 대응하는 불교계의 동향을 간결하게 살펴보고, 이어 상원사와 월정사를 중심으로 하는 오대산문의 당시 실정을 확인하겠다. 또한, 부친 김홍규의 행적과 보천교의 해체를 추적하고, 주변 우인들과의 관계를 정리하면서 탄허 출가의 관련성을 타진하겠다. 마지막으로 탄허와 한암이 왕래한 편지를 분석하고 불연을 맺고 출가하는 과정과 그 의의를 음미하겠다.

---

3) 졸고(2013),「탄허의 전통학술 수학과 구도입산의 궤적」,『한국불교학』66, 한국불교학회; 동(2013),「출가 이전 탄허의 전통학술 수학과 구도입산의 궤적」, 오대산 월정사 편,『미래를 향한 100년, 탄허』, 조계종출판사 참조.

2. 1930년대 전반 불교계의 동향과
오대산문의 실정

1930년대 전반은 일제의 문화통치가 민족말살통치로 이행하는 시기였다. 1931년 일제는 만주사변을 일으켜 만주를 장악하고 중·미·소와의 확전 가능성을 높였다. 일본 국내도 재정·경제·사상의 3대 국난國難에 봉착하였다. 1932년 조선총독으로 부임한 우가키 가즈시게[宇垣一成]는 그 해결책을 조선에 도입, 총동원체제를 구축하고자 농촌진흥운동農村振興運動과 심전개발운동心田開發運動을 추진하였다.[4] 일제의 불교정책은 이미 1926년 '대처식육帶妻食肉'의 허용과 1929년 「사찰령」과 「포교규칙」의 개정으로 훨씬 강화되어 있었다.[5] 일제가 1933년부터 계획 추진한 심전개발운동은 천황에게 순종하는 황국신민을 육성하기 위한 사상통제정책으로, 신도神道를 확립하는 방편으로 조선의 불교를 통하여 일본 정신을 발흥시킴으로써 일선동화日鮮同化와 황국신민화를 기도한 것이었다. 조선불교중앙교무원은 1935년부터 심전개발운동에 적극적으로 호응하여 추진하였다.[6]

이러한 흐름에 대응하여 재기再起한 조선불교청년회의 권상로權相老, 백성욱白性郁, 도진호都鎭鎬 등은 1929년 1월 3~5일 31본말사의 대표 승려 107명이 각황사에 모여 조선불교선교양종승려대회를 개최하고 종헌·종회·교무원을 성립시켰다. 이는 불교계 통일의 기반 구

---

4) 김순석(2003), 『일제시대 조선총독부의 불교정책과 불교계의 대응』, 경인문화사, pp.157~162; 동(2014), 『한국 근현대 불교사의 재발견』, 경인문화사, pp.107~121.
5) 김광식(2007), 『민족불교의 이상과 현실』, 도피안사, pp.381~385.
6) 김순석(2003), 『일제시대 조선총독부의 불교정책과 불교계의 대응』, pp.157~181; 임혜봉(1993), 『친일불교론』 상, 민족사, pp.145~166.

축과 교단의 총의에 기초한 자주적 개혁 성과였으나, 종명·인사권·재산권의 유지와 애매한 처리, 31본말사체제의 유지 등의 한계를 지녔다. 이 흐름은 조선불교청년총동맹과 만당으로 이어졌지만, 종헌은 시행 여부를 논란하다 1930년대 전반에 소멸되었다.[7] 선학원과 선우공제회를 계승한 조선불교선리참구원이 주도하여 1935년 3월 선학원에서 조선불교수좌대회를 개최하였다. 여기에 모인 전국 선원의 대표 수좌들은 종명으로 선종, 대의체로 선회禪會, 선원의 단일기관으로 종무원을 만들고, 종무의 대표로 종정을 내세웠다. 그러나 그 종규마저도 재정권·인사권에서 사찰령이나 사법에 대한 뚜렷한 비판과 대안이 부족하였다. 요컨대, 승려대회와 수좌대회는 1920년대 조선불교유신회의 사찰령 철폐 주장에도 미치지 못하였다.[8]

한편, 일제의 '사찰령 체제'에서 월정사는 30본사의 하나로 유점사·건봉사와 함께 강원도의 삼본사였다. 월정사의 주지는 1914년부터 홍보룡洪莆龍, 이우영李愚榮, 김일운金一雲을 이어 지암智庵 이종욱李鍾郁(1884~1969)이 임명되었다. 김일운은 1923년 5월부터 주지를 지냈던 이우영을 이어 1927년 10월에 주지가 되었고, 1930년 7월에 부임한 지암은 해방을 맞이할 때까지 5회에 걸쳐, 심지어 한국전쟁 이

---

7) 김광식(1996), 「조선불교선교양종 승려대회의 개최와 성격」, 「조선불교청년총동맹과 만당」, 「1930년대 불교계의 종헌실행문제」, 『한국 근대불교사 연구』, 민족사 참조. 여기에도 조선총독부의 간섭과 친일화 작업이 개입되었다. 김순석(2014), 『한국 근현대 불교사의 재발견』, pp.17~29.

8) 김광식(1996), 「일제하 선학원의 운영과 성격」 「조선불교청년회의 사적 고찰」, 위의 책; 동(2006), 「조선불교 선종과 수좌대회」, 『불교 근대화의 전개와 성격』, 조계종출판사; 동(1998), 「조선불교선종 종헌과 수좌의 현실인식」, 『한국 근대불교의 현실인식』, 민족사 참조.

후까지 장기간 월정사를 운영하였다.[9] 상원사는 월정사의 선방이었던 관계로 주지의 취임이나 포교기관에 대한 별도의 기록이 존재하지 않는다.

당시 월정사는 1915년에 반포된 「포교규칙」 제9조에 따라 포교소를 설치할 수 있었다. 그런데, 월정사의 경우 그 시기가 늦고 범위도 상대적으로 좁으며 세력도 미약하였다. 월정사가 강릉군 강릉면 금정 錦町[금학동]에 월정사 본말사 연합포교당[강릉포교소]을 설치하여 인가를 받은 것은 1922년 9월로,[10] 「포교규칙」이 반포된 8년 후의 일이었고, 이마저도 월정사의 부채를 야기하였다. 1925, 26년에 삼척과 평창에 포교소가 설치되었지만,[11] 1935년까지도 그 범주는 확대되지 않았다. 이는 31본사로 동일한 입장이었던 건봉사와 비교해도 매우 열악하였다.[12] 실로 1935년 이전 오대산문은 지리적인 요인에 의한 폐쇄성과 함께 교세도 침체되었던 것이다.

당시 상원사에는 한암 중원 선사가 주석하였다. 한암은 봉은사 조실로 판전의 선원에서 동안거가 끝난 1926년 "천고에 자취를 감춘 학이 될지언정 춘삼월에 말 잘하는 앵무새를 배우지 않겠노라."는 명

---

9) 대한불교조계종 총무원 총무부 (2001), 『일제시대 불교정책과 현황』상, 대한불교 조계종 총무원, p.156, p.169, p.172, p.173, p.176, p.180, p.183, p.188. 아래에서 본서는 『일제의 불교정책과 현황』으로 줄인다.
10) 『일제의 불교정책과 현황』하(2001), p.866.
11) 위의 책, p.871, p.874. 지암이 주지로 재직하던 1937년 영월, 1940년 해주, 1942년 원주, 1943년 제천에 포교소가 인가되었다. 같은 책, pp.924~925, p.957, p.983.
12) 건봉사는 1915년 11월에 이미 선교 양종 건봉사 불교진흥포교당의 설치계를 제출하여 1917년 2월에 인가를 받았고, 1935년까지 서울, 논산 두마, 옥천, 대전, 마산 등 광범위한 지역에 포교기관을 설치하였다. 『일제의 불교정책과 현황』하(2001), p.846, p.880, p.881. pp.889~892.

언을 남기고 오대산으로 들어갔다. 이는 바로 지암의 요청에 따른 것이었다.[13] 1929년 한암은 선교양종승려대회에서 7인의 교정으로 선출되었다. 당시 대회에 참가한 월정사의 스님은 주지 김일운·이종욱·함정묵咸定默이 참가하였고, 원래 참가하려던 김재규金載奎는 불참하였다. 당시 지암은 7인 의안심사위원과 부의장에 선출되었다.[14]

1930년 5월 한암은 오대산정골탑묘찬앙회五臺山頂骨塔廟讚仰會의 회주=법주를 담임하였고, 1936년 심전개발운동의 일환으로 강원도청의 자금과 삼본사의 분담금으로 설립된 상원사의 '삼본사승려연합수련소'에서 중견 승려의 양성과 교육을 맡았다.[15] 아울러 상원사의 선방에는 유명한 선승과 운수납자들이 모여 정진하였다.[16] 수련생으로는 영암, 봉석, 탄허, 설산 등 후자로는 초대 종정 효봉, 종정 고암·서옹·월하, 자운, 탄옹, 지월, 고송, 도견 등 해방 이후 한국불교계의 거목들이 몰려들었다. 한암은 1935년 3월 조선불교수좌대회에서 신혜월·송만공과 함께 조선불교선종의 종정, 1941년 조선불교조계종의 초대 종정에 추대, 선출되었다.[17]

1930년대 전반은 한암이 일생에서 가장 활발하게 법문과 문필에

---

13) 『정본 한암일발록』상, 오대산 월정사 한암문도회, pp.505~506(아래에서 본서는 모두 『정본 한암일발록』으로 줄인다); 정광호, 「현대불교의 거인, 방한암」, 『정본 한암일발록』하, pp.215~216; 선우도량 한국불교근현대사연구회(2002), 『22인의 증언을 통해 본 근현대 불교사』, 선우도량, pp.60~61; 지암화상문도회(1991), 『지암화상평전』, 삼장원, pp.182~205; 박희승(2011), 『지암 이종욱』, 조계종출판사, pp.109~110.
14) 김광식(1996), 『한국 근대불교사 연구』, pp.325~327.
15) 김광식(2006), 「김탄허의 교육과 그 성격」, 『한국 현대불교사 연구』, 불교시대사, pp.475~482.
16) 김소하, 「대도사 방한암 선사를 종정으로 마지며」, 『불교시보』72, 1941.7.15, p.3.
17) 『정본 한암일발록』상, pp.508~509.

종사한 시기였다. 원래 한암은 선사로서 글을 많이 남기지 않았지만, 1929년 1월 조선불교선교양종승려대회에서 7인 교정에 추대된 이후에 그의 저술활동이 집중되었다. 경봉 선사를 비롯한 당대의 고승 등과 주고받은 각종 서간, 선과 관련된 내용이나 법어를 제외하고도 「해동초조海東初祖에 대하야」, 「선사禪師 경허 화상鏡虛和尙 행장行狀」, 「일진화一塵話」, 「송불청운동頌佛靑運動」, 「악기식惡氣息」, 「양어가추揚於家醜」, 「참선參禪에 대하야」, 「송금강저頌金剛杵」, 「불영사사적비기佛影寺事蹟碑記」, 「오대산상원사선원헌답략기五臺山上院寺禪院獻畓略記」, 「설악산오세사선원헌답략기雪嶽山五世寺禪院獻畓略記」, 「연년갱유신조재年年更有新條在, 뇌란춘풍졸미휴惱亂春風卒未休」 등이 모두 당시에 발표되었다.[18] 국한문혼용체로 저술된 이상의 글들은 조선불교선교양종 교정이나 오대산정골탑묘찬앙회의 회주=법주라는 직위와 무관하지 않았다. 한암의 문필활동은 탄허의 입산에 일정한 영향을 미쳤을 것으로 추정되지만, 탄허가 위의 글을 읽었다는 기록은 보이지 않는다.

한암의 활동을 뒷받침한 것은 지암 이종욱이었다. 그는 독립운동과 김상옥 의사 폭탄반입 혐의로 3년간 함흥에서 복역하다 출소하였다고 한다. 이어 월정사로 돌아와 1925년 사채정리위원, 1927년 감무監務로서 12만 원이 넘는 월정사의 사채를 정리하였다.[19] 지암은, 한

---

18) 『정본 한암일발록』상, pp.505~508. 그 밖에 탄허가 출가한 다음해인 1935년 심전개발운동과 관련된 「佛敎は實行にあり」(『韓國近現代佛敎資料全集』64, pp.233~235)는 탄허의 양명학적 사상과 동일한 것으로 주목된다.
19) 월정사의 사채 전말은 삼보학회(1994), 「경제본산」, 『한국근세불교백년사』3, 민족사, pp.17~19: 정광호(1999), 『한국불교최근백년사편년』, 인하대학교출판부, p.407: 강석주 박경훈 공저, 『불교근세백년』, 민족사, 2002. pp.152~156: 박희승(2011), 『지암 이종욱』, pp.102~105 참조.

암을 모셔오는 한편 오대성지를 구하기 위해 총독부 학무국과 협의하고 일본을 두 차례나 방문하였다. 또한, 조선불교중앙교무원에 강릉군 성덕면 신석리 소재 토지를 양도하되 10년 이내 원금을 교환하는 대가로 5만 2천 원을 빌려 고리채를 정리하고, 또한 31본사주지회의의 도움으로 강릉포교당 관련 채무 5천 원을 갚았으며, 사중寺中 임목을 팔아 동양척식회사로부터 11만 원을 빌려 식산은행의 빚을 갚았다.[20]

그 연장선에 1930년 5월 '오대산석존정골탑묘찬앙회'의 발기가 있다. 지암은 월정사의 사채를 정리하면서 1929년 각황사에서 개최된 선교양종승려대회에서 심의위원·부의장이 되었고, 1930년에 그 종회의장으로 추대되었다. 곧이어 '오대산석존정골탑묘찬앙회'를 조직하여 실무를 총괄하였고, 7월에는 월정사 주지로 취임하였다.[21] 찬앙회는 월정사의 사채에서 벗어나 적멸보궁의 보호와 향화를 지속하고 월정사의 부흥을 취지로 발기되었지만,[22] 그 핵심은 중앙교무원에서 빌린 5만 2천 원을 해결하기 위한 것이었다. 52명의 발기인 가운데에는 입적한 김환응金幻應을 제외한 교정 6명과 31본산 주지와 백용성, 송만공 등 교계 지도자가 대거 참가하였다. 법주=회주에는 방한암, 회장에는 중추원 부의장 박영효朴泳孝, 고문에는 이윤용李允用 등이 추대되었다. 또한, 본회에는 학자 이외에도 일제총독부의 핵심관료들이 대거 가입하였고, 중추원 의장단과 참의, 경성의 중요 은행장

20) 박희승(2011), 『지암 이종욱』, pp.107~118. 일제는 이를 계기로 지암을 친일로 전향토록 노력하였다. 강석주 박경훈 공저(2002), 『불교근세백년』, 민족사, pp.155~157.
21) 박희승(2011), 『지암 이종욱』, pp.118~123, pp.140~142.
22) 권상로(1931), 「오대산석존정골탑묘찬앙회 취지서」, 『불교』81, pp.10~12.

이 망라되었다.[23] 이는 조선의 개국 이래 최고위급이 가담한 불교신행단체로, 일제의 지암 회유와 문화통치를 실행하기 위한 세뇌의 일환이었다.

지암의 노력으로 1932년 말 월정사의 부채 청산은 가시화되었다. 경성의 김용우가 4만 원을 희사하는 등으로 중앙교무원의 빚을 청산하였고, 남은 돈과 기타 수입금은 토지매입에 충당되었다. 이에 지암은 교학사업을 본격적으로 추진하였다. 1933년에 월정사 강원을 재건하였고, 6년 과정을 마친 승려를 일본 임제종 계통의 전문대학으로 유학 보내기도 하였다. 1936년 '삼본사승려연합수련소'의 운영과 실무도 담당하였다.[24] 그 사이 1931, 32년에도 조선불교승려대회에서 이종욱은 종회의장이나 서무부장으로 선출되었다.[25]

탄허가 오대산 상원사로 입산할 무렵은 한암 중원과 지암 종욱이 오대산의 부채문제를 해결하며 바야흐로 교단을 주도하기 시작하고 불교 인재를 양성하려던 시점이었다. 이는 말할 것도 없이 학구열에 목말라하던 탄허의 입산에 일정한 영향을 미쳤을 것으로 추정된다. 다만, 탄허의 입산은 인맥이나 시기로 보면 한암과의 관계가 중요하지 지암과는 관련이 없다. 후일 탄허가 찬술한 「지암대종사사리탑비」에도 지암과 연결된 입산의 언급은 없다.[26]

---

23) 권상로(1931), 「오대산석존정골탑묘찬양회 취지서 발기인」, 「본회의 취지를 찬성한 각위 조, 본회역원」, 『불교』81, pp.10~19.
24) 박희승(2011), 『지암 이종욱』, pp.123~125, pp.130~132; 김광식(2006), 『불교 근대화의 전개와 성격』, p.481.
25) 박희승(2011), 위의 책, pp.142~144.
26) 탄허는 과거 100세와 미래 100세에 지암과 같은 영도자가 불교 역사상 다시 나오기 어렵다고 칭송하였다. 탄허(2013), 「지암대종사사리탑비」, 『방산굴법어집』, 오대산 월정사(증보판), pp.288~294. 양자가 종종 바둑을 둔 것은 한암문도회·김광식(2006), 『그리운 스승 한암 스님』에 산견된다.

3. 부친 김홍규와 보천교의 주변 및 탄허의 우인들

　필자는 탄허의 입산과 관련하여 1930년 무렵 부친 김홍규의 행적을 살펴보고자 한다. 김홍규는 1925년 8월부터 1926년 9월까지 보천교의 서열 3위인 총령원장으로 교단의 교류와 외교를 총괄하였다. 1927년 9월 총정원總正院의 사탁사장司度司長에 임명되어 1929년 6월까지 교단의 법무를 담당하였다. 그리고 1926년 11월부터 1932년 8월까지 교중 재산의 신탁자 4인 가운데 한 명으로 임명되어 배교자나 탈교자로부터 보천교의 재산을 지켰다. 1933년 교단체제를 정비할 적에 경상남도 정리正理에 임명되었다.[27] 흥미롭게도 그 뒤로 『보천교연혁사』에 김홍규의 이름은 보이지 않는다. 탄허가 오대산으로 입산한 다음달인 1934년 10월 진주에 경남정리소慶南正理所를 열었다는 기록이 있지만,[28] 김홍규가 정리正理의 교직을 유지하고 있는지는 명기되어 있지 않다. 또한 1936년 윤3월 10일 차경석이 세상을 뜬 뒤에 발표된 교주의 호상자 명단에도 김홍규는 보이지 않는다.[29] 이는 이전 김홍규의 지위와 활동을 감안하면 다소 의아하다. 필자는 그 단서를 찾기 위해 보천교로 시각을 돌려 살피고자 한다.

　보천교의 분열은 3대 민간지 《시대일보》의 인수 실패를 둘러싸고 1924년 이래 수차례 촉발된 '보천교혁신운동'[30]과 동화교東華敎, 삼

---

27) 졸고(2013), 「탄허의 전통학술 수학과 구도입산의 궤적」, 『한국불교학』66, pp.96 ~97.
28) 이영호(1948), 『보천교연혁사』하, 보천교 중앙총정원 협정원, p.47좌.
29) 이영호(1948), 위의 책 속, p.7.
30) 이영호(1948), 위의 책 상하, pp.56우~75우, pp.16좌~18좌; 박종렬(2001), 『차천

306

성교三聖敎, 수산교水山敎 등의 분파 현상[31]으로 본격화되었다. 여기에 보천교의 친일 전향과 1925년 1월에 결성된 시국대동단時局大同團의 친일 활동은 보천교 해체의 결정적 계기였다.[32] 시국광구단時局匡救團이 개명된 시국대동단은 인의仁義와 상생의 해원사상解冤思想에 기초한 동양인의 대동단결로 대동사회大同社會를 실현하려는 단체였다. 그 원래 창립 목적은 보천교가 유사종교의 굴레에서 벗어나 자유로운 종교 활동을 인정받고 교주 체포령을 해소하는 것이었다. 다만, 일시적·전술적 측면에서는 전국적으로 친일강연회를 개최하는 한편 종교적 취지를 밝히기 위하여 1925년 9월 방일訪日하여 관계官界와 대의사代議士에게 의견을 전달하였다. 이에 일제는 시국대동단을 친일로 규정하거나 그 논리를 대동아공영권에 찬성한다고 선전하면서 1926년 3월 사이토 총독이 정읍의 본부를 방문하였다.[33]

시국대동단의 친일 활동은 보천교를 해체하려는 일제에게 절호의 기회를 제공하였다. 일제는 은밀히 언론·지식인·민중들이 보천교를 친일파로 규정하게 하여 '보천교 박멸운동'[34]을 추동하였다. 이는 실로 일제의 교묘한 이중적 태도였다. 일제의 종교 탄압 정책은 외곽 괴뢰단체를 통한 분열 정책, 이념적 내부 분열 정책, 민족 감정으로부터의 고립 정책, 반사회적 단체로의 매도 정책, 군사적 제압 정책으로

자의 꿈』, 장문산, pp.201~209.

31) 이영호(1948), 앞의 책 상하, p.60, pp.16좌~21우; pp.34좌~35우; 박종렬(2001), 앞의 책, pp.204~209.

32) 시국대동단의 결성을 기점으로 반일운동기와 자치운동기로 나누지만 후자는 실로 보천교 해체기이다. 박종렬(2001), 위의 책, p.244.

33) 박종렬(2001), 위의 책, pp.209~233.

34) 김정인(2002), 「1920년대 전반기 보천교의 부침과 민족운동」, 『일제강점기의 민족운동과 종교』, 국학자료원, pp.159~186, pp.178~183.

대별된다.[35] 결국, 1929년부터 보천교는 사실상 해체되기 시작하였다.

1929년 3월에 완공된 십일전十一殿에서 거행하려던 삼광영봉안식三光影奉安式은 정읍경찰서의 건축물 사용 불허로 무산되었다. 교주 차경석을 비롯한 핵심 교직자들이 정읍검사국과 경찰서에서 조사를 받았고, 성전과 가택은 수색되었다. 1930년 7월에는 교중 재산의 소진으로 총정원總正院이 봉쇄되었고, 그 뒤에 5천의 교도들이 아사직전으로 몰렸으며, 1933년에도 일제는 최후의 대대적 탄압을 자행하였다.[36] 보천교 신도가 격감[37]하는 가운데 교주 차경석이 마침내 1936년 윤3월 10일 세상을 떠났다. 차경석의 죽음과 함께 일제는 교무집행의 금지, 보천교의 건물 통제, 십일전을 비롯한 건물의 경매 등을 밀어붙였다. 6월에는 전국적으로 유사종교철폐령을 단행하여 보천교를 강제해산하였다.[38] 이는 심전개발운동과 관련된 것이었다.[39]

사실 탄허가 입산할 무렵인 1932~1934년에 보천교의 쇠퇴는 이미 돌이킬 수 없었고, 특히 1933년의 대탄압으로 인하여 겨우 명맥만 유지하였다. 1932년 보천교혁신운동의 반대진영에 머물던 탄허의 부친 김홍규는 경남 정리에 임명되었다. 그러나 이는 실로 좌천이었다. 그

35) 윤이흠(2007),『일제의 한국 민족종교 말살책』, 모시는 사람들, pp.73~86.
36) 이상은 이영호(948),『보천교연혁사』하, pp.10우~11좌, p.21좌, p.23우, p.40, pp.49우~56우; 박종렬(2001),『차천자의 꿈』, pp.235~236; 윤이흠(2007), 위의 책, pp.312~313, pp.351~352 참조.
37) 무라야마 치쥰에 의하면 보천교 신자는 1925년 35,106명, 1926년 26,148명, 1929년 25,912명, 1931년 16,302명, 1932년에 14,655명, 1933년에 15,070명, 1934년 8월까지 16,474명이다. 무라야마 치쥰, 최길성·장상언 공역(1991),『조선의 유사종교』, 계명대학교출판부, pp.443~451.
38) 박종렬(2001),『차천자의 꿈』, pp.241~244; 이영호(1948),『보천교연혁사』속, pp.9좌~12우.
39) 靑野正明(2011),「朝鮮總督府の心田開發運動と「類似宗教」彈壓政策」,『일본학』 31, 동국대일본학연구소, pp.172~179.

이유는 말할 것도 없이 6년간에 걸친 교중 재산관리에 대한 책임이다. 물론 그 직접적 책임은 일제의 보천교 탄압이지만, 교중 재산 신탁자였던 김홍규도 그 책임에서 자유로울 수는 없었다. 다른 측면에서 교주 차경석과 동일한 입장에 섰던 김홍규가 그의 보수적 신노선에 적극적으로 찬성하지 않았을 것으로 추정된다. 차경석은 강증산의 신적 권화를 강조한 기존 교리가 초래한 난국을 극복하거나 대내외의 압력을 해소하기 위하여 1928년부터 유교적 교리와 도덕을 크게 강화하였다. 이는 차경석을 신격화하려는 방향으로 진전된 새로운 교리체계지만 유교로의 회귀였다.[40] 탄허의 입산출가나 유교를 가장 낮게 평가하는 후일의 학술 경향으로 미루어 보면, 이는 불교의 일반론이기도 하겠지만 김홍규가 신교리체계에도 미온적이었을 것으로도 이해된다.

　보천교의 해체 상황과 김홍규의 좌천은 탄허가 상원사로 입산하는 하나의 배경이었다. 교단의 핵심간부로 내부 사정을 잘 알고 있던 김홍규는 장래가 촉망되고 장남으로 기대되던[41] 아들 탄허가 보천교도로 박해 받는 것을 당연히 염려하였을 것이다. 게다가 당시 만주사변의 소식은 이미 정읍의 본소에도 알려졌고, 일본이 러시아·미국과 전쟁하므로 '태백산맥'으로 집결하여 재앙을 피하고 독립을 맞이하라는 예언마저 유행하였다.

---

40) 이영호(1948), 『보천교연혁사』하; 『보천교지』(1964), 보천교중앙총무원, pp.424~458; 박종렬(2001), 『차천자의 꿈』, pp.239~254.
41) 맏아들인 형님 김탁빈金鐸霦은 백부 김학규金鶴奎의 양자로 출계하였다. 경주김씨월성부원군파세보청(1996), 『경주김씨월성부원군파세보』3, 대전: 회상사, p.777.

보천교도는 태백산록의 벽촌을 편력하며 멀지 않은 장래에 세계대전이 일어난다. … 갑술(1933) … 만주문제가 실마리가 되어 세계대전이 유발된다. … 1933년 1월 경남의 보천교인 김모는 정읍에서 '일지日支 분쟁사건[만주사변]은 그 후 점점 악화돼 장래 세계대전이 발발할 것이다.'라고 예언하였다.[42]

1935년에도 세계에서 가장 문명국인 미국은 조선의 독립을 원조하고 머지않아 러일전쟁이 일어날 때 교주 차경석이 러시아의 승리를 배경으로 일본과 분리를 꾀하여 조선을 독립하게 한다는 예언을 선전하고 있었다. 또한 머지않아 미일전쟁이 일어나는데, 보천교를 믿어 난을 면함과 동시에 미국이 승리했을 때 일본과 절연하여 본래의 조선국이 된다고도 예언하였다.[43] 그 피난지가 바로 상원사였다.

오대산은 보천교와도 관련이 있다. 김홍규와 가장 친한 우인은 『연보』에 독립운동가로 소개된 백남구白南具이다. 충남 보령에 살던 백남구는 바로 탄허를 이영구李永求의 집안에 유학하도록 소개한 장본인이다. 이영구의 막내딸과 탄허의 결혼을 중매한 이병규도 보천교도로 양양에 살았다. 실로 김홍규·백남구·이병규는 모두 보천교로 맺어진 우인이었다. 백남구는 원래 보천교의 간주艮主로 강원도 일대의 포교에 전념하였다. 1921년 10월 일제의 보천교 대탄압으로 체포된 양양의 이주범, 김홍식 등은 모두 백남구의 휘하에서 포교하면서 교금을 모았다. 그런데 백남구는 1922년에 사망하였다.[44] 그 사유는

42) 무라야마 치쥰, 김경희 옮김(1990), 『조선의 점복과 예언』, 동문선, pp.521~523.
43) 윤이흠(2007), 『일제의 한국 민족종교 말살책』, pp.324~325, p.328.
44) 졸고(2013), 「탄허의 전통학술 수학과 구도입산의 궤적」, pp.100~101; 이영호 (1948), 『보천교연혁사』상, p.35우.

『보천교연혁사』에 나와 있지 않으므로 확인할 수 없지만, 1921년 일제의 보천교 대탄압과 관련되었을 가능성이 매우 크다. 흥미로운 사실은 1931~4년 강원도는 전북을 제외하고 경상북도와 함께 보천교도가 가장 많은 지역인데,[45] 인구의 비례를 상정할 경우 그 의미는 더욱 크다. 이상을 검토하면, 탄허의 상원사 입산은 한암에게 노장학을 배우기 위한 것이라는 정설 이외에도 김홍규의 좌천과 보천교의 해체와도 관련되어 보인다. 그렇다면 아마도 탄허가 피난지로서 오지의 상원사를 선택한 것도 부친 김홍규의 권유로 추정된다.

탄허의 자가 간산艮山이라는 점도 부친과 보천교의 영향을 보여준다. 최근에 문광은 탄허의 『정역』 중심의 역학과 풍수학을 회통한 미래사상과 민족사상을 간산사상으로 명명한 바 있다. 계룡산과 『정역』의 중시도 여기에서 벗어나지 않는다.[46] 김일부의 『정역』에서 우리나라가 간방에 속하고, 방위로 동북방을 의미한다. 그런데 오대산 상원사가 바로 간방에 해당된다. 그런데 전통적으로 자는 부친이 친구를 모셔 아들의 관례를 주관하고 그 인물의 됨됨이나 학술과 사상 등을 포괄하여 자를 지어준다. 그렇지 않으면 부친이나 조부가 자를 짓는다. 이에 따라 탄허의 자도 부친 김홍규와 무관할 수 없다. 이상도 보천교와 부친 김홍규의 영향과 밀접하다.

후일 탄허도 오대산과 강원도 일대에 은거한 보천교도와 상호 방문하였다. 동수의 회고에 의하면, 탄허는 자주 강릉포교당에 출입하면서 '백의천사'로 불리는 독립운동가 이모씨의 집에 종종 들렀다.[47]

---

45) 무라야마 치쥰, 최길성 장상언 공역(1991), 앞의 책, pp.651~652.
46) 문광(2020), 『탄허 선사의 사교 회통 사상』, 민족사, pp.363~426; 동(2021), 『탄허학 연구』, 조계종출판사, pp.223~240.
47) 월정사·김광식 엮음(2013), 『방산굴의 무영수』상, 오대산 월정사, p.113.

그는 명확한 보천교도이다. 도광은 탄허가 강릉포교당에서 돌아올 적에 횡계의 유학자를 만났다고 회고하였다.

> 횡계에서 내립니다. 거기에서부터 2km를 들어가면 탄허 스님보다 나이가 훨씬 많은 유학자가 살았어요. … 그 유학자와 동양고전, 유학에 대해서 말씀을 나누고 그랬습니다.[48]

댕기머리의 아들 셋을 둔 횡계의 노인도 보천교도로 보인다. 그들도 월정사로 탄허를 방문하였다. 현보의 회고에 의하면,

> 강릉, 대관령에 살던 유학자들이 많이 찾아왔습니다. 갓을 쓰고, 수염을 기르고 와서는 탄허 스님과 거량한다고, 한 수 배운다고 하였지요. 어떤 날은 혼자 오는 경우도 있고, 간혹은 몇 사람이 함께 오기도 했어요. 그 사람들은 탄허 스님에게 와서는 시국, 한반도 정세, 우리나라의 미래 등에 대해서 대화를 하고 그랬어요. 그러면 탄허 스님은 …『주역』과 역학의 원리를 갖고 이야기를 하셨어요.[49]

안동성은『정역』으로 도반 김탄허와 결합되어 있었다. 그는, 충남 논산 출신으로 계룡산의 여맥 향적산香積山 국사봉 아래에서 십여 대를 살았다. 그 증조부 안정량安禎良은『주역』에 통달하여 선천과 후천의 운수와 천지음양의 이치를 가르치니 제자가 구름처럼 모였다고 한다. 특히 그는 향적산 중턱의 윗산막에서 일부一夫 김항金恒과 함께『정역』을 연구하며 가학의 바탕을 다듬었다. 그 장자로 구련九蓮 선생으로 불린 조부 안일용安一容은 뛰어난 재주와 호학하고 정밀

---

48) 월정사·김광식 엮음(2011),『오대산의 버팀목』, 오대산 월정사, p.45.
49) 월정사·김광식 엮음(2011), 위의 책, p.327.

하기를 힘써 김일부를 좇아『정역』을 연구하고 이치를 발명하여 세상의 변화와 조국의 후천 무강의 운수를 창언하였다. 그 차남으로 부친 안중팔安重八, 연계緣繼 선생은 조부의 가학을 이어받아 김일부의 『정역正易』을 통달하였다고 한다. 윗산막 밑에 산막[아래산막]을 짓고 조·부는『정역』을 연구하였다. 부친을 따라 북간도의 개척에 종사하다 오대산 상원사의 한암에게 출가하였다.[50) 동성과 탄허에게 일부의 『정역』은 공통분모였다.

탄허의 '효상좌' 희찬의 출가 배경 역시 탄허와 동일하였다. 인보와 동수의 회고에 의하면, 그의 조부는 평안도의 '정감록파'였다.[51] 특히 희찬의 고향 평남은 1921년 탄허의 부친 김홍규가 평안도 정리로 부임하다가 42일간 구금된 곳이다. 탄허의 부친은 보천교단에서 희찬 조부의 상직上職이었던 것이다. 물론 희찬의 입산출가는 1939년으로 전시동원체제가 본격화된 시점이지만, 희찬이 탄허의 효상좌가 된 배경에는 보천교라는 공통 분모가 있었다. 도견도 징집을 피하기 위해 정감록 비결을 보는 평안도 출신의 여관집 여주인의 권유로 인제를 거쳐 오대산으로 입산하였다.[52] 또한 난승의 입산출가도 탄허와 함께 보천교라는 공통의 배경이 있다. 난승의 조부는 보천교의 총무를 담당한 화방火方으로 탄허의 부친 목방木方 김홍규와 동갑이었다. 난승은 바로 보천교라는 인연으로 탄허를 찾아 출가하였던 것이다.[53] 그 밖에『방산굴의 무영수』에 산견되는,『정역正易』과 관상에 뛰어난 외우畏友 해운 거사도 관련이 있다.

50) 안동성(1990),『보기출발록』, 을지문화사, p.1, pp.218~219.
51) 월정사·김광식 엮음(2011),『오대산의 버팀목』, p.94, p.113.
52) 한암문도회·김광식(2006),『그리운 스승 한암 스님』, 오대산 월정사, p.110.
53) 월정사·김광식 엮음(2011),『오대산의 버팀목』, p.199.

한편, 탄허의 상원사 출가와 관련하여 그의 친구관계는 관심의 대상이다. 그러나 결혼을 전후한 탄허의 교우관계는 가계보다도 알려진 사실이 훨씬 적고, 더욱이 그들의 학술과 사상에 대한 언급도 전무하다. 이는 우인과 교제할 여유가 없었던 가정 형편도 하나의 요인이었을 것이다. 탄허는 1929년 토정 이지함李之菡의 16대손 이영구李永求(1876~1953)의 막내딸 이복근과 결혼한 후 충남 보령군 주포면 송학리에서 생활하였고, 이때 외척 이우정의 소개로 이극종을 만나 5경을 수학하였다.[54] 바로 이 무렵 동네 서당에서 이극종에게 동문수학한 월강 배인기가 있다.

2006년 7월 12일자 《현대불교》에는 기획특집으로 〈탄허 스님 출가 전 사진 본지 독점 공개〉라는 기사제목으로, 서우담이 제공한 두 컷의 흑백사진이 공개되었다. 하나는 탄허가 출가하기 2년 전인 20세 때 동네 서당에서 포즈를 취한 것이고, 다른 하나는 1943년 32세의 탄허가 이극종에게 동문수학한 지우知友 월강 배인기와 찍은 것이다. 그 사진은 탄허가 부친이 위독하다는 소식을 듣고 한암의 권유로 속가를 방문하였다가 서울의 사진관에서 찍은 것이었다. 당시는 탄허가 입산 후 묵언 3년, 이력 7년을 보면서 한암에게 불교 내전을 모두 마치고 대중에게 강의하거나 정진할 무렵이었다. 두 사진은 『탄허 대종사 연보』에 실린 것이기도 하였다.[55]

배인기의 학술과 사상은 알려진 것이 없지만, "두 사람이 마음을 뭉치면 그 날카로움이 쇠를 자르고, 마음을 함께하는 말은 그 향기

---

54) 졸고(2013), 「탄허의 전통학술 수학과 구도입산의 궤적」, p.101.
55) 〈탄허 스님 출가 전 사진 본지 독점공개〉, 《현대불교i》, 2006.7.12; 『탄허 대종사 연보』, p.46.

가 난초와 같다[二人同心 其利斷金 同心之言 其臭如蘭].”라는 사진의 한 문 글귀는 단서가 된다. '동심同心'과 '여란如蘭'을 언급하는 것으로 보아 의기투합하는 친구로 보이고, '기리단금其利斷金'으로 보아 탄허와 동일한 '구도 의식'이나 '민족사상'을 지녔을 것으로 추정된다.[56] 그런데, 탄허가 흰 두루마기를 입고 앉아 있고, 그 뒤에 서 있는 배인기의 복장은 유별나다. 준수한 인물에 안경과 중절모를 썼고 목에는 염주를 늘어뜨렸으며 약간 넓은 동정에 검은 두루마기를 입었다. 이런 모습은『탄허 대종사 연보』에 언급된 "당시 유가의 대학자"[57]로 보이지 않는다. 특히 단발에 중절모라거나 두루마기가 청색일 수도 있다면, 배인기는 전형적인 유학자가 아니라 보천교도일지도 모른다.[58]

비슷한 시기 충남 태안의 안면도로 여행한 유학의 도반 김목현도 있다. 사회의 출입이 많았던 그가 탄허에게 한암을 소개한 장본인이라는 설이 있다. 함께 여행하며 토론하는 가운데 탄허는 재물이나 명예보다는 도를 아는 사람[道人]을 강조하며 도인을 만나는 것이 소원이라고 말하자, 김목현이 상원사에 '도인 같은 승려' 한암 중원이 있다고 소개하였다는 것이다.[59] 이는 김인허의 증언에 의거한 것으로 근거가 다소 부족한 듯하다. 1932년 20세의 탄허가 "『장자』를 읽다가 스승을 찾던 중 어느 과객의 소개로 이 해 음력 8월 14일 처음으로

---

56) 참고로 사진의 글귀는 후일 탄허가 진민자에게 금련화金蓮華라는 법명을 내리면서 준 게송과 비슷하다. 최종 문구만이 '其香如蓮'으로 수정되었을 뿐이다. 탄허문도회(2013),『방산굴법어집』, 오대산 월정사, pp.152~152.
57)『탄허 대종사 연보』, p.46.
58) 보천교는 1924년 정월 '청의' 착용의 교령을 내린 이래 '청의보발'을 보천교의 생활정신이자 교조 강증산의 유훈으로 강조하였지만, 1925년에 농촌진흥회의 압력으로 삭발을 임의에 맡겼다. 이영호(1948),『보천교연혁사』상하, p.37우, pp.41좌~42우.
59) 김광식(2004),「탄허 스님의 생애와 교화활동」, p.262.

방한암 선사께 서신을 보내다."[60]라는 『연보』의 내용과 괴리되기 때문이다. '어느 과객'은 '도반 김목현'과 부합되지 않는다. 자료의 발굴과 함께 추후에 보다 세밀한 연구가 필요하지만, 월강 배인기와 함께 김목현도 도반 가운데 한 사람이었을 것으로 추정된다.

탄허와 함께 한암을 만나기 위해 상원사에 왔던 권중백과 차계남도 있다. 『연보』에는 "속가 글방 친구 세 분과 오대산 상원사 한암 종사를 찾아왔으나 종사께서 출타하셔서 뵙지 못하고"[61]로 기록되어 있다. 권중백과 차계남은 바로 그 '속가 글방 친구'이고, 한암의 '출타'는 치아 치료를 위해 두 번째로 오대산문을 나서 경성으로 간 것이었다.[62] 다음해 권중백과 차계남은 다시 탄허와 함께 상원사로 출가하였다. 그런데 이들은 모두 탄허와 수학 경향이 비슷한 보천교도로 추정된다. 차계남이 보천교의 교주 차경석의 친조카인 점과 탄허가 보천교의 푸른 두루마기를 입고 입산한 점은 이를 뒷받침한다.[63] 속가 글방 친구라는 점과 관련하여 탄허의 스승 이극종도 보천교와 관련되었을 가능성도 존재하지만, 미약한 근거를 확충할 필요가 있다.

---

60) 『탄허 대종사 연보』, p.34.
61) 『탄허 대종사 연보』, p.39.
62) 한암이 1926년 상원사에 주석한 이후 치아 치료를 위해 상경한 횟수는 보경의 2회와 현해의 1회로 차이가 있지만, 모두 그 연도를 밝히지 않았다. 다만 탄허가 모시고 간 것으로 기술한 보경의 기억은 명확하지 않고, 현해의 언급은 한암의 문도들에게 전해들은 내용이다. 한암문도회 · 김광식(2006), 『그리운 스승 한암 스님』, p.82, p.194.
63) 한암문도회 김광식(2006), 위의 책, p.72, p.266; 월정사 · 김광식 엮음(2013), 『방산굴의 무영수』상, p.28; 고준환(1994), 「불교중흥의 꽃을 피운 탄허 스님 (1913~1984)」, 『현대고승인물평전』하, 불교영상회보사, p.226.

316

4. 한암과 탄허의 불연 및 탄허의 출가

여기서는 1932~34년 사이 탄허의 입산출가에 영향을 미치는 요소를 중심으로 한암과의 관계를 검토하겠다. 물론 대선사 한암은 참선을 중시하는 반면에 음성·문자나 지식·문장을 별로 강조하지 않았다.[64] 동성의 벼루를 내던지고 신문과 책을 팽개친 것도 동일한 의미였다.[65] 설령 그렇다고 하더라도 인도의 방편으로 한암의 전통 학술은 중요한 의미가 있고 탄허의 입산 출가와도 깊이 관련된다.

한암이 5세부터 『천자문』과 사서삼경을 섭렵하기 시작하였고,[66] 9세에 『사략史略』을 읽으면서 반고 이전의 원초적 진리를 추구한 사실은 잘 알려져 있다. 입산하기 이전에 이미 『시경』·『서경』과 『논어』·『맹자』의 유학경전, 『사기』나 『자치통감』의 사서, 『한비자』·『묵자』 등의 제자백가와 유수한 문집들을 망라하여 유생들과 겨루어도 손색이 없었다.[67] 특히 문학 가운데 한시에 매우 능하였고,[68] 당대 교양인의 필수였던 서예도 뛰어났다.[69] 나아가 한암은 유불선 3교에 통달한 당대의 제일인자였고,[70] "경사자집을 널리 공부하여" "학겸내외學兼

---

64) 한암은 독경보다 참선을 중시한 것과 달리 음성이나 문자와 문장을 통한 지식의 무익함을 상대적으로 강조한 경우도 있다. 「악기식惡氣息」·「수행의 지침」·「직절법문 한산시초 16」, 『정본 한암일발록』상하, pp.50~57, p.137, pp.44~45; 금성[장도환], 「상원사행(2)」, 『불교(신)』41, 1942.10.1, pp.25~26;장상봉, 「문적멸보궁」「문적멸보궁(속)」, 『불교(신)』54·55, 1943.11.1·12.1; 조용명, 「노사의 운수시절 우리 스님 한암 스님」, 『불광』68, 1980.6, pp.57~58.
65) 한암문도회·김광식(2006), 『그리운 스승 한암 스님』, pp.162~164.
66) 덕암, 「현대불교의 귀감이신 한암대종사의 일생」, 『정본 한암일발록』, p.133.
67) 정광호, 「현대불교인열전 방한암」, 위의 책 하, pp.195~197.
68) 相馬勝英, 「方寒巖禪師をたづねて」, 『朝鮮佛教』87, 1933.4.1, p.18.
69) 정광호, 「현대불교인열전 방한암」, 위의 책 하, p.197.
70) 이재창(1984), 「오대산의 맑은 연꽃」, 『늘 깨어 있는 사람』, pp.146~147.

內外하고 도관고금道貫古今"[71]하여 외전에도 굉박宏博한 식견을 온축하였다.[72]

그런데, 잘 알다시피 한암의 노장학은 탄허의 입산 목적이었다. 사실『장자』는 글이 매우 난해하여 올바름을 재단할 스승이 절실한 책이다.『장자』를 자학하던 탄허는 "유학을 마치고 노장을 공부하면서 선생을 찾다가 이곳으로 들어오게 되었습니다. 사회에는 노장을 가르칠 사람이 드물어."[73]라고 회상하였다.

> 내가 노장사상을 연구하다가 중이 된 사람이거든. 선생이 없어서 내가 이십 시절부터 노장사상에 파고들다가 선생님이 없어서, 그래서 선생을 구하다가 방한암 스님이 유명하다는 말을 듣고 편지를 해보고 참 도반이 넓은 것 같아서, 3년 간 편지로 굉장히 연애가 깊어서, 그러다가 따라와서 중이 되었거든.[74]

물론 당시 선사들도 거의 노장을 공부하였다. 한암이 5년여 종유한 경허 선사도 제자백가, 특히 노장학에 정통하였다.[75] 구하·경봉·벽안도 입산 이전에 유교와 함께 도가를 배웠고,[76] 관응도『장자』에 일가견이 있었으며,[77] 인보와 부동처럼 선과 화엄을 이해하기 위

---

71)『탄허 대종사 연보』, p.58~63; 탄허문도회(2013),『방산굴법어집』, 오대산 월정사, p.280.
72) 정광호,「현대불교인열전 방한암」,『정본 한암일발록』하, p.236.
73) 탄허 대종사(2013),『피안으로 이끄는 사자후』, 나가원(개정판), p.133; 탄허문도회(2013),『방산굴법어집』, p.557.
74) 이는 탄허의 유불선 동양사상 특강 12개 테이프 가운데 3번 테이프의 뒷면에 있는 것으로 1983년 1월의 강의를 녹취한 것이다.
75) 방한암,「경허화상행장」,『불교』95, 1932.5.1, p.22; 정광호,「현대불교인열전 방한암」,『정본 한암일발록』상하, p.455, p.205.
76) 월정사·김광식 엮음(2013),『방산굴의 무영수』상, p.128.
77) 한암문도회·김광식(2006),『그리운 스승 한암 스님』, pp.36~37.

해『장자』를 공부한 경우도 있다.[78] 제자학을 공부한 한암도 출가 이후에 소나무 아래에서『황로경黃老經』을 읽었고,[79] 설법에 경허를 언급하면서 말마다 장자 말씀이라고 하였으며,[80] 높은 산과 깊은 바다나 짧은 다리의 오리와 긴 다리의 황새도 모두 평등하다고 주장하였다.[81] 이를 바탕으로 한암은 뒤에『도덕경』·『장자』등을 좋아하여 '보살의 경지'라고 극찬하였고,[82] 소옹邵雍이『장자』를 천하제일의 웅변이라고 칭찬한 것이나 경허鏡虛가 일생 동안『장자』문자를 많이 쓴 것도 이해할 수 있겠다고 하며 수좌들에게도 '법문'으로 들을 것을 권유하였다.

탄허는 이력을 7년 동안 보면서 '강원도삼본사승려연합수련소'의 중강中講[조교]을 담당하는 사이에 그 뒷방에서 한암의 허락을 받아『노자』·『장자』를 독해하였다. 유가와 불가의 중간에 스스로『장자』를 자득하였으므로 자신감이 생겼다고 탄허가 아뢰자, 한암이 방선 시간에 한 철 동안『장자』를 강설하도록 조치하였다.[83] 한암의 장자 평론은 바로 이 무렵의 일이었다. 정광호는 한암을 북명北冥의 대붕大鵬이나 선풍도골仙風道骨의 학鶴으로 비유하였다.[84] 서예書藝와 함께 유교와 노장의 수학은 양자의 동일한 출가 궤적[85]으로 탄허의 입산

---

78) 월정사·김광식 엮음(2013),『방산굴의 무영수』상, p.172, p.227, pp.231~232.
79) 「직절법문 한산시초 4」,『정본 한암일발록』, p.20.
80) 월정사·김광식 엮음(2013),『방산굴의 무영수』하, p.263.
81) 한암문도회·김광식(2006),『그리운 스승 한암 스님』, p.71.
82) 한암문도회·김광식(2006), 위의 책, p.214.
83) 『탄허 대종사 연보』, pp.45~46; 월정사·김광식 엮음(2013),『방산굴의 무영수』하, p.263. 이때 한암은 "공자 당시에 장자가 있었다면 안연의 뒤가 아니고 부처님 당시에 태어났더라도 가섭과 견줄 만하다."고 장자를 격찬하였다.
84) 정광호, 「현대불교인열전 방한암」,『정본 한암일발록』하, pp.203~205, pp.219~222.
85) 졸고(2013), 「탄허의 전통 학술 수학과 구도 입산의 궤적」,『한국불교학』66 참조.

에 일정한 동기를 부여한 것으로 추정된다.

이제 필자는 탄허의 출가과정을 이해하기 위해 1932년 8월 14일 탄허가 한암에게 보낸 편지를 검토하겠다. 이 편지는 한암과 탄허가 주고받은 20여 통의 편지와 함께 보경이 챙겼으나, 아쉽게도 어떤 객승이 가져갔기 때문에 현전하지 않는다.[86) 따라서 그 편지는 미세한 자구보다는 다소 거시적 접근이 필요하다. 문안인사를 제외하면, 편지는 대략 자신의 수학修學 정도와 폐단, 배움에 대한 의지와 한암에게 수학을 청하는 2개의 큰 문단으로 구성되어 있다. 전자는 자신의 기국器局과 학술, '신도미독信道未篤'에서 생긴 허물과 이로 야기된 병폐에다 가루家累와 외문外門으로 인한 '인욕人欲'이 성하여 맹자가 말한 초목이 없는 민둥산[牛山]과 같다는 신세 한탄이다. 후자는 허물을 줄여 '삼청계이대궁三淸界二大宮'에서 '청복淸福'을 영원히 받을 수 있도록 '장자長子' 한암의 가르침을 소원하면서 가능하다면 내년 봄에 찾아뵐 계획이라는 내용이다.[87)

여기에 반영된 탄허의 학술 사상은 유학을 근본으로 삼으면서도 장래의 지향을 도가로 삼는 이중적 범주로 구성되어 있다. 전자로 범칭적인 '군자'와 『맹자』 우산장牛山章 이외에 '허물'·'병폐'·'인욕'은 모두 성리학의 학문론 개념이다. 후자로 '장자' '결주단련結朱煉丹' '삼청계이대궁'은 도가적 개념이다. 이는 유가적 수학에서 생긴 문제점을 도가적 지향성으로 보완하려는 것이다. 물론 입산 출가의 가능성을 배제

---

86) 『탄허 대종사 연보』, p.39; 월정사 · 김광식 엮음(2013), 『방산굴의 무영수』하, p.255. 편지는 탄허가 강의하다가 기억을 되살려 흑판에 필기한 것을 각성과 우담이 정리하고 탄허가 확인한 것이다.
87) 『탄허 대종사 연보』, pp.34~36.

하지 않았지만, 한암의 가르침을 통하여 허물과 인욕을 줄여 '성인'이나 '도인'을 궁극적 목적으로 삼았다. 이는 그가 속세의 인연과 노정의 원거리를 언급하면서 출가를 단정하지 않았고 한암에 대해 '존후尊候' '집하執下'라는 일반적 경어를 사용한 점에도 잘 나타나 있다. 편지는 탄허의 전통 학술의 수학 정도와 '도'의 궁극적 추구를 보여주는 동시에 노장의 수학을 위한 입산을 증명하는 점에 의의가 있다.

이에 대해 한암이 탄허에게 보낸 답서는 두 통만 내용이 전해진다. 그 첫째는 젊은 나이에 보인 구도의 정성과 입지立志를 칭찬하는 인사 단락을 이어 불도佛道의 답변으로 이어진다. "본래 도란 천진하고도 방소方所가 없어 실로 배울 수가 없다. 만일 도를 배우는 데에 실정實情을 둔다면 도리어 도에 미혹되니, 단지 사람을 대하는 데에 한결같이 진실을 생각할[一念眞實] 뿐이다." 이는 천진한 도를 배우는 데에만 치중하면 '미도迷道'하므로 '일념진실'로 깨달을 뿐임을 지적한 것이다. 이어 '진각眞覺'에 대한 설명이 이어진다.

> 또한 누가 도를 모르리오만은 알면서도 실천하지 않으므로 도가 저절로 사람에게서 멀어진다.……조과 선사鳥窠禪師가 이르기를 "세 살 먹은 아이도 [도를] 말할 수 있지만 팔십 노인도 [도를] 실천할 수 없다."고 하였다. 이 말은 비록 천근淺近한 것 같으나 그 가운데에 저대로 심묘深妙한 도리가 있으니, 심묘함은 본래 천근한 가운데를 떠나지 않는다. 굳이 시끄러움을 버리고 고요함을 구하며 속됨을 버리고 진실로 나아갈 필요가 없다. 매양 시끄러움에서 고요함을 구하고 속됨에서 진실을 찾아 추구하여, [마침내] 찾아서 추구할 수도 없고 찾을 수도 없는 경지에 이른다. 그러면, 자연히 시끄러움이 시끄러움이 아니요, 고요함이 고요함이 아니며, 속됨이 속됨이 아니고, 진실이 진실이 아니다. 그러므로 갑자기 [깨달아] 땅이 꺼지고 끊어지느니라. 그 때에 이르러 그 도

를 깨우쳤다고 한다.[88)]

인용문은 조과 선사의 발언을 인용하여 '도의 실천'을 강조하면서 그 천근한 가운데 시끄러움과 고요함, 세속과 탈속을 초월하여 한결같이 진실을 추구하면, 진실과 비진실을 넘어 땅이 꺼지고 갈라지는 '진각'의 경지에 이른다는 것이다. 이 답신은 실천을 강조하는 측면에서 불교로 유교를 회통하면서도 불도를 통한 '진각'을 권유한 것이다. 특히 한암은 '도'를 진술하면서도 탄허에게 입산출가를 강요하거나 불교의 신앙을 권유하지도 않았고, 유교를 비판하거나 배제하지도 않았다. 그는 탄허에게 속세나 탈속에서 도를 추구하는 '진각'의 가능성만 제시하였던 것이다.

한암의 둘째 답신은 탄허의 문장에 매료된 칭찬 일색이다. 그는 탄허의 편지를 "좋은 일단一段의 문장필법文章筆法"으로 "그 문사文辭의 기권機權 의미가 고매"하다고 하면서 먼저 보내온 편지와 함께 '산중의 보장寶藏'으로 삼겠다는 뜻을 밝혔다. 특히 탄허의 재덕才德을 "옛 성인이라도 반드시 찬미讚美함이 그치지 않을 것이지만, 있어도 없는 듯하고 실實해도 허虛한 듯한 경지에 종사하니, 어느 누가 그 고풍高風을 경앙景仰하지 않겠는가?"라고 극찬하면서 이미 심월心月이 되어 서로 비추어[相照] 침묵할 수 없다고 하며 '심합心合'을 언급하였다.[89)] 이는 실로 엄청난 칭찬이었다. 그 무렵 한암은 자신을 계승하려던 박동산이 금강산 유점사로 떠나버려 허전할 무렵 탄허의 편지를 받아

---

88) 이상 한암의 답신은 「제자 탄허에게 보내는 답서(1)」, 『정본 한암일발록』상, pp.342~344를 재정리한 것이다.
89) 「제자 탄허에게 보내는 답서(2)」, 『정본 한암일발록』상, p.345.

매우 기뻐하면서 편지를 왕래하였다.[90] 여기서 탄허의 편지 내용을
지금 확인할 수 없지만, 앞서 한암에게 올린 편지에 '정도正道의 추구'
와 관련하여 '허실虛實의 초월'이라는 비유적 서술이 있었을 것이다.
이는 아마도 유가와 함께 도가의 흔적이 강하지만, 한암은 이를 불교
적으로 해석하면서 재가의 수행과 함께 탄허의 출가도 넌지시 권유
한 것이다. 이제 한암은 스스로 '심월'이 되어 탄허를 상조하였고, 탄
허도 한암의 넓은 포용력, 노장을 비롯한 전통 학술의 해박함과 자신
을 인정해주는 지음知音에 반하여 입산을 저울질하였을 것이다.

　이후로 한암과 탄허의 편지 왕래는 탄허가 입산한 1934년까지 3년
간 지속되었고, 편지는 대략 20여 통에 이르렀다고 한다. 편지의 왕래
로 한암의 전통 학술과 인품에 반한 탄허는 위의 서술처럼 권중백·차
계남과 함께 한암을 찾아 상원사로 향하였으나, 한암이 치아의 치료
를 위해 상경한 관계로 첫 대면은 이루어지 않았다. 그런데, 그 시기는
1932년설[91]과 1933년설[92]로 나뉜다. 한암이 치아 치료를 위해 상경한
것은 보경과 현해의 발언이지만, 모두 그 출타 연도가 제시되어 있지
않다.[93] 필자는 탄허가 1933년에 1차로 상원사를 찾아간 것으로 판단
한다. 왜냐하면, 당시 보령에서 상원사 사이의 편지 왕래가 한 달가량
걸리는 사정에 비추어보면 두 번만 왕래하면 해를 넘기고,[94] 1932년의
첫 편지에서 탄허가 명년 봄에 찾아뵐 것을 언급하였기 때문이다.

---

90) 한암문도회·김광식(2006), 『그리운 스승 한암 스님』, pp.195~197.
91) 김광식(2004), 「탄허 스님의 생애와 교화활동」, p.263.
92) 『탄허 대종사 연보』, p.39.
93) 한암문도회·김광식(2006), 『그리운 스승 한암 스님』, p.82, p.194.
94) 『정본 한암일발록』상, p.507. 탄허가 처음 편지를 보낸 것은 8월 14일이고 한암의
　　답서는 9월경이다. 당시 보령과 상원사의 편지 왕래에는 한 달 가량이 걸린 셈이다.
　　다만 그 날짜가 음력인 점을 감안하면 2회 정도만 편지를 주고받으면 해를 넘긴다.

한암 중원과 탄허 택성은 3년간의 편지를 통하여 불연을 맺었고, 한암의 깊은 학술과 넓은 인품을 흠모한 탄허는 권중백·차계남과 함께 1934년 9월 5일 오대산 상원사로 다시 입산하였다.[95] 그런데, 당시에 탄허는 완전히 출가하여 승려가 되려는 의지보다도 공부에 보다 뜻을 두었는지도 모른다. 탄허는 처음에 승려가 되려는 뜻이 없었고, 3년이나 길어야 10년을 기약하였다. 동수와 정광은 탄허가 원래 3개월만, 뒤에 3년을 머물러 공부하겠다고 집으로 편지를 보냈지만 30년을 보냈다고 회고하였다.[96] 그러나 한암과 탄허의 불연은 1934년 10월 15일 결제일에 구족계를 주고받음으로써 보다 강화되었고, 선방의 관례에 따라 일체의 경전을 보지 않고 3년 가까이 묵언정진하였다.[97] 이후 탄허는 한국전쟁으로 피난할 때까지 대략 17년간을 상원사에서 한암을 모셨다.

5. 맺음말

1920년대 말기 사찰령 체제는 조선불교 전반에 대한 통제를 훨씬 강화하였다. 또한, 1931년 만주사변과 일제의 민족말살통치의 이행을

---

95) 한암문도회·김광식(2006), 『그리운 스승 한암 스님』, p.72, p.266; 월정사·김광식 엮음(2013), 『방산굴의 무영수』상, p.28; 고준환(1994), 「불교중흥의 꽃을 피운 탄허 스님(1913~1984)」, p.226.
96) 김탄허(1980), 『부처님이 계신다면』, 예지원, p.202, pp.206~207; 월정사·김광식 엮음(2013), 『방산굴의 무영수』상, pp.108~109, p.258. 후일에도 탄허는 해방 직후와 1973년의 회갑에도 세상의 구제를 위해 출세出世하려 결심한 적이 있었다. 월정사·김광식 엮음(2013), 같은 책 하, p.98, p.316.
97) 『탄허 대종사 연보』, p.39.

배경으로 조선총독부는 1933년부터 심전개발운동을 전개하여 황국신민을 양성하기 위해 조선의 불교와 중앙교무원을 이용하였다. 이러한 흐름에 대응하여 불교계는 1929년 조선불교선교양종승려대회와 1935년 조선불교수좌대회 등을 열어 새로운 방향을 모색하였으나, 그 수준은 1920년대 초반에도 미치지 못하였다. 1930년대 전반 오대산문에는 한암과 지암이 주석하여 월정사의 부채를 정리하여 교단에 주도적으로 참여하거나 강원의 개설로 부흥하고 있었다.

탄허의 부친 김홍규가 몸담고 있던 보천교는 일제의 고강도 탄압 아래 시국대동단의 친일활동, 보천교혁신운동과 이에 따른 교단의 분열로 1929년부터 사실상 해체되기 시작하였다. 교주 차경석은 1928년부터 교리의 보수화로 대응하였고, 동일한 입장이었지만 다소 소극적이었던 김홍규는 경남 정리正理로 밀려났다. 1936년 보천교는 결국 차경석의 죽음과 함께 유사종교철폐령으로 강제 해산되었다. 만주사변 이후 보천교인은 강릉, 대관령 등 오대산 주변으로 모여들었고, 탄허의 우인들도 보천교적 성향이 강하였다. 이는 탄허의 오대산문의 출가에 일정한 영향을 미쳤다. 1932년부터 탄허 택성은 노장을 매개로 편지를 왕래하면서 한암 중원과 불연을 맺었다. 결국 한암의 노장을 비롯한 전통학술과 불학, 넓은 인품은 1934년 10월 탄허를 불문으로 인도하였던 것이다.

한편, 시대의 차이에도 불구하고 『그리운 스승 한암 스님』에 회고담을 남긴 25인이 오대산문에 출가하거나 주석한 사유를 탄허의 경우와 비교하는 것도 그의 입산 출가를 이해하는 데에 도움이 될 것이다. 이를 분류하면, 1) 참선을 포함한 공부와 교육을 위한 목적이 9명, 2) 한암의 명성을 좇아 입산한 경우와 친인척을 포함하면 4명, 3)

징집 회피·피난·피병을 위한 경우가 6명, 4) 기타 6명이다.[98] 입산 이전 탄허의 수학이나 행적을 비추어보면, 그의 출가는 교육과 항일이나 피난, 한암의 명성과 관련되어 있다. 이는 1) 2) 3)의 사례를 포괄한 것으로, 동시대의 특이한 사례가 아니라 동일한 흐름에서 가장 이른 시기에, 가장 두드러진 경우였다.

탄허 택성이 입산 출가하여 한암 중원과 맺은 불연은 한국 근현대 불교사에서 커다란 의의가 있다. 출가한 탄허는 당대의 강백 박한영에게 수학하라는 한암의 권유도 뿌리치고 한암에게 불교의 내전을 모두 사사하였다. 그 사이 1936년 상원사에 '강원도삼본산승려연합수련소'가 설립되자 한암의 증명 아래 탄허는 '수련생' 3기로 중강을 담당하면서 『금강경』·『기신론』·『범망경』·『보조어록』 등을 석사釋詞하였고, 그 사이에 선방 뒷방에서 『노자』·『장자』를 자득하였다.[99] 이는 후일 탄허의 '오대산수도원'·'영은사수도원'의 설립이라는 교육불사로 발전되었는데, 여기에는 삼학겸비三學兼備의 상원사 전통이 일관한 점도 유의할 필요가 있다. 또한 1938년에도 동일한 방식으로 『화

---

98) 한암문도회·김광식(2006), 『그리운 스승 한암 스님』 참조.

1. 공부와 교육 (참선 포함)	2. 한암의 명성	3. 징집 회피, 피난, 피병	4. 기타	5. 비교
도원, 보경, 화산, 천운, 현해, 혜거, 창조, 덕수, 법련	동성, 인홍, 방진성, 방문성	도견, 설산, 무여, 뇌묵, 경희, 권태호	범룡, 봉석, 정희도, 이강호, 황수영, 김충렬	뇌묵, 범룡, 권태호는 1의 공부와 교육에 편입될 수도 있지만 조금 엄격하게 구분함

99) 『탄허 대종사 연보』, pp.39~42, pp.45~46; 김광식(2004), 「탄허 스님의 생애와 교화활동」, pp.270~273.

엄경론』강의가 개설되었고, 탄허는 11개월 동안 석사하였다. 이를 계기로 탄허는 불교사상의 정수인 화엄학을 습득하였고, 그 과정에서 『화엄경』과『신화엄경합론』에 대한 한암의 현토 유촉은 각종 강원 교재의 번역과 함께 1975년『현토역해 신화엄경합론』간행으로 귀결되었다.[100] 이는 불교의 백미인『화엄경』의 역경으로 한국불교사의 기념비적 불사였다.

탄허의 화엄학은 한국화엄사상의 전개상에서뿐만 아니라『도덕경』·『장자』·『주역』등의 역주사업과 삼교회통三敎會通의 기반을 제공하였고, 성리학을 비롯한 전통 학술에 대한 불교의 사상적 우위를 보장하였다. 요컨대, 탄허 택성은 한암 중원과의 불연을 통하여 화엄사상을 재구성함으로써 도가와 유가를 회통하였고, 역경불사의 완성과 강원교육의 부흥으로써 오대불문을 한국 근현대 불교사에서 교학의 중요 메카로 확립시켰다.

---

100)『탄허 대종사 연보』, pp.41~42, p.128; 탄허문도회(2013),『방산굴법어집』, pp.74~78.

Ⅲ. 탄허의 학술과 회통론: 근세 동아시아의 유학으로 본

[Abstract]

Tan-heo's Learning and Theory of Hoitong(會通論)

- Focusing on Confucianism of Early Modern East Asia -

The purpose of this paper is to study Tan-heo's Learning and Theory of Hoitong(會通) in the view of Confucianism of Early Modern East Asia. Tan-heo suggested the Buddhist Philosophy of Mind which put emphasis on the Buddhist mind, One Mind(一心), or Real-Self-Nature(眞如自性) as its first principle, the view of equality on human beings, and the discipline method following these. Based on this, Tan-heo united Confucianism and Taoism but has critical attitude on the Neo-confucianism(朱子學).

However, he received a tremendous influence from the Doctrines of Wang Yangming(陽明學). Emphasizing the practice of the theory of Knowledge and Action Unity(知行合一說), Tan-heo integrated Theory of Yangji(良知) with Gnosticism(靈知) of Buddhism and the Clear Knowledge and Universal Illumination(普光明智) of Hwaeom(華嚴). Especially, the Theory of Own Fate(造命說) by Wang-keun(王艮) and the Theory of Innocent Mind(童心說) by Yi-ji(李贄) could be found in Tan-heo's learning. On the other hand, The influence of Philology during the Qing Dynasty remained only in the integrative understanding of Buddhist scriptures and its interpretation, in the emphasis of self-awareness(自得) coupled with Revelation(禪旨), in the Sohak(小學)-based approach, and in the application of its research results.

Theory of Hoitong of Three Teachings(Buddhism, Confucianism, and Taoism) originated in Bocheongyo(普天敎) and finally transformed into Hwaeom in Buddhism. It took emphasis on tenets, roots, origin and Gwi-yil(歸一), and Moo-ae(無碍) but he also seemed to be affected by China, such as Hsun-tzu(荀子) and So-ong(邵雍), and the Theory of Consilience of Three

Teachings(三敎合一論) in the late of the Ming Dynasty. Therefore, Tan-heo's learning aimed at the Buddhist Doctrines(佛道) and Tao(道). The learning and theory of hoitong by Tan-heo is highly valuated not only in the point of strong tendency toward nongovernmental, national, and self-aware thought but also in the process of scholarship of Early Modern China.

Key words

Tan-heo, Early Modern, Learning, Theory of Hoitong, Three Teachings, Buddhism, Hwaeom, Neo-confucianism, the Doctrines of Wang Yangming, Philology.

1. 머리말

2003년에 활성화되기 시작한 탄허 택성呑虛宅成(1913~1983)의 연구[1]는 2013년 탄허 대종사의 탄신 100주년과 열반 30주년을 계기로 본격적인 단계로 진입하는 듯하다. 우선, 탄허와 관련된 자료가 대대적으로 정리되었다. 2012년에는 『탄허 대종사 연보』(오대산문도회·탄허불교문화재단·교림)가 발간되었고, 탄허의 『부처님이 계신다면』과 『피안으로 이끄는 사자후』의 중요 내용을 묶은 『탄허록』(한겨레출판)도 출판되었다. 2013년에는 탄허의 법어집 『방산굴법어 증보판』(오대산 월정사)이 발행되었고, 탄허 관련 회고 모음집인 『방산굴의 무영수』(상하, 오대산 월정사)가 간행되었다.

또한, 탄허의 학술과 사상을 선양하기 위한 학술대회도 이어졌다. 2012년 탄허 대종사 탄신 99주년과 그 이듬해에는 〈오대산 화엄의 특징과 탄허의 원융사상〉과 〈탄허 대종사의 인재양성과 교육이념의 시대정신〉을 주제로 학술대회가 열렸다. 그 결과는 모두 2013년, 『되돌아본 100년, 탄허』와 『미래를 향한 100년, 탄허』로 모아졌다. 이상에는 1984년에 창설된 탄허불교문화재단의 발전과 1990년대 초 이

---

1) 2003년 탄허 대종사 열반 20주년을 기념한 각종 사업은 탄허 연구의 활성화 계기였다. 탄허장학회(2003)는 『탄허 강설집』(불광출판사)을 간행하였고, 월정사를 비롯한 문도회와 탄허불교문화재단은 『방산굴법어』를 발행하며 기념 학술대회를 개최하였다. 그 결과는 15주년 논문 등과 함께 『탄허 선사의 선교관』(오대산 월정사, 2004)으로 출판되었다. 이듬해에는 탄허의 유고를 묶은 『현토역해 장자』도 간행되었다. 이어 탄허불교문화재단(2008)은 탄허 대종사 기념박물관의 상량식과 준공을 계기로 『탄허대종사의 경학관』1(금강선원 선문출판사)을, 기존 탄허 연구를 발전시킨 김광식(2010)의 『기록으로 본 탄허대종사』(탄허불교문화재단)를 출간하였다. 그 밖에 개별 논문은 생략한다. 김광식, 같은 책, pp.291~315.

래 오대산 월정사의 안정이 중요 배경이었다.

그럼에도 불구하고 탄허의 연구는 여전히 적지 않은 난관과 과제가 남아 있다. 우선, 탄허는 자신의 학술과 사상을 체계적으로 개진한 문집이나 저술을 남기지 않았다. 이는 그가 선사로서 난서부화亂書付火를 경계하여 저술보다 사색, 사색보다 좌망坐忘에 노력하였고 다언多言과 번문繁文을 사자士子와 도가의 '병해病害'로 규정한 것과 관련이 있다.[2] 현전하는 탄허의 글은 대부분 대담과 법문이 아니면 자신의 견해마저 잘 드러내지 않은 불경 등의 번역문이다. 특히 대담과 법문은 체계적 사고와 논리보다 그 대상에 따라 같은 내용도 다양하게 언급되는 한계를 지닌다. 제자들의 회고 기록도 오랜 시일과 단편적 기억에 따른 문제도 있다. 이는 탄허의 학술과 사상에 대한 올바른 이해에 적지 않은 장애요소가 된다.

그리고 탄허의 다양한 면모를 어떻게 종합하여 통일적으로 이해하느냐 하는 과제가 있다. 탄허는, 대강백·대종사·선사·고승으로, 또는 대학자·철학자·사상가·삼교회통론자로, 혹은 도인·철인·예지자로, 역경가와 교육가로도 장기간 활동하였다.[3] 이제는 탄허의 궁극적 정체성과 지향성도 모색되어야 한다. 이는 결국 회통과 밀접하게 관련된다.[4]

이상을 염두에 두고 본고는 탄허의 학술과 회통론을 고찰하려는

---

2) 김탄허(1980), 『부처님이 계신다면』, 예조각, p.17.
3) 김광식(2013), 「탄허의 교육이념과 그 정신」, 『미래를 향한 100년, 탄허』, 조계종 출판사, pp.98~99.
4) 최근 권기완(문광)(2018)은 기존의 연구를 보완하여 「탄허 택성의 사교회통사상 연구」(학국학중앙연구원 한국학대학원)를 상재하였다. 이는 국내 최초로 탄허를 연구한 박사학위논문이자 탄허의 사교회통을 본격적으로 접근한 것이다.

것이다. 그 접근법은 20세 이전의 이른 시기에 형성되어 큰 영향을 미친 유학,[5] 특히 시야를 확대하여 동아시아의 유학이라는 관점에서 비교사적으로 접근하고자 한다. 다만, 연구의 시대는 탄허에게 근대적 학술이 많지 않은 관계로 일단 '근세'로 한정한다. 또한 탄허가 사용한 '동양'이라는 용어는 현재의 관점에 적합하지 않으므로 '동아시아'로 대치하겠지만, 이마저도 '중국'을 중심으로 '한국'을 포함하는 정도에 그친다.

2. 불교적 심성론인간관과 주자학 비판

탄허는 불교와 선학의 관점에서 심론心論을 개진하였다. 그에 의하면, 마음 밖에 불법이 따로 있는 것이 아니다[심외무법心外無法]. 그러므로 불법도 마음법이고, 그 마음은 바로 부처님이다[즉심시불卽心是佛]. 우주 만법과 인생 전체도 자신의 마음 밖에 있는 것이 아니다.[6] 『능엄경』에서 언급된 25원통의 우주 만법도 모두 자기 마음의 밖에 있지 않다.[7] 이는 참선의 최상승으로 규정된 견실심堅實心으로, 일체 생각의 생멸이 끊어진 불생불멸의 본마음, 무념의 진여자심, 부처님

---

5) 『탄허 대종사 연보』(2012), 오대산문도회·탄허불교문화재단·교림, p.34에 의하면, 탄허가 노장으로 전환한 것은 20세인 1932년이고, 그 계기가 된 소옹의 『황극경세서』를 처음 읽은 것은 17세였다. 다만, 『황극경세서』는 『주역』을 읽은 뒤인 18세 이후로 미루어야 한다. 졸고(2013), 「탄허의 전통학술 수학과 구도입산의 궤적」, 『한국불교학』66, pp.109~110.
6) 김탄허(1980), 『부처님이 계신다면』, pp.38~40; 탄허문도회 편(2013), 『방산굴법어』, 오대산 월정사, p.86, pp.187~190; 월정사·김광식 엮음(2013), 『방산굴의 무영수』하, 오대산 월정사, pp.223~225, p.405.
7) 탄허문도회(2013), 『방산굴법어』, pp.187~189.

의 마음자리이다.[8] 화엄의 논리로 그 마음은 바로 부처님이 성불한 과덕果德이자, 부처님과 중생과 차별 없는 진리이다[심불급중생心佛及衆生 시삼무차별是三無差別].[9] 일체 중생에게도 모두 시공이 끊어진 마음자리가 있고, 거기에도 자취가 없는 적멸의 동체삼보同體三寶가 갖추어져 있다.[10] 이런 우리의 마음은 그대로 부처님의 마음으로 본래 청정하다.[11] 중생도 미혹한 마음에서 벗어나 그 본래의 마음을 믿고 수행하여 깨치면 바로 부처가 된다.[12] 요컨대 마음의 본체는 중생이나 부처가 동일하지만, 마음의 작용이 다를 뿐이다.

탄허의 심관心觀에는 일심론一心論도 보인다. 『원각경』에서 일심은 허망심이 없는 것이자 삼덕三德의 작용과 서로 상거상통常擧相通하는 본체적 개념이다. 이를 정각하는 것이 바로 원각圓覺이다. 만일 일심의 세계에서 시시로 진리에 부합되지 않는다면 그것은 일심의 근본자리가 아니다.[13] 『기신론』에서 육자六字로 나아가는 작용이 일어나는 동시에 모두 귀결되는 본체도 일심이다.[14] 『화엄경』의 일심론도 강조되었다. '대방광大方廣'은 삼덕일심의 도리가 사사·물물·인인마

---

8) 앞의 책, pp.56~59, pp.90~91. 다만 후자에서는 견실심을 본성이라고 하여 혼용하고 있다.

9) 위의 책, pp.57~58, pp.80~82; 탄허불교문화재단 어록편찬실(2000), 『피안으로 이끄는 사자후』, 교림, p.123; 탄허장학회(2003), 『탄허 강설집』, pp.328~329; 월정사·김광식 엮음(2013), 『방산굴의 무영수』상, p.298, p.308.

10) 탄허문도회(2013), 『방산굴법어』, pp.61~63.

11) 김탄허(1980), 『부처님이 계신다면』, pp.190~194; 탄허문도회(2013), 『방산굴법어』, p.105. 금강산의 율봉 선사가 율곡에게 말한 '중생의 마음이 바로 부처님'이라는 말도 이에 다름 아니다. 『부처님이 계신다면』, p.247.

12) 탄허문도회(2013), 『방산굴법어』, pp.81~82; 월정사·김광식 엮음(2013), 『방산굴의 무영수』하, p.405.

13) 탄허불교문화재단 어록편찬실(2000), 『피안으로 이끄는 사자후』, p.237; 탄허문도회(2013), 『방산굴법어』, pp.230~234.

14) 탄허문도회(2013), 『방산굴법어』, pp.223~225.

다 원만하게 갖춘 소증所證의 법이고, '불화엄'은 각행호엄覺行互嚴 성수불이性修不二가 일념마다 나타난 능증能證의 인人으로 풀었다. 여기서 삼덕일심이 증명한 전자의 불법은 평등불성의 본지本智[체體]이고, 후자는 묘행妙行으로 본진덕용本眞德用[용用]이다.[15] 궁극적으로 화엄론에서 언급된 우주만법은 바로 보광명지이니, 일심은 결국 보광명지이다. 보광명지란 의지하고 머무르는 것이 없고 분별과 차별이 없으며 움직이지도 않는 지智이다. 이 보광명지는 일본一本이고 그 작용은 만수萬殊·만유萬有이다.[16]

탄허는 성론性論도 적지 않게 언급하였다. 그에 의하면, 성이란 한 생각이 일어나기 이전의 면목, 즉 출생 이전이나 우주 미분 이전에 시공이 끊어지거나, 선악·시비·주객의 분별이 끊어진 본래의 마음자리이다. 따라서 성은 언어나 문자로 명확하게 표현할 수 없지만, 부처님 마음자리에 갖추어진 사덕[진상眞常·진락眞樂·진아眞我·진정眞淨]으로 주자학의 인의예지에 비견된다.[17] 성은 허령불매虛靈不昧한 '마음의 본체'이므로 성인과 중인이 모두 동일하다. "일체중생실유불성"을 언급하며 중생의 마음이 불성의 자리에 있다면 그 불성은 청정하지 않을 수 없다.[18] 따라서 중인도 마음의 본체인 '성자리'를 깨달으면[佛, 覺] 부처님과 성인이 되고 우주의 주인이 된다.[19] 반면에 범부나 소승은 그 사덕의 반대인 사도四倒나 사전도四顚倒(무상無常·무락無樂·무

---

15) 탄허문도회(2013), 앞의 책, pp.204~209. 화엄의 일심관은 해주(2004)도 언급하였다. 「탄허 택성의 화엄사상」, 『탄허 선사의 선교관』, pp.206~208.

16) 탄허불교문화재단 어록편찬실(2000), 『피안으로 이끄는 사자후』, pp.257~259; 탄허장학회(2003), 『탄허 강설집』, pp.473~475.

17) 김탄허(1980), 『부처님이 계신다면』, pp.223~226.

18) 탄허문도회(2013), 『방산굴법어』, p.105.

19) 탄허불교문화재단 어록편찬실(2000), 『피안으로 이끄는 사자후』, p.148.

아無我·부정不淨)에 머물거나 마음의 본체=성에서 일어나는 수많은 작용을 대표하는 희로애락애오욕의 칠정에 빠져 있다.[20] 그러나 마음의 본체인 성은 모두 동일하고 그 작용으로서 심이 다를 뿐이다.

심지어 탄허는 중생뿐만 아니라 일체의 동물도 동일한 성을 지니고 있다고 주장하였다.[21] "부처님께서는 시방의 모든 중생이 불성을 가지고 있다고 말씀하셨다. 불성을 가지고 있다 함은 해탈의 가능성을 시사한 것이라 볼 수 있다. … 인간뿐만 아니라 짐승과 곤충까지라도 하나도 빠짐없이 불성을 지니고 있다는 뜻이다." 그러므로 한 마리의 미물이나 짐승이라도 장차 인연을 만나면 부처님이 될 수 있다.[22] 이러한 탄허의 성론은 18세기 후반 노론 내부의 권력의 분화와 함께 학술상에서 전개된 인물성동이논쟁人物性同異論爭에서 경기 낙론계京畿洛論系의 '인물성동론'과 흡사하다.[23]

탄허의 심성론은 유교와 도교로 회통되었다. 심성은 『중용』의 '중화'와 연결되고 '체용'과 결합되었다. 마음의 본체=성자리이자 진리의 대명사인 중中은 희로애락의 미발未發 상태로 화和를 겸한 것이고, 화는 그것이 이발已發하여 마음의 본체=도에 부합하여 체를 갖춘 것이다. 화와 체를 겸비한 진중眞中과 대용大用은 중화의 도를 자신의 마

20) 김탄허(1980), 『부처님이 계신다면』, pp.224~227. 이는 심정에서 나오는 육단심과 동일하다고 보아도 좋다. 탄허문도회(2013), 『방산굴법어』, pp.56~59, pp.90~91.
21) 탄허불교문화재단 어록편찬실(2000), 『피안으로 이끄는 사자후』, p.126.
22) 탄허문도회(2013), 『방산굴법어』, p.112.
23) 이는 경기 낙파의 동론同論과 호서 호파의 이론異論을 둘러싼 학술과 사상의 논쟁일 뿐만 아니라 정치권력의 분화와 재편, 화이론의 새로운 모색과도 관련된다. 조성산(2007), 『조선후기 낙론계 학풍의 형성과 전개』, 지식산업사, pp.261~279; 이경구(1998), 「영조~순조 연간 호락논쟁의 전개」, 『한국학보』93; 김문용(1994), 「북학파의 인물성동론」, 『인성물성론』, 한길사 참조.

음 가운데 성취하여 천지가 나에게 갖추어져 있고 만물이 저절로 길러진다. 불교의 성은 유교의 '지선至善' 자리, 노자의 '무심無心', 기독교의 '마음의 비움'과 절충되었고, 불교 명심견성明心見性의 성자리의 강조는 존심양성存心養性·진심지성眞心知性과 수심연성修心鍊性을 종지로 삼는 유교·도교와 회통되었다.[24] 불교의 성자리는 유교에서 말한 천명天命의 성이나 우주의 핵심체=근원을 찾아가는 도道나 그 진리를 보여 행동을 먼저 하고 학문을 뒤로 하라는 교敎는 모두 같은 의미이다. '성도교性道敎'란 동양적 종교를 의미하기도 한다.[25]

이상에서 탄허의 심성론은 대개 본래의 마음과 그 작용으로 구분되거나, 혹은 마음의 본체로서의 성과 그 작용으로서의 심으로 나누어진다. 그는 송의 장재張載가 제창한 심통성정설心統性情說을 수용하여 성과 정을 대비적으로 설명하였다.[26] 세월이 가고 가지 않는 도리를 언급하면서 가고 가는 만물의 정과 가지 않는 만물의 성을 구분한 것도 동일하다.[27] 그러나 심과 성을 설명한 궁극적 내용이 거의 비슷하거나 마음에서도 본체와 작용이 명확하게 분리되지 않는다. 그에 의하면, 성현의 학술은 심성일 뿐이라는 주장도 있고,[28] 팔만대장경의 종지인 '명심견성'[29]도 '견성'을 보다 강조하였지만 주자학의 경우처럼 양자의 구분이 명확하지 않다. 또한, 위에서 살펴보았듯이 본래의 마음자리·일심·성은 대개 동일한 개념이다. 전반적으로 탄허의

24) 김탄허(1980), 『부처님이 계신다면』, pp.133~134, pp.223~231.
25) 김탄허(1980), 위의 책, pp.336~338.
26) 도가와 요시오(戶川芳郞) 외, 조성을·이동철 옮김(1990), 『유교사』, 이론과 실천, pp.253~254; 김탄허(1980), 『부처님이 계신다면』, p.223.
27) 탄허문도회(2013), 『방산굴법어』, p.105.
28) 탄허문도회(2013), 위의 책, p.253, p.268.
29) 월정사·김광식 엮음(2013), 『방산굴의 무영수』하, p.210, p.225.

심성론은 본체를 강조하여 작용을 합일하는 측면에서 심성을 통합한 것이다. 이는 대담이나 법문의 대상에 따라 다르게 묘사된 것이지만, 불교의 성은 '(진여)자성'='불성', 『기신론』의 일심론으로 말하면 '심진여'·'여래장'으로 차이가 거의 없다.[30] 대혜 종고大慧宗杲처럼 마음[心]과 성性의 엄격한 구분보다 성이 마음이고 마음이 성이라는 선가의 관점도 있다.[31]

탄허의 심성론에 보이는 인간관은 인간 평등의 불교적 특징이 잘 반영되어 있다. 일체 중생은 물론이고 동물마저 부처님이나 성인이 될 수 있다. 후술하듯이, 인간은 상중하의 근기로 나누어지지만, 본래 마음·일심·성·보광명지를 수행하여 깨달으면 모두 부처님이 될 수 있다. 이는 범부도 금 노릇을 하는 성인과 동일한 금이지만 산속에 묻혀 있을 뿐이라는 비유에 잘 나타나 있다.[32] 특히 『화엄경』에는 여성도 예외가 아니다. 동녀童女까지 포함된 중인을 대표하여 선재동자가 53선지식을 참례하여 성불하였던 것이다.[33] 여기에서 동물의 불성까지 인정한 점을 함께 보면 불교는 분명히 계제적階梯的 정리를 강조하는 주자학을 넘고 만물일체萬物一體의 인仁을 주장하는 양명학마저 초월할 수도 있다.

관건은 어떠한 수행을 통하여 본래의 마음·일심·성·보광명지를 깨달아 부처님=성인이 되어 우주의 주인이 되느냐는 것이다.[34] 탄허

30) 송석구(2015), 『송석구 교수의 불교와 유교 강의』, 예문서원, pp.270~284.
31) 아라키 겐고(荒木見悟), 심경호 옮김(2000), 『불교와 유교』, 예문서원, p.334.
32) 김탄허(1980), 『부처님이 계신다면』, p.248. 이는 왕양명이 양지를 금의 순도와 비유한 것과 흡사한 점에서 탄허의 양명학과도 관련된다.
33) 탄허장학회(2003), 『탄허 강설집』, pp.398~400; 김탄허(1980), 『부처님이 계신다면』, pp.246~247.
34) 탄허문도회(2013), 『방산굴법어』, pp.81~82; 탄허불교문화재단 어록편찬실

는 예禮·법法·정情에 따라 사는 사람을 극선질·평민·극악질로 대별하며 상중하의 근기로 구분하고 다른 수행법을 제시하였다. 우주와 자신, 주관과 객관을 다 잊어버려[물아양망物我兩忘] 성인의 경지에 나아가는 데에 별다른 지도가 필요하지 않는, 예로써 사는 대인군자와 같은 상근기의 사람은 바로 공안의 참구 참선으로 수행한다. 자리自利보다 이타利他에 치중하면서 세속 법규에 어긋나지 않는 중근기의 사람은 『원각경』과 천태종의 교리에 의지하여 정관靜觀·환관幻觀·적관寂觀이나 공空·가假·중中의 삼관으로 수양한다. 예법도 모르고 오직 인정에만 이끌려 사는 하근기의 사람은 '석가모니불' 등의 명호를 외거나 기도와 같은 주력의 염불문에 의지한다. 물론 근기에 따라 수증론修證論은 다르지만, 최종 오도는 모두 동일하여 선후가 없다.[35] 여기에는 한암의 승가오칙이 반영되었다고 보아도 좋을 것이다.

비슷한 논리는 참선의 수행법에도 보인다. 탄허에 의하면, 근기에 따라 공안에 의거하여 수행하는 조사선[간화선]과 그렇지 않는 묵조선으로 나누어지지만 깨달음의 이름에는 차별이 없다.[36] 또한 화의돈化儀頓과 축기돈逐機頓으로도 구분된다. 화의돈은 교화의 방법을 활용하여 점진적으로 부처님의 진리를 깨닫는 점법漸法이고, 축기돈은 근기가 특출하여 한 마디 말씀에 모든 진리를 깨닫는 돈법頓法이다.[37] 특히, 탄허가 오후 보임을 강조하거나 "『화엄론』은 참선하는 사

(2000), 『피안으로 이끄는 사자후』, p.148; 월정사·김광식 엮음(2013), 『방산굴의 무영수』하, p.405.

35) 김탄허(1980), 『부처님이 계신다면』, p.195, pp.256~257; 탄허불교문화재단 어록편찬실(2000), 『피안으로 이끄는 사자후』, pp.86~94, pp.108~109.

36) 탄허문도회(2013), 『방산굴법어』, pp.94~95, pp.128~129.

37) 탄허불교문화재단 어록편찬실(2000), 『피안으로 이끄는 사자후』, pp.28~30; 탄허문도회(2013), 『방산굴법어』, p.64.

람이 아니면 볼 근기가 못 된다."는 한암의 견해에 따라 선과 화엄의 결합도 주장하였다.[38] 이상, 심성론이나 화엄중시론과 함께 살펴보면 탄허의 수행론은 보조 국사 지눌이나 18세기 후반 연담 유일蓮潭有一의 경우와 흡사하다.[39]

탄허는 참선이나 일심을 주자학의 경敬과 회통하였다. 그는 하나를 주장하여 마음이 다른 곳으로 감이 없게 하는 주일무적主一無適의 경을 사람의 마음이 오직 하나를 향하여 심신의 통일이나 집중된 상태로 진리를 터득하는 것으로 보아 일심과 회통하였다. 여기서 일은 하나의 진리이자 태극이자 본래의 마음이다. 특히 그는 정자程子의 '주일무적지위경主一無適之謂敬'과 공자의 '경이직내敬以直內'를 언급한 유학에는 '경'의 구체적 방법론이 결여되었다고 주장하면서 위에 언급한 근기에 따른 수행법을 제시하였다.[40] 탄허의 수양론은 주자학과 비교하면 격물格物보다 거경居敬에 가까우면서도 그 구체적 방법을 불교의 수증론과 결합한 것이었다. 그에 의하면, 마음의 본체=불성을 닦는 데에는 지식이 크게 필요하지 않다. 부처님도 문법팔난聞法八難에 세지변청世智辯聽을 거론하였다.[41] 후술하듯이, 이는 주자적이기보다 양명적이다.

칠정과 관련하여 탄허는 감정=칠정에서 일어나는 인욕人欲·기욕嗜

---

38) 탄허문도회(2013), 『방산굴법어』, p.77, p.86; 월정사·김광식 엮음(2013), 『방산굴의 무영수』하, p.267; 김호성(1995), 『방한암 선사』, 민족사, pp.99~105.

39) 김용태(2009), 「조선후기 불교의 심성 인식과 그 사상사적 의미」, 『한국사상사학』32, pp.421~429; 김진현(2008), 「연담 유일의 심성론 연구」, 『한국불교학』52, pp.129~136; 이종수(2008), 「조선후기 불교계의 심성 논쟁」, 『보조사상』29 참조.

40) 김탄허(1980), 『부처님이 계신다면』, pp.255~258; 월정사·김광식 엮음(2013), 『방산굴의 무영수』하, p.36.

41) 탄허불교문화재단 어록편찬실(2000), 『피안으로 이끄는 사자후』, pp.128~129.

欲을 부정하였지만 낙욕樂欲을 긍정하였다. 탄허에 의하면, 탐심과 같은 기욕이 많은 사람은 천리와 멀어지고 기욕이 적은 사람은 도에 가깝다. 그러나 탄허는 기욕을 줄인다고 이지理智에 속하는 낙욕, 발원이나 입지를 의미하는 낙욕성마저 제거하는 것은 바보나 천치에 지나지 않아 모든 성인들이 꾸짖는 바라고 배격하였다.[42] 이는 주자가 천리와 인욕을 대비하여 후자를 제거하여 전자로 돌아간다는 주자학적 수양론과 욕망긍정적 양명학이 절충되었지만 불교적 부정의 논리도 포함된 것이었다.

『논어』「안연편」에 나오는 극기복례장克己復禮章에 대한 해석은 주자와 달랐다. 탄허는 예를 세속적 예의가 아니라 바로 '천리'의 대명사이고, 그 인仁도 도道에 지나지 않는다고 풀었다. 이는 인과 예가 모두 천리나 도, 궁극적으로 본체의 마음자리와 같다는 뜻으로,[43] 천리와 인욕의 구분을 바탕으로 인을 천리, 예를 천리의 절문節文[품절문장品節文章]으로 풀이한 주자의 견해와 다르다.[44] 그렇지만, 탄허의 '예대천리론禮代天理論'은 청대 건가乾嘉 연간 능정감淩廷堪, 초순焦循, 완원阮元 등 양주학인揚州學人들이 주자학을 비판하는 입장에서 천리와 인욕을 절충한 예학을 강조하며 '이례대리以禮代理'나 적어도 '기리언례棄理言禮'를 제출한 것과 유사하다.[45] 다만 명청사상사에

---

42) 앞의 책, pp.100~101. 공부에 대한 욕심도 이와 무관하지 않다. 월정사·김광식 엮음(2013),『방산굴의 무영수』하, p.116.

43) 김탄허(1980),『부처님이 계신다면』, p.304; 탄허불교문화재단 어록편찬실 (2000),『피안으로 이끄는 사자후』, p.86.

44)『논어집주』(1984), 태산출판사, p.401, "禮者는 天理之節文也."

45) 張壽安(1994),『以禮代理-淩廷堪與淸中葉儒學思想之轉變』, 臺北: 中央研究院 近代史研究所, pp.33~113; 졸저(2002),『근대중국의 국학과 혁명사상』, 국학자료 원, pp.62~67; 졸고(2016),「완원의 고학관과 실학적 통학」,『인문과학연구논총』 37-4(48), 명지대 인문과학연구소, pp.81~82.

서 매우 중요한 극기복례장의 해석과 함께 새로운 천리와 예의 관계를 체계적으로 천착한 흔적은 보이지 않는다.[46] 그는 『논어』의 극기복례장과 함께 자하子夏의 '성여천도불문性與天道不聞', 증자의 '일이관지一以貫之' 등을 유교의 돈법으로 풀이하고 퇴계가 돈법을 선학의 논리라고 주장한 것을 비판하였다.[47]

이상, 탄허의 심성론·인간관·수양론은 주자학의 '심통성정설' '사단칠정설'의 영향도 보이지만 기본적으로 마음의 본체와 성을 강조하는 불교적 심성론이다. '성'은 '본연지성'과 '기질지성'으로 명확하게 구분되지 않았고, 습기나 근기가 언급되었지만 중생이 동일하게 지니고 있는 마음의 본체[일심, 보광명지, 성, 영지靈知]가 중시되었다. 이는 기질지성의 차이를 통한 계제적 질서를 천명한 주자학과 달리 만인평등적 인간관의 바탕이 되었다. 주자학의 지상명제인 천리=리는 회통이나 청중의 이해를 위한 방편의 측면이 아니면 강조되지 않은 것으로 보인다. 걸핏하면 주자학에서 대거되는 천리와 인욕은 상론되지 않았고, 수양론도 인욕을 억제하는 논리보다 마음 본체의 깨달음[참선]이나 발현이 중시되었다. 체용론의 경우에도 양자를 엄격하게 구분하는 주자학과 달리 체를 중심으로 용을 합일하는 논리가 상대적으로 강조되었다.[48]

---

46) 대표적으로 미조구치 유조(溝口雄三), 김용천 옮김(1999), 『전근대 사유의 굴절과 전개』, 동과서, pp.353~414 참조.

47) 김탄허(1980), 『부처님이 계신다면』, pp.304~305. 탄허의 유교돈법관과 달리 19세기 전반 청조 학계에서 가장 중요한 인물 완원은 종통적 접근으로 고학에서 실학을 중심으로 의리학을 회통하여 신정학을 모색하며 불교나 선가의 돈설을 비판하면서 공자가 돈오한 적이 없다고 주장하였다. 졸고(2016), 「완원의 고학관과 실학적 통학」, pp.89~92.

48) 시마다 겐지(島田虔次), 김근석 이근우 옮김(1986), 『주자학과 양명학』, 까치, pp.110~123; 도가와 요시오(戶川芳郎) 외, 조성을 이동철 옮김(1990), 『유교사』,

3. 양명학의 긍정과 고거학적考据學的 접근

주자학의 '성즉리'와 비견되는 양명학의 명제 '심즉리'는 주자학을 비판적으로 계승한 측면에서 '이학理學'이기도 하지만 '본래 마음의 체득'을 강조한 '심'의 학술이므로 불교, 특히 선종과 관련성이 보다 깊다.[49] 본래의 마음이나 일심의 보광명지를 중시하는 탄허의 심성론도 주자학에 비판적인 반면에 양명학과 친연성이 강한 것도 무리가 아니다. 실로 탄허는 양명학을 긍정하면서 불교와 회통하였다.

탄허는 성인의 학술을 심학으로 단정하였다. "대저 성인의 학술은 심학이다." 몸의 주재는 마음, 마음의 본체는 [본]성, 성의 본원은 하늘이다. 하늘의 이치가 명命이고 이를 인간에게 부여하면 성이 된다. 따라서 마음·성·하늘·명도 하나이므로 하늘이란 심학에 다름 아니다. 소옹과 장자, 주돈이의 심론도 이에 불과하였다. 그러므로 성인의 마음이란 순수한 하늘의 이치이고, 중생도 그 마음의 성찰 공부를 통하여 허령虛靈에 이른다. 심학에는 중국과 이역, 안과 밖, 동動과 정靜, 시간과 공간, 혼미와 깨침, 추호秋毫와 태산, 장수와 요절의 구분이나 차이가 없다.[50] "성인의 학술은 심학일 뿐"이라는 탄허의 발언은 이미 왕양명이 언급한 것[51]으로 심성의 구분이 사라진 것은 이미 일

pp.277~286.
49) 아라키 겐고(荒木見悟), 심경호 옮김(2000), 『불교와 유교』, pp.438~440. 물론 양명학의 심즉리는 심학인 동시에 이학인 점에서 불교와 차이점도 존재한다. 아라키 겐고, 배영동 옮김(1996), 『불교와 양명학』, 혜안, pp.91~94.
50) 탄허문도회(2013), 『방산굴법어』, pp.398~403, pp.410~412.
51) 王陽明(1992), 「重修山陰縣學記」, 『陽明全書』상, 上海: 上海古籍出版社, pp.256~257. 왕양명은 여기서 "夫聖人之學, 心學也. 學以求盡其心而已."라고 언급하며 心學은 선학과 차이가 '毫釐'라고 하였지만 심학과 선학의 차이도 명기하였다. "蓋聖人之學, 無人己無內外, 一天地萬物以爲心. 而禪之學起於自私自利, 而

심론에서 살펴본 대로이다.

양명학의 핵심은 양지설이다. 맹자의 발언에서 이론화된 양지란 불려불학不慮不學하여도 능지능행能知能行하여 생각과 분별을 초월한 마음의 본체이고, 천명의 성이자 하늘이 부여한 선천적 명덕明德으로 스스로 소명영각昭明靈覺하거나 진성측달眞誠惻怛하다. 특히 양지는 원래 완전구족한 것으로 사민四民이 동등한 만물일체의 인이기도 하다. 이는 '만가지인滿街之人이 모두 성인'이라는 왕양명의 선언의 토대가 된다.[52] 탄허는 양지를 불교의 지知[영지靈知][53]와 동일하게 보았다. 양지란 중묘지문衆妙之門으로 어떤 생각도 없거나 망상이나 생각이 일어나기도 전에 본래 아는 우리 마음의 본체이자 우주만유의 핵심으로 부처·성인과 범부가 모두 동일한 무형의 것이다. 예컨대 자신이 아프고 가려운 것을 스스로 알고, 부모와 형을 보면 자연히 효도하고 공경할 줄 알며, 어린아이가 물에 빠지는 것을 보고 일어나는 측은지심은 모두 양지이다. 탄허가 『대학』의 종지를 지어지선止於至善의 '止'가 아니라 치지致知의 '지'로 파악한 것도 실은 양지와 깊이 관련된다.[54]

未免於內外之分, 斯其所以異也. 今之爲心性之學者, 而果外人倫遺事物, 則誠所謂禪矣. 使其未嘗外人倫遺事物, 而專以存心養性爲事, 則固聖門精一之學也, 而可謂之乎哉."

52) 아라키 겐고(荒木見悟), 심경호 옮김(2000), 『불교와 유교』, pp.440~464.
53) 은사 한암도 조사의 발언과 경전에 나오는 각종 지나 진여, 원각, 보리, 열반, 반야, 바라밀 등을 모두 진지眞知로 보면서 일체 인생의 본원각성本源覺性이며 청정심체淸淨心體로 규정하였다. 이를 깨치면 부처가 되는 것은 말할 것도 없다. 방한암, 「참선에 대하야」, 『불교』100, 1930.10.1, pp.35~37.
54) 탄허불교문화재단 어록편찬실(2000), 『피안으로 이끄는 사자후』, p.127, pp.132~147; 탄허사상연구소 편(1986), 『탄허 대종사 법음 일집』, 교림, p.14; 월정사·김광식 엮음(2013), 『방산굴의 무영수』하, pp.223~224.

나아가 탄허는 양지와 화엄의 보광명지를 회통하였다. 양지에 나아가면 그 마음도 관념도 물건도 없이 그냥 우주를 싸고도 남는 그 마음 광명이 남는다. 이는 바로 일심의 보광명지이다. 또한 양지는 진리이자 도道로 중中이 되어 체가 되면서도 그 체가 발하여 용을 겸한 화和로 해석되었다. 물론 체용은 부처님처럼 법격화한 것이고 중화는 불교의 대기 대용처럼 인격화라는 점에서 차이가 있다. 불교의 진공眞空, 노장의 무극無極, 유교의 중화는 모두 영지나 양지라는 우리 마음의 본체로 귀결된다.[55]

　　주지하듯이, 양명학은 '사물에 나아가 아는 것을 극진히 한다.'는 주자의 격물치지론格物致知論을 비판하여 '내 마음의 양지를 다하여 사사물물의 이를 얻는 것'으로 해석하면서 성립되었다. 탄허도, 양명학처럼 주자의 선지후행先知後行의 격물치지론을 비판하였다. 지식의 제고는 공자의 본의가 아니고 우주만물의 치지는 끝이 없기 때문이다. 『대학고본』의 서문에 나오는 『대학』 삼강령三綱領-신민新民을 친민親民으로 규정-과 팔조목八條目에 따른 성의誠意의 중시 및 왕양명의 격물치지론을 거론하였다. 또한 왕양명의 사구게四句偈 "지선지악시양지知善知惡是良知, 위선거악시격물爲善去惡是格物"에 근거하여 양지의 발현[치양지致良知]으로 선을 행하고 악을 제거하는 격물을 치지의 방법으로, 즉 "심외무물 심외무사"이므로 사물보다 마음으로 본다고 해석하였다. 나아가 치양지의 격물치지론을 『중용』의 학문론과 관련하여 주자의 '도문학道問學'과 왕양명의 '존덕성尊德性'을 연결하며 후자를 보다 중시하였다.[56]

---

55) 탄허불교문화재단 어록편찬실(2000), 『피안으로 이끄는 사자후』, pp.137~144.
56) 위의 책, pp.132~147; 탄허사상연구소 편(1986), 『탄허 대종사 법음 일집』, 교림, p.14.

이상에서 보이는 탄허의 양지론은 양명의 생생불식生生不息이나 자강불식自强不息을 넘어 우주론으로 확장되면서 체용이 합일되는 점에서 양명학 좌파 왕기王畿의 양지론과 흡사하다.[57] 또한 왕양명의 양지설이 좌우파, 특히 좌파를 중심으로 명말 삼교의 합일로 나아간 점[58]에서도 탄허의 삼교회통과 관련하여 시사하는 바가 크다.

탄허가 실천과 수행을 도와 합일하는 과정[수도修道]으로 규정한 것은 지행합일의 다른 일면이다. 그는 일음일양의 소이를 도, 이를 이어받는 것을 선善, 이를 성취하는 것을 본성이라고 하는『주역』의 내용을 근거로 본성과 수행의 합일을 주장하였다. 도의 이치를 잘 거론하고 제대로 수행한 자가 아니면 음양을 계승하여 법도를 세울 수가 없다. 군자의 도가 적은 까닭은 역행力行하고 일용日用하는 가운데 이따금 본성에 혼미하거나 지혜로 이해함에 있어서 종종 수행을 숭상하지 않기 때문이다. 결국 본성과 수행은 이분되지 않고 합일한다[성수불이性修不二].[59] 발심과 필경은 차이가 없다는 화엄의 논리도 이와 동일하다. 여기서 발심은 더욱 중요하다. 성불과 인격의 완성도 발심과 자경自警에서 비롯되기 때문이다. 그러므로『초발심자경문』은 아동만의 교재가 아니다.[60]

탄허는 사람의 됨됨이뿐만 아니라 수행과 수도를 위한 기반으로 말보다 침묵, 나아가 지행합일을 강조하였다. 아홉 번 맞는 말보다 한 번의 침묵이 낫다거나 1장의 설법보다 1촌의 행함이 더욱 좋은 것이

---

57) 시마다 겐지(島田虔次), 김근석 이근우 옮김(1986),『주자학과 양명학』, pp.181~182.
58) 위의 책, pp.177~224; 조영록,「양명학과 명말의 불교-삼교합일론을 중심으로-」,『동양사학연구』44, 1993 참조.
59) 탄허문도회(2013),『방산굴법어』, pp.398~402.
60) 위의 책, pp.242~244;『탄허 대종사 연보』(2012), pp.490~491.

었다.[61] 탄허는 맹자의 진기심자지기성장盡其心者知其性章을 지행과 관련하여 3단계로 나누어 결합하여 궁극적으로 지행합일의 도로 해석하였다. 즉 진심지성지천盡心知性知天은 생지안행生知安行, 존심양성사천存心養性事天은 학지이행學知利行, 요수불이夭壽不二하고 수신하여 기다리는 것은 곤지역행困知力行의 일이다. 그러나 이는 결국 성수불이를 위한 지행합일의 도이다.[62] 불교적으로 설명하면 진지[양지良知]에서 저절로 행이 나오듯이 정각을 이루면 대자대비는 저절로 나온다. 만일 지행이 분리되면 진정한 앎이나 수행·수도도 불가능하다.[63]

특히 탄허는, 지행합일론을 대승과 결합하여 실천을 더욱 강조하였다. 육조 혜능과 서산 대사의 발언을 빌어 지와 행을 눈과 발로 비유하고 목족目足의 병행並行과 지행의 합일을 실천하면 삼대의 이상사회가 구현될 것으로 기대하였다. 나아가, 적멸에서 자리의 해설만을 추구하는 소승과 달리 "차라리 생사 속에 머물러 중생을 교화하면서 도를 닦겠다." "불법은 세간을 여의지 않는다."고 주장하였다. 이는 부정을 거친 지행을 의미하는 불교의 무상관無常觀과 절충되었고,[64] 『화엄경』의 "오회도솔천五會兜率天엔 지행상입智行相入으로 성불회향," 오위 가운데 십주의 지와 십행의 행은 십회향에서 상호 보완하여 합일한다.[65] 이는 탄허가 인간 자신의 본래상과 주체성을 강

61) 김탄허(1980), 『부처님이 계신다면』, p.49; 월정사·김광식 엮음(2013), 『방산굴의 무영수』상, p.173, p.220; 탄허문도회(2013), 『방산굴법어』, p.126.
62) 탄허문도회(2013), 『방산굴법어』, pp.399~403.
63) 월정사·김광식 엮음(2013), 『방산굴의 무영수』하, pp.224~225.
64) 김탄허(1980), 『부처님이 계신다면』, pp.49~52; 탄허문도회(2013), 『방산굴법어』, pp.126~128.
65) 탄허장학회(2003), 『탄허 강설집』, p.92, p285, pp.328~331.

조하며 자기의 정립과 회복을 강조하거나 자기제도의 자리행과 복지
사회 건설의 이타행으로 나아가는 상구보리하화중생의 논리와도 밀
접하게 연결된다.[66] 이상의 지행관에는 실천을 강조하는 은사 한암의
영향이 보이지만,[67] 양명학이 반영된 것은 재론할 필요도 없다.

탄허는 자신의 생활 규칙으로 부지런함을 강조하였다. "하루의 계
획은 인시에 있고, 일 년의 계획은 봄에 있으며, 일생의 계획은 부지
런한 데 있다." "새벽 3시에 일어나지 않으면 그날 일에 성과가 없고
봄에 씨를 뿌리지 않으면 가을에 수확할 수 없다."[68] 이는 바로 『명심
보감』「입교편」에 나오는 〈공자삼계도孔子三計圖〉의 내용으로 공부를
위한 실행이나 실천과 관련이 깊다. 더욱이 그는 선행을 보다 적극적
으로 실천할 것을 강권하였다. 불교적으로 '신구의身口意의 10악'을 행
하지 않는 것보다 '그 10선'을 적극 실천하는 것이 더욱 권장되었다.[69]
실천의 강조는 유·불·도에서 공통으로 강조되는 것이지만, 일단 양
명학과 관련하여 기술해 둔다.

또한, 탄허는 자연·인간·사회에서의 천리나 차별적 리를 강조하
는 주자학의 정명설定命說을 부정하고 조명설을 주장하였다. 그는 꾸
준히 반성하고 노력하여 결국 70세에 등과한 '당개'라는 중국의 선
비를 사례로 거론하고는 스스로 "운명은 개척하는 것"이라고 결론지
었다.[70] 또한 탄허가 국사나 왕사를 희망한 것은 제자들의 회고에 잘

---

66) 탄허불교문화재단 어록편찬실(2000), 『피안으로 이끄는 사자후』, pp.85~129,
   pp.234~239; 탄허문도회(2013), 『방산굴법어』, p.111, pp.442~483.
67) 이는 1935년 方漢巖의 「佛教は實行にあり」(『韓國近現代佛教資料全集』 64, 민족사,
   1996, pp.233~235)와 밀접하다.
68) 탄허문도회(2013), 『방산굴법어』, p.133.
69) 김탄허(1980), 『부처님이 계신다면』, pp.124~128.
70) 탄허불교문화재단 어록편찬실(2000), 『피안으로 이끄는 사자후』, pp.69~70; 월

나타나 있고,[71] 신라의 원광과 의상과 고려의 보조, 조선의 이이와 기정진뿐만 아니라 중국의 여상, 상앙, 소식, 소옹, 왕양명 등도 거론하였다. 이는 양명학 좌파로 실천을 지극히 강조한 심재心齋 왕간의 대장부 '조명설' '제자사론帝者師論'과 연결된다.[72]

탄허에게 양명학 좌파 탁오 이지의 동심설이 간취되는 것은 주목된다. 그에 의하면, 동자童子란 천진난만하고 순수한 마음을 지닌 어린 아기이다. 그런데, 앞뒤가 끊어진 어린애의 마음이란 바로 본래의 천진하고 순수하며 분별심이 없는 성인의 마음이다. 이는, 동진주童眞住가 진일眞一을 함포含抱하여 지행을 합일한다는 화엄론, 적자赤子의 마음과 같이 무념무위無念無爲의 활발발活潑潑한 경지, 81가지의 보살행 가운데 가장 뛰어난 영아행嬰兒行 등의 불교와 회통되었다. 또한 『대학』의 대인大人이 상실하지 않은 적자의 마음과 『도덕경』의 함덕지후含德之厚가 비슷하다는 적자와, 동자[성인]가 되지 않으면 천국에 갈 수 없다거나 좁은 문으로 들어가라는 기독교 교리와도 절충되었다. 다만 기독교에서는 동자가 되려고 노력하지 않고 믿기만 할 뿐이므로 구원받을 자가 없다고 비판하였다.[73]

정사·김광식 엮음(2013), 『방산굴의 무영수』하, p.191. 당개라는 인물의 존재 여부와 행적은 명확하지 않으므로 추후 검토가 필요하다.

71) 월정사·김광식 엮음(2013), 『방산굴의 무영수』상하, p.244, p.257, p.169, p.229, p.318, p.340.

72) 시마다 겐지(島田虔次), 김근석 이근우 옮김(1986), 『주자학과 양명학』, pp.185~188; 조영록(1987), 「양명학의 성립과 전개」, 『강좌중국사』VI, 지식산업사, pp.75~78.

73) 김탄허(1980), 『부처님이 계신다면』, p.190, pp.228~229; 탄허불교문화재단 어록편찬실(2000), 『피안으로 이끄는 사자후』, pp.214~215; 탄허문도회(2013), 『방산굴법어』, p.56; 탄허장학회(2003), 『탄허 강설집』, pp.320~321; 탄허사상연구소(1986), 『탄허 대종사 법음 일집』, p.5; 월정사·김광식 엮음(2013), 『방산굴의 무영수』하, pp.227~228.

이상은 실로 명말 양명학 좌파의 대미를 장식한 이지의 '동심설'을 연상하게 한다. 이지는 진심으로 순수한 진실이자 최초 한 가지 생각의 본심이나 마음의 근본을 동심, 즉 성인의 마음으로 규정하였다.[74]

전반적으로 탄허는 마음과 그 본체를 중시하는 화엄이나 참선과 관련하여 주자학에 비판적이었던 경향과 달리 양명학을 높이 평가하였다. 그에 의하면, 치양지致良知와 결합하여 '존덕성'을 강조한 양명학은 주자학 편중에서 벗어나 공자의 본래 사상을 드러낸 것이었다.[75] 심지어 심학으로 불교와 서로 보완되는 양명학이 수용되었다면 우리나라의 학술도 달라졌을 것이었다.[76] 여기에 양명학 좌파의 사상 경향성도 강하였다.

이상의 성과는 근현대의 격동과 오대산문의 고립성 때문인지는 몰라도 탄허가 양명학 좌파의 문집을 읽었다는 기록도 보이지 않는 상황에서 이룩된 것이었다. 탄허의 양명학 근원을 규명하는 것은 향후의 과제로 남겨두지만, 탄허가 왕양명의 사구게 가운데 양명학 좌파가 중시한 '무선무악심지체'에 대한 적극적 발명이나 양지설 등에 대한 독창적 해석이 약한 점은 한계로 지적된다.

한편, 탄허의 번역론과 간경법에는 청 중기 고거적 접근도 확인된다. 그는 각종 불경의 현토역해의 서문에서 경문·논해·주소를 통합하여 이해하는 간경법을 제시하였다. 구체적으로는 우선 경문을 읽고 의심 나면 강론과 강의, 강해나 번역을 살펴본 다음에 주소를 면

---

74) 李贄(1984), 「童心說」, 『焚書 續焚書』3, 臺北: 漢京文化事業有限公司, pp.98~99. 일찍이 시마다 겐지는 이지의 동심설을 양지의 성년으로 평가하였다. 島田虔次(1986), 『中國における近代思惟の挫折』, 東京: 筑摩書房, p.183.
75) 탄허불교문화재단 어록편찬실(2000), 『피안으로 이끄는 사자후』, pp.137~138.
76) 월정사·김광식 엮음(2013), 『방산굴의 무영수』하, p.223.

밀하게 검토한다. 그 결과 경문의 대의가 드러나면 강론과 강의, 강해 나 번역뿐만 아니라 주소마저 모두 버리고 처음으로 돌아가 경문을 백독 천독하여 완미한다[숙독완미熟讀玩味]. 이는 「현토역해 능엄경 서」에 잘 보인다.

> 이 경을 읽는 이는 경을 보다가 의심이 나면 번역을 보고 번역을 보아 도 모르게 되면 해를 보고 해를 보아도 풀리지 않으면 소를 보아서 경 의 대의가 드러나면 해와 소와 역문을 다 접어두고 원경原經만을 숙독 하는 것이 연구인의 자세라고 본다. 이 경을 일독 이독으로 내지 백독 천독하여 언외의 종지를 처파覷破한다면 저 유학자의 『능엄』 천독에 대문장가가 되었다는 역사는 말할 것도 없으려니와 또한 통만법統萬法 명일심明一心한 요지도 화엄학에만 전미專美하지 않으리라고 보는 것이 다.[77]

  비슷한 견해는 탄허가 현토역해한 『원각경』, 『기신론』, 『도덕경선 주』의 서문에도 나타난다. 특히 『원각경』의 서문에는 경⇒해⇒근석近 釋을 참조하여 살펴본 다음 해석이 필요 없는 경지로 나아가고, 심지 어 그 경전마저 놓아버리라고 주장하였다.[78]
  그의 불경 번역과 간경론은 논해와 주소의 올바른 이해를 바탕으 로 경문을 융회하여 독창적 해석을 도출하는 것으로 근세 유학의 고 거학적 전통과 관련이 있다. 특히, 숙독완미하여 '언외의 종지'를 강조 한 것은 유가에서 경전의 종지나 성현의 '미언대의微言大義[대의미언

---

77) 탄허문도회(2013), 『방산굴법어』, pp.220~222; 『탄허 대종사 연보』(2012), pp.505~506.
78) 탄허문도회(2013), 『방산굴법어』, pp.231~234; 『탄허 대종사 연보』(2012), pp.499~501.

大義微言]'을 밝히는 '심득心得' '자득自得'처럼 불경을 독창적으로 이해하는 '선지'가 유의된다. 탄허가 『화엄경』의 공부는 참선과 결합되어야 한다고 권유하거나[79] 학문에서 '자득'을 매우 중시한 것[80]도 바로 선지와 관련된다. "원래 학문은 자득을 귀하게 여기는 동시에 언외의 종지를 처파하는 데 있다."[81]는 탄허의 발언은 양자의 결합을 잘 보여준다. 여기에는 탄허가 노장을 자습한 경험과 참선을 통한 '선지'의 터득이 반영된 것이다. 탄허의 제자들이 이구동성으로 스승 탄허가 선지로 불경을 해석하였다고 언급한 것은 『방산굴의 무영수』에 산견되므로 재론하지 않는다. 다만, 자득과 심득은 주자학의 공부론과 무관한 것은 아니지만 회통론과 관련된다는 점에서 양명학이나 청대 학술에 친화적 요소로 회통론의 기초가 된다.

이와 관련하여 탄허가 당시 주석과 사기私記에 의해 경전을 해석하던 불교계의 풍조에 일침을 가하고 선교일치적 관점에서 선지로 경전을 본다는 견해가 있다.[82] 이는 선지에 기초한 탄허의 독창적 경전 이해를 언급한 것으로 보아도 좋다. 그런데, 여기서 사기의 배제는 당연하지만, 위에서 살펴보았듯이 주석에서 벗어난 공부론은 탄허의 주장과 차이가 있다. 탄허도 주소를 파악하지 못하는 것은 수박 겉핥기에 지나지 않는다고 언급하며 주소를 강조하였다. "탄허 스님은 항상 책을 내실 때에 강조하신 것이 주소註疏입니다. … 스님은 주소를 제

---

79) 탄허문도회(2013), 앞의 책, p.86.
80) 탄허가 '자득自得'을 중시한 것은 불교나 참선의 진리를 일일이 표현하기 어려운 측면과도 관련된다. 위의 책, p.182; 탄허장학회(2003), 『탄허 강설집』, pp.50~51; 월정사·김광식 엮음(2013), 『방산굴의 무영수』하, p.277.
81) 『탄허 대종사 연보』(2012), p.56.
82) 김광식, 『기록으로 본 탄허 대종사』, pp.227~229.

대로 다신 분입니다. 만약 의역을 하더라도 주소의 함입陷入이 저절로 되어야 합니다."83)

탄허는 소학적으로 한자의 호용에도 밝았다. 그 사례는 『탄허 강설록』에 산견되지만, 대표적인 것으로 然燃, 內納, 屬囑, 披被, 受授, 隱穩, 決抉, 度渡, 髻蓬, 申伸, 升昇, 涌踊, 熏薰, 卷捲, 撤轍, 磬聲, 儔疇, 漉攄, 著着, 纓珞瓔珞 등은 모두 통용되었다. 다만 전자는 후자로 통용되지만, 거꾸로 후자는 전자로 통용될 수 없다.84) 덧붙여 다만 '但'과 다못 '只'를 논란하는 엄격성과 '明'자를 해석할 경우 5, 6장을 넘겨서 새기는 안목도 무관하지 않기에 서술해둔다.85) 탄허가 설법하거나 교육할 적에는 충분한 준비와 함께 철저하게 제시한 근거가 아귀에 맞은 점도 고거학과 친연성이 있다. 그는 사서삼경의 잔주까지 동원하였다.86) 정념은 "[탄허] 스님의 학문은 훈고학을 하셔서 온고이지신을 하는 것이 바탕이 되어 있었다."87)고 회고하였다. 여기서 훈고학이란 바로 소학으로 청대 고거학의 핵심 분야이다.

최근의 연구에 의하면, 탄허의 『남화경역주』에는 청대 고거학의 성과도 인용되었다. 대표적 학자와 논저로는 왕념손王念孫(2*)의 「장자잡지莊子雜志」, 왕인지王引之(2*)의 문헌 고증, 유월俞樾(13*)의 「장자평의莊子評議」, 육수지陸樹芝(3?)의 『장자설』, 진수창陳壽昌(2?)의 『남화경정의南華經正義』, 곽경번郭慶藩(3#)의 『장자집석』, 왕선겸王先謙(3#)의 『장자집해』, 소여蘇興(1#)의 장자 주석, 마서륜馬敍倫(1**)의

---

83) 월정사·김광식 엮음(2013), 『방산굴의 무영수』하, p.160.
84) 탄허장학회(2003), 『탄허 강설집』, pp.44~48.
85) 월정사·김광식 엮음(2013), 『방산굴의 무영수』상, p.408, p.451.
86) 월정사·김광식 엮음(2013), 『방산굴의 무영수』상하, p.124, p.405, pp.267~268.
87) 월정사·김광식 엮음(2013), 위의 책 상, p.243.

『장자의증莊子義證』, 『장자찰기莊子札記』 등이 있다.[88] 그 빈도수와 함께 각각 정본의 내용을 재확인하는 연구가 필요하지만, 일단 인용 빈도로 살펴보면 유월의 「장자평의」가 가장 많고, 기타는 1~3회로 많지 않다. 이들은 주로 고증학 정통파(*)와 그 후예(**), 그리고 청말 주자학을 중심으로 양무운동 등을 뒷받침한 호남성의 학자(#)들이다. 이들은 대개 유자로, 왕선겸과 소여는 청말민초, 마서륜은 민국현대의 인물이지만 여기에 붙여 부기해 둔다.

4. 삼교합일의 논리와 명청대의 회통론

탄허의 학술과 관련하여 가장 특색적인 것은 말할 것도 없이 삼교회통이다. 그의 삼교회통론은 종지와 근본, 근원과 귀일을 중심으로한다. 우선, 경전의 올바른 이해나 공부와 관련하여 강조된 것은 종지宗旨이다. 종요宗要라고도 하는 종지는 경론 등에서 그 교설의 중심요소가 되는 교의이다.[89] 최근 백년 이내 종지의 파악에 있어서 최고로 평가되었던[90] 그는 종지의 파악을 간경의 핵심으로 삼고 항상제자들에게 종지를 설파하였다.[91] 『화엄경』의 이해와 번역에서 이통

---

88) 참고로 ( ) 안의 숫자는 인용 횟수이다. 권기완(문광)(2016), 「탄허 택성과 동양 사상-『주역』의 종지와 『노』, 『장』의 주해를 중심으로」, 『한국불교학』78, pp.236~239.

89) 예컨대, 『유마경』의 불가사의해탈不可思意解脫, 『대품경大品經』의 공혜空慧, 『승만경勝鬘經』의 일승一乘이 그것이다. 김탄허 역주(1991), 『초발심자경문』, 불서보급사(7쇄), p.108.

90) 월정사·김광식 엮음(2013), 『방산굴의 무영수』상, p.55.

91) 월정사·김광식 엮음(2013), 위의 책 상하, pp.287~288, p.410, p.195, pp.222~223, p.237.

현의 『화엄경론』이 중시된 것도 그 책이 『화엄경』의 종지를 잘 설명하였기 때문이다. 특히, 그 사구게에서 중생들 마음의 번뇌·망상을 본래 부처로 해석한 것은 바로 『화엄경론』의 대의였다.[92] 반면에 자구에 집착하여 글자만 새기거나 단순히 경전의 이해에 머무는 것은 문자한文字漢이나 죽은 학문에 불과하였다.[93]

경전의 차원을 넘어 학술과 사상, 종교의 핵심을 의미하는 종지는 더욱 중요하다. 탄허는 종지와 관련하여 동양의 학문을 대표하는 불학이 기술이나 삶의 방편을 제공하는 세속의 학문보다 우월하다고 언급하면서 종지가 없는 학문을 삼가라고 권유하였다. 세속의 일반 학문이 그 정해진 대상만 알고 다른 분야에 어둡지만, 불교는 자신과 그 대상의 합일로 앎이 무소불주無所不周하여 구경究竟의 진리를 제시하기 때문이다. 여기서 종지란 인생의 근본인 우주관과 인간관이다.[94] 이에 따르면 수행자가 공부할 바는 불교나 선학에 다름 아니고, 그 종지는 우주와 인간의 본래 마음자리, 성자리에서 나온 도道이기도 하다.

> 큰스님이 종지를 강조하였던 것은 경의 차원에서 나온 것이 아닙니다. 큰스님은 도, 우주, 근본, 마음 등에 대한 것을 늘상 고민하시고, … 생각이 끊어진 그 자리가 본래 우리 마음자리라고 말씀하셨어요. … 한 생각이 끊어진 것은 곧 분별심이 끊어진 자리입니다. … 한 생각이 일어나기 전의 본래 마음자리 … 스님은 도 불법을 확연히 아시고 핵심

---

92) 월정사·김광식 엮음(2013), 앞의 책 상, p.445; 탄허문도회(2013), 『방산굴법어』, pp.83~84.
93) 월정사·김광식 엮음(2013), 위의 책 상, p.417, pp.461~462, p.332; 탄허불교문화재단(2008), 『탄허 대종사의 경학관』1, p.6.
94) 탄허문도회(2013), 『방산굴법어』, pp.124~125; 탄허불교문화재단 어록편찬실(2000), 『피안으로 이끄는 사자후』, pp.261~262.

적인 것을 이야기하셨는데, 그것이 바로 종지입니다. 큰스님은 종지를
파악하면 자재기중自在其中이라고 하시면서 그 속에 모든 것이 다 있
어, 다 알게 된다고 하셨습니다.[95]

탄허가 뿌리와 근원이나 기원을 강조한 것도 동일하다. 탄허에 의
하면, 성주괴공과 생주이멸의 근원은 바로 시공과 생사가 끊어진 자
리이다.[96] 그것은 바로 인간의 마음속에 본래 갖추어져 있는 우주의
핵심체인 태극의 진리, 시공이 끊어진 자리, 구경의 진리이다. 그러므
로 우리는 자신의 주체를 믿어야 한다. 그렇지 않은 경우는 뿌리 없
는 나무와 같다.[97] 『주역』도 화엄론의 종지를 파악하기 위한 것에 불
과하고, 일승의 화엄론에 따르면 괴로움과 즐거움의 뿌리에는 바로
도가 있다.[98] 본래 존재하지 않는 죄성罪性의 도리를 내적으로 관조
하여 제거하는 이참理懺도 죄상과 망상의 근원인 마음으로 깨달아
죄의 뿌리를 뽑는 것이다.[99] 천지만물은 근원이 있어야 성대해지므로
인간도 그 근원, 뿌리를 찾아야 한다는 논리도 있다.[100] 후술하듯이,
탄허가 즐겨 언급한 삼교의 뿌리론도 여기에서 벗어나지 않는다.

95) 월정사·김광식 엮음(2013), 『방산굴의 무영수』하, pp.209~210.
96) 김탄허(1980), 『부처님이 계신다면』, pp.253~254, pp.279~283; 탄허문도회
    (2013), 『방산굴법어』, pp.102~103.
97) 탄허불교문화재단 어록편찬실(2000), 『피안으로 이끄는 사자후』, pp.106~107,
    pp.85~130; 탄허문도회(2013), 『방산굴법어』, pp.442~483. 나아가 이는 기독교
    를 의타주의로 비판하는 논리로도 제시된다.『피안으로 이끄는 사자후』, p.188.
98) 이와 달리 소승은 괴로움에서 벗어나는 데에 초점이 맞추어져 있다. 월정사·김
    광식 엮음(2013), 『방산굴의 무영수』상, p.173.
99) 탄허불교문화재단 어록편찬실(2000), 『피안으로 이끄는 사자후』, pp.110~112.
100) 월정사·김광식 엮음(2013), 『방산굴의 무영수』상, p.380, pp.383~384; 탄허문
    도회(2013), 『방산굴법어』, pp.340~343. 탄허가 출가한 승려들에게 조상 제사를
    권장한 것도 뿌리 중시와 연관된다. 『방산굴법어』, 「십이세조묘비후기」 참조.

불교의 일심론과 『주역』의 이해에 보이는 '귀일론'도 있다. 『기신론』은 일심→이문二門→삼대三大→사신四信→오행五行→육자六字로 나아가지만 그 근본과 요지나 주체는 거꾸로 일심으로 수렴된다.[101] 『보조법어』의 이해와 관련하여 도→일(태극)→이(음양)→삼(삼재)→만물과 그 반대로의 귀도歸道도 동일하다. 전자는 도의 정온精溫이 창달한 우주 생서生序의 법칙이고, 후자는 도로의 귀일이다.[102] 불교를 제외한 동양철학의 근본은 『주역』이다. 역리易理로는 일태극→양의→사상→팔괘→육십사괘→우주만유[만물]로 연역되니, 이른바 진여가 자성을 지키지 않아서 연緣을 따라 일체의 사법事法을 성취한다. 그 반면에 역학易學으로는 우주만유[만물]가 태극의 일로 환귀하지 않음이 없다. 이는 장자가 말한 "같은 것으로 본다면 만물이 모두 일一"이라는 것이다.[103] 여기에는 다多·말末·지枝·류流가 모두 일一·본本·근根·원源으로 수렴된다.

그런데, 이상의 종지·뿌리·근본·근원·귀일도 궁극적으로 동일한 의미이다. 팔만대장경과 『화엄경』의 종지는 명심견성으로 귀일되니, "우주 만법은 보광명지의 하나로 귀결되는 사사무애의 세계"이다.[104] 탄허가, 소옹을 군자로 높이 평가한 것도 심오한 도의 근원=끊어진 자리=본래 마음을 각파覺破하였기 때문이었다.[105] 그 뿌리나 근원과

---

101) 탄허문도회(2013), 『방산굴법어』, pp.223~225; 『탄허 대종사 연보』(2012), pp.502~503.
102) 위의 책, pp.215~217.
103) 탄허불교문화재단 어록편찬실(2000), 『피안으로 이끄는 사자후』, pp.62~65, pp.171~173; 탄허문도회(2013), 『방산굴법어』, pp.252~256.
104) 탄허불교문화재단 어록편찬실(2000), 위의 책, pp.254~259.
105) 김탄허(1980), 『부처님이 계신다면』, pp.85~88; 탄허불교문화재단 어록편찬실(2000), 위의 책, pp.65~66.

관련하여 『능엄경』과 『원각경』의 내용을 재해석하였다. 부처님이 오고 가는 것이 아니라 중생이 닦고 깨달아 청정한 본래의 마음으로 돌아가면 부처나 성인이 된다는 것이다.[106] 참선으로 생사를 초월한 견실심이 바로 부처님의 마음자리이자 우주만유의 근원적 실상자리이다.[107] '귀일'과 관련하여 '일심', '도', '태극'도 궁극적으로 동일하다. 육합六合의 일체시一切時 일체처一切處는 그 작용이다. 일심이 없으면 육신은 시체가 되고 우주는 공각으로 변한다.[108] 도와 태극도 원래 나오거나 들어갈 것이 없고, 생사나 이사理事와 공색空色이 합일되며 지옥과 천당이 구분되지 않는다.[109] 탄허가 한국불교의 병통을 30년 전의 제1차 정화운동으로 소급하여 비판한 것도 근원적 치유를 강조하는 회통적 접근이다.[110] 그렇지 못할 경우, 삼교의 회통이 절대로 불가능하다는 점은 유의되어야 한다.

탄허는 일본과 만수의 동양사상을 체용본말내외론體用本末內外論과 연결하여 서양의 연역·귀납과 대비하였다. 탄허에 의하면, 서양의 사고방식은 하나에서 만 가지로 연역하는 것이고, 동양의 경우는 만 가지를 하나로 귀납하는 것이다. 예컨대, 영국인들은 차례로 기술자, 예술가, 종교가가 되라고 권하지만, 동양은 거꾸로 『춘추좌전』에 나오는 입덕·입언·입공의 삼불휴三不朽로 보고, 종교인·도덕가, 문화인·예술가, 과학자·기술자가 되라고 권유한다. 외본내말의 서양 사상

106) 김탄허(1980), 『부처님이 계신다면』, pp.193~194.
107) 탄허문도회(2013), 『방산굴법어』, pp.90~92.
108) 탄허문도회(2013), 위의 책, pp.223~225; 『탄허 대종사 연보』(2012), pp.502~503.
109) 탄허문도회(2013), 『방산굴법어』, pp.215~217; 탄허불교문화재단 어록편찬실(2000), 『피안으로 이끄는 사자후』, pp.62~65, pp.171~173.
110) 탄허불교문화재단 어록편찬실(2000), 위의 책, pp.225~226.

은 현실과 조화를 이룰 수 없고, 일본만수 만수일본의 동양 사상만이 조화를 이룬다.[111] '일본一本'의 강조도 『화엄경』이나 『주역』과 함께 뿌리·근원·종지와 관련된 것이다.

탄허의 「천부경」 이해도 귀일적이다. 그에 의하면, "민족적으로 갖는 철학적 의미로는 최제우의 동학이나 강증산의 증산교라고 할까, 우리 민족의 주체의식 가운데서 보면 불교를 빼고는 최고의 학설이 『주역』이다. 그런데, 「천부경」은 바로 국조 단군의 학설로 문왕의 「단사彖辭」 이전의 최초 『주역』이자 유·도·불 삼교와 기독교보다 앞선, 우리 국토의 고유한 사상, 즉 선도仙道를 담은 것이었다. 최치원이 남겼다고 전해지는 한문본 「천부경」은 『주역』과 불교 전체를 압축하여 천지인 삼재의 원리를 81자에 담되, 시무시始無始의 일一로 시작하여 종무종終無終의 일一로 귀결하였다. 그 일이란 바로 시공을 만들거나 우주가 생기기 이전 면목의 '현존 일념'으로 모든 종교와 철학이 포함되는 것이다. 이는 유교의 통체일태극統體一太極, 도교의 천하모天下母, 불교의 최초일구자最初一句子=최청정법계最淸淨法界와도 회통된다.[112]

유불선을 포괄하는 탄허의 「천부경」 이해는 그의 회통론이 중국에서 기원한 것이 아니라 민간의 선도교, 즉 보천교와 직접 관련된다는 점에서 보다 주목된다. 그는 근래 100년 이래 가장 뛰어난 이인異人으로 일부一夫 김항金恒(1826~1898)과 증산甑山 강일순姜一淳(1871~1909)을 거론하며 전자가 장래에 유불선의 통합을 언급하였

111) 탄허불교문화재단 어록편찬실(2000), 앞의 책, pp.93~94.
112) 김탄허(1980), 『부처님이 계신다면』, pp.175~178; 탄허불교문화재단 어록편찬실(2000), 위의 책, pp.62~65, pp.273~275.

고, 보천교·증산교가 교조로 인정하는 후자가 선도의 포태泡太, 불도의 양생養生, 유교의 예의로 삼교합일한 점을 거론하였다.[113] 김항도 최제우와 함께 한때 이서구李書九의 제자로 삼교합일적인 이연담李蓮潭에게 동문수학하였다는 지적도 있다.[114] 『정역』이 탄허의 각종 예지사상과 밀접한 것은 별도로 하더라도[115] 그 핵심 내용에는 유·불·선을 일도一道로 보는 삼교합일론도 있다.[116] 김항의 『정역』은 바로 소옹의 「복희선천팔괘도」와 「문왕후천팔괘도」를 수용하면서 「복희팔괘도」와 「문왕팔괘도」로 발전시킨 것이기도 하다.[117]

소옹의 『황극경세서』와 원회운세설元會運世說은 다양한 측면에서 탄허와 연결된다. 조선에서 소옹의 학술은 16세기 서경덕徐敬德을 거쳐 17세기에 신흠·김육·최명길의 일가와 조성기趙聖期, 이단상李端相, 정제두 등 경기의 서인 지식인들에게 확산되었다. 이들은 대개 근원적·보편적·존재적 '일리一理'를 중시하고 심성의 동일성과 심기心氣의 담연성湛然性을 강조하는 심학적 경향을 지녔다.[118] 이러한 소옹의 학술 이해는 탄허와 관련하여 주목된다. 예컨대, 김창협이 애친경

113) 탄허불교문화재단 어록편찬실(2000), 앞의 책, p.167, p.182.
114) 이정호(1985), 『정역과 일부』, 아세아문화사, pp.318~319.
115) 김탄허(1980), 『부처님이 계신다면』, pp.155~175, pp.197~198; 탄허불교문화재단 어록편찬실(2000), 위의 책, pp.150~157, pp.162~174, pp.216~223; 김탄허(1982), 「정역팔괘해설」, 『현토역주 주역선해』3, 교림, pp.425~436; 김성철(2013), 「탄허 스님의 예지, 그 배경과 의의」, 『되돌아본 탄허 100년』, 조계종출판사 참조.
116) 이정호(1985), 『정역과 일부』, pp.327~330.
117) 임병학(2016), 「보천교 교리와 『정역』 사상」, 『신종교연구』34, pp.67~73.
118) 소옹학은 17세기 말~18세기 낙론의 학술적 원류가 되었다. 조성산(2007), 『조선 후기 낙론계 학풍의 형성과 전개』, 지식산업사, pp.43~98. 그 가운데 신익성, 홍계희, 서명응 등은 소옹의 상수학을 조선의 역사나 역서·천문학과 결합하여 우주론적 연대기로도 발전시켰다. 박권수(2018), 「역서와 역사: 조선후기의 상수학적 연대기서와 시헌력」, 『동국사학』64, 참조.

장愛親敬長을 인심의 영각靈覺이라고 주장한 것[119]은 위에서 언급된 탄허의 영지=양지설과 거의 동일하다. 다른 한편 소옹의 삼교합일설과 원회운세설에서 발전해온 미래 예언은 서경덕의 제자 이지함을 거치며 『정감록』과 같은 비기류秘記類와 결합하여 최제우의 동학처럼 삼교합일적 민간종교로 발전하였다.[120] 이연담·김항·최제우·강증산·차경석도 비슷한 흐름에 섰을 것으로 추정된다. 또한 탄허에게도 소옹의 학술적 영향이 매우 크다는 점도 지적해 둔다.[121]

보천교의 주역관도 이런 흐름과 무관하지 않다. 보천교 교주 차경석은 일제의 강력한 탄압과 내부 분열, 보천교의 해체를 배경으로 1928년 정월의 무진 설훈戊辰說訓을 단행하였다. 이때 보천교는 『정감록』과 『정역』을 수용하면서도 하도 낙서를 포함한 『주역』이론을 발전시켜 개벽이론의 토대로 삼았으니, 「현시팔괘도現時八卦圖」가 그 결과였다. 사실 이는 교조 강증산의 신격화에서 교주 차경석의 신격화로의 전환을 뒷받침한 것으로 유교적 교리와 도덕을 강화하는 보수적 회귀였다.[122] 물론 탄허는 「현시팔괘도」보다 「정역팔괘도」를 중시하였지만, 보천교적 영향도 무시할 수 없다.

일찍이 탄허는 12세부터 2~3년 사이 정읍에서 보천교 소속의 동

---

119) 조성산(2007), 앞의 책, p.96.
120) 황선명(1988), 「후천개벽과 정감록」, 『한국종교』23 참조.
121) 탄허는 삼교합일론자였던 소옹을 지도知道의 군자나 선생으로 칭송하였다. 김탄허(1980), 『부처님이 계신다면』, pp.85~88; 탄허불교문화재단 어록편찬실(2000), 『피안으로 이끄는 사자후』, pp.65~66. 또한, 탄허가 유가에서 도가로 전환하거나 불후의 교육 사업에 입지立志한 것도 『황극경세서』와 관련된다. 덧붙여 처가가 토정 이지함의 16대손이라는 점도 있다. 졸고, (2013), 「탄허의 전통학술 수학과 구도입산의 궤적」, 『한국불교학』66. p.101, pp.109~111.
122) 졸고(2016), 「한암 중원과 탄허 택성의 불연 -탄허의 출가 배경-」, 『한국불교학』79, pp.301~304; 임병학(2016), 「보천교 교리와 『정역』 사상」 참조.

네 서당에 다니면서 '조선 선교'를 익혔다는 전언이 있다.[123] 탄허가 입산하기 이전의 친구인 배인기나 입산 동기인 권중백과 차계남도 보천교로 맺어진 우인으로 보이고, 오대산 상원사로의 입산 목적도 한암에게 노장을 공부하려는 측면과 함께 보천교와의 관련성도 있다.[124] 탄허가 원광 법사가 화랑에게 제시한 세속오계 등을 언급하거나 태백산을 '국내도산신國內都山神'으로 높인 것도 「천부경」과 함께 선도와 관련이 깊다.[125] 한국 신종교의 개벽사상의 공통점은 보천교, 『정감록』, 『정역』 등의 신종교나 도참사상에서 비롯되었다는 지적도 있다.[126] 이상을 종합하면, 탄허의 삼교회통론은 민간의 보천교리에서 비롯된 것으로 보인다.

이와 달리 탄허가 즐겨 언급한 "천하무이도 성인무량심天下無二道 聖人無兩心"은 원래 중국에서 비롯된 유가적 회통론이다. 이는 『순자』 「해폐편解弊篇」에 나오는 내용으로 군주와 학자가 허虛·일壹·정靜한 마음으로 일정한 성왕의 도와 법제를 주축으로 인식하여 모든 변화를 두루 포섭하는 개념이다. 이에 능한 군왕이나 재상 등은 치세治世에 성공하지만 그 반대의 경우는 난세를 불러온다. 여기에는 마음이

---

123) 여기서 조선 선교란 선도교, 즉 보천교를 의미한 것으로 보인다. 김광식(2010), 『기록으로 본 탄허대종사』, pp.20~21, p.31; 장화수(1996), 『21세기 대사상』, 혜화출판사, p.254.

124) 이와 관련하여 탄허에게 학술적으로 큰 영향을 미친 이극종과 보천교의 관련도 추가적인 검토가 필요하다. 졸고(2016), 「한암 중원과 탄허 택성의 불연-탄허의 출가 배경-」, pp.108~112.

125) 탄허불교문화재단 어록편찬실(2000), 『피안으로 이끄는 사자후』, pp.226~227; 탄허문도회(2013), 『방산굴법어』, pp.336~338. 이는 정·교·학 일치와 함께 삼교합일과도 관계된다. 최재목(2013), 「탄허의 철학에 보이는 '회통'적 사유의 근저」, 『문학 사학 철학』33, pp.181~188.

126) 김성철(2013), 「탄허 스님의 예지, 그 배경과 의의」, 『되돌아본 탄허 100년』, 조계종출판사, pp.187~198.

란 몸[형形]과 신명神明의 군주라는 언급도 있다.[127] 재미있는 사실은 명태조 주원장이 군주독재체제를 강화하면서 주자학을 관학화하여 통치이데올로기로 삼는 한편 바로 순자의 이 문구를 빌어 삼교를 합일하여 왕법王法을 보조하며 승려와 도사를 우대하면서도 이들에 대한 국가의 통제를 보다 강화한 것이다. 이는 명 중기 이후까지도 '조종의 법'으로 간주되었다.[128]

명 중기 이갑제里甲制의 해체로 인한 사회적 격동을 배경으로 치양지설과 사구게의 해석에 따라 삼교교섭과 합일은 양명학 좌우파로 나누어졌을 뿐만 아니라 불교계로도 확산되었다. 명말明末의 만력萬曆 삼대사三大師인 운서 주굉雲棲袾宏(1535~1615), 자백 달관紫柏達觀(1543~1603), 감산 덕청憨山德淸(1546~1623)은 바로 순자와 태조의 발언에 근거하여 불교나 선학을 중심으로 주자학과 양명학을 비판·합일하면서도 초월하는 새로운 불학을 모색하였다. 자백 달관은 체용겸비적인 참선을 추구하고 양명의 만물일체의 인을 발전시켜 출세간의 불법으로 대중을 구하기 위해 대승보살도를 몸소 추구하다가 옥중에서 자살하였다. 운서 주굉은 선의 일심과 정토의 염불을 결합하는 한편 유불분업론儒佛分業論을 반대하고 지계를 강조하며 주자학으로 경도하였다. 감산 덕청은 자성의 실체 확립이나 선과 정토의 결합, 불

---

127) 순자, 이운구 옮김(2006), 「해폐」, 『순자』2, 한길사, pp.165~179.
128) 이 두 구절은 「誦經論」, 「三敎論」, 「宦釋論」(明太祖(1983~2013), 『明太祖文集』 권10, 『文淵閣四庫全書』1223, 臺北: 商務印書館, pp.106~108, pp.115~116)에 모두 보인다. 특히 「삼교론三敎論」(p.108)에는 "嘗聞天下無二道, 聖人無兩心, 三敎之立, 持身榮儉之不同, 其所濟給之理一. 然於斯世之愚人, 於斯三敎, 有不可缺者."라는 내용이 있다. 조영록(1993), 「양명학과 명말의 불교」, 『동양사학연구』 44, pp.130~132; 아라키 겐고(荒木見悟), 배영동 옮김(1996), 『불교와 양명학』, 혜안, pp.18~26.

교적 격물치지와 오계五戒를 토대로 만물일체의 대동세계를 추구하는 동시에 참선·『춘추』·『노장』을 학술의 요체로 삼고 삼교동원론三敎同源論에 의거하여 불교를 중심으로 유·도를 회통하였다. 이를 위해 30년이 넘도록 『능엄경』, 『능가경』, 『법화경』, 『화엄경』, 『기신론』 등을 주해하고 불교적 관점에서 유·도를 해석하여『중용직지中庸直指』, 『춘추좌전심법春秋左傳心法』, 『대학강목결의大學綱目決疑』와 『관노장영향론觀老莊影響論』, 『노자도덕경해』, 『장자내편주』를 저술하였다.[129]

마찬가지로 탄허의 삼교회통도 불교, 특히『화엄경』을 중심으로 한 점이 특색이다. 그에 의하면, 유교·도교의 사상도 불교의 영향을 받았지만 불교도 유교와 도교의 영향을 받았으므로 삼교회통은 불가피하였다.[130] 8할이 세간적인 치세治世의 유학, 8할이 출세간적인 치신治身의 도학, 너무 출세간적인 치심治心의 불학을 회통한 것이다.[131] 유불선의 최고봉은『주역』, 『노장』, 『화엄경』이고, 그 최극치는 도교의 물아양망物我兩忘, 불교의 아공법공我空法空[132] 등으로 크게 같다. 그러나 체계화라는 측면에서 나와 우주 만유, 나의 마음과 전체가 총진리화된『화엄경』이 최고였다.[133] 화엄에서 가장 중요한 회통론은 바로 '귀일'과 함께 '무애'이다. 무애론은 일본만수·만수일본에 따라 이사·공색·생사를 구분하지 않고 합일하며 사사事事마저 회통함으로

---

129) 여기에는 불교의 선교일치나 삼교의 교섭이라는 사상의 복잡화 경향과 함께 돈오점수의 수행실천관이 공통적으로 보인다. 조영록(1993), 「양명학과 명말의 불교」, pp.147~157; 아라키 겐고, 배영동 옮김, 앞의 책, pp.112~176; 荒木見悟 (1984), 『陽明學の展開と佛敎』, 東京: 硏文出版, pp.135~170.

130) 김탄허(1980), 『부처님이 계신다면』, p.216.

131) 탄허불교문화재단 어록편찬실(2000), 『피안으로 이끄는 사자후』, pp.182~186.

132) 불교의 모든 분파나 종파도 공空으로 귀일되므로 진정한 의미에서 불교는 분파될 수 없다는 논리도 있다. 김탄허(1980), 『부처님이 계신다면』, p.191.

133) 탄허불교문화재단 어록편찬실(2000), 『피안으로 이끄는 사자후』, pp.180~190.

써 결국 우주만유를 '일진법계화一塵法界化'한다.[134] 따라서 그의 삼교회통은 치심治心을 근본으로 삼고 불교를 중심으로 삼았으므로, 불교를 떠난 유불선은 존재할 수가 없다.[135]

또한 화엄의 성기설도 회통론의 한 축이다. 즉, 탄허는 법계의 연기보다는 법계의 본체를 중시하는 입장이었다. 이는 40권에 불과한 통현 장자의 『화엄경론』을 중심으로 150권에 달하는 청량의 『화엄소초』를 보조로 삼은 것에 반영되었다. 그는 통현⇒보조⇒한암의 계보를 이어 김지견 해주로 이어지는 측면에서 현대 한국 화엄의 성기설의 초석을 마련하였다.[136] 이제 보천교에서 비롯된 삼교회통의 논리는 불교의 화엄을 중심으로 전환된다. 탄허가 종종 언급한 "유교는 뿌리를 심고, 도교는 북돋아주고, 불교는 뿌리를 뽑는다[유식근儒植根 도배근道培根 석발근釋拔根]."는 '뿌리론'은 모두 일법一法이지만, 뿌리마저 제거하는 불교가 최상이었다.[137]

동아시아적인 시각에서 보면, 유교적 회통론은 청대 건가 연간 왕중汪中, 능정감, 초순, 완원, 왕희손汪喜孫 등 양주학인을 중심으로 크게 유행하였다. 고거학의 발전으로 인한 한송학의 충돌과 각종 전문 학술의 제고는 학술상의 대립을 불러왔다. 회통론은 이러한 대립과 충돌을 지양하고 문호를 배제하면서 다양한 우량학술을 실사구

---

134) 탄허문도회(2013), 『방산굴법어』, pp.72~73, p.215.
135) 월정사·김광식 엮음(2013), 『방산굴의 무영수』상, p.399.
136) 문광(2020), 『탄허 선사의 사교 회통 사상』, 민족사, pp.116~133.
137) 김탄허(1980), 『부처님이 계신다면』, p.232; 탄허문도회(2013), 『방산굴법어』, p.259, p.304, p.380, p.410. 불가의 뿌리론과 『화엄경』 다음이 『장자 남화경』이라는 언급에 의하면 그 다음은 노장이다. 이는 탄허의 학문 종사의 역방향이다. 다만 『탄허대종사 법음 일집』에서 '불유선 삼교특강'이라는 부제를 붙여 유교를 둘째로 삼고, 각종 대담에서도 유교를 많이 언급한 것은 대중을 위한 편의적 접근으로 보인다.

시實事求是로 융회관통하는 것이다. 회통은 '다多'의 현상[기器]을 관통하는 관념적인 '일一'의 이치[리理]를 추상하기보다는 '다'를 정밀한 학문대상으로 관용하고 경학의 도와 현실의 시의에 따라 각각의 부분적 진실이나 학설들의 장점을 자신의 유교적 이론체계로 통합하는 것이다. 구체적으로 전문학술을 바탕으로 근원을 소급하여 도로 귀일하는 종적인 '종통縱通'과 전문가학들을 횡적으로 확충하여 비판하며 수용하는 '방통旁通'이 있지만, 전자가 보다 중요하다. 그 절목으로는 일一·원源·본本·근根·약約·합合·동同이 다多·류流·말末·기枝·박博·분分·수殊[異]보다 강조된다. 다만, 그 체제의 완결성이 다소 결여된 형태는 '절충'으로 규정된다. 반면에, 외견상 비슷한 학술과 사상을 무작위로 통합하여 통일성과 정제성이 결여된 것은 '횡통橫通'이나 '천착부회설穿鑿附會說'로 배척되었다.

양주학인들은 다양한 회통론을 기반으로 '통학通學'과 '통유通儒'를 학술과 유자의 이상으로 삼았다. 양주학인은 소학에 근거한 고경古經 연구와 금고의 종통을 통하여 고학을 연구하여 실학에 의리가 담긴 학술을 이상적인 학술로 상정하였다. 여기에는 일상생활과 현실사회에서 유용적·실학적·경세적 성격을 중심으로 실용적인 선왕의 의리가 담긴 신의리학新義理學이 통섭되었다. 이는 또한 한학의 병폐를 치유하면서도 송학을 비판하고 방통하여 한송학을 초월하는 신정학新正學을 모색한 것이었다. 구체적으로 '자득', '심득'과 '가학'으로 구축된 전문 학술을 중심으로 각종 경학, 제자학, 금고문경학, 양명학, 사학, 문학, 천산, 금석, 소학, 고증, 의리 등을 통합하였다. 필자는 이를 '실학적 통학'이라고 명명하였다. 이는 신해혁명기의 국학國學으로 발전한다. 근세의 각종 학술뿐만 아니라 불교와 서학마저 비판 회통한 국학은 전통 학술을 집대성하고 혁명론을 뒷받침하였다. 또한 회통은 체용·도기·천리인욕·통경치용通經致用·물아物我의 사이에서 최적의 상태를 짐작하는 보수적 개량이론으로도 작동된다. 통학은 정학일치政學一致와 함께 통경치용·경명행수經明行修의 유학이념에 따른 학행의 겸비에서 나아가 경세나 사공事功과 합일한다.[138]

   이러한 회통론과 고거학의 유입은 19세기 전반에 주자학 일변도의 조선 학계에도 파장을 일으켰다. 물론 선왕의 의리를 강조하는 주자학적 토대에서 청대의 한학도 일정하게 수용되었다. 대표적 인물로 양득중, 성해응, 남공철, 정약용, 김정희, 홍석주 등이 있다. 이들은 송학과 한학의 원래 목적과 접근법을 둘러싸고 수용한 내용이 달랐고, 회통과 절충의 정도에 따라 서로 논쟁하였다.[139] 그 바탕에도 회통론이 작동하고 있다. 이연담이 종유하였다고 한 이서구는 학문적으로 고증학과 실학을 포함하였지만 주자학적 사상의 강조로 인하여 회통적 요소는 다소 애매하다.[140] 말년에 이서구가 『주역』에 침잠한 측면을 제외하면, 그의 회통론을 규명하거나 그것이 이연담·김항을 통해 탄허에게 연결되는지의 여부는 과제로 남겨둔다.

   이상의 회통론과 통학은 근세 중국 유학의 측면으로, 이미 제자학의 회통과 복원은 왕중 등을 통하여 이룩되었다. 탄허가 이상과 같은

---

138) 이상은 졸저(2002), 『근대중국의 국학과 혁명사상』, 국학자료원, pp.36~38, pp.53~77, pp.109~230 참조. 그 밖에 양주학인의 통학은 졸고(2016), 「완원의 고학과과 실학적 통학」, 『인문과학연구논총』37-4(48), 명지대 인문과학연구소; 동(2008), 「19세기 전반 양주학파의 학술관-왕희손의 실학적 통학-」, 『명청사연구』29; 동(2011), 「19세기 중반 양주학파 유유숭의 실학적 통학」, 『동국사학』51 참조.
139) 정신남(2015), 「조선후기 지식인의 청대 건가고증학에 대한 인식 연구」, 『학림』36; 졸고(2012), 「조·청의 학술 교류와 통학적 학술관-19세기 전반 양주학파와 추사 김정희-」, 『명청사연구』38 참조.
140) 김윤조(1994), 「강산 이서구의 학문경향과 경학관」, 『한국한문학연구』17 참조.

중국 근세 유자의 회통론을 인지하고 수용하였는지의 여부는 오대산 상원사의 지리적 고립 때문인지 명확하지 않다. 탄허의 회통론은 유가적 회통론과 달리 만력삼대사의 삼교합일론과 보다 밀접하지만, 회통적 접근으로 일一·원源·본本·근根·약約·합合[해海]이 중시되는 점은 탄허의 회통론을 이해하는 데에 매우 유용하다. 또한, 탄허의 「천부경」 이해는 귀일적 종통으로 한국의 학술을 '국학'으로 통합할 가능성을 열어두었다는 점에서는 나름대로 의미가 확인된다. 비교사적 관점에서 탄허의 회통론은 18세기 중반 이래 중국의 유가적 회통론보다 불교 중심의 삼교합일을 주장하면서도 재야적·민족적·자득적 관점이 반영된 점에서 유의되어야 한다.

5. 맺음말

이상, 탄허의 학술은 불교적 심성론에 근거하여 주자학을 비판하는 반면에 양지설과 지행합일을 중시하는 양명학적 성향이 강하였다. 특히, 왕기·왕간·이지와 같은 양명학 좌파의 핵심 사상이 녹아 있는 것은 주목된다. 또한 청대의 학술은 예대천리설과 소학적 접근법, 자득의 강조와 주소의 중시, 유가적 『장자』 연구의 수용 정도에만 머물렀다. 탄허의 삼교회통론은 보천교에서 비롯되었다가 점차 불교, 특히 화엄을 중심으로 전환되었다. 그 논리는 종지·뿌리·근원·귀일·무애·성기 등이 있지만, 순자의 "천하무이도 성인무량심"이나 소옹의 마음 중시와 명말의 삼교합일이라는 중국의 영향도 보인다. 그 결과 탄허 학술은 '불도'나 '도'로의 지향성이 결정되었다. 탄허의 학술

성과는 실로 부단한 노력과 자득으로 이룩된 점에서, 나아가 중국 지식인과의 학술 교류가 확인되지 않음에도 불구하고 비슷한 흐름의 회통적 학술이 전개된 점에서 보다 높이 평가되지 않으면 안 된다.

전반적으로 탄허의 학술은 불교의 화엄을 중심으로 주자학을 비판하고 양명학을 절충하면서도 고거적 접근으로 학술적 엄격성을 담보하려 한 것이다. 이는 불교와 선학을 중심으로 전통 학술을 비판하고 현대적으로 변용하면서도 불교의 우위를 보장하는 것이었다. 물론 탄허의 회통적 학술은 스승 한암의 선교합일, 삼학겸수, 승가오칙, 이사理事의 합일과 깊이 관련되지만, 나아가 왜색적 불교의 청산과 불교정화운동의 한계를 극복하려는 노력의 일환이기도 하다. 더 크게는 스스로 국사·왕사의 역할을 기대하는 한편 남북통일과 분단의 극복, 이상적 현실 정치를 뒷받침하려는 것이기도 하다.

이는 탄허의 미래 예언과 밀접하고, 한국 불교가 세계의 중심이 된다는 견해와도 관련이 있다. 탄허의 제자들이 탄허의 사회주의적 경향성을 언급한 것을 제외하고도 "스승은 세상을 바꾸길 염원하였다."[141]는 혜거의 발언도 있다. 물론 여기에는 화엄론이 변혁성과 함께 보수성을 지닌 점도 유의되어야 한다.

탄허의 학술에서 회통체제의 완결성이 다소 부족한 것은 한계이다. 성현의 학술은 '심성'일 뿐이라고 하면서도 '심학'일 뿐이라고 규정하거나 하나의 실체를 다양하게 서술한 경우도 있다. 또한, 기존 학설에 대한 비판과 회통은 독창적인 학술의 수립과 밀접하게 관련되지만, 탄허의 학술에는 독창적인 견해가 많지 않은 듯하다. 탄허의 학

---

141) 『불광』406, 2008.8, 불광출판사, pp.76~80.

술에 보이는 양명학과 그 좌파의 사상은 대부분 재론에 머물렀다. 이
는—서론에서 언급하였듯이—탄허가 체계적인 논지를 전개한 문집이
존재하지 않는 점도 하나의 원인이지만, 일제 치하에서 1970년대까
지 격동적인 한국 근현대사와 불교정화운동의 파고는 탄허가 학문
연구에 매진할 수 없었던 배경이었던 점과도 관련된다.

　탄허의 연구에는 적지 않은 과제가 남아 있다. 탄허의 정치·학술·
종교의 합일론이나 윤리도덕의 강조와 도의적 인재양성론도 유학과
밀접하다. 그리고 탄허의 양명학적 근원도 해명되어야 할 과제이다.
청대의 통학도 기본적으로 학정일치·통경치용·경명행수의 이념에
따라 실천과 경세론을 뒷받침하고, 불교의 대승적 보살행도 지행합일
과 함께 현실 참여로 나아간다. 이에 탄허의 회통적 학술을 기반으
로 구축된 경세론은 더욱 주목되어야 한다. 다만, 체를 중심으로 용
을 통섭한 점에서 중국 근세의 통학과 차별성도 유의되어야 한다. 덧
붙여 탄허의 삼교회통과 명말의 만력삼대사인 자백 달관·운서 주굉
·감산 덕청의 삼교합일을 구체적으로 비교하는 연구도 필요한데, 탄
허와 감산 덕청의 비교 연구는 우선적으로 진행되어야 한다.[142] 이상
은 후일을 기약한다.

---

142) 월정사·김광식 엮음(2013), 『방산굴의 무영수』하, p.196; 『탄허 대종사 연보』(2012),
　　p.656, p.660.

Ⅳ. 탄허의 유가적 경세사상

[Abstract]

The Confucian Governing Thought of Tan-heo

This paper aims to review the Confucian Governing Thought of Tan-heo. His idea of the Governing Thought was formed when he was a teenager due to the tradition of Confucianism of his family and the influence of his father and was massively released after the New Avatamska Sutra Treatise was translated and published in 1975. His thought reflected the criticism of the ruling ideology of world and the view of the future of the Korea against the background of the development of material civilization and the defeat of ethics and morality.

Tan-heo emphasized the Confucian practice of ethics, morality, etiquette, and moderation, especially thinking highly of the Great filial piety and the Utmost filial piety, which is the core of religion, and integrating the harmony of filial piety and loyalty. This was the foundation for the cultivation of morally talented people in the combination of Confucian virtue and the theory of Jeongyeok(正易). In addition, as Confucius did, Tan-heo initiated education projects and practiced the principles of 'being not ashamed to inquire of those beneath one' and 'no limits to learning' until entering Nirvana. He strongly encouraged his disciples to study and learn and concentrated his efforts enthusiastically to foster talented people regardless of monks and laity, and men and women. This was the elite education system aiming to educate moral talent awaken to 'Dao' and 'One'.

Tan-heo interpreted the idealistic Royal Politics of China's ancient times as a true democracy based on people-oriented ideas, benevolent government, equal distribution, and humanistic politics. Furthermore, he proposed a welfare society in which material is harmonized with religion and spirit. This was also supported by the theory of Jeongyeok. In particular, it is noteworthy to integrate academics/education with religion emphasizing on politics. This is reflected in the development of Buddhism, the self-regard as National teacher, the reorganization of curriculum and teaching materials, and moral talents taken as practical leaders toward an eastern ideal society. Finally he pursued ideal society based on integrity of Confucianism, Buddism and Taoism. his Confucian Governing Thought could not but fail due to various limitations, but provided a foundation for related thoughts. Especially, it is highly meaningful that Tan-heo suggested not only educational thoughts from the perspective of Confucianism but also political/social ideas, in the position of modern high priest of Buddhism.

Key Words: Tan-heo, Govering Thought, Ethics · Morality, Educational View, Moral Talent, Royal Politics, Democracy, Integration of politics · religion · scholarship.

1. 머리말

필자는 근세 동아시아의 유가적 시각에서 탄허 스님(1913~1983)의
학술과 회통론을 검토하였다. 그는, 청정한 본래의 마음[心]이나 일심
一心, 마음의 본체인 성성[眞如自性]을 중시하는 불교적 심성론心性論
에 기초하여 인간과 만물의 평등론이나 근기에 따른 수행법을 제시
하며 유·도의 심성과 회통하였다. 그의 학술에는 주자학의 일정한 영
향이 보이지만 대체로 비판적인 반면에 양명학의 영향이 강렬하였다.
주자의 격물치지론格物致知論 대신에 양지설良知說과 존덕성尊德性을
높였고, 지행합일知行合一 성수불이性修不二로 실천과 수행을 중시하
였다. 특히 왕간王艮과 이지李贄와 같은 중국 양명학 좌파의 학술도
확인된다. 반면에 청대 고거학考據學은 예대천리설禮代天理說이나 선
지禪旨와 관련된 자득自得의 강조를 제외하면 학문적 토대의 구축에
머물렀다. 그의 삼교회통론은 보천교에서 비롯되었다가 불교의 화엄
중심으로 전환되었다. 그 내용은 양지良知와 불교의 영지靈知나 화엄
의 보광명지普光明智, 지행합일知行合一과 성수불이性修不二나 화엄의
오위론五位論과 회통하였다. 그 논리는 종지·뿌리·근원·일一·도道·
무애無碍·성기性起를 중심으로 삼았고, 순자荀子와 소옹邵雍, 명말의
삼교합일 등 중국의 영향도 확인된다.[1]

일반적으로 전통 유가의 학술과 사상은 상고시대에 도덕적 완성과
정치적 제왕[王者]을 통합한 내성외왕內聖外王이나 주자학적 텍스트

---

1) 졸고(2019) 「탄허의 학술과 회통론-근세 동아시아 유학으로 본-」, 『대각사상』31
참조.

인 『대학』 8조목의 수기치인修己治人을 이상으로 삼는다.[2] 여기서 개별적 인간에게 윤리와 도덕의 수양은 국치國治와 천하평天下平의 기초이자 덕치주의 이념의 핵심이므로 정치와 분리될 수 없다. 또한, 경명행수經明行修나 통경치용通經致用의 유학이념에 따라 공부와 학술은 덕행의 겸비뿐만 아니라 경세經世나 사공事功을 뒷받침하니, 정교학일치政教學一致이다. 근세의 유학, 특히 고학古學을 중심으로 다양한 학술을 회통한 청대淸代 중후기의 통학通學도 현실 경세와 밀접하다. 통학은 고증의 실증적 방법론과 종통縱通과 방통旁通을 결합하여 정제성과 독창성을 담보하는 한편 유자의 덕행에서 나아가 현실 경세의 토대가 된다.[3] 이는 문화와 풍속, 심지어 종교마저도 정치와 분리되지 않는다. 이상에 따르면, 탄허의 삼교회통적 학술도 경세로 나아가지 않을 수 없다. 실제로 그는 입적하기 직전인 1982년 겨울까지도 정치를, 경세를 할 준비가 되어 있다고 호언장담하였다.[4] 그에게서 유학은 삼교회통의 한 기축으로 자신의 동양사상을 대표할 뿐만 아니라 강한 경세성으로도 주목된다.[5]

본고는 유가적 관점에서 탄허 스님의 '경세사상'을 고찰한 것이다.

2) 탄허도 주자朱子가 말한 『대학』의 8조목을 체용으로 나누어 '내성외왕內聖外王의 도道'를 설명하였다. 탄허사상연구소(1986), 『탄허대종사 법음 일집』, 교림, p.13; 『탄허 대종사 연보』(2012), 탄허불교문화재단 오대산문도회 교림, p.251. 본서는 아래에서 『탄허 대종사 연보』(2012)로 줄인다.
3) 졸고(2019), 「탄허의 학술과 회통론」, pp.221~222.
4) 월정사·김광식 엮음(2013), 『방산굴의 무영수』상, 민족사, p.244.
5) 그의 유학은 사회생활의 유용성이나 삼교회통뿐만 아니라 경세사상에서 매우 중요하다. 하화중생을 강조한 탄허를 경세적 사상가나 대보살로 보는 것도 이와 관련되지만, 탄허가 문장가·경세가의 길을 포기하고 성인의 길로 갔다고 본 부동의 발언은 교육을 좁은 경세로 한정한 것이다. 탄허불교문화재단 어록편찬실(1997), 『피안으로 이끄는 사자후』, 교림, pp.182~187; 월정사·김광식 엮음(2013), 위의 책 상하, pp.227~228, p.208, p.217, p.221, p.373.

여기서 '경세론'이 아니라 '경세사상'으로 표기한 것은 1970~80년대 한국 사회에 대한 구체적이고 현실적인 각론, 즉 방안이 부족하였기 때문이다.[6] 아울러 윤리와 도덕 위주의 수신修身은 역사학적 경세론의 범주에서 제외되지만 그의 종교관이나 교육사상과도 밀접하므로 서술해 둔다. 이에 필자는 그 경세사상의 형성 과정과 시대 인식을 배경으로 살펴보고 다양한 유가적 덕목의 강조 및 교육관과 도의적 인재 양성론을 검토한 다음 상고 유가의 왕도정치를 재해석한 민주주의론을 고찰하며 정교학합일론을 음미하고자 한다.[7]

2. 형성 과정과 시대 인식

몰락하던 양반 집안에서 태어난 탄허는 18세, 늦어도 20세까지 유학을 공부하였다. 그는, 16세까지 조부와 서당에서 『소학』과 『사서』 등을 공부하며 독선생을 경험하였다. 17세에 보령으로 옮긴 뒤로 스승 이극종李克宗을 만나 한문의 문리가 터져 삼경三經으로 수학의 범주를 확대하였고, 특히 『주역』과 『황극경세서』에 빠져 점차 궁극적인 문제의식으로 나아갔다.[8] 어려운 환경에서 신식학교의 문턱에도 가

---

6) 탄허는 경전을 중시하여 논저를 집필하지 않았다. 김탄허(1980), 『부처님이 계신다면』, 예조각, p.17; 월정사·김광식 엮음(2013), 『방산굴의 무영수』상, p.82. 현전하는 그의 글에는 좁은 범주의 인재교육론을 제외하면 체계적 경세론이 보이지 않는다.
7) 현재까지 학계에서 탄허의 '경세론'이나 '경세사상'에 대한 연구는 없다. 다만, 그의 유가적 '경세학'과 불교의 사회적 실천[饒益行]에 초점을 맞춘 권기완(문광, 2019)의 「탄허 택성의 경세학과 요익행」, 『한국불교사연구』15가 있다.
8) 졸고(2013), 「탄허의 전통학술 수학과 구도입산의 궤적」, 『한국불교학』66 참조.

지 않고 불타는 학구열과 엄청난 노력을 기울였다. 사서삼경[9]을 수백 독-특히 주역을 5백 독-하였고, 심지어 잔주殘註[세주細註]나 옛 성인들의 말씀마저 외웠다고 한다.[10] 그의 유가적 학술은 출가한 뒤에도 경계의 대상이 될 정도로 큰 영향을 미쳤다.[11]

그런데, 탄허는 보령으로 이거하기 전인 10대 중반에 이미 정치에 큰 관심을 지녔다. 이는 공자의 10대 제자 가운데 정사에 뛰어난 자로子路의 발언과 관련된다.[12] 공자가 제자들에게 등용될 경우 무엇을 할 것인지를 묻자, 자로는 대국의 협공에다 흉년마저 겹친 소국을 다스려 3년 안에 백성이 용기 있고 잘살게 만들겠다고 답변하였다.[13] 후일 그는 다음과 같이 회고하였다.

> 당시 13살에 내가 자로의 이 글을 읽으면서 나로서는 이런 경우 어떤 묘책을 할 수 있을까를 책을 덮어 놓고 생각해 봤지. 그러나 아무리 해도 뾰족한 수가 떠오르지 않았어요. 그때 나는 책상을 치면서 '역시 자로는 훌륭한 정치가로구나' 하며 감탄했지.[14]

---

9) 탄허가 부친과 조부, 향리의 선생에게 사서삼경을, 이극종에게 오경을 수학하였지만, 『예기』와 『좌전』에 대한 언급은 거의 없다. 『탄허 대종사 연보』(2012), pp.31~33; 탄허불교문화재단 어록편찬실(1997), 『피안으로 이끄는 사자후』, p.192; 월정사·김광식 엮음(2013) 『방산굴의 무영수』상, p.34, p.56, p.194, p.217, p.290.

10) 월정사·김광식 엮음(2013), 위의 책 상하, p.43, p.132, p.290, p.268; 『탄허 대종사 연보』(2012), p.31, p.33.

11) 당시 선방에서는 탄허가 "상투가 덜렁덜렁"한, 선비의 태를 벗지 못하여 사찰의 강사가 되기 어렵다는 말이 돌았다. 월정사·김광식 엮음(2013), 위의 책 상, p.287.

12) 자로는 공자의 제자 가운데 염구[염유冉有]와 함께 정사에 뛰어났다. 『논어집주』(1984, 태산문화사), 「선진」, p.362.

13) 『논어집주』(1984, 태산문화사), 「선진」, pp.389~390. "子路·曾晳·冉有·公西華侍坐, 子曰, '以吾一日長乎爾, 毋吾以也. 居則曰不吾知也, 如或知爾, 則何以哉.' 子路率爾而對曰, '千乘之國, 攝乎大國之間, 加之以師旅, 因之以饑饉. 由也爲之, 比及三年, 可使有勇, 且知方也.'"

14) 탄허불교문화재단 어록편찬실(1997), 『피안으로 이끄는 사자후』, p.212. 다만, 그

동일한 내용은 다른 곳에 16세의 일로 기록되어 있다.[15] 이는 그가 이미 10대의 중반 무렵에 정치적 관심이 매우 컸던 것을 알려 준다.

어린 탄허에게 정치적 영향을 미친 것은 바로 보천교의 고위실권자로 재정을 관리하던 부친 김홍규金洪奎(1888~1950)였다. 그는, 1916년 보천교의 24방주方主를 시작으로 북집리北執理·교정校正·평안도 정리正理·총정원總正院 사탁사장司度司長·경상남도 정리 등을 역임하는 가운데 1925년 8월 그 외교기관인 총령원장總領院長에 피임되어 제3인자가 되었다. 그 밖에도 1919년 함양 황석산黃石山의 고천제告天祭 추진, 1924년 보천교의《시대일보》인수 위원, 1925년 시국대동단時局大同團의 도일渡日과 예비자금 관리, 1926~1932년 교중 자산을 관리하며 '목김홍규木金洪圭'라는 교첩도 두 차례나 받았다. 특히 1921년 독립자금 지원과 결부되어 42일 구금되었고, 결국 1년 6개월로 확정되어 1924년 2월 만기 출옥하였다.[16]

탄허의 사상 경향과 텍스트론, 삼교회통적 학술은 보천교 교리와 밀접하지만 지대한 정치적 관심과 민족사상은 김홍규의 직접적 영향이었다. 부친을 제일 존경하였던 그는 "저의 선고께서는 17세부터 독립운동을 하셨습니다. 그래서 늘 정치문제를 가지고 저를 가르쳤습니다."[17]라고 회고하였다. 출가와 재가를 막론하고 제자들도 그의 강한

가 '지방知方'을 "잘살게 한다."고 해석한 것은 "의리를 알게 한다."는 주자의 주석과 다르다. 『논어집주』(1984, 태산문화사), 「선진」, pp.389~390.

15) 탄허장학회 편(2003), 『탄허 강설집』, 불광출판부, p.120.

16) 노무현 정부는 2005년 김홍규에게 독립유공자 포장을 추서하였다. 『탄허 대종사 연보』(2012), pp.660~663; 졸고(2013), 「탄허의 전통 학술 수학과 구도 입산의 궤적」, 『한국불교학』66, pp.94~99; 동(2016), 「한암 중원과 탄허 택성의 불연」, 『한국불교학』79, pp.301~304.

17) 탄허불교문화재단 어록편찬실(1997), 『피안으로 이끄는 사자후』, p.101; 월정사·김광식 엮음(2013), 『방산굴의 무영수』하, p.197.

정치성을 부친의 영향으로 보았다.[18] 나아가 부친의 사회주의적 진보라는 정치적 입장도 그에게 이어졌다. 탄허가 불교의 삼의일발을 무소유로 해석하며 절대평등의 사회주의와 동일시하였고, 제자들도 스승의 정치성향을 사회 변혁을 지향한 진보적 입장으로 보았다.[19]

탄허가 1934년 오대산 상원사로 입산 출가하고 10년간의 묵언정진과 이력을 거친[20] 이후 그의 경세사상은 보다 심화되었겠지만 일제강점 말기의 혼란, 해방과 한국전쟁, 불교정화운동 등 한국 근현대사의 곡절 아래 잠복되었다. 그 일단이 처음으로 드러난 것은 후술하듯이 1956년 4월에 개원된 오대산수도원의 삼교회통 강의였다. 현재 그의 경세사상은 『부처님이 계신다면』과 『피안에 이르는 사자후』에 담겨 있다. 여기에 실린 논고는 대부분 1975~1983년의 작품이다.[21] 알다시피 1975년은 그 필생의 역주서 『신화엄경합론』이 출판된 해이다.[22] 다시 말하면 그가 사찰이나 종단을 넘어 사부대중을 대상으로 삼교회통을 주장하며 유가적 학술과 경세사상을 대거 표출한 것은 『신화엄경합론』의 출판과 밀접하다. 이는 그의 경세사상을 적극적으로 전파하는 중요 계기였던 것이다.

가계의 유가적 경향과 부친의 영향으로 인하여 탄허 스님은 현실정치에 관심이 많았고 문화를 비롯한 사회사정에도 능통하였다. 이

---

18) 월정사 · 김광식 엮음(2013), 앞의 책 상하, p.46, p.71, p.118, p.193, p.243, p.257, p.305, p.32, p.102, p.272, p.289.
19) 월정사 · 김광식 엮음(2013), 위의 책 상하, pp.280~281, p.102, p.197, p.336; 『불광』406, 2008.8, pp.76~80.
20) 『탄허 대종사 연보』(2012), p.46.
21) 필자가 검토한 바에 의하면, 1975년 이전의 글로 두 책에 실린 것은 「현대불교의 거인 방한암」, 「지행합일」, 「불교와의 인연」에 그친다.
22) 『탄허 대종사 연보』(2012), p.128.

에 따라 정치와 사회의 문제의식도 강렬하였고, 심지어는 민족의 통일과 세계의 평화도 언급하였다. 이는 모든 제자들이 이구동성으로 언급한 바로, 말로만 중생을 위한다거나 불교의 기본교리나 마음공부[禪]만 언급하는 일반 스님과 완전히 달랐다. 재가 제자 명호근은 스승이 헐벗은 백성을 걱정하고 국가와 민족의 희망적 장래를 기원하였다며 칭송하였다. "삼천대천세계에서 이런 일은 있지 않았습니다. … 이것이 진정한 보살행입니다. … 이것은 승가의 기존 양식을 벗어난 것입니다." "그렇게 현실 문제에 관심이 많으셨다." 그는 심지어 역사에서 적합한 사례를 찾아서 현실에 적용할 구체적 방안도 제시하였다.[23]

탄허는 다양한 인물과 교류하였다. 그와 내왕한 인물은, 고위층이나 학자는 말할 것도 없고 도사나 명리관상가, 통일교의 여자도 있었다.[24] 심지어 말썽꾼과 협잡꾼도 있었다. 상좌들이 종종 말썽을 부리는 이들을 정리하자고 하자, 그는 금강산처럼 물이 너무 맑으면 고기가 살 수 없듯이 사람이 사는 사회도 동일하다며 거절하였다. "바닷물에는 잔고기도 들고, 잡고기도 들고, 고래도 들고, 별의별 고기가 오는 겨." "잔고기들이 사라지면 종당에는 큰 고기도 살아남을 수 없는 죽음의 바다가 되는 것이다." "그런 것을 싫다고 하면 어느 누가 중생을 제도해." "중생이 있으니 보살이 있다."[25] 이는 사회 현실을 있는

23) 보천교의 해체는 사상과 종교에도 현실경제와 경영관리가 중요하다는 사례로 거론되었다. 월정사·김광식 엮음(2013), 『방산굴의 무영수』상하, p.46, p.140, pp.193~194, p.15, p.20, p.195, p.217.

24) 월정사·김광식 엮음(2013), 위의 책 상, p.205.

25) 월정사·김광식 엮음(2013), 위의 책 상하, p.148, pp.119~120; 원행(2018), 『탄허대선사 시봉 이야기』, 에세이트사. pp.48~49.

그대로를 거둔 것이었다.

현실사회는 도의 근원이었다. 강릉의 단오장은 중생들의 삶이 집약된 곳이었다. 참된 법도는 법당에서 기도하는 손끝이 아니라 일하는 중생들의 땀 속에, 장사꾼들의 너스레와 홍정에 있다. 생활의 한 순간을 떠나 따로 수행하는 것은 부당하고, 법문도 일상생활이 대상이었다. 불교의 진리인 공空도 별도로 존재하는 것이 아니라 현실 그대로이며, 현실사회 고락苦樂의 뿌리에 도가 있다. 불법은 세간에 있어서 세간 망각을 여의지 않으니, 세간을 여의고 보리를 찾으면 마치 토끼뿔을 구하는 것과 같았고, 금생은 윤회의 내생보다 중요하였다.[26] "세속 좇아 부침하며 중생과 함께하세. 빛과 소리 모두 우리 집 일"[27]이라는 선시도 이에 다름 아니었다. 탄허의 현실중시론은 스승 한암과 연결되지만 현실로 교법敎法을 삼은 공자의 관점과 같다.[28]

한편, 탄허가 사부대중에게 경세사상을 전파하던 1975~1983년은 박정희 유신 정권이 점차 해체되는 한편 민주주의운동이 고양되었다가 좌절되며 전두환의 신군부정권이 등장하는 격동의 시기였다. 이와 달리 경제적 측면은 급격한 변화와 진보를 맞이하였다. 그러나 그는 수출액의 증대, 대형 공장의 건설, 의식衣食의 진전 등 물질문명을 '발전'으로 보는 논리를 거부하고 윤리와 도덕이 휴지만도 못한 혼미한 사회라고 혹독하게 비판하였다.

---

26) 김탄허(1980), 『부처님이 계신다면』, p.50, p.215; 월정사·김광식 엮음(2013), 앞의 책 상하, pp.167~168, p.173, p.120, p.361; 원행(2018), 앞의 책. pp.32~34.
27) 탄허문도회(2013), 『방산굴법어집』, 오대산 월정사, pp.137~138.
28) 물론 여기에는 망상이 우글대는 현실을 거듭 부정하는 조건이 있다. 김탄허(1980), 『부처님이 계신다면』, p.304. 한암이 불출동구하면서도 강한 현실관을 지닌 것은 졸고(2019), 「한암의 불출동구와 현실관」, 『한국불교학』92 참조.

과학의 발전과 경제의 발전으로 해서 사람들은 기계의 노예가 되고 돈의 노예가 된 채 자신을 상실당하고 허공을 바라보는 사람이 한두 사람인가 말이다. 극도의 정신적인 갈등과 곤경 속에서 윤리를, 그리고 도덕을, 종교를, 진리를 외면한 채 혼미한 상태로 서 있는 것이다. 70년 대에는 윤리의 근간을 이루는 도덕이 땅에 떨어졌다고 이구동성으로 말했다. 땅에 떨어진 정도가 아니다. 도덕은 서양 냄새 풍기는 아스팔트 길바닥 위에 떨어진 휴지가 되어 서로 속여야 사는 장사꾼의 구두축에 짓밟힌다. 국민이야 어떻든 아랑곳없이 자신의 매명과 명리를 위했던 지도자들의 입을 닦는 휴지로 변하기도 했다.[29]

당시에는 물질문명의 발달에 따른 생명경시와 이기주의의 만연으로 패륜과 불륜, 청소년 범죄, 토막살인 사건 등이 빈발하였다. 이는 가치관의 전도와 정신의 결핍에 의한 것이었다. 전자는 산업화에 따른 인간의 기계노예화, 물질문명의 풍요 추구에 역점을 두는 인생관에서 비롯된다. 후자로 과학·의학과 기술·물질적 문명 등의 발달도 인간의 고통과 불안을 원천적으로 제거하지 못한다. 즉, 경제·식량의 물질보다 인간의 내면에 존재하는 정신적 결핍은 그 궁극적 원인이었다. "물질적인 것이 아니라 정신적인 문제가 더 중요하고 외면적인 해결이 아니라 내면적인 해결이 있어야만 오늘의 사회, 현대의 중생은 불안과 고통에서 해소될 것이다."[30]
탄허는 서양의 물질문명에 대한 비판과 문제의식을 세계사의 이념조류로 확대하였다. 그는 세계사의 주류를 뒷받침한 진화론·마르크스주의·자본주의의 한계를 인식하였다.

---

29) 김탄허(1980), 『부처님이 계신다면』, pp.105~106.
30) 김탄허(1980), 위의 책, pp.44~45; 탄허문도회(2013), 『방산굴법어집』, pp.112~113.

영국은 세계지도의 대부분을 지배할 때까지 '다윈'의 진화론을 그 지배철학으로 삼고 있었는데 이 진화론은 약육강식 우승열패의 원리로서 힘이 정의라는 것입니다. 그러나 그 이후 '마르크스'의 사회주의 평등 이론이 나와서 그 적자생존의 진화론은 패배한 것이나 다름없게 되었습니다. 이 '마르크스'의 이론을 바탕으로 공산주의는 전 세계 인구의 1/3, 전 세계 땅의 1/2 이상을 붉게 물들이고 있는 것이 현실인데 아직도 그 이론은 소멸되지 않고 있습니다.[31]

영국 사람들이 다윈의 진화론으로 세계를 제패했습니다. 약육강식이 그네들의 철학이었단 말입니다. 그러다가 평등을 외치는 마르크스가 나타났으니 우승열패의 사상이 살아남겠어요? 그러나 공산주의는 평등을 구실로 인권을 희생시키는 모순을 저질렀어. 이게 그들의 단점이야. 자본주의 체제도 빈부격차라는 모순을 가지고 있지요.[32]

다른 한편으로 탄허 스님의 예지적 미래관도 경세사상과 밀접하다. 그는 역사학자들과 달리 미래의 역사를 보다 중시하였다.[33] 이는 그가 삼교회통의 동양사상을 중심으로 파악한 역사발전론에 명확하게 드러난다. 그가 1949년 한국전쟁을 예견한 것을 제외하면[34] 1965년 「태백산단종대왕비명」은 미래 예지를 보여주는 첫 글이다.[35] 그의 미래관은 음양오행, 『주역』, 『정감록』 등의 비결, 특히 일부一夫 김항金恒의 지도地道를 위주로 『정역』의 후천팔괘도를 중시하며 이천

31) 김탄허(1980), 앞의 책, p.175.
32) 탄허불교문화재단 어록편찬실(1997), 『피안으로 이끄는 사자후』, pp.194~195.
33) 김탄허(1980), 『부처님이 계신다면』, p.155.
34) 『탄허 대종사 연보』(2012), p.50.
35) 그는 국내의 도산신都山神인 태백산 산신왕의 위력으로 장래에 동쪽으로 몇 천 리, 서쪽으로 수만 리의 땅을 차지한다며 송축하였다. 탄허문도회(2013), 『방산굴법어집』, pp.336~339.

칠지二天七地를 해석한 것이었다.[36]

그 중요 내용은 다음과 같다. ①우리나라는, 소남小男으로 열매, 성숙, 시종을 의미하는, 지구의 주축인 간방艮方에 위치한다. ②북극의 해빙, 세계적 지진과 해일 등으로 동남해에서 약간 피해를 보지만 융기된 서해안으로 강역이 두 배나 늘어나고 만주가 우리의 강토가 된다. 일본은 2/3가 바다에 잠겨 우리의 영향권으로 편입되고 한미 관계는 보다 밀접해진다. ③조국의 통일과 평화국가의 건설로 국위를 선양하고, 세계를 구제할 인물도 『정역』을 잘 이해하고 있는 한국에서 나온다. ④삼교합일로 종교 사이의 벽이 무너지고 문화적으로 세계의 중심이 되며, 불교가 가장 융성한다. ⑤조상의 덕행이라는 음덕과 함께 덕德과 지止로 푸는 간艮의 해석을 바탕으로 우리나라가 제일의 도덕 국가가 되지만, 그 과정에서 도의적 인재가 부족하게 된다.[37] 장래의 한국을 매우 긍정적으로 본 탄허의 미래관은 그가 유가적 윤리와 도덕을 강조하고 나아가 도의적 인재를 양성하는 배경이기도 하다.

---

36) 권기완(문광)(2017), 「탄허 선사의 말세관과 미래학」, 『원불교사상과 종교문화』 71; 김성철(2013), 「탄허 스님의 예지, 그 배경과 의의」, 『되돌아본 100년, 탄허』, 조계종출판사; 염중섭(자현)(2013), 「탄허 스님의 미래인식과 현대 사회의 다양성」, 『미래를 향한 100년, 탄허』, 조계종출판사 참조.
37) 김탄허(1980), 『부처님이 계신다면』, pp.107~109, pp.150~200; 탄허불교문화재단 어록편찬실(1997), 『피안으로 이끄는 사자후』, pp.116~120, pp.150~197, pp.209~223, pp.264~267.

384

3. 윤리·도덕의 강조와 교육·인재관

덕치주의의 유가는 기본적으로 공부·학문·교육과 함께 윤리·예의·도덕의 수신을 우선한다. 대개 불혹不惑을 경계로 학문과 덕행이 갖추어진 군자는 비로소 출사出仕하여 국가와 천하의 백성을 동일하게 교화하는 치인治人을 병행한다. 이는 공자가 말한 "도덕으로 인도하고 예의로 가지런히 하면 [백성이] 부끄러워하고 또한 올바름으로 나아간다."는 것이다.[38] 도덕이란 사람이 당연히 가야 할 바른 길이자 마음에 닦아 얻은 진리였다.[39] 마찬가지로 탄허는 예의와 염치를 모르는 사람을 배격하였고, 도덕을 파괴하고는 정치·경제·문화가 창조될 수도, 그 질서가 유지될 수도 없다고 보았다.[40]

탄허는, 도덕과 예법·윤리를 높였고 자신을 낮추었다. 외출할 적에 의관을 갖추었고, 사찰에서 출타하거나 돌아왔을 적에 부처님에게 인사를 올렸다. 연로한 신도가 절하면 반드시 맞절을 하였고, 상좌나 제자들에게도 말을 높였다. 전화도 "김탄허입니다." 하고 겸손하게 받았고, 기사나 시자와 겸상으로 공양하였다. 전통시대 제왕이 직접 90세의 노인을 찾아가 장수의 원인을 묻고, 노인이 절하면 무릎을 꿇고 앉아서 절을 받는 사례도 거론하였다. 『주역』의 64괘 가운데 겸양을

---

38) 『논어집주』(1984, 태산문화사), 「위정」, pp.44~45. "子曰, '…道之以德, 齊之以禮, 有恥且格.'"

39) 김탄허(1980), 『부처님이 계신다면』, p.230. 이는 『대학중용집주』(1984, 태산문화사), p.245와 『논어집주』(1984, 같은 책), 「위정」, p.41에 나오는 "率性之謂道"와 "爲政以德"에 대한 주자의 주이다. "道猶路也. 人物各順其性之自然, 則其日用事物之間, 莫不各有當行之路, 是則所謂道也." "德之爲言得也, 行道而有得於心也."

40) 김탄허(1980), 『부처님이 계신다면』, pp.47~48, p.189, pp.195~196; 탄허불교문화재단 어록편찬실(1997), 『피안으로 이끄는 사자후』, p.184; 월정사·김광식 엮음 (2013) 『방산굴의 무영수』하, p.162.

근본으로 삼은 겸괘謙卦의 때와 대의大義가 참으로 크다고 칭송하면서 교만과 인색을 경계하였다.[41]

또한 탄허는, 사제의 의리나 굳건한 의지를 강조하고 명예와 명리를 배척하였다. 허목許穆처럼 가난한 도학군자가 무보수로 제자를 가르친 것을 사제의 의리로 높였고, 서리와 눈 가운데의 대나무와 소나무를 풍진에 흔들리지 않는 절개로 칭송하였다.[42] 『맹자』「고자」에 나오는 하늘이 큰일을 맡기려 할 적에 심신을 지치게 하고 고난과 시련을 거쳐 분발하게 함으로써 능력을 키운다는 내용도 거론하였고, 가난한 집안에 태어나 조국의 독립이나 바른 정치처럼 사회와 국가를 위해 일생을 헌신한 사람을 칭양하였다.[43] 스스로도 강원도 종무원장, 오대산 수도원장, 월정사 조실과 같은 직명은 그저 이름뿐이었고, 동국대 이사장이나 총무원장도 뿌리쳤으며, 부귀와 공명을 하찮게 여겼고 명예·명리·권력을 추구하지 않았다.[44]

탄허는, 직분을 중시하고 절제와 절도가 몸에 익었다. "아버지, 아들이 다 할 일이 따로 있는 법이다. 각자 세대가 따로 있듯이 할아버지, 손자가 다 각자 소임이 있는 것이다." 특히 유교·불교·기독교의 교

---

41) 탄허불교문화재단 어록편찬실(1997), 『피안으로 이끄는 사자후』, pp.39~40, pp.50~51; 월정사·김광식 엮음(2013), 앞의 책 상하, p.100, p.218, p.259, p.440, pp.335~336.
42) 탄허는 『장자』「덕충부」의 '육륜六倫'에서 '사자師資'도 거론하였다. 탄허불교문화재단 어록편찬실(1997), 『피안으로 이끄는 사자후』, pp.68~69; 탄허사상연구소(1986), 『탄허 대종사 법음 일집』, p.24; 탄허문도회(2013), 『방산굴법어집』, p.144.
43) 성백효 역주(2009), 『맹자집주』, 전통문화연구회, pp.522~525; 월정사·김광식 엮음(2013), 『방산굴의 무영수』하, pp.191~192, p.223; 원행(2018), 『탄허 대선사 시봉 이야기』, p.175.
44) 탄허문도회(2013), 『방산굴법어집』, p.123; 월정사·김광식 엮음(2013), 위의 책, pp.288~289, p.265, p.395; 원행(2018), 위의 책, p.92.

주가 모두 남성이라고 하면서 남존여비마저 거론하였다. 여기에는 유가의 전통적 직분론과 윤리관이 강하게 남아 있다.[45] 덧붙여 그는 평소에도 흐트러진 모습을 전혀 보이지 않았고, 몸가짐은 절도가 있었으며, 금속성의 음성도 맑고 힘이 있어 또렷하였다. 걸음걸이도 절도가 있었으니, 주변 사람은 이를 보고 옷매무새를 여밀 정도였다.[46]

탄허는 윤리 가운데 효행을 우주의 핵심 근원으로 삼아 실천을 강조하였다. 그는, '宗教'를 파자하여 우주의 핵심 근원을 찾아가는 '性[天]道教'에 지나지 않는다고 규정하고, 실천하는 가운데 효도를 최고로 삼았다. '宗(冠+示)'은 제일 꼭대기의 도리나 가장 높은 진리를 보이는 것으로 해석하여 기독교의 하나님, 불교의 원상圓相과 유가의 태극으로, 혹은 불교의 우주적 핵심체와 유학의 성性이나 천명天命과 회통하였다. '教(孝+文)'는 선효후문先孝後文으로 해석하고 공자의 선행후문先行後文과 결합하여 행동과 실천을 우선하고 학문과 문학을 뒤로·돌렸다. 전자 가운데 으뜸은 바로 백행의 근원인 효도였다.[47]

효도는 『논어』에 언급된, 심지心志와 구체口體로 양친을 받드는 것이고, 대표 효자는 증자와 민자건이었다. 다만, 순임금과 증자보다 잘한 효도라도 자식의 분수에 지나친 것은 아니었다. 양친 사후의 성대한 장례나 풍성한 제수보다 살아생전에 정성이 담긴 도시락이나 소

---

45) 김탄허(1980), 『부처님이 계신다면』, p.250; 원행(2018), 앞의 책, pp.87~88. 이는 제의 경공景公의 물음에 답한 공자의 "군군君君 신신臣臣 부부父父 자자子子"라는 직분적 정명론과 밀접하다. 『논어집주』(1984, 태산문화사), 「안연」, pp.424~426.

46) 월정사·김광식 엮음(2013), 『방산굴의 무영수』상, p.349; 원행(2018), 『탄허 대선사 시봉 이야기』, pp.27~28, p.40.

47) 『논어집주』, 「학이」, pp.20~21. "子曰, 弟子入則孝, 出則弟, 謹而信, 汎愛衆, 而親仁, 行有餘力, 則以學文." 김탄허(1980), 『부처님이 계신다면』, pp.336~338; 탄허불교문화재단 어록편찬실(1997), 『피안으로 이끄는 사자후』, pp.186~187.

찬이 보다 중시되었다.[48] 물론 선조에 대한 제사도 효도였다. 그는 조상의 제사를 잘 지내지 않는 종단의 경향을 말세적으로 비판하였고, 은사 한암에게 제사를 올렸으며, 명절에도 화엄시식으로 제사를 지냈고, 상좌들에게도 조상의 제사를 받들라고 권유하였다. 이는 천지만물의 근원뿐만 아니라 나무나 사람의 뿌리와 근원을 강조하는 회통론과 관련된다.[49]

그러나 탄허는, 가家를 중심으로 한 증자의 효도를 "괜찮다"[50]고 하여 소극적 효도로 단정한 반면에 사회와 국가를 대상으로 하는 대효大孝나 달효達孝를 더욱 높였다. 대효·달효란 안중근·윤봉길처럼 부모에게는 소극적인 효나 불효지만, 국가와 민족을 위하여 자신을 희생한 적극적 효도였다. 이는 효행을 국사에의 헌신이나 자기희생인 충과 결합한 조선시대 유교적 충효일치의 연장이었다. 나아가 대효와 달효를 국민정신과 정치지도를 통하여 국가의 흥망에 이바지하는 불교의 생사일여生死一如나 선검일여禪劍一如와 통합하였다. 즉 효행이란 한국이 선진대국으로 발전하거나 남북통일을 이룩할 수 있는 토대였다.[51] 여기에는 그의 구국적 관점이 잘 나타나 있다.

나아가 후천개벽의 장래에 도덕군자는 우리나라의 통일과 번영, 세계의 도덕을 영도할 존재였다. 세계사에서 강대국의 흥망으로 보면, 금극목金克木의 독일과 일본도 화극금火克金의 원자탄으로 패망하였

---

48) 탄허문도회(2013), 『방산굴법어집』, pp.340~342. 모친에 대한 탄허의 효도는 상좌 삼보에게 8폭의 병풍으로 써준 「진묵조사제모문震默祖師祭母文」 참조. 같은 책, pp.615~616.
49) 월정사·김광식 엮음(2013) 『방산굴의 무영수』상, p.202, p.306, p.383.
50) 성백효 역주(2009), 『맹자집주』, 전통문화연구회, pp.313~315.
51) 김탄허(1980), 『부처님이 계신다면』, pp.91~104, pp.185~188, p.204; 탄허불교문화재단 어록편찬실(1997), 『피안으로 이끄는 사자후』, pp.210~211.

고, 현재는 수극화水克火의 수소탄이 지배하지만 맨주먹의 도덕군자만이 이를 능가한다. 앞서 서술하였듯이, 한국은 도덕으로 시작되고 도덕으로 그친다는 간방에 속한다. 역사적으로 남을 해칠 줄 모르고 도덕적 삶을 누린 선조들의 음덕으로 한국은 장차 세계제일의 도덕 국가가 되고 국가의 단결과 통일 등으로 국위를 선양함으로써 다른 나라의 귀감이 된다.[52] 이는 진화론과 마르크스주의의 한계를 극복하는 논리로 도의적 인재양성의 교육사상을 뒷받침한다.

한편 탄허 스님은 보령에서 스승 이극종에게 삼경, 특히 『주역』과 『황극경세서』를 공부할 무렵 공자를 본받아 일생을 교육 사업에 매진하기로 발원하였다.

> 제가 17~18세가 되었을 때에 선고先考께 "소강절邵康節[소옹]은 소인입니까, 군자입니까?" 하고 여쭈었더니 "송조宋朝의 6군자六君子 중의 한 분이다."라고 대답하셨습니다. 제가 또 말씀드리기를 "그러면 그의 학설이 거짓말이 아니겠지요.' 『황극경세서皇極經世書』에 오종五種 사업의 종별種別을 들어 "'영위계구寧爲鷄口언정 무위우후無爲牛後'라는 말이 있듯이 가다가 못 갈지언정 공자의 불세지사업不世之事業을 따르겠습니다."라고 하니 선고先考께서도 막지 못하셨습니다.[53]

여기에는 부친의 영향이 드러나거니와, 소옹은 위의 책에서 시대 조류를 황·제·왕·패·이적·금수로 나누고 다섯 가지의 사업을 결합하여 오패를 백세, 삼왕을 천세, 오제를 만세, 삼황을 억세, 공자를 불

---

52) 김탄허(1980), 앞의 책, pp.196~198; 탄허불교문화재단(1997), 앞의 책, pp.116~120.
53) 탄허불교문화재단 어록편찬실(1997), 위의 책, p.101. 다만, 『황극경세서』의 독서는 『주역』에 빠진 18세 이후이다. 졸고(2013), 「탄허의 전통 학술 수학과 구도 입산의 궤적」, pp.109~110.

세의 사업으로 규정하였다. 불세의 사업은 세상을 떠난 성인 공자를 이어 오는 후학을 여는[繼往聖 開來學] 불멸의 교육 사업이다. 공자가 정치를 하지 못한 것은 춘추시대의 불행이었지만, 만년에 노나라에서 제자를 양성한 것은 불세의 교육 사업으로 성인 공자가 존재하는 까닭이었다.[54]

탄허는, 1934년 오대산 상원사로 입산하여 한암에게 출가한 이후 입적할 때까지 선교禪敎와 함께 교육에 매진하였다. 삼본산승려연합 수련소에서 중강으로부터 오대산·영은사 수도원과 자광사의 설립은 대표적 사례였다. 『신화엄경합론』을 비롯한 희대의 역경 불사도 교육 사업과 무관하지 않았고, 고난의 역경에서도 인재 교육은 병행되었다. 심지어 죽음을 앞두고 유불선 개론서를 출판하지 못하고 대전 학하리의 자광사에 인재 양성의 터전을 완성하지 못한 일을 유감으로 거론하였다.[55]

탄허는, 끝없는 학문 세계를 파고들며 일생 동안 새벽공부와 불치하문不恥下問을 지속하였다. 그에게 새벽은 공부와 역경작업에 가장 좋은 시간이었다. "하루의 계획은 인시에 … 일생의 계획은 부지런함에 있다."[56]를 생활규칙으로 삼고, 늘 새벽 3시에 일어나 참선하고 공부와 역경에 매달렸다. 시간을 아껴 공부하기 위해 농담과 잡담을 하

---

54) 탄허불교문화재단(1997), 앞의 책, pp.98~99; 월정사·김광식 엮음(2013), 『방산 굴의 무영수』하, p.394.

55) 탄허불교문화재단(1997), 위의 책, pp.199~202; 오대산 월정사편(2013), 『미래를 향한 100년, 탄허』, 조계종출판사, p.11; 월정사·김광식 엮음(2013), 위의 책 상 하, p.72, p.198, p.220, p.237, p.244, p.254, p.89, p.239; 김광식(2010), 『기록으로 본 탄허 대종사』, 탄허불교문화재단 참조.

56) 이는 『명심보감』 「입교편」에 나오는 공자의 발언으로 '一生之計在於幼'로 기술되어 있지만(성백효 역주(1992), 『명심보감』, 전통문화연구회, p.69), 중국의 속담으로 널리 알려져 있다.

지 않았고 일체의 잡서를 보지 않았으며 잡글도 쓰지 않았다.

> 그렇게 노력한 사람이 없다고 봐요. … 스님은 언제나 일과 시간에도,
> 당신 방에 가 보면 다른 일을 하는 법이 없고 책을 들고 계셨고 좌선하
> 고 계셨어요.[57)]

묻고 배우는 것도 부끄러워하지 않았다. 그는, 운허의 『능엄경』과
관응의 유식에 대한 강의를 앞에 앉아 듣고 필기하여 외웠으며, 이기
영, 홍정식, 김달진 등 석학들의 연속 강의에도 제일 앞에 앉아서 메
모하였다. 심지어 어린 이나 장님에게도 배울 점이 있었으니, 학문은
끝이 없기[學海無邊] 때문이었다.[58)] 일찍이 중국의 시대를 예견하고
오대산수도원과 청룡사에서 평안도 출신 상인과 화교학교의 여선생
을 초빙하여 중국어를 수강하였다.[59)]

당연히 탄허는, 제자들에게 공부와 학문을 강권하였다. 공부하지
않는 제자를 싫어하거나 무관심한 반면에 열심히 공부하는 이는 상
좌보다 좋아하였다. 호랑이를 만 마리 그리면 그림 속에서 호랑이가
툭 튀어나온다며 공부를 강조하였다. 사찰의 주지나 총무원의 직위
를 달팽이의 뿔보다 하찮게 보고 배척한 일도 공부를 위한 것이었다.
제자가 밤늦게까지 공부하면 좋아하였지만 반대의 경우에는 낙담하

---

57) 탄허불교문화재단 어록편찬실(1997), 『피안으로 이끄는 사자후』, p.262; 탄허문
   도회(2013), 『방산굴법어집』, p.133; 월정사·김광식 엮음(2013), 『방산굴의 무영
   수』상하, pp.104~105, pp.397~398.
58) 여기에는 스승 한암을 계승·초월하려는 의도도 있다. 월정사·김광식 엮음
   (2013), 위의 책 상하, p.63, pp.66~67, pp.117~118, p.216, p.430, p.265; 원행
   (2018), 『탄허 대선사 시봉 이야기』, pp.92~95, p.98.
59) 월정사·김광식 엮음(2013), 위의 책 상하, p.168, p.395, p.413, p.194, p.233,
   p.383.

였다.[60] 제자가 공부하고 외워서 질문하지 않으면 눈을 감고 하늘을 쳐다보거나 심지어 화두를 들고 졸아도 답변하지 않았다. 제자들은 예습은 물론이고 공부한 원문을 다음날 모두 외워 바쳤다.[61] 불립문 자를 비판하고 기복과 참선보다 그 배움을 앞세웠다. 믿음만으로 천 국에 갈 수 없다는 기독교 비판도 공부론에 기초한 것이었다.[62] 그가 공자처럼 평생 '학이불염學而不厭 회인불권誨人不倦 불치하문不恥下問' 한 것은 유가적 영향으로, 불교정화운동 이후 승려의 재교육을 통한 자체 정화와 관련된 주장[63]을 훨씬 초월한다.

나아가 탄허 스님은 사찰불사보다는 인재불사를 더욱 중시하였다. "절 열 채 짓는 것이 훌륭한 인재 한 명을 키우는 것보다 못하다." 사 실 집 백 채를 지어도 지킬 한 사람이 없으면 모두 헛것이다. 그의 인 재교육 중시론은 월정사의 재건불사를 추진한 희찬과 미묘한 파장을 낳았다. 이는 사찰불사 대신에 공부할 수 있는 도량으로 가자는 그와 월정사의 재건을 앞세운 희찬이 우선순위를 둘러싸고 미묘한 견해차 가 노출된 것이었다.[64]

---

60) 김탄허(1980), 『부처님이 계신다면』, pp.129~130. 월정사·김광식 엮음(2013), 앞의 책 상하, p.117, p.191, p.226, p.233, p.375, p.116, p.154, p.201, p.304, p.395, p.405.
61) 김탄허(1980), 위의 책, pp.67~68; 월정사·김광식 엮음(2013), 위의 책 상하, p.66, p.166, p.172, p.193, p.204, p.225, p.459, pp.194~195, p.348, p.378, p.403; 원행(2018), 『탄허 대선사 시봉 이야기』, p.92, p.100.
62) 김탄허(1980), 『부처님이 계신다면』, pp.134~135, p.141; 탄허불교문화재단 어록 편찬실(1997), 『피안으로 이끄는 사자후』, pp.17~18, p.187, pp.214~215. 이는 전 통불교와 관련된 것으로 참선 위주의 성철과도 다른 점이다. 월정사·김광식 엮 음(2013), 위의 책 하, p.172.
63) 김탄허(1980), 위의 책, pp.129~130; 오대산 월정사편(2013), 『미래를 향한 100 년, 탄허』, 조계종출판사, pp.6~11; 권기완(문광)(2017), 「탄허 선사의 유교 경전에 대한 불교석 해석」, 『한국불교학』81, pp.219~222.
64) 월정사·김광식 엮음(2013), 『방산굴의 무영수』상하, p.215, p.251, p.311, p.415, p.200.

탄허의 인재 양성은 비구·비구니뿐만 아니라 승속과 남녀마저 불문하였다. 그는, 오대산을 떠나 1966년 9월 동국대 대학선원장 취임을 계기로 도시의 재가자 중심으로 교육 사업을 전환하였고, 나아가 1970년부터는 『신화엄경합론』의 교정 인쇄와 함께 대중적인 교육과 강연이 점차 확대되었다는 지적이 있다.[65] 하지만, 이는 이미 1956년 4월과 1959년 11월에 열린 오대산과 영은사의 수도원에서 비롯되었다. 원생은 비구와 행자·부목뿐만 아니라 비구니, 심지어 대학생, 유생, 여성 등 승속과 남녀를 가리지 않았다. 오대산수도원은 대학 졸업생이 주류였고 일반 여성도 참가하였으며 원생들을 불교의 울타리에 가두지 않았다. 영은사수도원에서는 비구니와 여성이 사찰에서 공동으로 생활하며 공부하였다. 수도원장 탄허는 불경과 불학을 중심으로 『주역선해』·『주역』·노장, 즉 불교를 중심으로 삼교합일론을 강의하며 처음으로 경세론의 일단을 피력하였다.[66] 그 결과 오늘날 조계종 교학의 일단을 대표하는 비구 통광·각성·혜거를 비롯하여 비구니 명성·명우·자민·성법·성일 등이 배출되었고, 명호근·전창열·손창대·고준환·여익구 등을 비롯한 대학생이 모여들었다. 이는 중생을 넘어 민족과 국가, 인류마저 염두에 둔 파격적이고 혁신적인 것[67]으로 승려의 복제와 대처·식육의 개혁이나 조계종의 초월과 거사불교의 긍정을 통한 승단의 변혁과 병행되었다.[68] 그의 열린 교육은 공자

---

65) 김광식(2010), 『기록으로 본 탄허 대종사』, pp.196~212; 월정사·김광식 엮음(2013), 앞의 책 하, pp.188~190, pp.214~233.
66) 탄허장학회 편(2003), 『탄허 강설집』, 불광출판부, pp.26~27; 김광식(2010), 위의 책, pp.107~179.
67) 월정사·김광식 엮음(2013), 『방산굴의 무영수』상하, p.72, p.157, p.62, p.251, p.382.
68) 탄허의 승속불분이나 조계종의 초월과 거사불교의 긍정, 승복의 개혁과 두루마기의 애용 등은 월정사·김광식 엮음(2013), 위의 책 상하, pp.71~72, p.205,

의 진보적 교육사상인 유교무류有敎無類의 표출이었다.[69]

그렇지만, 탄허의 교육이 개방적인 것과 달리 엘리트 중심인 점은 유의되어야 한다. 사실 오대산수도원의 주류였던 대학졸업자는 당시로서 최고 엘리트였고, 1960년대 전반에 이미 그가 "천재가 아니면 가르치지 않는다."는 풍문이 돌았다. 그는 "부처님 한 분이 중생을 제도하였다."거나 "고래 한 마리가 멸치 만 마리보다 낫다."고 언급하였고, 둔재를 '멍청이', '홀바지'라고 하며 좋아하지 않았다. 제자들도 그의 교육을 보통·평등교육이 아니라 엘리트교육이라고 회고하였다.[70] 이는 상원사에서 한암의 총애로 인해 형성되었다기보다[71] 멀리 춘추전국시대 사인士人 계층을 대상으로 관료나 통치자의 자질을 배양하는 유가의 교육관이었다.[72] 다만 그는 천재를 끈질긴 집념, 쉼 없는 노력과 용기를 가지고 한 방향으로 매진하는 인물로 규정하였다.[73]

탄허의 교육사상은 도의적 인재의 양성으로 집약된다. "도의적 인물이란 정치가나 경제인이나 종교인이나 사회적 인물 등이 인간 양심에 따라 행동함을 말한다." 구체적으로는 인간의 양심과 도덕적 인격

p.231, p.308, p.383, pp.396~397, p.406, p.414, p.440, p.90, pp.97~98, p.217, p.248, p.317, p.324, p.335, p.353; 김탄허(1980), 『부처님이 계신다면』, pp.209~210; 탄허불교문화재단 어록편찬실(1997), 『피안으로 이끄는 사자후』, pp.262~263; 원행(2018), 『탄허 대선사 시봉 이야기』, p.122 참조.

69) 『논어집주』(1984, 태산문화사), 「위령공」, p.569. "子曰, '有敎無類.'"

70) 이는 한암의 승려 위주의 서민 교육과 달랐다. 월정사·김광식 엮음(2013) 『방산굴의 무영수』상하, p.47, p.84, p.158, p.162, p.244, p.259, pp.266~268, pp.431~432, p.42, p.185, pp.251~252, p.308, pp.335~336, p.348, p.368, p.404.

71) 월정사·김광식 엮음(2013), 위의 책 하, p.335.

72) 춘추전국시대 제자학의 주역인 사인士人은 관료=치자治者가 되려는 현능자賢能者로 지적 엘리트를 자임하였다. 이성규(1989), 「제자의 학과 사상의 이해」, 『강좌중국사』I, 지식산업사, pp.180~190, p.201; 월정사·김광식 엮음(2013), 위의 책 상, p.244.

73) 김탄허(1980), 『부처님이 계신다면』, p.116.

을 함양하거나 윤리와 도덕, 철학과 종교를 구비하여 사회 각 분야를 이끌어가는 지도자이다.[74] 나아가 도의적 인재는, 일즉다一則多, 다즉일多則一을 직관하고 깨달아 동체대비同體大悲로 자기희생을 감수하는, 내가 우주라는 최고의 진리를 깨친 화엄적 인물이기도 하다.[75] 특히, 동양 삼교의 궁극적 진리인 '심성心性'과 '도道' '일一', 즉 종교 본질인 자기의 주체성이자 우주와 인생의 시공이 끊어진 핵심 진리를 회통하여 깨달은 인재이다. 유교의 지선至善과 청정한 본래의 마음자리나 일심=보광명지는, 존심양성存心養性·진심지성眞心知性과 마음의 본체인 성性[명심견성明心見性]이 절충된다. 유가의 통체일태극統體一太極과 불교의 최초일구자最初一句子, 화엄의 일본만수一本萬殊·만수일본萬殊一本·일진법계화一塵法界化도 회통된다.[76] 여기에는 앞서 서술한 『주역』과 음양오행, 『정감록』과 『정역』을 통합한 후천개벽의 도를 깨달은 인물도 포함된다. 이제 아침에 그 진리를 깨친다면 아침에 죽어도 좋을 것이었다.[77]

도의적 인재의 양성에서 교과과정과 교재는 문제였다. 의리에 밝은 군자보다 이익에 밝은 소인이 훨씬 많은 세상에는 성인의 학설을 필수과목으로 정하여 도의교육을 시행해도 참다운 도덕적 인물이 배출

---

74) 김탄허(1980), 앞의 책, p.171; 월정사·김광식 엮음(2013), 앞의 책 상, p.243.
75) 월정사·김광식 엮음(2013), 위의 책 하, p.200.
76) 졸고(2019), 「탄허의 학술과 회통론」, 『대각사상』31, pp.195~198, pp.212~221. 그가 공부를 강조하며 언급한 『예기』의 "인불학人不學이면 부지도不知道"나 『화엄경』의 "만법귀일萬法歸一 일귀하처一歸何處"도 여기에 포함된다. 월정사·김광식 엮음(2013), 위의 책 상, p.383, p.452, p.455.
77) 김탄허(1980), 『부처님이 계신다면』, pp.281~282; 탄허불교문화재단 어록편찬실(1997), 『피안으로 이끄는 사자후』, pp.112~113. 이는 공자의 "조문도朝聞道, 석사가의夕死可矣."를 보다 강조한 것이다. 『논어집주』(1984, 태산문화사), 「이인」, pp.120~121.

되기 어렵기 때문이다.[78] 그런데, 해방 이후 종교의 궁극적 진리, 즉 삼교합일의 도를 거론한 성인의 학설은 초등학교에서 대학원까지 과정도 교재도 전무하였다. 이에 그는 동서양의 정신문화를 필수과목으로 채택하는 교과과정의 일대 개혁을 생애의 마지막까지 주장하였다. 교육 과정에서 초등학교~대학원까지 종교는 필수과목이 된다. 그 교재와 내용은 유교의 충효사상, 도덕과 예법, 역학, 『논어』『중용』, 불교에서는 일본만수·만수일본·일체유심조의 화엄학, 인과학, 하화중생의 이타행, 생사일여관, 기독교의 산상수훈 등이다. 이제 도의적 인재 양성은 모든 국민의 정신교육으로 확장된다. 이제 그가 번역한 『신화엄경합론』은 종단의 승려를 위한 교재에 머물지 않고 민족의 교전敎典이자 삼천 만, 오천 만의 교재로 승격된다. 이는 탄허가 오늘날의 화엄사상을 펼쳐갈 원효나 의상이 없다는 발언에서 보듯이 스스로를 원효나 의상, 즉 국사로 자임하는 것이었다.[79]

4. 왕도적 민주정치론과 정교학일치

탄허 스님의 유가적 경세사상 가운데 가장 두드러진 것은 왕도정치의 이상이었다. 춘추시대 오패로부터 전개된 패도정치는 백성이 각

---

78) 『논어집주』(1984), 앞의 책, 「이인」, 131~132. "子曰, '君子喩於義, 小人喩於利.'" 안동림 역주(2010), 『장자』, 현암사, p.270. "天下之善人小, 而不善人多."
79) 김탄허(1980), 『부처님이 계신다면』, pp.44~47, pp.93~103, p.139, pp.143~144, pp.188~189, p.198, pp.204~205; 탄허불교문화재단 어록편찬실(1997), 『피안으로 이끄는 사자후』, pp.124~125, p.153, p.182, pp.204~208, pp.228~233, pp.236~239, p.272; 탄허문도회(2013), 『방산굴법어집』, pp.86~87; 월정사·김광식 엮음(2013), 『방산굴의 무영수』상, p.84, p.244.

396

기 합당한 바를 얻어 나름대로 잘살지만 위정자가 정령과 형벌로 부국강병을 추구하는 실리 위주의 세속정치이다. 반면에 삼황·오제·삼왕의 시대에 이루어진 왕도정치는 성인이 중·하근기의 백성을 도덕과 예법으로 교화하여 염치를 알게 함으로써 근본마저 바로잡는 덕치德治였다. 공자도 도덕과 예의를 국민 지도의 중추로 보았다. 그 결과로 도래하는 태평성대에는 경찰관과 사법부는 쓸데없는 기관이고, 백성들은 군주의 존재나 덕화마저 잊어버리고 격양가를 부르는 것으로 묘사되었다.[80]

그리고 왕도정치가 구현된 삼대의 왕위 계승은 법통이든 혈통이든 모두 긍정되었다. 법통을 통한 선양은 요堯가 아들 단종丹宗[단주丹朱]이 아니라 순舜에게, 순도 아들 상균商均이 아니라 우禹에게 전하였다. 그 전위는 "유정유일惟精惟一 윤집궐중允執闕中"의 심법心法이었다. 혈통을 통한 계승은 우가 어진 신하 익益에게 정사를 맡겼으나 백성들이 현철한 아들 계啓를 따른 것이다. 그렇지만 양자에 의한 왕위 계승의 핵심은 모두 덕화에 의한 만민의 여론으로 긍정되었다.[81] 이상은 형벌과 정령 대신에 도덕과 예로 백성을 근본적으로 교화하는 공자의 덕치주의다. "정령으로 인도하고 형벌로 가지런히 하면 백성이 [형벌을] 면하기만 힘쓰고도 부끄러움이 없다. 도덕으로 인도하

---

80) 『회남자』2, 「숙진인」에는 태평성대가 "魚相忘於江湖, 人相忘於道術"로 묘사된다. 김탄허(1980), 『부처님이 계신다면』, pp.46~47, p.108, p.189, pp.195~196; 탄허불교문화재단 어록편찬실(1997), 앞의 책, pp.88~91, p.184; 월정사·김광식 엮음(2013), 앞의 책 하, p.162.
81) 탄허는 1977년 월정사의 〈유불선 삼교 특강〉에서 『서경』의 내용을 강설하였다. 탄허사상연구소(1986), 『탄허 대종사 법문 일집』, p.18; 탄허불교문화재단 어록편찬실(1997), 위의 책, pp.125~126. 같은 내용은 성백효 역주(2009), 『맹자집주』, pp.386~394, 참조.

고 예의로 가지런히 하면 [백성이] 부끄러워하고 또한 올바름으로 나아간다."[82]

내성외왕적 상고제왕의 왕도정치와 왕위계승은 『서경』에서 비롯되었지만, 맹자의 왕도정치론도 널리 알려져 있다. 맹자는 힘으로 인을 빌리는 패도정치와 덕으로 인정을 행하는 왕도정치로 대별한 다음 그 공효를 힘의 부족에 따른 백성의 복종과 진정한 심복心服으로 나누었다. 왕도정치의 실제 구현은 만백성을 양육하고 교화하는 것[교양敎養]에 불과하였다. 그 내용은 정전제의 실시로 먼저 평균적인 물적 토대를 구축하고, 이어서 상서庠序와 같은 학교에서 오륜으로 교화하는 것이었다.[83] 이는 전국시대에 횡행하던 힘과 실리 위주의 패도정치를 극복하고 인정仁政으로 왕천하王天下한다는 것이다. 성선설과 덕치주의에 기반한 맹자의 왕도정치론은 민본주의나 역성혁명론과 밀접하다.

나아가 탄허 스님은 상고 제왕의 왕도정치를 진정한 민주주의의 정치로 해석하였다. 그는, 1970~80년대 한국을 포함한 동서양의 정치를 패도정치에도 미달한 것으로 규정한 반면에 "동양의 4천 년 전 요·순·우 3대 정치가 진정한 민주정치였다."고 단언하였다. 그 핵심은 위에서 언급한 만민의 덕화德化였다.[84] 이와 관련하여 '왕천하'도 군주 일인의 천하가 아니라 천하인의 천하로 재해석하였다. 결국 '왕천하'는 단명한 진나라와 같은 군주독재가 아니라 '천하위공天下爲公'의 왕도정치, 즉 민주주의였다. 반면에 하의 걸왕과 은의 주왕과 같은

---

82) 『논어집주』(1984, 태산문화사), 「위정」, pp.44~45. "子曰, '道之以政, 齊之以刑, 民免而無恥. 道之以德, 齊之以禮, 有恥且格.'"
83) 성백효 역주(2009), 『맹자집주』, pp.32~38, pp.48~65, pp.141~142, pp.206~219.
84) 탄허불교문화재단 어록편찬실(1997), 『피안으로 이끄는 사자후』, pp.125~126.

독재자는 무도한 '독부獨夫[一夫]'로 규정되어 군주로서의 존재가 원천적으로 부정되었다.[85] 이는 『상서』 권6의 「태서 하」, 『순자』 권10의 「의병편」, 『맹자』 권2의 「양혜왕 하」에 나오는 유가적 개념이다.

탄허의 민주적 왕도정치론은 김일부의 『정역』에 대한 이해와 정합한다. 그에 의하면, 정역팔괘는 후후천의 괘로 지도地道의 변화를 위주로 미래상을 제시한 것이다. 복희·문왕의 팔괘는 수내미외首內尾外하고 근내말외根內末外하여 군주의 명령 아래에 천하 신민이 복종하지만, 정역팔괘는 이와 반대로 수외미내首外尾內하고 근외말내根外末內로 만민이 주체가 되고 일군一君이 객체가 된다. 다시 말하면 일인독재의 통치시대는 전자로 선천사지만, 만민의 주체시대는 후자로 민본군말民本君末의 후천사이다. 여기에는 통치자가 만민의 의사를 정사에 반영시키는 존재에 불과하고 천하는 천하인의 천하라는 공의식이 강하게 드러난다.[86] 그도 민주주의자임을 자처하며 독재정치를 비판하였는데, 이는 민중시대의 도래와 함께 민중불교의 후원자로 평가되는 것과도 무관하지 않다.[87]

탄허 스님은 1980년대에 군사독재정치의 '산고'를 거쳐 반드시 민주적 왕도정치가 이루어질 것으로 확신하였다. 여기에는 세금의 징수보다는 '환불균患不均'하는 분배의 강화, 사안私案보다 공안公案의

---

85) 탄허불교문화재단 어록편찬실(1997), 앞의 책, pp.51~52, pp.228~233. 천하위공은 『육도六韜』1의 「문도文韜」에 나오는 것으로 위수에서 낚시하는 여상呂尚이 문왕과 처음 만나 나눈 대화로, 후일 명말청초의 전제군주제 비판이나 청말민초 근대 신사들의 개혁과 혁명에서도 널리 회자되었다.

86) 김탄허(1982), 『주역선해』3, 교림, pp.428~432;『탄허 대종사 연보』(2012), pp.555~557.

87) 탄허불교문화재단 어록편찬실(1997), 『피안으로 이끄는 사자후』, p.250; 월정사·김광식 엮음(2013), 『방산굴의 무영수』상하, p.430, p.280.

중시, 노인·소장·아동의 여론을 수렴하되 젊은이의 중시, 학자·철학자·종교가의 구언求言 등이 강조되었다.[88] 또한 그는 맹자의 대표적 정치관인 정전제를 기반으로 토지·경제의 문제도 해결할 수 있다고 언급하였다. 그 핵심은 균분과 공동경작을 통한 납세였다.[89] 여기서 그가 『장자』 「거협胠篋」에 나오는, 대도大盜의 도道와 관련하여 "균분均分은 인仁"이라는 도척의 언급도 주목된다.[90] 이에 의하면, 균분은 인과 도에 다름 아니었다.

이상은 모두 균등·균분과 공평 과세를 인정仁政으로 삼아 중시한 것이었다. 공맹의 유가에서 비롯된 민주적 인정론仁政論은 한국 자본주의의 발전에 따른 빈부 격차를 해소하는 현실 방안이기도 하였다.[91] 탄허는 1970년의 경제발전과 관련하여 국민소득의 증가를 선전하는 정부에 비판적이었다. "사실 요즈음 국민소득이 얼마다 하지만 그 자체가 애매한 숫자요. 왜냐하면 한 사람이 가진 소득액을 국민 숫자로 나누어 평균치를 낸다는 것이 사실 고르지 않다는 것입니다." 그 논거는 『논어』에 나오는 공자와 노나라 계강자季康子의 대화에 나오는 '불균등'과 위정자의 '욕심'이었다.[92]

최빈값의 중시와 평균값의 한계를 지적한 논리는 민본적 위민정치와 결합되어 도의사회로 나아간다. 정치인이나 대통령도 백성의 심부름꾼에 불과하다. 순자의 주장처럼 백성이 물이고 지도자는 배였다

88) 김탄허(1980), 『부처님이 계신다면』, pp.106~107.
89) 이는 맹자의 정치관이었다. 탄허사상연구소(1986), 『탄허 대종사 법음 일집』, p.17; 월정사·김광식 엮음(2013) 『방산굴의 무영수』상, pp.243~244.
90) 탄허사상연구소(1986), 위의 책, p.4; 안동림 역주(2010), 『장자』, 현암사, p.270.
91) 탄허불교문화재단 어록편찬실(1997), 『피안으로 이끄는 사자후』, pp.194~195.
92) 『논어집주』(1984, 태산문화사), 「안연」·「계씨」, p.431, p.577.

[군주민수君舟民水]. 그런데, "만약 한 사람이 1백만 먹을 것을 지니고 있다면 이것은 정치 부재의 사회임에 틀림없다. 정치인 한 사람은 한 사람으로서 끝나지 않는다. 정치가 국민의 의사를 묵살하고 권력 쟁취에 휘말려 싸우는 것은 귀신 혓바닥 장난보다 못한 짓이다. … 정치의 본질은 그렇게 더러운 곳에 있지 않다."

정치만을 위한 불균등의 정치는 백해무익하므로 진실로 인간을 위한 정치가 요망된다. 그것은 물론 동양 삼교회통의 도가 구현된 도의 사회로, 넓은 강에 노니는 물고기처럼 누구의 덕으로 사는지 모르는 왕도정치의 민주사회였다. 다만, 소신 없이 대중의 호불호에 따르는 지도자는 개미만도 못한 존재였다.[93]

탄허 스님의 민주적 왕도정치론에는 복지국가도 상정되어 있다. 그는, 정신교육과 사회정화를 통하거나 국민정신의 계발과 경제 발전, 정신과 물질의 조화를 통한 복지사회를 지향하였다. 그 과정에서 이상기온과 공해를 해결하려는 자연정화뿐만 아니라 사회·의식·종교의 정화를 보다 강조하였다. 이는 1980년 정부가 추진하던 사회정화운동을 마음의 정화운동으로 제고하자는 주장이나, 내면세계의 동요와 정신공해라는 병폐를 치유하여 국가사회를 정화시키고 기강을 바로잡는다는 인촌문화상의 수상 논평과 직결된다. 특히, 복지국가의 건설에는 물질뿐만 아니라 정신적·문화적 풍요도 매우 중요한 것이었다. 사회정화의 바탕은 윤리이고, 윤리의 바탕은 철학이며, 철학의 밑바탕은 종교였다. 윤리는 경제 일반과 사회 정화 위의 3단계에 해당

---

93) 이상 균분의 인정론과 민본적 왕도정치론은 김탄허(1980), 『부처님이 계신다면』, pp.106~108, pp.142~143; 탄허불교문화재단 어록편찬실(1997), 『피안으로 이끄는 사자후』, p.182, pp.232~233; 원행(2018), 『탄허 대선사 시봉 이야기』, pp.173~175 참조.

되고, 그 위에는 철학과 종교가 자리한다. 즉, 윤리와 철학, 종교가 잘 이루어져야 1, 2단계의 사회정화와 일반경제도 정합적으로 발전한다는 것이다. 종교란 부패사회의 정화를 위한 소금이자 인류사회의 근원적 도를 지켜주는 최후의 보루였다. 정신을 제일의, 물질을 제이의로 삼아 정신을 중심으로 물질을 조화하는 논리도 동일하다. 그러므로 윤리와 도덕, 철학과 종교에 뛰어난 자질을 갖추고 삼교합일의 도를 깨우친 정치지도자, 즉 '도의적 인재'는 국민을 대상으로 도의적 교육을 시행함으로써 민족의 자각과 각성을 통하여 국내의 평화와 번영, 남북통일을 완수할 수 있다. 이는 종교가와 집권자의 합일이나 정치적 지원에 의한 종교 교재의 필수화로 이룩된다.[94] 그 관건은 정교학의 합일이다.

탄허의 왕도적 민주정치론에서 주목되는 것은 학술과 정치의 합일이다. 왕도정치가 이루어진 삼황·오제·삼왕의 시대는 최고의 학문과 도덕을 지닌 성인이 당대의 권력을 잡아 세상을 다스리는 학술과 정치의 종합시대, 즉 내성외왕의 이상시대였다. 패도정치가 행해진 오패로부터는 성인이 초야에 묻히고 학술과 도덕이 부족한 소인이 정권을 잡고 지배한 학술과 정치의 분립시대였다.[95] 사실 유교도 현실정치를 위해 사용되는 본체로 사회에서 자신의 덕을 완성하여 정치로 실현하는 내성외왕의 학술을 지향하였다.[96] 이에 따라 동양학은 기

94) 김탄허(9180), 앞의 책, pp.44~48, pp.93~106, pp.143~144, pp.188~189, pp.204~205; 탄허불교문화재단 어록편찬실(1997), 앞의 책, pp.124~125, p.153, p.182, pp.204~208, pp.228~233, pp.237~239, pp.241~243; 월정사 · 김광식 엮음 (2013), 『방산굴의 무영수』상, p.243; 탄허문도회(2013), 『방산굴법어집』, pp.86~87.
95) 탄허불교문화재단 어록편찬실(1997), 위의 책, pp.88~92.
96) 탄허불교문화재단 어록편찬실(1997), 위의 책, pp.97~98.

하·대수·수학·물리·화학처럼 외본내말의 서양 분류학과 달리 넓고 깊이 보고 아우르는 일본만수一本萬殊의 종합적 성격[통학通學]을 지녔다. 이에 따라 학술이 깊어지면 정치적 안목도 넓어진다. 그는 대학생의 '학자정치불가론'과 중고생의 '공자범인론'에 대해 나무꾼이 정치하느냐고 반발하거나 지도교사를 볼기 쳐야 한다고까지 극언하였다.[97] 이상은 내성외왕이나 체용합일과 함께 학정일치를 의미한다.

나아가 탄허는, 제정일치, 즉 종교와 정치의 합일 또한 강력하게 주장하였다. 그는, 『마당』의 편집장 조갑제와 대담하며 한국 불교의 문제점을 해결하기 위해 통일이라는 때와 함께 좋은 위정자와 손이 맞아야 한다고 언급하였다. 이는 정교분리와 상반된다는 조갑제의 반박에 격렬하게 반응하였다. "[정교의] 분리라니 말이 됩니까? 위정자가 무엇을 가지고 백성을 다스립니까? … 종교와 분리해서 백성을 어떻게 다스린다는 말입니까? 행정부·사법부·입법부로만 백성을 다스릴 수 있어요? 빈껍데기지. 말도 안 되는 소리지."[98]

다른 좌담에서도 일제강점기 불교계의 친일 구호를 사례로 샤머니즘적 현세구복을 거론하자, 종단의 미약으로 인한 종교 분립을 원인으로 제시하면서도 "대개 어느 시대든지 정치가가 잘 밀어주면 종교가 발전하고 그렇지 못하면 침체된다."고 결론지었다.[99] 조선시대의 억불론과 현대 기독교의 팽창을 형세론으로 접근하며 불교의 사회적 역할은 집권자에게 달려 있다는 정견政見도 있다. "불교의 사회적 역할도 정권 잡은 사람하고 나하고 친하면 하루아침에 큰 역할을 하게

---

97) 탄허불교문화재단 어록편찬실(1997), 앞의책, pp.93~94, 149~150, 190, 195.
98) 탄허불교문화재단 어록편찬실(1997), 위의 책, pp.183~184.
99) 김탄허(1980), 『부처님이 계신다면』, pp.325~326.

돼 있어."[100]

사회발전에 따른 불교와 교단의 변혁을 둘러싼 대담에서도 양무제
梁武帝의 승과僧科 시행을 사례로 거론하며 종교인과 정치인이 함께
추진해야 국가 사회와 종교가 모두 발전한다고 주장하였다. 이것이
고대의 제정일치와 흡사하다는 대담자의 발언에 제정일치를 재론하
였다. "그렇지요. 그러니까 제정일치지요. 교정일치가 되어서 서로 손
을 맞잡고 나가야 혁신이 가능합니다. 둘이 손을 맞잡는다는 것은 어
느 한쪽만을 위해서가 아니라 둘이 다 발전하기 위해서 서로 필요하
다는 것입니다."[101]

나아가 정교학의 합일은 이상사회를 실현하는 방안이었고, 삼교합
일과 후천개벽의 진리를 깨달은 도의적 인재는 그 실천적 리더였다.
도덕과 철학은 지도자의 자질이고, 정국의 경색과 기강 해이도 종교
나 신앙의 수도 결핍에서 비롯된다. 정치나 교육과 문화는 모두 도자
리에서 추진되어야 올바른 가치를 지니고, 정치지도자는 도덕철학적
자질을 바탕으로 궁극적 도리를 통철하여 올바른 정치를 구현해야
한다. 여기에는 삼교합일이 특히 필요하다. 위정자가 유교의 치세治世,
도교의 치신治身, 불교의 치심治心을 통합하여 민중을 다스리면 훨씬
좋을 것이었다. 반대로 정교가 분리되어 삼교회통의 진리를 깨닫지
못하면, 하의 걸왕과 은의 주왕처럼 위선으로 패망하고, 정치가는 실
정을 자행하며, 문화와 사회의 질서는 무너진다.[102] 또한, 주역관이나

100) 탄허불교문화재단 어록편찬실(1997),『피안으로 이끄는 사자후』, p.151~153.
101) 김탄허(1980),『부처님이 계신다면』, pp.191~192; 탄허불교문화재단 어록편찬
   실(1997), 위의 책, pp.220~221.
102) 김탄허(1980), 위의 책, pp.44~47, pp.97~103, pp.106~109, pp.337~338; 탄허
   불교문화재단 어록편찬실(1997), 위의 책, p.182, pp.228~233; 월정사·김광식 엮

음양오행과 결합된 미래 예지와도 관련된 그의 삼교회통론은 남북의 통일과 그 이후 민족의 이질성에 따른 혼란을 해결하고 민족의 통합을 위한 것이기도 하다.[103]

그러므로 탄허는 "지위가 없는 것을 근심하지 말고 거기에 설 바를 걱정하라. 사람이 나를 알아주지 않는다고 걱정하지 말고 알아줄 실상을 구해야 한다."[104]고 하며 자질의 배양을 촉구하였다. "스님은 우리가 사람을 잘 키우는 것이 나라의 근본에서 좋을 것이라고 그랬어요. 우리나라 사람을 잘 키워 놓으면 나라의 장래가 있다고 하시면서 … 언제인가는 금강산에도 갈 수 있는 날이 올 것이다."라고 하였다.[105]

특히 대전 학하리의 자광사는 국가와 민족의 인재를 양성하기 위한 기틀이었다. "탄허 스님은 우리나라가 통일된 이후를 대비해야 한다고, 통일이 되면 필요한 인재를 미리 양성해야 한다고 하셨습니다. 통일 이후를 이끌고 나갈, 남쪽의 자본주의와 북쪽의 공산주의를 넘어서는 통일국가를 이끌고 갈 인재, 그런 인재를 키울 작정으로 학하리라는 그런 터를 정한 것이지요."[106]

정교학일치와 관련하여 탄허는 국가 현실에서 자신의 역할을 국사로 자임하였다. 그는 민생구제와 현실정치를 담당한 집권자에게 삼교를 회통한 동양사상의 정수를 제시하고 인도하여 현실에서 이상사회

음(2013), 『방산굴의 무영수』상, p.243.

103) 월정사·김광식 엮음(2013), 위의 책 하, p.102.

104) 탄허불교문화재단 어록편찬실(1997), 『피안으로 이끄는 사자후』, p.222; 『논어집주』(1984, 태산문화사), 「이인」, 125~126. "子曰, '不患無位, 患所以立, 不患莫己知, 求爲可知也.'"

105) 월정사·김광식 엮음(2013), 『방산굴의 무영수』상, p.118.

106) 월정사·김광식 엮음(2013), 위의 책 하, p.372.

를 구현하는 전통적 접근을 고려하였다. 이는 왕조시대에 국왕을 부촉하는 국사나 왕사에 다름 아니었다. 전언에 따르면, 그는 스스로 종정보다 국사에 취임하여 좋은 나라를 만들 수 있다고도 역설하였다.[107] 이는 말할 것도 없이 앞장에서 언급한 도의적 인재의 양성보다 상위에 구축된 경세사상이었다. 도의적 인재는 바로 위정자와 국사를 보좌하면서 국가와 사회를 이상의 세계로 이끌어가는 실천적 엘리트 리더들이었다.

탄허 스님은 실제로 역대 대통령이나 정계의 실력자들과 만나면서 자신의 의견을 국정에 반영하였다. 그는 역대 대통령인 박정희·최규하·전두환·노태우와 정계나 군부의 실력자 이후락·정승화 등과 관계를 유지하면서 각종 정책을 제안, 실행하게 하였다.[108] 물론 여기에는 자료의 부재로 인한 전언의 수준을 넘어 만남의 성격과 건의의 구체적 내용 등 추가적인 연구가 필요하다. 그 밖에는 노태우대통령에게 북방정책을 추진하게 한 일과 1980년 익성회의 박재완 회장에게 원일민립당을 창당하여 대통령에 출마하게 한 것이 확인된다.[109] 이상은 그가 몸소 현실정치에 참여하거나 국사의 입장에서 정책을 제안한 대표적 사례이다.

탄허 스님의 현실적 정치 개입과 국사 자임은 명확하게 전통 불교의 현대적 변용이지만, 유가적 관점에서 보면 명대 양명학 좌파 왕간

---

107) 전속기사 권영채는 탄허가 스스로 왕사를 언급하지 않았다고 하였지만, 그 반대 증언이 훨씬 많다. 월정사·김광식 엮음(2013), 앞의 책 상하, p.140, p.244, p.257, p.169, pp.190~191, p.200, p.229, p.318, p.340; 원행(1918),『탄허 대선사 시봉 이야기』, p.174.
108) 문광(2019), 「탄허 택성의 경세학과 요익행」, 『한국불교사연구』15, pp.83~87.
109) 월정사·김광식 엮음(2013), 『방산굴의 무영수』상하, pp.244~245, pp.56~57.

王艮의 제자사론帝者師論과 동일하다. 이는 출사하면 제왕의 스승이 되어야 하고 물러나 은거하면 천하 만세의 스승이 되어야 한다는 것이다.[110] 그가 신라와 고려의 왕사를 거론할 뿐만 아니라 조선의 재상과 국사를 거론한 것도 모두 이와 관련이 있다.[111] 그가 국사에 올라 '중생 구제'라는 불교사상과 유가적 경세를 회통하려는 것도 정교학 일치이다.[112] 결국 그의 국사론도 양명학 좌파 왕간의 제자사론과 함께 기본적으로 유가의 정교학합일론에서 벗어나지 않는다.

요컨대, 정치는 학술과 종교, 사회와 밀접한 관련을 지닌다. 사실, 탄허 스님은 모든 분야에 가장 큰 영향을 미치는 정치를 통해 한국의 현실사회에서 삼교와 미래를 회통한 동양적 이상세계를 실현할 수 있는 유효한 방안으로 보았다.[113] 그는 "사내가 할 일은 정치밖에 없다."거나 "나라를 구제하기 위해서는 비구승 열 명을 기르는 것보다 한 명의 불교 정치가를 기르는 것이 훨씬 중요하다."고 주장하였고, 심지어 시몽에게는 중노릇하지 말고 정계에 입문하라고 강권하였다.[114] 덧붙여 그가 정치 기강을 강조한 점도 종교적 측면으로 접근하였지만 유가의 정치론과 밀접하다.[115] 이는 탄허가 왜 현실과 정치를 강조하였는지를 잘 설명해 준다.

---

110) 조영록(1987), 「양명학의 성립과 전개」, 『강좌중국사』V, 지식산업사, pp.76~78.
111) 졸고(2019), 「탄허의 학술과 회통론」, pp.207~208.
112) 월정사 · 김광식 엮음(2013), 『방산굴의 무영수』상하, p.244, pp.282~283.
113) 물론 그를 따르던 재가 제자들도 정치와 경제에 관심이 많았다. 월정사 · 김광식 엮음(2013), 『방산굴의 무영수』상, p.140, pp.243~244, p.341.
114) 월정사 · 김광식 엮음(2013), 위의 책 상하, p.85, p.200, p.281.
115) 김탄허(1980), 『부처님이 계신다면』, p.46, pp.107~108; 탄허불교문화재단 어록 편찬실(1997), 『피안으로 이끄는 사자후』, p.232. 사마광이 『자치통감』의 첫 논찬에서 천자의 직무 가운데 가장 막대한 것으로 예禮의 강조, 즉 기강을 거론하였다. 사마광, 권중달 옮김(2007), 『자치통감1』, 삼화, pp.36~42.

5. 맺음말

　이상에서 필자는 탄허 스님의 유가적 학술과 회통론에 기반한 경세사상을 고찰하였다. 물론 여기에는 불·도의 일면도 존재하지만, 그 유가의 영역뿐만 아니라 접근법이나 논리도 유가적이다. 여기서는 그 특징과 한계 및 의의를 검토하는 것으로 맺음말을 대신한다.

　탄허의 유가적 경세사상에서 뚜렷한 특징은 『대학』·『논어』·『맹자』·『서경』·『주역』을 비롯한 칠서=사서삼경의 경학에 근거한 점이다. 특히, 『주역』과 함께 『황극경세서』는 도·불과의 회통이나 교육 입지와 사상뿐만 아니라 미래관과 결부되어 있다.[116] 이는 실로 그가 20세 이전에 공부한 경전체계와 부합한다. 윤리·예의·도덕 등 유가적 덕목과 도의적 인재의 강조, 번역을 포괄하여 교육과 공부를 강조한 학술·교육관, 왕도적 민주정치사상과 정교학일치 등도 모두 여기에서 나왔다. 이에 따라 학술적 측면에서 그의 텍스트관은 주자학적이지만 경세학은 고학적古學的 경향이 강하고, 근세 유학과 관련하여 주자학은 일반적 수신과 관련된 이외에 그 영향이 크지 않은 반면에 실천을 강조하는 양명학적 측면이 매우 강하였다. 불교적 입장에서 그가 국사를 자임한 것도 양명학의 제자사론과 동일하다.

　그의 경세사상의 한계도 바로 이와 같은 특징에서 비롯된다. 서론에서 언급하였듯이, 탄허의 유가적 경세사상에는 원론적 측면이 강한 반면에 구체성이 결여되어 있다. 종교 사상이나 교육론을 제외하

---

116) 탄허가 걸핏하면 『논어』, 『맹자』와 『주역』을 언급한다는 비판이나 『주역』의 강요에 대한 이의 제기와 예언가로의 오해도 이와 무관하지 않다. 월정사·김광식 엮음(2013), 『방산굴의 무영수』상하, p.54, pp.80~81, p.187, p.373.

면, 왕도적 민주정치론은 사회나 경제, 정치 등에 대해 구체적인 실현 방법론이 매우 빈약하다. 여기에는 스님이라는 신분과 함께 20세 이전에 공부한 유가적 경전 체제나 그 공부 시간의 태부족에서 기인한다. 비슷한 이유로 선유先儒 경세사상의 계승과 축적도 찾아보기 어렵다. 이는 탄허 경세사상의 깊이와 폭을 제한하는 것으로, 시대적 사회 문제를 염두에 두고 선학의 이론을 비판하면서 계승하는 유가적 경세론의 일반과 다르다.

특히, 그가 민주정치로 해석한 왕도정치와 천하공의는 원래 춘추전국시대 사인들이 위로 군주와 결합하여 관료로 발탁되어 백성을 통치하는 한편 아래로 백성을 대표하여 여론을 주도하며 군권을 견제하여 사인士人이라는 중간 계층의 이익을 확보하는 논리였다.[117] 이는 탄허가 유교무류적有敎無類的 교육사상과 민본주의를 강조하면서도 엘리트주의적 도의 인재를 양성하거나, 독재의 비판이나 민주적 왕도정치를 주장하면서도 정교학합일로 국사를 희망하며, 남북통일과 관련하여 호국을 권도로 이해하는 점에 잘 나타나 있다. 심지어 10·27법난과 관련하여 탄허를 둘러싼 논란도 여기에서 파생된다.[118] 사실 상고제왕의 왕도정치는 2,000년 전 춘추전국시대에서 실패한 이래 중국 왕조는 물론이고 유가적 통치이념을 확립한 조선시대에도 그 성공을 찾아보기란 쉽지 않다. 그가 이러한 왕도정치론을 현대 한국의 진정한 민주주의로 재해석한 것은 커다란 한계이다.

실로 탄허 스님의 경세사상은 삼교회통적 도道와 그 학술을 현실 세계에 구현하는 것이었다. 그가 교육의 발원과 함께 유가적 덕목을

---

117) 이성규(1989), 「제자의 학과 사상의 이해」, 『강좌중국사』 I, 지식산업사 참조.
118) 월정사·김광식 엮음(2013), 『방산굴의 무영수』상하, p.161, p.364, p.56, p.106.

강조하고 도의적 인재를 양성하며 왕도적 이상세계로 복지적 민주주의를 구현하는 목표 아래 정교학의 합일로 구체적 실행을 도모하였다. 이런 점에서 탄허가 불교를 체로 유학과 선仙을 용으로 활용하였다는 평가는 문제가 있고, '복고주의적 개혁가'로 평가되는 것은 원리적 측면에서 합당하지만,[119] 현실사회에서의 구현은 실로 어려웠다. 사실 일제강점기에 유가적 학술과 사상에 기반한 전통적 경세는 대폭 축소되었고, 현대에서도 교육적 측면을 제외하면 그 존재 의미를 거의 상실해갔다.

이러한 시대 환경에서 탄허가 전통적 유가경세를 주장한 것은 전통유학의 부흥이나 국학적國學的 측면뿐만 아니라 스님으로서 현대유가의 일익을 담당한 측면에서도 적지 않은 의의가 있다. 또한, 그의 유가적 학술과 사상은 현실인식과 경세사상의 형성과정에서 시기적으로 빠를 뿐만 아니라 도·불적 학술과 경세를 수용하며 현실을 넘어 미래로, 한국을 초월하여 세계로 나아가는 기반이었다. 특히 탄허의 교육사상뿐만 아니라 정치사회사상은 현대 불교 종단에서 찾아보기 어려운 것으로 향후 근현대 고승 연구에서 새롭게 주목될 부분이다. 이런 점에서 탄허의 유가적 경세사상은 - 그 회통체제와 분리하기 어렵지만- 그 중요성이 1/3에만 그치지 않고 불교의 경우보다 질량에서 부족하다고 단정하기도 어렵다. 물론 이는 도·불을 포함한 경세사상 전반을 연구해야 확인될 것이므로, 이후의 과제로 남겨둔다.

---

119) 월정사·김광식 엮음(2013), 앞의 책 하, p.369, pp.392~393.

[참고문헌]

1. 사료와 자료

강석주 박경훈 공저(2002), 『불교근세백년』, 민족사(개정판).

강성태(2003), 『푸른 솔 푸른 향기』, 토방(증보판).

경봉, 석명정(1984), 『화중연화소식』, 미진사.

경봉 대선사, 역주 석명정(2014), 『삼소굴일지』, 양산: 극락호국선원.

경봉문도회(2020), 『삼소굴 법향』, 통도사 극락암.

경허 성우, 이상하 옮김(2016), 『경허집』, 동국대학교출판부.

경주김씨월성부원군파세보청(1996), 『경주김씨월성부원군파세보』3, 대전: 회상사.

관응대종사문도회(2018), 『황악일지록』, 황악산 중암.

권순명(1988), 『양재집』, 여강출판사.

김광식(2006), 『그리운 스승 한암 스님』, 민족사.

김광식 엮음(2011), 『처처에 나투신 보살행: 석암 스님의 수행과 가르침』, 석암문도회.

_____(2013), 『청백가풍의 표상 벽안 스님의 수행과 가르침』, 양산: 벽안문도회.

_____(2017), 『자운대율사』, 불광출판사.

김광식 이철교(1996), 『조선불교각종회록』1(한국근현대불교자료전집66), 민족사.

김탄허(1980), 『부처님이 계신다면』, 예조각.

_____(1982), 『주역선해』3, 교림.

김탄허 역주(1991), 『초발심자경문』, 불서보급사.

『논어집주』(1984), 태산문화사.

『대학중용집주』(1984), 태산문화사.

대륜대종사법어집간행위원회(1991), 『대륜대종사법어집』, 법륜사.

대한불교조계종교육원 불학연구소(2006), 『근대 선원 방함록』, 대한불교조
    계종 교육원.

_____(2001), 『일제시대 불교정책과 현황』상하,
    선우도량출판부.

_____(2000), 『선원총람』, 대한불교조계종 교
    육원.

동광 혜두, 김용환 외 편집(2013), 『청산은 흐르지 않고 물은 멀리 흐르네』,
    정우서적.

동곡문도회(2002), 『일타대종사법어집』, 합천: 가야산 해인사 지족암.

동산대종사 문집편찬위원회(1998), 『동산대종사문집』, 부산: 금정산 범어사.

만공문도회(1982), 『만공법어』, 예산: 덕숭산 수덕사 능인선원.

성백효 역주(1992), 『명심보감』, 전통문화연구회.

성백효 역주(2009), 『맹자집주』, 전통문화연구회.

무라야마 치준, 김경희 옮김(1990), 『조선의 점복과 예언』, 동문선.

_____, 최길성 장상언 공역(1991), 『조선의 유사종교』, 계명대학교
    출판부.

박설산(1994), 『뚜껑 없는 역사책』, 삼장.

方漢巖(1996), 「佛敎は實行にあり」, 『韓國近現代佛敎資料全集』64, 민족사.

백용성대종사 총서편찬위원회(2016), 『백용성 대종사 총서7 신발굴자료』,
    (재)대한불교대각회.

범어사(1989), 『범어사지』, 부산: 범어사.

보문문도회·김광식 엮음(2012), 『보문 선사』, 민족사.

보조사상연구원(1989), 『보조전서』, 불일출판사.

『보천교지』(1964), 보천교중앙총무원.

불괴비첩간행회(1985), 『불괴비첩』, 서울: 삼장원.

사마광, 권중달 옮김(2007), 『자치통감』1, 삼화.

사찰문화연구원(1997), 『봉은사』, 서울: 사찰문화연구원.

삼보학회(1994), 『한국근세불교백년사』1~4, 민족사.

서암선생문집간행위원회(2003), 『서암유고』, 대전: 학민문화사.

석명정 역주(1997), 『삼소굴소식』, 극락선원.

서남현 편(2008), 『축산 구하 대종사 민족불교운동 사료집』상하, 영축총림 통도사.

선우도량 한국불교근현대사연구회(2002), 『22인의 증언을 통해 본 근현대 불교사』, 선우도량출판부.

_____(1995), 『한국불교근현대사자료집Ⅰ 신문 으로 보는 한국불교 근현대사』상하, 서울: 선우도량출판부.

_____(1999), 『한국불교근현대사자료집Ⅱ 신문 으로 보는 한국불교 근현대사』상하, 서울: 선우도량출판부.

순자, 이운구 옮김, 『순자』2, 한길사, 2006.

성백효 역주(1992), 『명심보감』, 전통문화연구회.

_____(2009), 『맹자집주』, 전통문화연구회.

신규탁 편역(2016), 『화엄종주 경운원기 대선사 산고집』, 경운원기대선사문 손회.

신대현 외(2009), 『월정사』, 대한불교진흥원.

신편통도사지편찬위원회(2020), 『신편 통도사지』, 부산: 영축산 통도사.

안동림 역주(2010), 『장자』, 현암사(개정 2판).

안동성(1990), 『보기출발록』, 을지문화사.

역경연구원(1981), 『유학연원록』, 민족문화사.

역주 석명정(1984), 『화중연화소식』, 미진사.

영축총림 통도사(2008), 『축산 구하 대종사 민족불교운동 사료집』상하, 양 산: 영축총림 통도사.

_____(2010), 『영축총림 통도사 근현대불교사』상하, 양산: 영축총 림 통도사.

원행(2017), 『만화 희찬 스님 시봉 이야기』, 에세이스트.

_____(2018), 『탄허 대선사 시봉 이야기』, 에세이스트.

월정사·김광식 엮음(2011), 『오대산의 버팀목』, 평창: 오대산 월정사.

_____ 엮음(2013), 『방산굴의 무영수』상하, 평창: 오대산 월정사.

윤소암(1987), 『피안을 바라보며』, 원음사.

윤청광(2014), 『영축산에 달 뜨거든』, 노천문도회.

이능화, 조선불교통사역주편찬위원회(2010), 『역주 조선불교통사』, 동국대출판부.

李永鎭(1913), 『栗峯門譜』, 覺皇寺.

이영호, 『보천교연혁사』(상하 속)(1948), 보천교중앙총정원 협정원.

이정구(1991), 「서산청허당휴정대사비명」, 『월사집』45, 민족문화추진회.

자운문도회(2000), 『자운대율사』, 가산불교문화연구원출판부.

장수 장안산하 죽림정사(2007), 『용성진종 동헌완규 불심도문 삼대대사 연보』, 대한불교조계종 대각회 출판부.

전우(2004), 『간재집』(전4책), 민족문화추진회.

정광호(1999), 『한국불교최근백년사편년』, 인천: 인하대출판부.

조환기 엮음(2004), 『참사람의 향기』, 대한불교조계종 고불총림 백양사.

종걸·혜봉(2016), 『석전 박한영』, 신아출판사.

지암화상문도회(1991), 『지암화상 평전』, 삼장원.

지허(2000), 『선방일기』, 여시아문.

_____(2010), 『사벽의 대화』, 안성: 도피안사.

축산문집간행위원회(1998), 『축산문집』, 양산: 영축총림 통도사.

_____(1998), 『금강산유기』, 양산: 영축총림 통도사.

탄허 대종사(2013), 『피안으로 이끄는 사자후』, 나가원.

『탄허 대종사 연보』(2012), 평창: 오대산문도회 탄허불교문화재단 교림.

탄허문도회(2013), 『방산굴법어집』, 평창: 오대산 월정사.

탄허불교문화재단 어록편찬실(1997), 『피안으로 이끄는 사자후』, 교림.

_____(2000), 『피안으로 이끄는 사자후』, 교림.

탄허사상연구소 편(1986), 『탄허대종사 법음 일집』, 교림.

탄허장학회(2003), 『탄허 강설집』, 불광출판사.

한산이씨양경공파보소(1982), 『한산이씨양경공파세보』(전6책), 대전: 농경출
　　판사.

한암대종사법어집 편찬위원회(2010), 『정본 한암일발록』상하, 평창: 오대산
　　월정사·한암문도회.

한암문도회·김광식(2006), 『그리운 스승 한암 스님』, 평창: 오대산 월정사.

해담 치익(1934), 『증곡집』, 부산: 대원사.

현상윤(1954), 『조선유학사』, 민중서관.

현칙(2003), 『산중일지』, 지영사.

홍현지(2018), 『투명인간, '경허' 일화』, 경허연구소.

화서학회 면암학회 공편(2006), 『면암집』(전8책), 청양군.

高似孫(1985), 『史略』, 北京: 中華書局(叢書集成初編).

明太祖(1983~2013). 『明太祖文集』(『文淵閣四庫全書』1223), 臺北: 商務印書館.

王陽明(1992), 『陽明全書』上, 上海: 上海古籍出版社.

李贄(1984), 『焚書 續焚書』3, 臺北: 漢京文化事業有限公司.

脫脫 等撰(1977), 『宋史』, 北京: 中華書局.

林秀一(1967), 『十八史略』上, 東京: 明治書院(新譯漢文大系20).

曾先之, 丸山松行 西野廣祥 編譯(1975), 『十八史略Ⅰ 覇道の原點』, 東京: 德間
　　書店.

2. 저서

고은(1994), 『나는 성불하지 않겠다』, 행복.

고재석(2010), 『한용운과 그의 시대』, 역락.

금장태(1990), 『한국근대의 유교사상』, 서울대학교출판부.

＿＿＿(2001), 『화서학파의 철학과 시대의식』, 태학사.

＿＿＿(2002), 『한국유학의 심설心說』, 서울대학교출판부.

금장태 고광직(1984), 『유학근백년』, 박영사.

_____(1989), 『속유학근백년』, 여강출판사.

김광식(1996), 『한국근대불교사연구』, 민족사.

_____(1998), 『한국 근대불교의 현실인식』, 민족사.

_____(2006), 『불교 근대화의 전개와 성격』, 조계종출판사.

_____(2007), 『민족불교의 이상과 현실』, 안성: 도피안사.

_____(2010), 『기록으로 보는 탄허 대종사』, 탄허불교문화재단.

_____(2014), 『백초월』, 민족사.

_____(2015), 『우리 시대의 큰스님』, 고양: 인북스.

_____(2017), 『백용성 연구』, 동국대학교출판부.

김순석(2003), 『일제시대 조선총독부의 불교정책과 불교계의 대응』, 경인문
　　화사.

_____(2014), 『한국 근현대 불교사의 재발견』, 경인문화사.

김재영(2010), 『보천교와 한국의 신종교』, 전주: 신아출판사

김현준(2011), 『바보가 되거라』, 효림.

김호성(1995), 『방한암 선사』, 민족사.

도가와 요시오(戶川芳郎) 외, 조성을 이동철 옮김(1990), 『유교사』, 이론과 실천.

동국대 석림동문회(1997), 『한국불교현대사』, 시공사.

문광(2020), 『탄허 선사의 사교 회통 사상』, 민족사.

____(2021), 『탄허학 연구』, 조계종출판사.

박재현(2009), 『한국 근대불교의 타자들』, 푸른역사.

박종렬(2001), 『차천자의 꿈』, 장문산.

박희승(2011), 『지암 이종욱』, 조계종출판사.

불교텔레비전(2004), 『한국불교 1600년사』상, 서울: 불교텔레비전(2판2쇄).

미조구치 유조(溝口雄三), 김용천 옮김(1999), 『전근대 사유의 굴절과 전개』,
　　동과서.

송석구(2015), 『송석구 교수의 불교와 유교 강의』, 예문서원.

시마다 겐지(島田虔次), 김근석 이근우 옮김(1986), 『주자학과 양명학』, 까치.

아라키 겐고(荒木見悟), 배영동 옮김(1966),『불교와 양명학』, 혜안.

_____, 심경호 옮김(2000),『불교와 유교』, 예문서원.

염중섭(자현)(2020),『시대를 초월한 성자, 한암』, 불광출판사.

오대산 월정사 편(2013),『미래를 향한 100년, 탄허』, 조계종출판사.

요시다 아츠히코 외, 하선미 옮김(2010),『세계의 신화 전설』, 혜원.

윤이흠(2007),『일제의 한국 민족종교 말살책』, 모시는 사람들.

이매뉴얼 C.Y. 쉬, 조윤수 서정희 옮김(2013),『근현대중국사』하, 까치.

이병길(2019),『통도사, 무풍한송 길을 걷다』, 책과나무.

이상익(2005),『기호성리학논고』, 심산,

이원석(2002),『근대중국의 국학과 혁명사상』, 국학자료원.

이정호(1985),『정역과 일부』, 아세아문화사.

이창일(2007),『소강절의 철학』, 심산.

이홍우(1996),『경허선사 공성의 피안길』, 민족사.

일지(2012),『술에 취해 꽃밭에 누운 선승, 경허』, 민족사.

임혜봉(1993),『친일불교론』상하, 민족사.

_____(2005),『친일승려 108인』, 청년사.

_____(2010),『종정열전』1, 문화문고.

자현(2020),『시대를 초월한 성자, 한암』, 불광출판사.

자현 외(2015),『석전 영호대종사』, 조계종출판사.

장화수(1996),『21세기 대사상』, 혜화출판사.

조성산(2007),『조선후기 낙론계 학풍의 형성과 전개』, 지식산업사.

정도(2013),『경봉 선사 연구』, 운주사.

탄허불교문화재단(2004),『탄허 선사의 선교관』, 오대산 월정사.

_____(2008),『탄허대종사의 경학관』1, 금강선원 선문출판사.

태진(2007),『경허와 만공의 선사상』, 민족사.

한국불교단체총연합회(2007),『한국불교 위대한 대선사』2, 서울: 사단법인
    한국불교단체총연합회.

한상길(2006),『조선후기 불교와 사찰계』, 경인문화사.

한암사상연구원(2015),『한암 선사 연구』, 서울: 민족사.

한중광(2001),『경허, 부처의 거울 중생의 허공』, 한길사.

張壽安(1994),『以禮代理-淩廷堪與清中葉儒學思想之轉變』, 臺北: 中央研究院近代史研究所.

高橋亨(1973),『李朝佛敎』, 東京; 國書刊行會.

菊池秀明(2005),『ラストエンペラ~ト近代中國』, 東京: 講談社.

島田虔次(1986),『中國における近代思惟の挫折』, 東京: 筑摩書房.

_____(1993),『朱子學と陽明學』, 東京: 岩波新書(26쇄).

戶川芳郎 外(1987),『儒敎史』, 東京: 山川出版社.

荒木見悟(1984),『陽明學の展開と佛敎』, 東京: 研文出版.

3. 논문

고영섭(2015),「한암의 일발선」,『한암 선사 연구』, 민족사.

고준환(1994),「불교중흥의 꽃을 피운 탄허 스님」,『현대 고승인물 평전』하, 불교영상회보사.

권기완(문광)(2016),「탄허택성과 동양사상-『주역』의 종지와『老』『莊』의 주해를 중심으로」,『한국불교학』78.

_____(2017),「탄허 선사의 유교 경전에 대한 불교석 해석」,『한국불교학』81.

_____(2017),「탄허 선사의 말세관과 미래학」,『원불교사상과 종교문화』71.

_____(2018),「탄허 택성의 사교회통사상 연구」, 한국학중앙연구원 한국학대학원 박사학위논문.

_____(2019),「탄허 택성의 경세학과 요익행-유교적 정치이상과 불교의 국사자임의 회통」,『한국불교사연구』15.

권기종(1972),「한국선학의 재출발 방한암」,『한국인물대계9 현대의 인물②』, 박우사.

김경집(2001), 「근대 원종의 성립과 의의」, 『한국불교학』29.

_____(2002), 「일제하 불교시찰단 연구」, 『불교학연구』44.

_____(2013), 「근대 경운 원기의 교화활동」, 『보조사상』40.

김광식(1996), 「1926년 불교계의 대처식육론과 백용성의 건백서」, 『한국 근대불교의 현실인식』, 민족사.

_____(1998), 「일제하 불교계의 총본산 건설운동과 조계종」, 『한국근대불교사연구』, 민족사.

_____(2002), 「오대산수도원과 김탄허」, 『새불교운동의 전개』, 안성: 도피안사.

_____(2002), 「백초월의 삶과 독립운동」, 『불교학보』39.

_____(2003), 「김탄허의 교육과 그 성격」, 『정토학연구』6.

_____(2004), 「탄허 스님의 생애와 교화활동」, 『탄허 선사의 선교관』, 오대산 월정사.

_____(2006), 「김탄허의 교육과 그 성격」, 『한국 현대불교사 연구』, 불교시대사.

_____(2006), 「한암 선사의 생애와 사상」, 『그리운 스승 한암 스님』, 오대산 월정사

_____(2007), 「조선불교조계종과 이종욱」, 『민족불교의 이상과 현실』, 도피안사.

_____(2009), 「일제하의 불교출판」, 『대각사상』9.

_____(2010), 「백초월의 항일운동과 진관사」, 『한국독립운동사연구』36.

_____(2011), 「백초월의 항일운동과 일심교」, 『정토학연구』16.

_____(2012), 「탄허의 시대인식과 종교관」, 『한국불교학』63.

_____(2011), 「한용운의 대중불교·생활선과 구제주의·입니입수」, 『만해 한용운 연구』, 동국대출판부.

_____(2013), 「탄허의 시대인식과 종교관」, 『되돌아본 100년, 탄허』, 조계종출판사.

_____(2015), 「석전과 한암의 문제의식」, 『석전과 한암, 한국불교의 시대정

신을 말하다』, 조계종출판사.

_____(2015), 「방한암과 조계종단」, 『한암 선사 연구』, 서울: 민족사.

_____(2015), 「한암과 만공의 동이, 그 행적에 나타난 불교관」, 『한암 선사 연구』, 민족사.

_____(2015), 「한암의 종조관과 도의국사」, 『한암 선사 연구』, 민족사.

_____(2016), 「용성과 한암의 행적에 나타난 정체성」, 『한암과 용성, 현대 불교의 새벽을 비추다』, 쿠담북스.

_____(2017), 「오대성지의 중창주, 만화희찬 : 승가오칙의 계승과 발전」, 『정토학연구』28.

김기현(1994), 「간재의 처세관과 수도의식守道意識」, 『간재사상연구논총』1.

김문용(1994), 「북학파의 인물성동론」, 『인성물성론』, 한길사.

김성철(2013), 「탄허 스님의 예지, 그 배경과 의의」, 『되돌아본 탄허 100년』, 조계종출판사.

김수아(2017), 「일제강점기 근대한국불교를 위한 김구하의 개혁방향과 내용」, 『문학과 종교』22-4.

김순석(1999), 「1920년대 초반 조선총독부의 불교정책」, 『한국독립운동사연구』13.

_____(2000), 「1930년대 후반 조선총독부의 '심전개발운동' 전개와 조선불교계」, 『한국민족운동사연구』25.

김용태(2009), 「조선후기 불교의 심성 인식과 그 사상사적 의미」, 『한국사상사학』32.

김윤조(1994), 「강산 이서구의 학문경향과 경학관」, 『한국한문학연구』17.

김재영(2006), 「보천교의 교육활동」, 『신종교연구』15.

_____(2007), 「1920년대 보천교의 민족운동에 대한 경향성」, 『전북사학』31.

김정인(2002), 「법정사 항일투쟁의 민족운동사적 위상」, 『제주도연구』22.

_____(2002), 「1920년대 전반기 보천교의 부침과 민족운동」, 『일제강점기의 민족운동과 종교』, 국학자료원.

김종두(혜명)(2015), 「천태에서 본 한암 스님의 선사상」, 『석전과 한암, 한국불교의 시대정신을 말하다』, 조계종출판사.

김진현(2008), 「연담유일의 심성론 연구」, 『한국불교학』52.

김탄허(1974), 「현대불교의 거인 방한암」, 『한국인의 인간상』3, 종교사회봉사편, 신구문화사.

박권수(2018), 「역서와 역사: 조선후기의 상수학적 연대기서와 시헌력」, 『동국사학』64.

박용덕, 「정산종사탄백 기획특집 정산종사 성적聖蹟을 따라서」(2), 원광대 중앙도서관 원불교자료실

박재현(2006), 「방한암의 선적 지향과 역할의식에 관한 연구」, 『철학사상』23.

_____(2007), 「근대불교의 개혁노선과 깨침의 사회화-방한암을 중심으로」, 『만해축전자료집』하.

안효순(2006), 「천고의 말 없는 학: 방한암 선사」, 『문학 사학 철학』4, 한국불교사연구소.

안후상(1996), 「제주 법정사 항일항쟁연구」, 『종교학연구』15.

_____(1998), 「보천교 연구의 현황과 과제」, 『한국종교사연구』6.

_____(1998), 「보천교와 물산장려운동」, 『한국민족운동』19.

_____(2012), 「식민지시기 보천교의 '공개'와 공개배경」, 『신종교연구』26.

염중섭(자현)(2013), 「탄허 스님의 미래인식과 현대 사회의 다양성」, 『미래를 향한 100년, 탄허』, 조계종출판사, 2013.

_____(2015), 「석전과 한암을 통해본 불교와 시대정신」, 『석전과 한암, 한국불교의 시대정신을 말하다』, 조계종출판사.

_____(2015), 「〈계잠〉의 분석을 통한 한암의 선계일치적 관점」, 『대각사상』23.

_____(2016), 「나옹의 공부십절목에 대한 한암의 답변과 관점」, 『한국불교학』78.

_____(2021), 「한암의 「해동초조에 대하야」와 조계종의 성립」, 『한국불교학』97.

원영상(2016), 「난암 유종묵의 수행교화와 일본행적에 대한 시론적 고찰」, 『한국불교학』79.

윤균(2022), 「근대불교 종단 형성과정에서 나타난 구하천보의 변혁적 리더 십연구」, 한양대 행정대학원.

윤창화(2012), 「오대산 화엄의 특징과 탄허의 원융사상: 한암과 탄허의 동이 점 고찰」, 『한국불교학』63.

_____(2013), 「한암 대종사」, 『월정사의 한암과 탄허』, 서울: 국립중앙박물 관·평창: 월정사.

_____(2015), 「한암의 자전적 구도기〈일생패궐〉」, 『한암 선사 연구』, 민족사.

_____(2015), 「한암 선사의 서간문 고찰」, 『한암 선사 연구』, 민족사.

_____(2016), 「한암 선사와 봉은사」, 『문학 사학 철학』47.

이경구(1998), 「영조~순조 연간 호락논쟁의 전개」, 『한국학보』93.

이경순(1998), 「일제강점기 불교 유학생의 동향」, 『승가교육』2.

이상익(2005), 「간재 전우의 이설 비판과 그 의의」, 『한국철학논집』16.

이성규(1989), 「제자의 학과 사상의 이해」, 『강좌중국사』I, 지식산업사.

이원석(2008), 「19세기 전반 양주학파의 학술관-왕희손의 실학적 통학-」, 『명청사연구』29.

_____(2011), 「19세기 중반 양주학파 유육숭의 실학적 통학」, 『동국사학』51.

_____(2012), 「조·청의 학술교류와 통학적 학술관-19세기 전반 양주학파와 추사 김정희-」, 『명청사연구』38.

_____(2013), 「탄허의 전통학술 수학과 구도입산의 궤적」, 『한국불교학』66.

_____(2016), 「완원의 고학관과 실학적 통학」, 『인문과학연구논총』37-4, 명 지대 인문과학연구소.

_____(2016), 「한암 중원과 탄허 택성의 불연: 탄허의 출가 배경」, 『한국불 교학』79.

_____(2017), 「한암의 상원사 이거와 시기 검토」, 『정토학연구』28.

_____(2018), 「한암의 출가과정과 구도적 출가관」, 『선학』50.

_____(2019), 「한암의 불출동구와 현실관」, 『한국불교학』92.

_____(2019), 「탄허의 학술과 회통론-근세 동아시아 유학으로 본-」, 『대각
　　사상』31.

_____(2020), 「한암과 통도사 내원암」, 『한국불교학』96집.

_____(2021), 「강원도 삼본사수련소의 설립과 운영」, 『한국불교학』98.

이재창(1984), 「오대산의 맑은 연꽃 한암 스님」, 『늘 깨어 있는 사람』, 홍사단
　　출판부.

이종수(2008), 「조선후기 불교계의 심성 논쟁」, 『보조사상』29.

임병학(2016), 「보천교 교리와 『정역』 사상」, 『신종교연구』34.

정병련(2000), 「양재 권순명의 생애와 학문」, 『간재학논총』3.

정신남(2015), 「조선후기 지식인의 청대 건가고증학에 대한 인식 연구」, 『학
　　림』36.

조성운(2011), 「『불교시보』를 통해 본 심전개발운동」, 『한국민족운동사연
　　구』67.

_____(2007), 「일제하 불교시찰단의 파견과 성격」, 『한국선학』18.

조영록(1987), 「양명학의 성립과 전개」, 『강좌중국사』V, 지식산업사.

_____(1993), 「양명학과 명말의 불교-삼교합일론을 중심으로-」, 『동양사학
　　연구』44.

최두헌(2022), 「구하의 통도사 개혁과 그 현대 불교사적 의의」, 『한국불교학』
　　101.

최재목(2013), 「탄허의 철학에 보이는 '회통'적 사유의 근저」, 『문학 사학 철
　　학』33.

최정묵 민황기(2004), 「간재 전우 성리설의 기본입장」, 『한국사상과 문화』23.

한긍희(1996), 「1935~37년 일제의 '심전개발' 정책과 그 성격」, 『한국사론』
　　35.

한동민(2010) 「근대불교계와 통도사 주지 구하 스님의 독립운동-독립운동
　　자금지원을 중심으로-」, 『영축총림통도사 근현대불교사 학술자료집』,
　　영축총림 통도사.

_____(2011), 「일제강점기 통도사 주지 김구하와 독립운동 자금 지원」, 『대

각사상』15.

한보광(2000·2001), 「용성 스님의 후반기 생애1·2」, 『대각사상』3·4.

혜거(2005), 「삼학겸수와 선교융회의 한암사상」, 『정토학연구』8.

황선명(1998), 「후천개벽과 정감록」, 『한국종교』23.

황선명(2009), 「잃어버린 콤뮨」, 『신종교연구』2.

靑野正明(2011), 「朝鮮總督府の心田開發運動と「類似宗敎」彈壓政策」, 『일본
　　　학』31, 동국대일본학연구소.

川瀬貴也(2002), 「植民地期朝鮮における「心田開発運動」政策」, 『韓國朝鮮の
　　　文化と社會』創刊號.

　　　(2001), 「植民地期朝鮮における「心田開發」について」, 『宗敎研究』74-
　　　4(327).

4. 잡지류

『금강저』, 『다보』, 『불광』, 『불교』, 『불교(속)』, 『불교공보』, 『불교사상』, 『불교
시보』, 『불교신보』, 『朝鮮佛敎』, 『조선불교월보』, 『조선불교총보』, 『선원』, 『축
산보림』, 『해동불보』, 『현대불교』

5. 신문

《대한매일신보》, 《대한불교》, 《동아일보》, 《매일신보》, 《법보신문》, 《불교닷
컴》, 《불교신문》, 《조선일보》, 《현대불교》

[찾아보기]

426

[논문의 출처]

「한암의 출가 과정과 구도적求道的 출가관出家觀」, 『선학』 제50호, 2018.8.
　　(『한암·탄허 연구 논집』, 민족사, 2020.1)
「한암과 통도사 내원암」, 『한국불교학』 제96집, 2020.11.
「구하와 한암의 관계 검토」, 『대각사상』 제37집, 2022.6.(『영축산의 구하천보
　　와 오대산의 한암중원』, 담앤북스, 2023.1)
「한암의 상원사 이거移居와 시기 검토」, 『정토학연구』 제28집, 2017.12.(『한
　　암·탄허 연구 논집』, 민족사, 2020.1)
「한암 스님의 불출동구不出洞口와 현실관」, 『한국불교학』 제92집, 2019.11.
「강원도 삼본사수련소의 설립과 운영」, 『한국불교학』 제98집, 2021.5.
「탄허의 전통학술 수학과 구도입산의 궤적」, 『한국불교학』 제66집, 2013.8.
　　(『미래를 향한 100년, 탄허』, 조계종출판사, 2013.11)
「한암중원과 탄허택성의 불연佛緣: 탄허의 출가 배경」, 『한국불교학』 제79
　　집, 2016.9.(『한암의 선사상과 제자들』, 쿠담북스, 2017.9)
「탄허의 학술과 회통론: 근세 동아시아의 유학으로 본」, 『대각사상』 제31집,
　　2019.6.(『한암·탄허 연구 논집』, 민족사, 2020.1)
「탄허 스님의 유가적 경세사상」, 『한국불교학』 제93집, 2020.2.

438

이원석(李元錫, 1959~)

경북 안동 출생. 동국대학교 사학과 졸업, 동 대학원에서 중국근대사를 전공, 석·박사학위 취득, 현재 동국대 다르마칼리지 조교수. 근세 근대 중국의 학술과 사상을 연구하는 한편 한국 근현대 불교의 한암과 탄허에 대한 연구로 제3회 탄허 학술상을 수상하였다. 논저로는 「19세기 양주학파 왕희손의 경세론」 「완원의 천산학과 서학관」 「조·청의 학술교류와 통학적 학술관: 19세기 전반 양주학파와 추사 김정희」 『근대중국의 국학과 혁명사상』 『강릉포교당 관음사 100년』 등이 있고, 역주서로 『역주 일지록집석』1, 번역서로 『중국의 근대혁명과 전통사상 사이에서』 등이 있다.

근현대 오대산의 고승 한암과 탄허

초판 1쇄 인쇄 | 2024년 1월 5일
초판 1쇄 발행 | 2024년 1월 10일

저　자 | 이원석
펴낸이 | 윤재승
펴낸곳 | 민족사

주간 | 사기순
기획홍보 | 윤효진
영업관리 | 김세정

출판등록 | 1980년 5월 9일 제1-149호
주소 | 서울 종로구 삼봉로 81 두산위브파빌리온 1131호
전화 | 02)732-2403, 2404　팩스 | 02)739-7565
홈페이지 | www.minjoksa.org
페이스북 | www.facebook.com/minjoksa
이메일 | minjoksabook@naver.com

ⓒ 이원석, 2024

ISBN 979-11-6869-045-5 94220
ISBN 978-89-7009-057-3 (세트)